U0494171

60TH ANNIVERSARY OF
INSTITUTE OF LAW, CASS

法治国情与法治指数丛书

主　编／田　禾　吕艳滨

中国刑事法治
（2002~2016）

田　禾　吕艳滨／主编

Criminal Law of China

(2002-2016)

社会科学文献出版社
SOCIAL SCIENCES ACADEMIC PRESS (CHINA)

60TH ANNIVERSARY OF
INSTITUTE OF LAW, CASS

法治国情与法治指数丛书

主　编／田　禾　吕艳滨

中国刑事法治
（2002~2016）

田　禾　吕艳滨／主编

Criminal Law of China

(2002-2016)

社会科学文献出版社
SOCIAL SCIENCES ACADEMIC PRESS (CHINA)

法治国情与法治指数丛书
编辑委员会

编委会主任　李　林　陈　甦

主　　　编　田　禾　吕艳滨

编委会委员　（按照姓氏汉字笔画排序）
　　　　　　　马　可　王小梅　王祎茗　田　禾　田纯才
　　　　　　　吕艳滨　刘雁鹏　李　林　李　霞　陈　甦
　　　　　　　周　婧　赵建文　胡昌明　姚　佳　栗燕杰
　　　　　　　夏小雄　徐　斌　焦旭鹏　谢鸿飞

丛书序

2018年是中国社会科学院法学研究所建所60周年。时光如白驹过隙，一个甲子转瞬即逝。在此期间，我们有幸成为法学研究所的一员，在这个平台上耕耘收获，见证了法学研究所的风雨历程。2003年，法学研究所第一次推出了"法治蓝皮书"，这是一本盘点当年中国法治发展成效、总结存在问题的学术图书，至2017年已经出版了15本。为纪念法学研究所建所60周年，让更多的人认识和了解"法治蓝皮书"，蓝皮书工作室特推出"法治蓝皮书"精选本12卷，以飨读者。

"法治蓝皮书"是社会科学文献出版社皮书系列大家庭中的一员，是法学研究成果传播的重要平台。它忠实记录了中国法治的发展，为中国乃至世界提供了一个了解中国法治的渠道，也为法学研究者、法律工作者提供了一个展示其观点的平台。"法治蓝皮书"发展到今天，以其强大的影响力推动着中国法治方方面面的进步。

"法治蓝皮书"是一个新生事物，并无可资借鉴的经验和道路。创刊以来，在历任主编的不懈努力下，"法治蓝皮书"希冀找到一条最为合适的道路，最终，它成功地从数百本皮书中脱颖而出，成为最具影响力的皮书之一。

回顾"法治蓝皮书"走过的道路，令人唏嘘。如何充分发挥法学研究所的作用，用蓝皮书这样一种传播方式，指点江山、挥斥方遒，用学术力量影响和改变中国一直困扰着我们。2006年，我正在日本早稻田大学比较法研究所访学时，收到李林所长的一封邮件，大意为征询我是否有兴趣来做蓝皮书的工作。做蓝皮书需要奉献，是公益性的，接下这个工作不仅要付出大量的时间和精力,且其不在学术评价体系之内,成败难料,可我鬼使神差,却接下了这个艰巨的任务,我想李林所长当时一定也大大地松了口气。

作为一本法学专业图书,"法治蓝皮书"受众有限。说它权威吧,不如全国人大、最高人民法院、最高人民检察院的工作报告;说它时效强吧,赶不上一些法制专业传媒,政府部门、司法机关也不把法学学术研究机构当回事,经费短缺,无米下炊。当时,"法治蓝皮书"要想在数百本皮书里崭露头角真是一件很难的事。虽然困难重重,但也并非没有干事的动力。改革开放以来,中国社会经济发生了翻天覆地的变化,这带来了社会分化,引起社会心理变化。今天,社会矛盾增多,不信任感增强,贫富差距拉大,道德失范行为增多,对国家治理、社会治理形成了很大的挑战。在这种复杂的形势下,需要一种机制来凝聚共识,维护社会的秩序、公平和安全,社会才能继续进步。法治就是这样一种具有广泛共识的治理模式,是社会治理的最大公约数。一个人无论他属于哪个阶层,无论他在改革中是受益者还是受损者,都希望以某种机制来维护和保护自己的利益,也就是说,法治为权力运行和利益分配设置了基本底线。法治并不是一个非常复杂的制度架构,其基本含义非常明确:有良法,必须反映广大人民的意志和利益;法律应得到实施,无论是公权力机关还是老百姓都应遵法守法;法律应当公开透明,使人们的行为具有可预期性,减少社会矛盾和交易成本。正是因为法治具有以上功能,它成为中国目前治国理政的最有效方式,是国家治理体系和治理能力的基本依托。

"法治蓝皮书"正是在这样的认识基础上追寻自身的奋斗目标的。"法治蓝皮书"不是一个旁观者,而是一本广泛"在场"、深度参与社会生活的学术著作。为了实现这样的目标,需要创新方法和探索路径。基于自身的特点,"法治蓝皮书"确定了几条基本原则。

首先,"法治蓝皮书"应以全新的姿态出现。"法治蓝皮书"的正式名称又叫"中国法治发展报告",因此"法治蓝皮书"的所有内容都与中国法治的理论与实践紧密相连,有泥土芬芳、草根味道,摒弃"假大空""高大上",以及自说自话、自娱自乐,自我搭建宏大"理论体系"的研究方式。

其次,"法治蓝皮书"应以制度运行为分析重点,并非聚焦个案,不讲故事,不声泪俱下地控诉,不冷冰冰地"拽"概念、做文字游戏,而是以应有的人文关怀,挖掘故事后面的场域、逻辑、价值,以学者的姿态冷静地分析制度的缺陷、运行的不足,体现一个研究机构的应有功能。

再次,"法治蓝皮书"应以法治国情调研报告为重要内容,因为,国情是中国选择法治发展道路的最大考量。课题组深入基层,在工厂、农村、田间地头、村民家中访谈座谈;在各级人大、政府、法院、检察院深入调研,总结各地方、各部门法治发展的创新经验,发现法治发展存在的瓶颈问题,提出解决问题的方案,这些方案有根有据而非传统的"大力丸"。课题组成员每年在全国各地的调研出差时间可谓惊人,由此而带来的效应也非常巨大,所形成的研究报告以及这种研究方式获得了广泛认同。

最后,"法治蓝皮书"应以量化评估为核心内容,这不仅体现为法学研究范式的创新,也体现为全新的研究成果。研究部门和实务部门长期以来交集不多,各说各话。法律制度运行主体是实务部门,运行状况却很难知晓。实务部门的自我总结——功绩伟大成效显著,但民众的获得感不足是显而易见的事实。课题组大力倡导并身体力行第三方评估,对人大立法、政府依法行政、法院检察院公正司法、社会法治建设的情况进行评估,形成了若干非常有影响力的评估报告,报告不仅总结取得的成效,还非常尖锐地指出存在的问题,以至于报告每年2月通过"法治蓝皮书"发布以后,一些部门局促不安,如坐针毡,放下高居庙堂的架子,"屈尊"来到法学研究所与课题组交流,实现了研究与实务的及时沟通、理论与实践的精准对接,大大推动了相关部门的工作,也提升了法学研究的影响力。

蓝皮书本身也确立了一套标准。一般而言,学术报告很难具有社会影响,为了突破这种局限,"法治蓝皮书"认为,一篇报告一定要具备以下几个因素。一是所选用的文章一定要具有问题意识,这个问题不仅在学术上有价值,在实践中也有意义。因此,"法治蓝皮书"既反对毫无原则的歌功颂德,也拒绝破坏性的批评,而是以理性和建设性的态度客观分析和总结法治状况。二是"法治蓝皮书"选用的文章一定是公权力机关关注的问题，它体现在以下两方面。一方面，它必须是公权力机关与社会服务和管理有关的问题。例如，政府信息公开、行政审批制度改革、行政执法等。另一方面，它是公权力机关的职权行为，其在依法履职时是否具有合法性的问题。上述两方面是公权力机关的职责所在，也是最受社会关注的问题。三是蓝皮书文章一定是与公众密切相关、社会公众也最为关心的问题，如环境安全、食品安全、教育、住房保障等。四是蓝皮书的文章一定是媒体非常关心的问题。在信息化时代，媒体竞争非常激烈，新、快、准、有效成为媒体的生命。在这种形势下，传统媒体逐渐式微，新兴媒体逐渐成为传播的主要渠道。信息的价值、新颖性、及时性、有效性成为媒体关注的焦点。"法治蓝皮书"的定位恰好为媒体提供了这样的平台。每年"法治蓝皮书"的发布都为媒体提供了眼花缭乱的盛宴，以至于媒体人士常常感叹，"法治蓝皮书"为什么每年只出一本，出来就呈狂轰滥炸之势？鉴于这样的情势，从2015年开始，"法治蓝皮书"开始编辑出版"地方法治蓝皮书"，是"法治蓝皮书"的姊妹篇。

正是确立了上述四条标准，"法治蓝皮书"在理论和实务中逐渐形成了巨大的影响力。常有国内外关心中国法治发展的人拿着"法治蓝皮书"登门交流，各地政府、法院也将"法治蓝皮书"对其的评价念兹在兹，甚至记入本部门年度工作报告或高悬于墙上。每当我们到基层开展国情调研，偶见"法治蓝皮书"对有关部门的评价被挂诸墙上，或记载于城市名片中时，都会会心一笑，我们确实做了一点有意义的工作。"法治蓝皮书"发布期间，会形成较大的舆情，以至于发布后的一周乃至一个月内，工作室都会用较大的精力来回应这些舆情。因为，"法治蓝皮书"不仅仅是展示成就，还会指出某些问题，个别被指出的部门非常不满意，也难免恼羞成怒。有人会愤而质问，你们是谁啊？凭什么来评价我们？在他们眼中，一个研究机构就像吃白饭的一样，有什么资格说三道四！由于有些部门掌握资源，弄得我们的上级主管部门经常惶惶不可终日。还好，中国社会科学院确实是一个研究圣地，正如有领导所说，学者做研究，只要数据是真实的、方法是科学的、结论是可靠的、目的是建设性的，就应当允许。值得称道的是，经过数年的修炼，多数部门的傲慢已经逐渐消失，转而谦虚谨慎地来与我们共同探讨，是为一大进步。

限于人力和时间,以及作者关注的重点,"法治蓝皮书"的这 12 卷本肯定有一定的疏漏,未能详尽描绘法治的所有领域和所有细节,因为这是一个不可能完成的任务。尽管如此,"法治蓝皮书"12 卷本还是囊括了法治的重点领域和当年的重大法治事件,足以成为分析中国法治年度进展的珍贵资料,这就足够了。

这 12 卷本分别是《中国法治发展:成效与展望(2002~2016)》《中国立法与人大制度(2002~2016)》《中国政府法治(2002~2016)》《中国民商经济法治(2002~2016)》《中国刑事法治(2002~2016)》《中国司法制度(2002~2016)》《中国社会法治(2002~2016)》《中国人权法治(2002~2016)》《中国政府透明度(2009~2016)》《中国司法透明度(2011~2016)》《中国法治国情调研(2006~2016)》和《中国地方法治实践(2005~2016)》。

《中国法治发展:成效与展望(2002~2016)》收录了"法治蓝皮书"每年的年度总报告,盘点了中国法治的年度进展,是"法治蓝皮书"的精髓和最重要内容。

《中国立法与人大制度(2002~2016)》分析了中国历年的立法进展以及中国最根本的政治制度——人民代表大会制度及其主要职能、代表制度、人大监督等内容。其中,从 2014 年开始,立法指数报告特别分析了全国 31 家省级人大的立法状况,如立法的重点、程序、公开和征求意见情况等。

《中国政府法治(2002~2016)》是"法治蓝皮书"的重要内容,收录了行政审批制度改革、行政执法改革等选题。

《中国民商经济法治(2002~2016)》对历年民商经济立法、执法、司法方面的热点问题进行了分析。

《中国刑事法治(2002~2016)》分析了历年的刑事法治发展、犯罪形势及预测,并对部分重大刑事法治问题进行了研究。

《中国司法制度(2002~2016)》对中国的司法改革与进展、人民法院的改革创新、检察体制改革、法院信息化助力司法改革、中国的法律服务业等进行了总结分析。

《中国社会法治(2002~2016)》从劳动法治、社会保障法治、慈善公益法治、卫生计生法治、环境保护法治、能源法治、教育法治、体育法治、消费者保护法治等方面分析了有关的热点法治问题。

《中国人权法治（2002~2016）》对历年中国在人权法治方面取得的成效进行了总结分析。

《中国政府透明度（2009~2016）》《中国司法透明度（2011~2016）》是中国社会科学院法学研究所开展法治指数评估的重要成果。其中，课题组从2010年开始，连续8年对各级政府的信息公开进行第三方评估，对这项制度的发展起到了实质性的推动作用，《中国政府透明度（2009~2016）》展示了中国在推进政务公开方面取得的成效与存在的问题。此外，课题组从2011年开始，对全国包括最高人民法院在内的各级法院和海事法院的司法公开进行评估，率先提出司法透明度的概念并付诸全国性评估，促使全国法院的司法公开有了大幅度的进步并向纵深发展；从2012年开始，课题组对全国包括最高人民检察院在内的检察院进行检务公开评估，引起了最高人民检察院和地方各级检察院的重视。《中国司法透明度（2011~2016）》收录了相关的评估报告。这些指数评估报告客观记录和生动反映了中国法治建设进程，产生了强烈反响，成为近年来法学界和法律界重要的年度学术热点。

值得一提的是，《中国法治国情调研（2006~2016》及《中国地方法治实践（2005~2016）》收入了历年来我们在各地深入调研的报告，是我们付出心血较多的研究成果。近年来，中国社会科学院法学研究所坚持理论联系实际，扎根中国法治实践开展实证法学研究。课题组依托法学研究所在全国10余个省份建立了20多个法治国情调研基地，每年参与法治国情调研的有数百人次，就党委、政府和司法机关的人大建设、政务服务与公开、社会管理、司法改革、法院信息化等多项内容开展了深入的访谈调研。"法治蓝皮书"课题组走遍了祖国大地，我们到过经济最发达的地区，也到过一些欠发达地区，无论经济发展水平如何，人们对法治的迫切心情是一样的。各地有很多法治创新的实践，打破了法治只有西方道路"独木桥"的神话。当然，中国的法治建设还存在很多问题，我们意识到法治建设是一个漫长的过程，需要几代人的努力，万不可有毕其功于一役的超现实想法。通过总结地方经验、分析顶层设计不足，课题组将普遍性的法治理念与中国本土性的法治探索、法治实践有机结合起来，在服务国家法治决策与地方法治发展方面颇有建树。

2015年，《立法法》修改，出于经济社会发展的需要，人大首次赋予全国286个设区的市以立法权。课题组在广东省调研时了解到，中山市基于扁平化管理改革，不设区。按照修法精神，中山市因未设区，可能失去立法权。全国有五个不设区的地级市，分别是广东省中山市、广东省东莞市、海南省三亚市、海南省三沙市、甘肃省嘉峪关市，它们将会受此影响。中山市地处珠江三角洲，经济总量大，社会发展速度快，亟须立法权来推进社会治理。课题组在调研之余为中山市以及其他城市向中央和全国人大建言，在各方的努力下，最终中山市获得了立法权。中山市获得地方立法权后起草的第一部地方性法规即《中山市水环境保护条例》。2015年，水环境治理，如"内河清流和城区治涝工程"被作为中山市的"十件民生实事"之一。《中山市水环境保护条例》的立法目的是解决水环境监管工作中部门职责分工不明确、水污染防治、饮用水源保护问题。中山市带着问题立法，避免立无用之法。水环境保护涉及区域广、部门多，甚至涉及多个市，立法首先就是要解决各自为政的问题。通过立法，中山市建立了水环境保护协调机制，由环保部门统筹，各相关部门共享数据。该条例对中山市的水环境保护起到了良好作用。中山市人大还创新和夯实了基层人大代表制度，让乡镇人大代表从会期的"4天代表"，变为"365天代表"，使曾经被边缘化的乡镇人大逐渐站在了社会治理的中心。

在革命老区金寨，法治使当地的村级组织面貌一新。当地村级组织将公开作为工作的重要方法，以公开赢得公众信任。公开的项目囊括村级组织的各方面工作，包括村级收入、用餐、惠民资金发放使用等。按照严格的制度规定，村干部接待用餐买一块豆腐都必须进行公示，提升了基层组织的权威。

法院判决执行难一直困扰着中国司法。2016年之前，全国法院判决得到有效执行的平均比例不高，而涉法信访则有80%与执行有关。地处改革前沿阵地的深圳中级人民法院为解决执行难问题，构建了解决执行难的标准体系、建设了鹰眼查控系统，率先在全国打响了基本解决执行难的第一枪。鹰眼系统实现了以下功能：银行存款的查、冻、扣，房地产查询和控制，协助有权机关查询，如人员查询、扩展查询财产种类等。课题组总结了深圳中级人民法院的经验，并向全国推广。2016年，最高人民法院院长周强在十二届全国人大四次会议上庄严承诺，用两到三年的时间基本解决法院的执行难问题，并委托中国社会科学院法学研究所法治国情调研团队作为第三方对此进行评估。至此，全国法院掀起了基本解决执行难的热潮，可以预见，法院判决执行难将在近期有较大的改观。

杭州市余杭区是法学研究所的法治国情调研基地，课题组每年都会总结余杭的经验和创新，每年都有新的惊喜。课题组先后就余杭的诸多法治问题进行调研并形成了分量颇重的调研报告，分别是《实践法治的基层试验田——杭州市余杭区法治建设调研报告》《重建中国基层社会秩序的探索——余杭法务前置调研报告》《余杭基层法治化探索》《余杭区"大数据"推进基层治理法治化调研报告》《流动人口服务管理的法治化与现代化——余杭区创新流动治理的实践》。从这些调研报告可以看出，余杭法治建设折射出了中国法治建设的缩影，展现了中国基层法治建设的风貌。余杭的实践既有整体的宏观性思维，也有具体的区域性特点，不失为理解中国的一个样本。

在四川，"5·12"汶川地震发生后，我们抵达灾区震中，与灾民同悲共泣，发现地震相关法律问题特别多。我们翻越大雪山，进入炉霍。炉霍县位于甘孜藏族自治州中北部，是去藏抵青之要衢和茶马古道之重镇，也是第二次国内革命战争时期的革命老根据地。炉霍寿灵寺法律进寺庙的做法让人耳目一新。一个偶然的机会，调研时来到了我当知青时下乡的地方原双流县黄甲乡，并见到了当年的生产队队长刘汉洲，他虽年事已高，但精神矍铄，两眼有神，非常激动，称我是第一个离开后回来的知识青年。回乡后恍若隔世，原所在生产队、曾经居住过亮着煤油灯的小草屋已不复存在，被改革的浪潮席卷成了开发区。

2008年我们在贵州黔东南调研，恰逢凝冻灾害发生，道路结冰，差一点就被困在黔东南动弹不得，也因此发现了中国灾害应急管理的问题和缺陷。

诸如此类，不胜枚举，虽然辛苦，但收获良多。

2017年是党中央提出依法治国基本方略二十周年和中国社会科学院成立四十周年，5月17日，习近平总书记向中国社会科学院致贺信，希望中国社会科学院和广大哲学社会科学工作者，坚持为人民做学问理念，以研究我国改革发展稳定重大理论和实践问题为主攻方向，立时代潮头，通古今变化，发思想先声，繁荣中国学术，发展中国理论，传播中国思想。

习近平同志的贺信明确提出了社会科学工作者应当怎样做研究、应当为谁做研究这两个重要问题。这也是摆在社会科学工作者面前的现实问题。对学者而言，理想和现实交织并存。经过多年的学习和研究，学者的大脑中往往存在一个"理想国"，理想和现实之间存在巨大的鸿沟。面对现实中的诸多不如意，或是牢骚太盛怨天尤人，或是闭门修书不问天下之事。可以说，"法治蓝皮书"课题组在一定程度上解决了怎样做研究的问题。"法治蓝皮书"课题组长期跟踪现实，深入实际，理论与实践相结合，创新了法学研究方法和成果，取得了很好的社会效应。在为谁做研究方面，课题组目标明确，为人民做研究、为推动中国法治建设进步做研究，这也是课题组广受赞誉之处。

本丛书编辑之时，正值中国共产党第十九次全国代表大会即将胜利召开。近年来，"法治中国"概念的提出，标志着中国法治建设的理念进一步深化。党的十九大将对中国的法治建设作出新的理论指导和制度建设安排，依法治国将进一步成为中国共产党执政的基本方式，法治也将为人民带来更大的福利。如同广大的社会科学工作者一样，法治蓝皮书工作室也期待着中国共产党第十九次全国代表大会的召开，期盼着法治能够进一步奠定其社会治理的支柱性地位，不仅成为中国共产党依法执政的准则，也成为政府依法行政、法院公正司法、全民尊崇法律的标准，法治建设必将迎来新的春天。

田 禾

2017年7月17日于北京

摘　要

近年来，中国刑事法治建设取得了举世瞩目的成就。刑法是中国特色社会主义法律体系主干的重要组成部分，刑事法治建设水平能够在一定程度上代表中国特色社会主义法律体系发展到何种阶段。刑事法治与人权保护有着难以割裂的关系，对行动自由最低限度干预原则与以国家强制力为后盾对人民权利最高规格的保护相得益彰，共同体现社会主义制度的优越性。"法治蓝皮书"持续关注中国刑事法治发展动向，一方面客观记录中国刑事实体法的变动和运行状况，另一方面着力避免陷入因传统因素导致的"重实体轻程序"误区，重视对中国刑事诉讼法治发展状况的同步记述。

十余年来，中国刑事实体法治的发展紧随社会形势的变化，对某一时期集中爆发的犯罪及时反应，通过开展专项整治行动等方式予以遏制；对新出现的犯罪，及时启动立法程序或法律解释程序填补法律空白，力争在第一时间遏制其蔓延；建立在数据分析基础上对未来犯罪形势的预测在源头控制、精准打击犯罪、降低犯罪率方面成就斐然。

中国的刑事诉讼法治自《刑事诉讼法》1996年第一次修改后的二十年间，不断通过出台相关法律、法规、司法解释进行自我修正，辩护制度、证据制度、强制措施制度相继得以完善，侦查程序、审查起诉程序、审判程序、执行程序、特别程序走向规范化。程序正义日益成为"看得见的正义"，确保实体正义的顺利实现。

刑事法治有其固有精密复杂的体系结构，细微之处仍需继续打磨；由于社会形势处于持续变动之中，刑事法治也将不断面临亟待解决的新情况、新问题。总结经验走向未来的中国刑事法治建设仍需坚持问题导向，在维持社会稳定、保障公民权利、实现公平正义方面发挥中流砥柱作用。

目 录

导论1　新科技革命时代的犯罪形势与预测 …………………………… 001

导论2　刑事诉讼法治二十年 …………………………………………… 008

专题一　刑事法治年度报告

第一章　2004年中国刑事法治 ………………………………………… 046

第二章　2005年中国刑事法治 ………………………………………… 078

第三章　2006年中国刑事法治 ………………………………………… 109

第四章　2008年中国刑事法治 ………………………………………… 139

第五章　2009年中国刑事法治 ………………………………………… 152

专题二　犯罪形势与预测

第六章　2009年中国犯罪形势分析及预测 …………………………… 161

第七章　2010年中国犯罪形势分析及预测 …………………………… 175

第八章　2011年中国犯罪形势分析及预测 …………………………… 185

第九章　2012年中国犯罪形势分析及预测 …………………………… 202

第十章　2013年中国犯罪形势分析及预测 …………………………… 213

第十一章　2014年中国犯罪形势分析及预测 ………………………… 230

第十二章　2015年中国犯罪形势分析及预测 ………………………… 242

第十三章　2016年中国犯罪形势分析及预测 ………………………… 256

专题三　刑事诉讼发展报告

第十四章　中国刑事辩护状况调研报告……………………………………… 269

第十五章　中国刑事诉讼法治的新进展……………………………………… 286

专题四　反腐法治建设

第十六章　中国追逃贪官的国际刑事合作评析……………………………… 299

第十七章　中国渎职侵权犯罪立法与司法实践……………………………… 316

第十八章　2013年中国反腐败路径及预测…………………………………… 329

专题五　刑事法治热点问题

第十九章　中国宽严相济的刑事司法政策…………………………………… 349

第二十章　中国刑罚执行体制改革发展报告………………………………… 361

第二十一章　中国刑事赔偿工作与制度完善………………………………… 370

第二十二章　中国刑事被害人国家补偿制度………………………………… 381

第二十三章　中国死刑核准制度改革与完善………………………………… 394

第二十四章　吉林省涉黑犯罪与打黑除恶调研报告………………………… 412

Abstract ……………………………………………………………………………… 433

Contents …………………………………………………………………………… 435

后　　记 …………………………………………………………………………… 450

导论1　新科技革命时代的犯罪形势与预测

摘　要： 以人工智能技术为核心的第四次工业革命导致中国社会出现多种社会形态并存、断裂的转型期特征，与之存在深层联系的犯罪形态随之发生改变。改革开放40年来，中国社会治安形势总体稳定，传统暴力犯罪持续下降；破坏社会主义市场经济犯罪行为类型呈多样化，犯罪态势整体可控；新型犯罪快速增长，对传统治理手段形成挑战。未来传统犯罪类型出现的新变化需要刑法立法司法实践适时作出调整，而新型犯罪则更需要刑事法律体系的全面联动积极规制与应对。

2017年7月8日，国务院印发《新一代人工智能发展规划》，为抢抓人工智能重大战略机遇，构建世界科技强国，作出了国家层面的统一部署。新时代中国特色社会主义建设进入一个在科技革命推动下社会急剧发展变迁的历史时期，中国社会呈现农业社会、工业社会、风险社会同时并存，不同社会形态断裂与交错共在的特征。中国社会步入新科技革命时代的复杂社会转型进程，而犯罪形态的变化与社会变迁之间存在深层联系，这必将对中国的刑法发展产生深刻、长远的影响。以典型犯罪类别为例，结合新科技革命对中国社会的深刻影响，回顾改革开放近40年来犯罪形势发展变化并对未来状况进行预测分析，对于理解我国刑事法治的发展进程和今后完善方向具有重大意义。

一　社会治安形势总体稳定，传统暴力犯罪持续下降

1978年实施改革开放之初，社会治安形势在一个时期内较为紧张。

应予肯定的是，1979年《刑法》颁布，结束了办案主要依靠政策的局面。1983年国家决定"从重从快严厉打击刑事犯罪活动"，"严打"刑事政策首次在实践中展开。此后，1996年4月至1997年2月、2000年4月至2002年底，国家又进行了两轮"严打"刑事犯罪的活动，中国社会呈现高压惩治犯罪的态势，其中爆炸、杀人、强奸、抢劫、绑架等传统暴力犯罪是打击的重点，拐卖妇女儿童等犯罪也受到高度关注。在"严打"刑事政策实施初期，收到的成效较为明显。据统计，1983年8月至12月，全国除二省一市外，发案率下降10%以上的有7个省，下降20%以上的有8个省，下降40%以上有两个省，下降50%以上的有两个省。同时，重大刑事案件也呈同步下降趋势：1984年第一季度与1983年同期相比，强奸案件下降了4.7%，伤害案件下降了5%，杀人案件下降了24.6%，投毒案件下降了43%，抢劫案件下降了72.6%。

但是，由于"严打"政策带有运动式执法的特点，在实体法、程序法两个方面与法治要求不符，从社会治安形势的长期治理需要来看，也不利于发挥常态性作用，有的刑事案件发案率还出现反弹，这一刑事政策有待作出一定调整。1997年《刑法》全面修订，罪刑法定原则在《刑法》中明文作出规定，废除类推制度，取消反革命罪、投机倒把罪、流氓罪、玩忽职守罪等"口袋罪"，刑法制度实现了重大进步。2004年罗干同志要求正确运用宽严相济的刑事政策，2006年中央则以正式文件形式明确宽严相济的刑事政策，也成为我国现阶段惩治和预防犯罪的基本刑事政策。《中国法治发展报告No.5（2007）》曾就宽严相济刑事政策的内涵、贯彻等作出详细阐述。这一刑事政策指导思想的明确和社会管理综合治理等举措的落实产生了很大的实践影响，社会治安形势总体稳定，特别是传统暴力犯罪逐渐走上连年持续下降的轨道。公安机关数据表明，2014年以来，命案破案率连续10年超过90%，命案发案逐年下降，2014年以来降至10年前的一半；杀人、爆炸、强奸、抢劫等八类严重暴力犯罪案件连续10年下降。

从社会变迁角度来看，这些传统暴力犯罪基本上属于自然犯，在农业社会中早已有之，随着社会主义现代化建设的不断深入和市场经济的发展，人们会把更多的精力投入社会分工所形成的职业活动中，法定犯等新的犯罪类型会相应增加，自然犯在所有犯罪类型中的比重必然下降。随着科技革命的不断发展，人类改造自然的能力日趋提高，能够更有效率地创造物质财富，国家有条件不断提高人民生活水平，人民群众的文明程度不断提高，这也使得严重暴力犯罪这种简单粗暴式的犯罪手段存在的范围日益狭小。

二　破坏社会主义市场经济犯罪类型多样，犯罪态势整体可控

1978年以来，国家把工作重心放在经济建设上，开始了社会主义现代化建设的历史征程。1992年春，邓小平同志发表南方谈话，阐明了社会主义市场经济的基本设想。1993年中央决定实行社会主义市场经济。1997年《刑法》第三章以专章形式对破坏社会主义市场经济犯罪作了规定，后经刑法修正案多次修订，设有八个罪节总计100个条文对涉及的生产销售伪劣商品罪、走私罪、妨害对公司企业的管理秩序罪、破坏金融管理秩序罪、金融诈骗罪、危害税收征管罪、侵犯知识产权罪、扰乱市场秩序罪八大类罪作了非常全面的规定。这些规定个别是自然犯规定，如伪造货币罪，但更多的均为法定犯规定，是国家出于维护社会主义市场经济秩序的需要而予以立法化，它不像自然犯那样，在农业社会中即久远存在，并与人的正直、怜悯的情感相悖。这些自然犯的规定，大多规定在第四章侵犯公民人身权利、民主权利罪和第五章侵犯财产罪中，而后者条文之和仍少于第三章的规定。

市场经济的健康有序发展关系到国计民生，至关重要，在刑事司法实务中，破坏市场经济秩序的犯罪也是国家重点惩治的对象。《中国法治发展报告No.3（2005）》对2004年国家打击侵犯知识产权犯罪进行了评析，当时曾就有关情况作出介绍，据不完全统计，最近4年，全国侵犯知识产权案件立案数年均增长33%，涉案金额年均增长近30%。2004年1~6月，全国公安机关立案就超过500起，涉案金额2.6亿元。公安部于2004年开展了为期一年的打击侵犯商标专用权犯罪的专项行动，成效显著。

《中国法治发展报告 No.7（2009）》则对 2008 年引发广泛关注和讨论的许霆案作了重点介绍和评析。2006 年 4 月 21 日，许霆利用银行自动取款机故障从自己 170 多元余额的卡里取走 17.5 万元并挥霍殆尽，2007 年 12 月广州市中级人民法院以盗窃罪一审判处许霆无期徒刑。这一判决引发广泛社会质疑，2008 年 1 月 9 日该判决被广东省高级人民法院发回重审，同年 3 月 31 日一审法院以盗窃罪改判其 5 年有期徒刑并层报最高人民法院，核准了其在法定刑以下量刑的判决。从学理上，许霆的行为是定性为盗窃罪、信用卡诈骗罪还是侵占罪也引发争议和讨论。

从社会变迁角度来看，无论是侵犯知识产权犯罪还是利用取款机故障实施的犯罪，都是科技获得巨大发展人类步入工业社会之后发生的犯罪形态，科技发展对犯罪的表现形式产生了重大影响。前者反映了社会变化对知识产权保护提出的深切诉求，在刑法立法上的及时回应显然适应了这一社会变迁的需要；后者则反映了随着科技的发展，新问题的提出对刑法解释学理论提出了挑战。在工业社会中，随着社会生产力水平的极大提高，人类已经能够较好地创造基本生存所需的物质条件，人口不断增长、社会交往日益密切，进而推动社会分工深度发展，这为市场经济的存在提供了巨大推动力。中国高度重视经济犯罪的惩治，使社会市场经济的运行基本不受违法犯罪的重大干扰，经济建设取得了举世瞩目的伟大成就。

三　新型犯罪快速增长，对传统治理手段形成挑战

21 世纪以后，随着互联网的普及、高速交通的发达，人们的沟通方式发生了巨大改变，同时工业产品极大丰富，有的产品还出现相对过剩，但环境危机也与之相伴而生，中国与世界其他发达国家一起步入风险社会阶段。人类科技水平已经提高到不仅仅是改造自然，而是足以能够毁灭自然。在利用生化、核能等技术的过程中，还会引发新恐怖主义、生态危机、网络犯罪等问题，它们导致巨灾而带来空前的治理危机，甚至可能毁灭这个星球上的所有生物。高科技在给人类社会带来极大便利的同时，也前所未有地使地球村的所有公民不由自主地成为人类命运共同体。在中国，"疆独"恐怖主义、环境犯罪、网络犯罪等问题也表现得日益突出，

成为国家政治议题中的重要部分和刑法关注的中心。这些犯罪形态发生了不同以往犯罪的重要变化，新恐怖主义犯罪更具有组织性、致命性并针对平民；环境犯罪的危害不限于一时一地，影响完全可能超越国家、跨越世代；网络犯罪则很容易形成涉众性广、财产损害巨大、社会影响和政治影响在舆论场无限放大的局面。这些是风险社会提出的国家治理新课题，应当高度关注，积极应对。

关于新恐怖主义，2001年美国发生的"9·11"事件给全人类留下了深刻教训，而中国的新恐怖主义同样不容忽视。《中国法治发展报告 No.12（2014）》就对2013年新疆喀什、吐鲁番发生暴力恐怖主义、天安门恐怖袭击事件等作了介绍，《中国法治发展报告 No.13（2015）》对2014年新疆发生的多起暴力恐怖主义事件、广州昆明等火车站暴力恐怖袭击事件作了介绍。中国的"疆独"恐怖主义呈现高发态势，目前势头虽然有所控制，但丝毫也不能放松警惕。

关于环境犯罪，虽然1997年《刑法》已有规定，但相关罪名司法实践中很少得到适用。近年来"雾霾"污染、水污染、重金属污染等问题日益突出，要求刑法介入的社会需要非常急迫。以《刑法》第338条规定的污染环境罪为例，2015年《刑法修正案（九）》对其条文进行修订，把"重大环境污染事故罪"改为"污染环境罪"，使这一罪名的成立不再依赖于重大环境污染事故的发生，而只要行为违反国家规定的严重污染环境即可入罪，这就改变了过去司法实践中很少适用第338条的状况，全国适用污染环境罪的案件数量连年上升，2015年即突破了三位数，为惩治环境犯罪提供了有力支撑。

关于网络犯罪，《中国法治发展报告 No.3（2005）》重点介绍了惩治网络色情的相关情况，《中国法治发展报告 No.14（2016）》则对网络犯罪快速增长的态势作了介绍，网络犯罪不断增长成为过去二十多年犯罪发展态势的一个重要方面。

从社会变迁角度来看，恐怖主义、环境犯罪、网络犯罪等新型犯罪与科技革命的进一步发展密切相关。美国的"9·11"事件中，恐怖分子利用飞机来撞大楼实施恐怖袭击，这在科技水平低的社会基本没有可能。"疆独"恐怖分子利用互联网来宣传鼓动，使其组织更具有分散性和隐蔽性特点，才能够孕育防不胜防的"独狼式"恐怖袭击。环境犯罪的发生与高度消耗自然资源的工业生产联系密切，网络犯罪更是高科技发展中出现的典型犯罪类型。从风险社会的视角去观察犯罪类型和犯罪形态的变化，能够使我们更好地理解当下社会整体变迁的大趋势，理解我们所处的时代和犯罪所反映的社会特征。

四 对犯罪态势的预测及应对建议

对改革开放近40年来的犯罪态势进行专门分析难免挂一漏万，如腐败犯罪在中国"老虎苍蝇一起打"的严惩思路发生重大变化，毒品犯罪居高不下的严峻态势。这些其实也完全应予关注，好在本书中已有一定介绍分析，而从社会形态发展变迁角度来重点介绍某些具有代表性的典型犯罪类型，对于理解社会变迁与犯罪发展的关系具有重要意义，也便于我们以此为参照对未来的犯罪发展态势作出预测。

中国正在着力推动现代化建设和城市化进程，农业社会的存在空间处于快速缩减之中，一般不会出现新的犯罪类型，虽然不排除个别极端犯罪的发生，但传统暴力犯罪有望长期保持较低的发案水平。在生物技术取得重大进展并对高新科技农业形成重大影响之后，相关的经济犯罪可能会有所增加。

中国的工业社会将继续发展，市场经济将不断完善，经济犯罪的数量还将十分巨大，犯罪手段、方式会根据市场发展变化呈现新形态。

中国的风险社会侧面将表现得更加突出，新型犯罪会继续增加，但某些罪名及犯罪也可能会消失。人工智能产业的多领域发展、互联网进入5G时代，都将极大地改变人们的生产生活面貌，并对犯罪态势发生重大影响。由智能代理实施的危害行为在法律上应该怎样对待？智能代理是不是行为主体？一系列新问题将挑战刑法立法和理论的传统理解，同时会给国家治理带来新的考验。如果无人驾驶技术得以普及并禁止人类驾驶员车辆上路，醉酒型危险驾驶罪将不复存在，这一立法规定也将被删除。如果移动支付技术进一步普及并不再发行现实货币，伪造货币罪也可能不复存在。

出于对当下中国社会中农业社会、工业社会、风险社会同时并存，不同社会形态断裂与交错共在状况的考虑，应当在不同犯罪类型的社会背景下理解犯罪的成因和发展趋势，有所区别地形成应对策略。

对于农业社会中的传统暴力犯罪，应当进一步消除贫困、提高人们的文化素养和思想道德水平，减少犯罪的诱发因素。对于中国当下城市化进程中农村"留守儿童"父母教育跟不上、厌学失学的情况要高度警惕，对于农村大龄男青年婚配困难所造成的包括"相亲诈骗"在内的一系列不稳定因素要予以必要关注。在此基础上，推出妥当的应对举措对于控制犯罪发生具有积极意义。

对于工业社会中的破坏市场经济秩序犯罪，应当坚持调整经济结构，保持经济活力，减少经济震荡中不法行为的利益驱动力；同时，应当把市场监管等行政手段运用充分，促使各方市场主体形成良好的规则认同；还应及时评估社会变化中新的行为方式对市场的影响，从立法、司法层面予以回应。

对于风险社会中的新型犯罪，应当从风险类型的特点出发，全链条考虑风险控制手段，把技术手段用在前面，尽可能减少犯罪成因，明确行为规范要求，促成技术规则和法律规则并行、政府治理和社会治理互补的应对格局。

还应指出的是，刑罚作为控制犯罪的重要制度手段，也应作出必要调整，以适应社会的发展变化。越来越多的学者主张改变以刑法典形式集中、统一立法的立法模式，改为刑法典、单行刑法、附属刑法并行的分散立法模式，这样才能应对社会的快速发展和不同犯罪的特点。在分散立法模式下，可以把杀人、抢劫、强奸、绑架等自然犯以及刑罚的一般条件等内容作为核心刑法范畴规定在刑法典，保持刑法典稳定不变；把恐怖主义、环境犯罪等涉及社会生活具有限定性、风险链条又较为紧密的内容规定进单行刑法；把涉及生活面广、行为类型复杂多样、富于变化的经济犯罪、网络犯罪等内容以附属刑法形式进行规定，使其与相关的行政法、民法、经济法等内容在立法上更好地衔接。这样一来，刑法典的内容可以行之久远稳定不变，单行刑法则具有更强的专门性和针对性，附属刑法也更为灵活、严密，对不同社会形态中的犯罪从刑法立法上都有妥当的应对安排，这样的刑法立法更加科学，其司法效果也将更佳。

导论2　刑事诉讼法治二十年

摘　要：1979年颁布实施的《刑事诉讼法》，作为新中国第一部刑事诉讼法典，首次较为系统地规定了刑事诉讼的基本制度，其颁行标志着我国刑事司法开始走上法制化的道路。该法自1996年第一次修改至2016年这二十年，是中国刑事诉讼法治取得重大进步的二十年，一系列相关法律和司法解释的出台，使中国刑事诉讼法治日趋完善。刑事诉讼的三大制度（辩护制度、证据制度、强制措施制度）和五大程序（侦查程序、审查起诉程序、审判程序、执行程序、特别程序）的历史演进过程，提纲挈领地展现出刑事诉讼法治二十年来的变迁，同时现行刑事诉讼法治的进步和不足展露无遗，中国刑事诉讼法治建设的未来走向在回顾与展望中得以确立。

一　刑事诉讼二十年变迁概述

1996年至2016年这二十年，是中国刑事诉讼法治取得重大进步的二十年，一系列相关法律和司法解释的出台，使中国刑事诉讼法治日趋完善。1996年《刑事诉讼法》的第一次修改和2012年《刑事诉讼法》的第二次修改，具有里程碑意义。

从某种意义上讲，在法律体系里，《刑事诉讼法》是仅次于《宪法》的基本法，它素有"小宪法"之称。1979年颁布实施的《刑事诉讼法》，作为新中国第一部刑事诉讼法典，首次较为系统地规定了刑事诉讼的基本制度，其颁行标志着中国刑事司法开始走上法制化的道路。1996年，《刑事诉讼法》进行了第一次修改，其修正案无论在形式还是内容上都比1979年《刑事诉讼法》更加完善，对推动中国刑事司法制度的现代化具有积极意义。但是，随着时间的流逝，旧的《刑事诉讼法修正案》在新形势下处理新问题时又显得力不从心，人们对于《刑事诉讼法》也有了更多、更高的期待。因此，第二次修改《刑事诉讼法》势在必行。《刑事诉讼法（修改草案）》于2011年提出，经过两次审议之后，于2012年3月14日由十一届全国人大五次会议通过。为配合《刑事诉讼法》的第二次修改，最高人民法院和最高人民检察院等机关相继颁布了一系列司法解释。

1996年的《刑事诉讼法》修改确立了法院统一定罪原则；改革刑事辩护制度，使犯罪嫌疑人和被告人在侦查阶段和审查起诉阶段即可聘请律师协助；改革刑事强制措施制度，放宽逮捕的条件，完善取保候审和监视居住适用程序；废止收容审查，并将其原适用的对象纳入拘留中来；改革审查起诉制度，废除免予起诉；改革刑事审判程序，取消开庭前的实体审查，改革法庭调查程序，扩大控辩各方的参与权；设立简易程序，使轻微案件得到迅速处理；加强对刑事被害人的权利保障，使其拥有当事人的地位和诉讼权利，不论是在理念的进步还是制度的完善方面都取得了长足的进步。而在2012年修改的《刑事诉讼法》当中，首先提纲挈领地加入"尊重和保障人权"，同时下大力气解决刑讯逼供、非法取证等突出问题，以及进一步完善辩护制度、强化律师作用等，都紧密契合中国时代和现实发展的要求，对于修复执法漏洞、重建司法威信、推动法制化建设意义重大。然而，不和谐的声音同样存在，也有人认为，在涉及逮捕、拘留、监视居住等限制公民人身自由的规定上，仍有商榷的空间；许多规定比较模糊，可操作性不强，对司法解释过于依赖；甚至个别条款有放纵公权力、侵犯人权之嫌。虽然这种观点只是一家之言，但也足以促进我们进一步深入的思考。

刑事诉讼的三大制度是指辩护制度、证据制度和强制措施制度，五大程序是指侦查程序、审查起诉程序、审判程序、执行程序和特别程序，笔者拟围绕刑事诉讼的三大制度、五大程序来分析刑事诉讼法治二十年来的变迁。对中国刑事诉讼法治的进步和不足进行分析，对刑事诉讼领域当前的热点问题加以介绍,对刑事诉讼法治的发展进行展望。

二 辩护制度

中国的刑事辩护制度从1979年颁行《刑事诉讼法》以来,到1996年《刑事诉讼法修正案》,到2008年颁布的《律师法》,再到2012年《刑事诉讼法修正案》及其相应的司法解释,其间经历了三次大的飞跃,刑事辩护制度经历了从空白到新设、从粗糙简陋到逐步完善的发展历程,顺应了中国刑事诉讼制度转型的节奏,进一步推进了中国的法治化发展进程。1979年《刑事诉讼法》的出台标志着具有中国特色的刑事辩护制度已经开始形成。1996年《刑事诉讼法修正案》在引入庭审对抗制的前提下辩护制度得到进一步发展,完善了辩护律师会见、通信权和阅卷权的相关内容,并且新增了辩护律师调查取证权的规定。2008年《律师法》中关于辩护制度的规定具有明显的进步性、科学性和前瞻性,尤其体现在关于解决实践中刑事辩护"三难"问题的相关规定、辩护律师的职责和职业豁免权以及保守职业秘密的相关规定。2012年《刑事诉讼法》的再修改及其司法解释的出台,充分凸显了人权保障的立法变动宗旨,使得辩方权利进一步扩张,将辩护律师介入诉讼的时间提前到侦查阶段,进一步解决刑事辩护"三难"问题,简化辩护律师行使权利的程序,在一定程度上消除了对辩护律师的歧视性规定,注重保障犯罪嫌疑人、被告人的合法权益,此次修正具有明显的进步意义,有的法律从业者感慨此次刑事诉讼的修正迎来了中国刑事辩护制度的春天。

1997年1月1日开始施行的《刑事诉讼法》,被誉为中国民主法制建设中的一项重大成就,对促进依法治国方略的实现有重大意义。保障人权是1997年《刑事诉讼法》的重要特征之一,具体到辩护制度方面,集中在以下三个方面。一是明确了辩护人的身份和职责是根据法律和事实,提出证明犯罪嫌疑人、被告人无罪、罪轻或者减轻、免除其刑事责任的材料和意见,维护犯罪嫌疑人、被告人的合法权益。辩护律师参加刑事诉讼活动,依法可以收集、查阅与本案有关的材料,同被限制人身自由的人会见和通信,出席法庭,参与诉讼,以及享有诉讼法律规定的其他权利。律师担任辩护人的，其辩护权利应当依法保障。律师在执业活动中的人身权利不受侵犯。二是把律师介入的时间由原规定的庭审前7天，提前到侦查阶段，即"犯罪嫌疑人在被侦查机关第一次讯问后或者采取强制措施之日起"，此时犯罪嫌疑人就可以聘请律师为其提供法律服务。大幅度提前了律师对于案件辩护的介入。三是在审判程序上，加强控辩双方的抗辩性，吸收英美法系当事人主义对证据的交叉询问规则。改变了原有诉讼程序中只作总结辩论的做法，在庭审过程中控辩双方对某一证据或案件事实提出了疑问，法官要即时引导双方进行辩论，避免了原有程序"先定案后审案"的弊端。

刑事辩护制度是保障被告人、犯罪嫌疑人合法权益的有力武器。2012年《刑事诉讼法修正案》不仅将"尊重和保障人权"写入总则，而且在具体的制度设计上也作了多处修正，以更好地保障辩护权的有效行使，具体表现在以下方面。一是增加了犯罪嫌疑人在侦查阶段可以委托律师作为辩护人的规定。同时规定，犯罪嫌疑人、被告人在押的，其监护人、近亲属可以代为委托辩护人。二是扩大了法律援助的范围。一方面，把法律援助的范围扩展到尚未完全丧失辨认或者控制自己行为能力的精神病人和可能被判处无期徒刑的人；另一方面，把法律援助的时间从1996年《刑事诉讼法修正案》规定的审判阶段提前到侦查阶段和审查起诉阶段。三是完善了辩护人的职责。取消了1996年《刑事诉讼法修正案》辩护人对于被追诉人无罪、罪轻或者减轻、免除刑事责任的证明要求，将辩护人的责任从维护被追诉人的"合法权益"修改为"诉讼权利和其他合法权益"。四是完善了辩护律师的会见权。2012年《刑事诉讼法修正案》规定在侦查期间，除危害国家安全犯罪、恐怖活动犯罪、特别重大贿赂犯罪案件外，辩护律师持"三证"即可会见被追诉人，对此看守所应当及时安排会见，至迟不得超过48小时。辩护律师在审查起诉阶段会见被追诉人的，可以向被追诉人核实有关证据；会见不被监听。五是完善了辩护律师的阅卷权。规定辩护律师在审查起诉阶段可以查阅、摘抄、复制本案的案卷材料。六是增加了辩护人权利。主要包括：①辩护律师向侦查机关提出意见的权利；②辩护人申请人民检察院、人民法院调取有利于被追诉人的有关证据材料的权利；③辩护人、诉讼代理人认为办案机关及其工作人员阻碍其依法行使诉讼权利向检察机关申诉或者控告的权利。七是增加了追究辩护人刑事责任的管辖规定。规定追究辩护人刑事责任案件应当由办理辩护人所承办案件的侦查机关以外的侦查机关办理。八是规定了辩护人义务。主要包括：①辩护人接受委托后，对办理案件机关的及时告知义务；②辩护人收集的有关犯罪嫌疑人不在犯罪现场、未达到刑事责任年龄、属于依法不负刑事责任的精神病人的证据，对公安机关、人民检察院的及时告知义务；③辩护律师的执业保密义务及除外规定。九是规定了办案机关应当听取辩护人意见的7种情形。上述规定，一方面，是为了解决1996年《刑事诉讼法》修改后实践中出现的辩护"三难"问题，回应辩护制度的发展需要；另一方面，是为了解决1996年《刑事诉讼法修正案》与2007年《律师法》的衔接问题。修改的宗旨是通过辩护制度的完善，进一步重视与贯彻人权保障。

在2012年《刑事诉讼法》修改后，相应的司法解释均作出了修正，以保障《刑事诉讼法》在实践中得到正确而有效率的贯彻实施。最高人民法院于2012年12月24日公布了《关于适用〈中华人民共和国刑事诉讼法〉的解释》（以下简称《最高法解释》），自2013年1月1日起与修改后的《刑事诉讼法》同步施行。《人民检察院刑事诉讼规则（试行）》（以下简称《最高检规则》）已于2012年10月16日由最高人民检察院第十一届检察委员会第八十次会议通过，自2013年1月1日起施行。最高人民法院、最高人民检察院、公安部、国家安全部、司法部、全国人大常委会法制工作委员会联合发布《关于实施刑事诉讼法若干问题的规定》（以下简称《六部委规定》），自2013年1月1日起实施。修订后的《公安机关办理刑事案件程序规定》（以下简称《公安部规定》）已经2012年12月3日公安部部长办公会议通过，自2013年1月1日起施行。司法解释修正的重点着眼于保障辩护权的有效实现，限制职权机关阻碍辩护权的行使和侵犯辩护人的权利。主要表现在两个方面：一是对于2012年《刑事诉讼法修正案》中较为抽象模糊的内容加以明确，如确定了委托辩护人的具体范围，明确了律师行使会见权的时间以及行使阅卷权的具体方式等；二是对于2012年《刑事诉讼法修正案》中没有作出具体规定的内容以司法解释的形式加以补充，如对于法律援助以及在死刑复核程序中律师发表意见的具体操作程序作出规定。

三 证据制度

证据是刑事诉讼的核心内容，侦查、起诉、审查等各项刑事诉讼活动环节，无一不是围绕证据的收集、举证、质证、采信、排除等问题展开。根据证据认定案件事实，判定被告是否有罪，既是诉讼活动的内在要求，也是现代法治国家的基本诉讼原则。证据是查明案件事实的手段，诉讼最终也是将一定的法律规范适用于一定的事实，但在适用法律之前必须查明案件事实，诉讼证据的功能就在于使案件事实或者当事人的主张得到确认，最终裁判者得以适用法律，形成一定的结论。

《刑事诉讼法》自1996年第一次修改后，随着中国法治的不断深化发展，理论界和实务界逐渐意识到中国刑事证据立法内容单薄，简单的条文难以满足中国刑事司法实践的要求。2011年最高人民法院、最高人民检察院、公安部、国家安全部和司法部五机关联合颁布了《关于办理死刑案件审查判断证据若干问题的规定》（以下简称《办理死刑案证据规定》）和《关于办理刑事案件排除非法证据若干问题的规定》（以下简称《非法证据排除规定》）两个有关刑事证据的重要司法解释。2012年《刑事诉讼法》修正，在重点吸收这两个司法解释的基础上，对中国刑事证据制度作了较大的修改。

1996年《刑事诉讼法修正案》共有8个条文涉及刑事证据制度，具体规定在第5章的第42~49条。涉及证据种类、收集方法、口供补强规则、证言之审查判断、证人资格与义务、证人保护等内容。其进步之处体现在以下方面。一是增加了证据种类，《刑事诉讼法》第42条第2款规定，中国刑事诉讼证据主要有七种：①物证、书证；②证人证言；③被害人陈述；④犯罪嫌疑人、被告人供述和辩解；⑤鉴定结论；⑥勘验、检查笔录；⑦视听资料，因时制宜地增加"视听资料"为新的证据种类。二是确立了无罪推定原则，《刑事诉讼法》第12条规定："未经人民法院依法判决，对任何人都不得确定有罪。"第162条第3款规定："证据不足，不能认定被告人有罪的，应当作出证据不足、指控的犯罪不能成立的无罪判决。"根据上述两条规定，应当认为中国已基本确立无罪推定原则。三是增加了对证人的保护，第49条规定，司法机关对证人及其近亲属的人身安全提供保障，并明确了对于证人及其近亲属的威胁、侮辱、殴打以及实施打击报复行为的，将依法追究法律责任。

2012年《刑事诉讼法修正案》修改了其中5条，增加了8条，3条未作修改。与辩护与代理章、强制措施章等比较，人权保障是证据章的主线，其不仅与中国加入国际公约的基本要求一致，而且也是"尊重和保障人权"条款在《刑事诉讼法》中的具体落实"。2012年修改及完善之处主要体现在以下几个方面：一是重新界定了证据的概念，对证据的种类予以完善；二是增加规定了"不得强迫任何人证实自己有罪"；三是解释"证据确实、充分"的含义；四是明确了非法证据排除规则及操作程序；五是明确了证人、鉴定人应当作证的情形及证人经济补偿、证人保护等，警察出庭作证，强制证人出庭作证及其例外；六是规定控辩双方可以申请法庭通知有专门知识的人出庭作证，就鉴定人作出的鉴定意见提出不一致的意见。

1. 增加证据种类

（1）将辨认笔录、电子数据纳入法定证据种类。

电子证据作为一种超越传统证据形式的新型证据，是指以电子数据形式存在并可以用于证明案件事实的材料。具体表现诸如电子邮件、网络博客、电子聊天记录、手机信息、电子签名、域名、电子公告数据等。在以往的司法实践中，如出现手机短信这样的证据，司法工作人员通常将该份短信以纸质版的形式将短信中的内容呈现出来，虽然其不符合书证的要求，但由于电子数据在侦破案件中起到的至关重要的作用，也只能勉为其难地如此运用。此次《刑事诉讼法》的修改，将电子证据增设为法定证据种类之一，赋予电子数据以法定证据身份，不仅符合时代发展的需要，而且更适应了刑事诉讼司法实践出现的新情况和新需要，丰富和完善法定证据的种类，解决了以往司法实践中对电子数据运用的两难境地问题。

辨认是在侦查人员主持下由被害人、证人、犯罪嫌疑人对犯罪嫌疑人、与案件有关或疑与案件有关的物品、尸体、场所进行识别认定的一项侦查措施。原《刑事诉讼法》没有规定辨认笔录能否作为证据使用以及辨认的程序规则；1998年《人民检察院刑事诉讼规则》及《公安机关办理刑事案件程序规定》，对辨认的程序作了较为粗略的规定，包括辨认的组织者、辨认主体、辨认客体等，2010 年最高人民法院联合最高人民检察院等五部门颁布了《关于办理死刑案件审查判断证据若干问题的规定》，其中部分条款对刑事辨认的证据能力进行了完善。实践中公安司法机关普遍将辨认笔录作为证据使用。新《刑事诉讼法》将辨认笔录列入法定的证据种类，但并未具体规定辨认笔录的程序，而后，公安机关在制定新《刑事诉讼法》实施意见时对辨认笔录作出进一步明确、统一的规定。

（2）将鉴定结论修改为鉴定意见。

鉴定意见，即鉴定人的意见，是由鉴定人接受委托或者聘请，运用自己的专门知识和现代科学技术方法，对诉讼中涉及的专门性问题进行检测、分析判断后，所出具的鉴定性书面意见。作为法定的证据种类，鉴定意见在刑事诉讼中可以发挥多方面的作用。在当前司法实践中，法官往往过分依赖甚至迷信鉴定结论，将鉴定结论视为最终定案的依据而忽视鉴定结论的质证、认证的过程，认为鉴定结论是不可动摇的关键定案依据。一方面是因为"结论"带有确定性、客观性、权威性的意思。将鉴定人的鉴定结果称之为"鉴定结论"，法官容易对这种鉴定结果的证明价值产生误解，认为鉴定人的鉴定意见是最权威、最客观的，从而容易轻信鉴定人的鉴定意见，也必将导致冤假错案的发生。另一方面，鉴定结论运用范围广泛，不仅在自然科学领域，人文科学、社会科学也适用，如有些会计、金融、古董鉴别等分析检验项目，其鉴定结论不仅应用到了专业知识，而且用到了专业经验，这些经验还具有探索性、不成熟性，故不能将鉴定结论一概而论。2012 年《刑事诉讼法修正案》将鉴定结论改为鉴定意见，这个改法的主要目的是强调鉴定仍然只是一种证据，没有高于其他证据证明力的价值。鉴定只是鉴定人运用自己专门的知识对案件的专门性问题发表自己意见和看法的活动，鉴定人表达出来的这些意见和看法并非事实本身，也绝非完全准确无误的科学结论。其可以改变以往法官认为鉴定结论是定案的主要依据，鉴定结论具有权威性、确定性，是不可更改的看法，进而消除法官在审理案件中盲目依赖甚至迷信鉴定结论，将鉴定结论作为最终判断而忽视对鉴定结论证明能力和证明力等方面的严格审查判断。

2. 完善证人、鉴定人制度

证人证言在刑事诉讼中具有广泛性、不可替代性，"没有证人就没有诉讼"的理念越来越体现在司法实践中。证人在刑事诉讼中起着至关重要的作用。原《刑事诉讼法》关于证人出庭、证人保护、证人补偿等制度的缺失导致中国证人出庭率低。不管是大陆法系还是英美法系的国家都极为重视刑事案件中证人出庭以及对证人的保护和补偿。例如：1984年美国颁布了《证人安全改革法》，对证人保护进一步加强；德国也制定了单独的证人保护法；中国香港、台湾地区也分别于2000年和2001年颁布了《证人保护条例》《证人保护法》。2012年《刑事诉讼法修正案》的颁布，有利于提高中国证人出庭率，提升审判质量，加强对证人的保护及补偿。具体修改如下。

第一，明确了证人、鉴定人应当出庭作证的情形。2012年《刑事诉讼法修正案》第187条第1款、第3款规定："公诉人、当事人或者辨认人、诉讼代理人对证人证言有异议，且该证人证言对案件定罪量刑有重大影响，人民法院认为证人有必要出庭作证的，证人应当出庭作证。""公诉人、当事人或者辨认人、诉讼代理人对鉴定意见有异议，人民法院认为鉴定人有必要出庭的，鉴定人应当出庭作证。"

第二，增加了证人保护制度。新《刑事诉讼法》增加第62条专门规定了对于危害国家安全罪、恐怖活动犯罪、黑社会性质组织犯罪、毒品犯罪等案件，证人、鉴定人、被害人因在诉讼中作证，本人或者其近亲属的人身安全面临危险的，人民法院、人民检察院和公安机关应当主动采取保护措施以保护证人、鉴定人、被害人及其近亲属；同时，还规定了证人、鉴定人、被害人认为因在诉讼中作证，本人或者其近亲属的人身安全面临危险的，可以向人民法院、人民检察院、公安机关提出申请，请求人民法院、人民检察院、公安机关采取措施予以保护。

第三，增加了证人经济补偿制度。新《刑事诉讼法》增加第63条，规定了证人因履行作证义务而支出的交通、住宿、就餐等费用，应当给予补偿。此外，本条还建立了对证人补偿制度的财政保障机制，将证人作证的补助列入司法机关业务经费，并由同级政府财政予以保证，同时规定，证人的工作单位不得因证人作证而损害其利益。

3. 增设专家辅助人制度

由于鉴定意见本身可能存在错误或者局限性，以及鉴定人自身的知识结构和对科学知识的理解可能存在不足，可能导致出具的鉴定意见存在错误和偏差。近几年中国司法实践中出现的如佘祥林、杜培武案等，或多或少都与法院错误采信鉴定意见有联系。为此2012年《刑事诉讼法修正案》增加了专家辅助人制度。专家辅助人制度的确立有利于增强辩护，准确认定案件事实，提高诉讼效率。

新《刑事诉讼法》第192条第2款规定："公诉人、当事人和辩护人、诉讼代理人可以申请法庭通知有专门知识的人出庭，就鉴定人作出的鉴定意见提出意见。"因此专家辅助人参与诉讼的范围仅限于出庭，其权利仅限于对对方提供的鉴定意见协助本方提出意见，对该证据的真实性与关联性等实体内容进行质证。

4. 建立非法证据排除制度

非法证据排除规则通常指执法机关及其工作人员使用非法行为取得的证据不得在刑事审判中采纳的规则。原《刑事诉讼法》第43条规定严禁刑讯逼供和以威胁、引诱、欺骗以及其他非法的方法收集证据，但是并未规定非法取证的排除规则和法律后果，因此该法条仅具有宣言意义而不具有可操作性。2010年，在最高人民法院、最高人民检察院、公安部、国家安全部、司法部联合制定的《关于办理刑事案件排除非法证据若干问题的规定》中，进一步规定了非法证据的范围、排除程序及其法律后果，初步建立了非法证据排除的程序框架，但实践中仍有一些漏洞。2012年《刑事诉讼法修正案》颁布后，明确规定了非法证据排除规则适用的范围、具体程序以及证据责任，使非法证据的排除有一套运行的程序，确立了非法证据排除的法律效力。排除非法证据，可以更好地制约警察非法取证的行为，符合现代社会保障犯罪嫌疑人、被告人人权这一人类文明发展的大趋势。具体修改如下。

第一，非法证据排除的范围。言辞证据：对于犯罪嫌疑人、被告人的言辞证据仅排除以刑讯逼供取得的证词；被害人、证人等，排除以暴力和威胁取得的证词、物证、书证；要求不符合法定程序，影响司法公正且不能补正或者作出合理解释的予以排除。

第二，非法证据排除的证明责任。首先，被告方承担初步的举证责任。被告人申请排除以非法方法取得的证据，应提供相关线索或者材料。其次，公诉方承担证据收集合法性的证明责任。法庭对证据收集的合法性进行调查的过程中，人民检察院应当证明证据收集的合法性。最后，法庭对非法证据有主动调查核实的义务。法庭对于确认或者不能排除以非法方法收集证据情形的，应当予以排除。

第三，非法证据排除的证明标准。在被告方初步证明有存在以非法方法取得证据后，控方便承担不存在非法证据情形的举证责任，且必须达到确实、充分，使法庭确定该证据系合法取得的程度。

第四，非法证据排除的适用阶段。中国非法证据排除主要是由侦查部门、检察机关和法院排除，且在侦查、审查起诉、审判阶段均可以对非法方法取得的证据予以排除。

5. 明确证明标准

证明标准，又称为证明要求，是指公安、司法机关人员运用证据证明案件事实应当达到的程度。原《刑事诉讼法》将"证据确实充分的"作为证明标准，但长期以来，理论、实务界对何为证据确实充分的理解莫衷一是，造成刑事诉讼中证明标准过于抽象，运作起来也令办案人员无所适从。为此，2012年《刑事诉讼法修正案》明确了证明标准。

第一，2012年《刑事诉讼法修正案》将"证据充分确实的"修改为"证据确实、充分"。笔者认为此处的修改只是在相关术语使用上需要保持一致性的考虑，无实质性的变化。

第二，对"证据确实、充分"作进一步明确的解释。在原《刑事诉讼法》对何谓"证据确实、充分"没有规定时，在理论界一般将其解释为"唯一性""排他性"，既根据现有的证据只能得出被追诉人就是犯罪人的结论。随后，还有人主张使用"排除合理怀疑""内心确信""确定无疑"等。为此，2012年《刑事诉讼法修正案》从三个方面对何谓"证据确实、充分"进行了解释。一是要求定罪量刑的事实都有证据证明，这是对证据量的要求。二是据以定案的证据均经法定程序查证属实，即对证据质的要求。三是综合全案证据对所认定事实已排除合理怀疑，其要求对所认定的事实达到排除合理怀疑的程度。

四　强制措施制度

强制措施在《刑事诉讼法》制定之前，就已由其他相关法律或规范文件加以规定。1979年制定的《刑事诉讼法》将其纳入正规化和法制化的轨道。1996年《刑事诉讼法修正案》的第一次修改废除了在实质上发挥强制措施作用的收容审查制度，细化和明确了对于取保候审和监视居住的制度规定，明确了适用条件、期限以及被采取措施人的法定义务，同时对逮捕和拘留制度加以调整，赋予了犯罪嫌疑人家属、被告人的近亲属法定代理人以及诉讼代理人对强制措施的超期羁押的变更解除请求权。2012年《刑事诉讼法》第二次修改以及其后的司法解释，又对中国的强制措施制度进行了修正，以适应中国社会发展和司法实践的需要。

1. 拘传

（1）延长拘传的最长时限，由1996年《刑事诉讼法修正案》的12小时，延长到现行《刑事诉讼法》的"特殊情况"下24小时。1996年《刑事诉讼法修正案》第92条规定："传唤、拘传的时间最长不得超过十二小时。"现行《刑事诉讼法》第117条规定："传唤、拘传持续的时间不得超过十二小时；案情特别重大、复杂，需要采取拘留、逮捕措施的，传唤、拘传持续不得超过二十四小时。"

（2）增加保障饮食与休息的规定，对于一个普通人，尤其是初次接受讯问的嫌疑人来说，无疑是漫长而难熬的。因此，在允许将拘传时间延长到24小时的同时，现行《刑事诉讼法》也加入了"应当保证犯罪嫌疑人的饮食和必要的休息时间"的规定，以期对长时间讯问进行限制。增加保证被拘传人的饮食与休息时间的规定；以避免长时间疲劳讯问的发生，对被拘传人合法权利的保护无疑具有重要意义

2. 取保候审

（1）扩大取保候审的适用范围。

新《刑事诉讼法》第65条对取保候审的适用对象规定了四种情形，增加了"患有严重疾病、生活不能自理，怀孕或者正在哺乳自己婴儿的妇女；羁押期限届满，案件尚未办结"两种情形。这一修改，吸收了新

《刑事诉讼法》修改前司法解释和行政规章的内容，把原来可适用取保候审的两种情况扩充为四种，扩大了取保候审的适用范围。

（2）扩大保证人的责任范围。

在保证人的相关规定方面，将对保证人的责罚事由从"未及时报告"修改为"未履行保证义务"。由于保证人的法定义务包括监督被保证人遵守相关规定与报告被保证人违反规定的行为两项，因此在实质上扩大了保证人的保证责任。

（3）细化被取保候审人应遵守的义务。

在被取保候审人应当遵守的规定方面，增加了住址、工作单位和联系方式发生变动须在 24 小时内向执行机关报告的要求，以及公安司法机关可以根据案情责令被取保候审人遵守不得进入特定场所，不得与特定人员会见或通信，不得从事特定活动，将护照等出入境证件、驾驶证件交执行机关等规定。

3. 监视居住

（1）区分监视居住与取保候审的适用对象。

1996 年《刑事诉讼法修正案》对监视居住规定了与取保候审相同的适用对象与条件，导致监视居住与取保候审适用时的混同。有鉴于此，2012 年《刑事诉讼法修正案》规定，对符合逮捕条件的犯罪嫌疑人、被告人，但同时存在患有严重疾病、生活不能自理，怀孕或者正在哺乳自己婴儿的妇女，系生活不能自理的人的唯一扶养人，因为案件的特殊情况或者办理案件的需要，采取监视居住措施更为适宜之情形的可以监视居住，从而对监视居住与取保候审作出了区分。2012 年《刑事诉讼法修正案》还规定，对符合取保候审条件，但不能提出保证人，也不缴纳保证金的犯罪嫌疑人、被告人，可以予以监视居住。

（2）明确监视居住的执行场所。

2012 年《刑事诉讼法修正案》明确规定，监视居住原则上应当在犯罪嫌疑人、被告人的住处执行，对无固定住处的，可以在指定的居所执行；对涉嫌危害国家安全犯罪，恐怖活动犯罪、特别重大贿赂犯罪的犯罪嫌疑人、被告人，在其住处执行可能有碍侦查的，经由上一级人民检察院或公安机关批准，也可以在指定的居所执行，但不得在羁押场所、专门的办案场所执行。

（3）增加指定居所监视居住的通知义务。

2012年《刑事诉讼法修正案》明确规定，适用指定居所监视居住的，除无法通知的以外，应当在执行后24小时以内，通知被监视居住人的家属。这是立法明显的进步，关于由谁来通知，决定机关还是执行机关，通知的具体内容又是什么，并没有详细规定。这无疑给负有通知义务的机关以进行选择性、部分性通知的机会。

4. 拘留

（1）细化通知家属的规定。

1996年《刑事诉讼法修正案》规定，执行拘留后，除有碍侦查或者无法通知的情况以外，应将拘留的原因和羁押的处所在24小时内通知被拘留人的家属或其所在单位。2012年《刑事诉讼法修正案》将"有碍侦查"的情况进一步予以规定，细化为涉嫌危害国家安全犯罪、恐怖活动犯罪二类案件，并明确规定当有碍侦查的情形消失以后应立即通知被拘留人的家属。

（2）增加拘留立即送看守所的规定。

2012年《刑事诉讼法修正案》明确规定，拘留后执行机关应立即将被拘留人送往看守所羁押，至迟不得超过24小时，并且规定送押后讯问犯罪嫌疑人只能在看守所内进行。鉴于司法实践中，拘留后送看守所前这段时间是刑讯逼供与各种侵害人权行为发生的主要时段，新法增加了拘留后立即送看守所的规定无疑有利于人权保障。

5. 逮捕

（1）细化逮捕的条件。

1996年《刑事诉讼法修正案》将"不足以防止发生社会危险性而有逮捕之必要"作为逮捕的三个必要条件之一，但对"社会危险性"没有作出具体规定。2012年《刑事诉讼法修正案》对其进行了细化规定，列举了"社会危险性"的具体情形，即可能实施新的犯罪的；有危害国家安全、公共安全或者社会秩序的现实危险；可能毁灭、伪造证据，干扰证人作证或者串供的；可能对被害人、控告人实施打击报复的；企图自杀或者逃跑的。此外，2012年《刑事诉讼法修正案》还增加"有证据证明有犯罪事实,可能判处十年有期徒刑以上刑罚的,或者有证据证明有犯罪事实,可能判处徒刑以上刑罚,曾经故意犯罪或者身份不明的"为绝对适用逮捕之事由。

(2) 增加检察院讯问犯罪嫌疑人的要求。

2012年《刑事诉讼法修正案》对审查批捕程序进行了改革,规定:人民检察院审查批准逮捕,可以讯问犯罪嫌疑人;对于存在是否符合逮捕条件有疑问的、犯罪嫌疑人要求向检察人员当面陈述的、侦查活动可能有重大违法行为情形的,则应当讯问犯罪嫌疑人。此外,人民检察院在审查批捕时,可以询问证人等诉讼参与人,听取辩护律师的意见;若辩护律师提出要求的,则应当听取辩护律师的意见。

(3) 增加检察院进行羁押必要性审查的规定。

2012年《刑事诉讼法修正案》增加规定:"犯罪嫌疑人、被告人被羁押后,人民检察院仍应对羁押的必要性进行审查。对不需要继续羁押的,应当建议予以释放或者变更强制措施。有关机关应当在十日以内将处理情况通知人民检察院。"这一规定有利于监督侦查机关依法适用逮捕措施,及时发现犯罪嫌疑人、被告人被错误羁押或不当羁押的情况并予以纠正。

五 侦查程序

侦查程序在刑事诉讼理论中是刑事审前程序的重要组成部分,其担负着三个方面的刑事诉讼使命:查清犯罪事实、抓获犯罪嫌疑人,实现程序的分流以及保障人权。由此,现行《刑事诉讼法》第二篇第二章所规定的侦查机关享有的拘传、拘留、逮捕、搜查、扣押及通缉等对人或者对物的强制处分权,以及讯问犯罪嫌疑人、询问证人、勘验、检查、鉴定、侦查实验等搜集或者固定证据的侦查方法,都是由侦查的任务也即上述第一个使命所决定的;然而不是所有的刑事案件都会交付法庭审理,通过以上侦查方法的运用和侦查程序的不断推进,侦查的第二个使命即程序的分流便有可能实现;与此同时,为查获犯罪,侦查机关所使用的强制手段往往涉及公民的各种权利,如果缺乏有效的制约机制或程序性保障措施,侦查权的运作就可能成为"达摩克利斯之剑",随时威胁公民的安全,尤其是刑事诉讼中处于被追诉地位的犯罪嫌疑人，其诉讼权利和人身安危更是极易受到侵犯。"诉讼是一个不可分割的整体"，从这个意义上讲，侦查程序与起诉程序、审判程序一样担负着尊重和保障人权的使命——这一体现宪法精神的原则在2012年3月14日经由第十一届全国人民代表大会第五次会议通过《关于修改〈中华人民共和国刑事诉讼〉的决定》，被现行《刑事诉讼法》明确规定在其任务当中。

与此同时我们也应该认识到，中国"侦查中心主义"的现状依然存在，侦查程序作为整个刑事诉讼过程中举足轻重的一个环节，在程序规范化透明化、保障犯罪嫌疑人利益、维护辩护权利、保证检察监督等方面仍然存在不足，修改后的法律在实施过程中也一定会碰到一些障碍，侦查程序有关制度仍有进一步完善的空间。因此，侦查程序作为本次调研的一个重要组成部分，对发现和解决司法实践中出现的问题，保障法律的正确有效实施，同时倾听基层司法部门的声音、及时提出司法建议等有积极的研究意义。

《刑事诉讼法》修改过程中对侦查的规定不断完善，1996年《刑事诉讼法修正案》共有47条规定，首先界定了侦查的概念是侦查机关对于已立案的案件搜集有罪或无罪、罪轻或罪重的证据材料，同时对现行犯或是重大嫌疑人的人身进行控制的司法活动；其次，限定了据传、传唤的时间不得超过12个小时，同时不得以连续传唤据传的形式变相羁押犯罪嫌疑人；再次，赋予了犯罪嫌疑人在侦查阶段会见律师，向律师陈述案件情况，征询法律意见，要求其代为申诉控告的权利；最后，新增加冻结犯罪嫌疑人、被告人的汇款、存款为一项侦查措施，对有争议的人身伤害鉴定以及精神鉴定作出了更为明确细化的规定，同时规定精神鉴定期间不纳入刑事诉讼期限。

2012年《刑事诉讼法修正案》修改了其中的18条，增加了8条，删除了1条，其余未变动。修改完善之处主要体现在以下几个方面：第一，增加了对违法侦查的申诉、控告及处理的规定；第二，完善了讯问犯罪嫌疑人、询问证人的程序；第三，结合社会发展，丰富了勘验、检查、侦查实验、搜查、查封、扣押、冻结等的规定；第四，删改了鉴定的有关规定；第五，增加了技术侦查措施的规定，初步实现了技术侦查的法治化；

第六，完善了侦查终结的有关规定等。

1. 增加了对违法侦查的申诉、控告及处理的规定

2012年《刑事诉讼法修正案》增加第115条，专门规定了当事人和辩护人、诉讼代理人、利害关系人对于司法机关及其工作人员的违法侦查行为，有向该机关或其上一级主管机关申诉或控告的权利，有关机关有义务作出相应处理。现行公安部规定和现行刑事诉讼规则对此也有相应的规定。同时，现行《刑事诉讼法》还专门规定了"对（申诉或者控告）处理不服的，可以向同级人民检察院申诉"，"人民检察院直接受理的案件，可以向上一级人民检察院申诉"，"人民检察院对申诉应当及时进行审查，情况属实的，通知有关机关予纠正"，强调了人民检察院的法律监督主体地位。

2. 完善了讯问犯罪嫌疑人、询问证人的程序

第一，明确了看守所是羁押后依法进行讯问的场所。关于讯问犯罪嫌疑人的程序，2012年《刑事诉讼法修正案》第116条增加第2款，"犯罪嫌疑人被送交看守所羁押以后，侦查人员对其进行讯问，应当在看守所内进行"。

第二，延长了传唤、拘传的持续时间。针对司法实践中传唤、拘传由于种种原因往往出现超时的现象，第117条第1款将传唤、拘传的持续时间限制延长到24小时，规定此时间上限适用的情形是"特别重大、复杂，需要采取拘留逮捕措施的"案件。现行公安部规定和现行《最高检规则》对此也有相应的规定。

第三，强化了犯罪嫌疑人有关诉讼权利的保障。

首先，在现行《刑事诉讼法》及司法解释规定延长了传唤、拘传的最长持续时间的同时，公安部规定强调了"传唤期限届满，未作出采取其他强制措施决定的，应当立即结束传唤"；现行《最高检规则》第195条补充规定了"两次传唤间隔的时间不得超过十二小时"，更加明确了禁止连续传唤以变相拘禁的目的。

其次，现行《刑事诉讼法》第121条增加了讯问全程录音录像的规定，并要求对于可能判处无期徒刑、死刑的案件或者其他重大犯罪案件，应当对讯问过程进行录音或录像。现行公安部规定第203条对此规定了进行了细化,以列举的方式解释了"可能判处无期徒刑、死刑的案件"和"其他重大犯罪案件"的范围;并进一步从正反两个角度强调了讯问的全程性、完整性要求,即"应当对每一次讯问全程不间断进行,保持完整性;不得选择性录制,不得剪接、删改"。2012 年 10 月,为贯彻修改后《刑事诉讼法》的有关规定,最高人民检察院会同公安部联合发布了《关于在看审干所设置同步录音录像讯问室的通知》,保证人民检察院在直接立案侦查的案件中讯问在押职务犯罪嫌疑人实现全程同步录音录像。

最后,现行《刑事诉讼法》第 117 条第 2 款增加规定,"传唤、拘传犯罪嫌疑人,应当保证犯罪嫌疑人必要的饮食和休息时间"。现行《公安部规定》和现行《最高检规则》对此也有相应的规定。

3. 增加了技术侦查措施的相关规定

"技术侦查措施"一节是现行《刑事诉讼法》完全新增的内容。现行《刑事诉讼法》主要从公安机关或者人民检察院适用技术侦查措施的条件,技术侦查措施的批准、解除及期限的延长,有关人员的保密义务等,适用技术侦查措施取得证据的效力及运用等方面进行了规定。此外,还规定了秘密侦查和控制下交付的内容。与修改前的《刑事诉讼法》相比,修改后的刑事诉讼规则和公安部规定对于技术侦查适用的案件范围、种类、对象、审批的程序、证据的使用等作了相对更为细化的补充规定。

4. 完善了侦查终结的有关规定

首先,强化了辩护方在侦查终结前后的诉讼权利。现行《刑事诉讼法》第 159 条、第 160 条分别增加了听取辩护律师意见以及案件移送情况告知辩护方的规定。其中,第 159 条规定,"在案件侦查终结前,辩护律师提出要求的,侦查机关应当听取其意见并记录在案。辩护律师提出书面意见的,应当附卷",现行《最高检规则》第 288 条规定了可以和应当听取辩诉律师意见的情形;第 285 条规定了检察院在审查延长或者重新计算羁押期限时可以讯问犯罪嫌疑人和听取辩护律师的意见。

其次,强化了检察院侦查监督的职能。新《六部委规定》第 21、22 条在申请延长或者重新计算羁押期限的问题上,规定了更为严格的审批期限和办理程序,强化了检察院的侦查监督职能;同时,现行刑事诉讼规则第 278、279、282、283、285 条等明确规定了检察院侦查监督部门在侦终结前后的有关职责。

六　审查起诉程序

1996年《刑事诉讼法》修改关于审查起诉程序阶段作出的最大变动就是将检察院的免于起诉权变更为不起诉权，不起诉是指人民检察院对公安机关侦查终结移送起诉的案件和自己侦查终结的案件进行审查后，认为犯罪嫌疑人的行为不构成犯罪或依法不应当追究刑事责任，或者其犯罪情节轻微，依照刑法规定不需要判处刑罚或者免除刑罚，以及对于补充侦查的案件，认为证据不足，不符合起诉条件的，应当或者可以对犯罪嫌疑人决定不起诉，从而终止刑事诉讼活动。《刑事诉讼法》将不起诉分为绝对不起诉、相对不起诉和存疑不起诉。

2012年《刑事诉讼法》的修改涉及检察机关审查起诉程序的变化主要有五大方面：加强了对辩护权的保障、增加了检察院对羁押必要性的审查、对非法证据排除提前到审查起诉阶段、增加了检察院对简易程序出庭支持公诉的要求、增加了当事人和解的公诉案件诉讼程序。具体内容及其意义如下。

1. 加强了对辩护权的保障

修改后的《刑事诉讼法》第38条规定："辩护律师自人民检察院对案件审查起诉之日起，可以查阅、摘抄、复制本案的案卷材料。其他辩护人经人民法院、人民检察院许可，也可以查阅、摘抄、复制上述材料。"该规定加强了对辩护人阅卷权的保障，同时规定检察机关在审查起诉阶段应当听取辩护人、诉讼代理人的意见并记录在案。这对公诉人的"客观、公正"立场和"平和、理性、文明、规范"执法的职业素养和能力水平提出更严峻的考验。

这条修改的实证意义在于：一是案件一旦进入审查起诉阶段，意味着侦查活动已经终结，有关证据材料已经被侦查人员收集在案并加以固定，辩护律师及辩护人了解、掌握这些材料对侦查活动已无妨碍；二是审查起诉阶段检察机关的职责是对办案机关移送的案件事实、证据、法律以及程序等方面进行客观、全面的审查，以决定是否对本案提出公诉，让辩护人查阅案件的所有材料，有助于辩护人从维护犯罪嫌疑人、被告人合法利益的角度发现案件办理存在的问题，提出有事实依据的辩护意见，这对于检察机关对案件作出客观、公正、正确的审查决定也是有利的；三是对辩护人阅卷范围作出明确规定，可以防止办案机关和办案人员对辩护人阅卷的任意限制，对辩护人的阅卷权也是一种保障。

2. 增加了检察院对羁押必要性的审查

逮捕作为最严厉的强制措施，目的在于防止犯罪嫌疑人逃避侦查审判、继续危害社会、妨碍侦查取证，保证诉讼活动正常进行。如果没有上述危险，就不应继续羁押。2012年《刑事诉讼法修正案》规定了逮捕羁押必要性审查制度，包括三个方面内容。①审查内容是逮捕的必要性。②审查范围包括全部逮捕类型。既包括人民检察院批准或决定的逮捕，也包括人民法院决定的逮捕，涉及的诉讼环节包括批准或决定逮捕之日至判决生效。③责任部门是人民检察院。既包括侦查监督部门，也包括公诉和监所等部门。

这条修改的实证意义在于：建立对在押人员羁押必要性的定期审查机制，是对现行逮捕制度的一项重要改革，对改变目前批准逮捕后无人过问、一押到底的状况有重要意义。这个定期审查机制主要是通过人民检察院监所检察部门获取的在押人员的一些信息，如所犯罪行的性质、情节是否严重，犯罪事实是否已经查清，本人对所犯罪行是否有坦白、自首、立功和悔罪情节，是否积极赔偿受害人，在本地有无固定居所、工作单位等方面的信息，对其人身危险性作一综合评估后，决定是否有继续羁押的必要。人民检察院定期进行羁押必要性审查，既可依法律监督职能或者在侦查机关请求延长逮捕羁押期限时依职权主动进行，也可在犯罪嫌疑人和被告人及其家属或者辩护人向检察机关提出解除、变更羁押措施时被动进行。人民检察院审查后认为"对于不需要继续羁押的，应当建议予以释放或者变更强制措施。有关机关应当在十日以内将处理情况通知人民检察院"。

需要指出的是，逮捕后对在押人员的羁押必要性审查与捕前逮捕必要性审查不同，捕前逮捕必要性审查将是否会毁灭、伪造证据，实施新的犯罪等作为考量的重点。而逮捕后的羁押必要性审查通常是在逮捕羁押一段时间以后进行，主要评估有无继续危害社会的可能，能否保障诉讼顺利进行。

因此，修改后的《刑事诉讼法》第93条规定："犯罪嫌疑人、被告人被逮捕后，人民检察院仍应当对羁押的必要性进行审查。对于不需要继续羁押的，应当建议予以释放或者变更强制措施。有关机关应当在十日以内将处理情况通知人民检察院。"

3. 对非法证据排除提前到审查起诉阶段

2012年《刑事诉讼法修正案》扩大了非法证据的范围；强化了检察机关对非法取证行为的监督；增加了对证据合法性的法庭调查；明确了当事人及其辩护人、诉讼代理人申请排除非法证据的权利，但应当提供相关线索或者材料；明确了检察机关对证据合法性的证明责任；明确了非法证据排除的原则与标准。将非法证据排除提前到审查起诉阶段，这对公诉机关的审查起诉工作就提出了更高的要求。

这条修改的实证意义在于：制定证据排除规则的主要目的之一是规范侦查人员的取证行为，公安机关、检察机关在办理案件过程中有义务按照证据排除规则的规定，通过合法程序收集证据。如果案件在侦查阶段或者审查起诉阶段可以不适用证据排除规则，意味着公安机关、检察机关的调查取证、审查证据的活动不受证据排除规则的约束，这对遏制侦查阶段的非法取证行为没有任何好处，制定证据排除规则的实际意义也会大打折扣。在侦查阶段，侦查机关无论是作为法律监督机关，还是从履行职责和保证质量的角度出发，都应当主动排除非法证据。如果等检察机关提起公诉的案件到了审判阶段再由法官运用证据规则对非法方法取得的证据予以排除，势必造成一些本可以定罪的案件由于非法证据排除而无法定案。有些案件补充侦查由于时过境迁，证据灭失，补证已无可能，势必影响对于犯罪的打击和司法的公信力。中国虽然不采用西方那种通过法官排除非法证据的方式来控制警察的非法取证行为，但是应当明确证据排除规则对公检法三机关收集、运用证据的活动都有普遍的指导意义，公检法三机关在各自的诉讼阶段都有义务严格按照证据排除规则的要求对非法取得的证据予以排除，不应当将非法证据的排除问题都推到法庭审理阶段交由法官处理。

因此，修改后的《刑事诉讼法》第54条对公检法三机关在各自诉讼阶段都负有非法证据的排除义务作了明确规定："在侦查、审查起诉、审判时发现有应当排除的证据的，应当依法予以排除，不得作为起诉意见、起诉决定和判决的依据。"

4. 检察院出庭支持公诉的变化

2012年《刑事诉讼法修正案》规定，人民法院审理公诉案件，人民检察院应当派员出席法庭支持公诉。适用简易程序审理公诉案件，人民检察院应当派员出席法庭。这就说明对每一个公诉案件，只要公诉机关起诉到人民法院，公诉机关都要出庭支持公诉。对适用简易程序审理的公诉案件，公诉机关也要出席法庭支持公诉。

这条修改的实证意义在于：考虑开庭审理公诉案件作为一个完整刑事审判，检察院派员出庭一方面是代表国家对犯罪提出指控，另一方面检察院作为法律监督机关，还负有对法庭定罪量刑是否公正合法进行监督的职责。如果简易程序中人民检察院不派员出庭，由法官代行控诉职能，宣读起诉书，出示证据，提出量刑建议，意味着法官身兼控诉和审判二任，其中立地位令人质疑，也不符合"控审分离"的基本要求。尽管简易程序的被告人对指控的犯罪事实没有异议，但在量刑问题上未必与检察官意见一致。如果在庭审中出现被告人及其辩护人提出具有自首、立功等从轻减轻情节，或者对案件定性或量刑提出辩解，或者发现不宜适用简易程序审理的情况，需要决定是否转换程序，此时可能需要庭审法官与公诉人商量或征求意见，但因公诉人不出庭而导致此类情况难以处理，不利于审判活动的顺利进行，也就更无从发现审判中是否存在违反法定程序的情况提出纠正意见了。

因此，修改后的《刑事诉讼法》第210条第2款规定："适用简易程序审理公诉案件，人民检察院应当派员出席法庭。"

5. 增加了当事人和解的公诉案件诉讼程序

修改后的《刑事诉讼法》第279条规定："对于达成和解协议的案件，公安机关可以向人民检察院提出从宽处理的建议。人民检察院可以向人民法院提出从宽处罚的建议；对于犯罪情节轻微，不需要判处刑罚的，可以作出不起诉的决定。人民法院可以依法对被告人从宽处罚。"

这条修改的实证意义在于：一些地方探索公诉案件当事人和解制度的实践做法不一，有的在双方当事人达成和解协议后，对犯罪嫌疑人不移送审查起诉或者不起诉；有的则不限定案件范围，将达成和解作为从轻处罚的考量因素。此次修改《刑事诉讼法》，根据各方面意见和总结各地的司法实践经验，对达成和解协议的案件规定了处理原则：公安机关可以向人民检察院提出从宽处理的建议。人民检察院可以向人民法院提出从宽处罚的建议；对于犯罪情节轻微，不需要判处刑罚的，可以作出不起诉的决定。人民法院可以依法对被告人从宽处罚。"从宽处罚"是指依法对犯罪嫌疑人、被告人从轻、减轻或者免除处罚。这样规定，使刑事和解协议可能产生的、可预期的法律后果一目了然，可以促使犯罪嫌疑人、被告人真诚悔罪，改过自新，又不致影响对犯罪的追诉和惩罚，避免依和解协议免除处罚而放纵犯罪。如何从宽处罚可以由人民法院根据人民检察院的建议和案件情况、当事人和解协议依法裁量。

因此，修改后的《刑事诉讼法》规定公诉案件在侦查、审查起诉和审判三个诉讼阶段，双方当事人都可以进行和解，但办案机关对和解案件处理的权限和方式，应当根据分工负责、互相配合、互相制约的原则，不同诉讼阶段有所区别。这样的规定延伸了公诉工作职能，并将公诉工作纳入大调解机制，充分发挥公诉工作在化解社会矛盾、构建和谐社会中的作用。

七 审判程序

1996年《刑事诉讼法》对审判程序的修改主要涉及以下几个方面：第一，明确规定基层和中级人民法院的一审程序应当由审判员或是审判员和人民陪审员三人组成合议庭，只有简易程序的案件可以实行独人审判制；第二，提交审判委员会案件的确定权由法院院长转变为合议庭；第三，开庭审理的条件由实质性条件转变为形式要件；第四，起诉书副本的送达时间由七日变更为十日；第五，对于严重影响法庭秩序的行为主体扩大到法庭的旁听人员，同时增加了1000元以下的罚款和15日以下的司法拘留两项处罚措施；第六，审判期限变更，新增了经省、自治区、直辖市高级人民法院的批准或决定，可以再延长一个月的规定，以适应新的社会经济发展状况下案件复杂化的发展趋势。

审判程序作为2012年《刑事诉讼法》修改的重点得到了全方位的完善，主要体现在：完善第一审普通程序、优化简易程序、强化第二审程序、延长审判期限、改革死刑复核程序、规范审判监督程序等。由于课题组调研单位主要限于一审程序的公安司法机关，本文主要集中讨论一审普通程序、简易程序以及二审程序中与一审有关的制度的实施状况，主要包括：建立庭前会议制度、完善公开审判制度、强化证人出庭制度、规范量刑调查程序、规定中止审理制度等。对简易程序的修改主要包括：扩大简易程序适用范围，赋予检察机关适用建议权，明确法院审级、审判组织和公诉人出庭义务，增设法官对被告人自愿认罪和选择简易审判的确认程序等。对二审程序的修改主要包括：明确开庭审理的范围、强调讯问被告人义务、限制发回重审次数、完善上诉不加刑原则、规范涉案财物处理程序等。

1. 案卷移送制度

现行《刑事诉讼法》第172条规定："人民检察院认为犯罪嫌疑人的犯罪事实已经查清，证据确实、充分，依法应当追究刑事责任的，应当作出起诉规定，按照审判管辖的规定，向人民法院提起公诉，并将案卷材料、证据移送人民法院。"《最高检规则》第394条第1款同样规定："人民检察院提起公诉的案件，应当向人民法院移送起诉书、案卷材料和证据。"从表面上看，这一规定放弃了1996年《刑事诉讼法修正案》所确立的"主要证据复印件"移送方式，恢复了1979年《刑事诉讼法》规定的"卷宗"移送方式，但这一规定并不是对1979年《刑事诉讼法》的简单回归。对比《刑事诉讼法》的三个法律文本，并结合司法实践，可以发现本次修改后的《刑事诉讼法》的上述规定，是对客观实际进行反思后作出的更为理性的选择。

本次修改后的案卷移送制度与1979年《刑事诉讼法》的规定相比，在以下三个方面存大重大差别：一是不提审被告人，二是不在庭前审查阶段调查核实证据，三是法官不在庭前对案件进行实质处分。这三个问题是对1996年《刑事诉讼法》修改成果的肯定，使案卷移送制度可能产生的法官预断的负面效应降到最低，这就决定了该条规定并不是对1979年

《刑事诉讼法》的简单回归。其次，1996年《刑事诉讼法》修正案取消了案卷移送制度，使得辩护人在庭前能够看到的证据材料非常少，给辩护人的辩护带来了困难。本次《刑事诉讼法》修改恢复了案卷移送制度，使得辩护人不仅可以在审判阶段查看全部案卷材料，而且还扩展了审判前阅卷的范围，保障了辩护方的先悉权。最后，本次《刑事诉讼法》修改建立了一系列相关配套制度，如程序性的庭前审查没有给法官预先定案留下余地；辩护权利的强化可以纠正法官在庭前阅卷中形成的预断；直接言词原则的强化将动摇先定后审的基础等，这都可以防止卷宗移送制度重回1979年《刑事诉讼法》的老路。

2. 庭前会议制度

修正后的《刑事诉讼法》第182条第2款规定："在开庭以前，审判人员可以召集公诉人、当事人和辩护人、诉讼代理人，对回避、出庭证人名单、非法证据排除等与审判相关的问题，了解情况，听取意见。"本条规定了开庭前所必须做好的准备工作，为开庭创造条件，奠定良好基础。

（1）庭前会议的参与主体。

根据《刑事诉讼法》第182条第2款的规定，庭前会议的参与主体为审判人员、公诉人、当事人和辩护人、诉讼代理人。

（2）庭前会议召开的案件条件。

《最高法解释》还对庭前会议召开的案件条件作了进一步规定。《最高法解释》第183条规定："案件具有下列情形之一的，审判人员可以召开庭前会议：（一）当事人及其辩护人、诉讼代理人申请排除非法证据的；（二）证据材料较多、案情重大复杂的；（三）社会影响重大的；（四）需要召开庭前会议的其他情形。召开庭前会议，根据案件情况，可以通知被告人参加。"

（3）庭前会议的具体内容。

《最高法解释》还对庭前会议的具体内容作了进一步规定。《最高法解释》第184条规定："召开庭前会议，审判人员可以就下列问题向控辩双方了解情况，听取意见：（一）是否对案件管辖有异议；（二）是否申请有关人员回避；（三）是否申请调取在侦查、审查起诉期间公安机关、人民检察院收集但未随案移送的证明被告人无罪或者罪轻的证据材料；

（四）是否提供新的证据；（五）是否对出庭证人、鉴定人、有专门知识的人的名单有异议；（六）是否申请排除非法证据；（七）是否申请不公开审理；（八）与审判相关的其他问题。审判人员可以询问控辩双方对证据材料有无异议，对有异议的证据，应当在庭审时重点调查；无异议的，庭审时举证、质证可以简化。被害人或者其法定代理人、近亲属提起附带民事诉讼的，可以调解。庭前会议情况应当制作笔录。"《最高检规则》第 431 条规定："在庭前会议中，公诉人可以对案件管辖、回避、出庭证人、鉴定人、有专门知识的人的名单、辩护人提供的无罪证据、非法证据排除、不公开审理、延期审理、适用简易程序、庭审方案等与审判相关的问题提出和交换意见，了解辩护人收集的证据等情况。对辩护人收集的证据有异议的，应当提出。公诉人通过参加庭前会议，了解案件事实、证据和法律适用的争议和不同意见，解决有关程序问题，为参加法庭审理做好准备。"《最高检规则》第 432 条规定："当事人、辩护人、诉讼代理人在庭前会议中提出证据系非法取得，人民法院认为可能存在以非法方法收集证据情形的，人民检察院可以对证据收集的合法性进行证明。需要调查核实的，在开庭审理前进行。"

3. 量刑程序

修改后的《刑事诉讼法》第 193 条规定："法庭审理过程中，对与定罪、量刑有关的事实、证据都应当进行调查、辩论。经审判长许可，公诉人、当事人和辩护人、诉讼代理人可以对证据和案件情况发表意见并且可以互相辩论。审判长在宣布辩论终结后，被告人有最后陈述的权利。"随后颁布的相关司法解释又对量刑程序作了进一步规定。这些规定在以下方面对审判制度作了完善。

（1）量刑问题正式成为法庭审理的对象。

根据 1996 年《刑事诉讼法修正案》第 160 条的规定，控辩双方在庭审中只能就证据和"案件情况"发表意见，法律也未规定"案件情况"的具体范围。修正案草案在此基础上加入了与量刑有关的事项，即控辩双方可以针对"证据、案件情况与定罪、量刑有关的事实'证据'发表意见和相互辩论"。2012 年《刑事诉讼法修正案》对其范围进一步明确，即"法庭审理过程中，对与定罪、量刑有关的事实、证据都应当进行调查、辩论"。《最高法解释》第 225 条第 1 款同样规定："法庭审理过程中，对与量刑有关的事实、证据，应当进行调查。"第 227 条规定："对被告人认罪的案件，在确认被告人了解起诉书指控的犯罪事实和罪名，自愿认罪且知悉认罪的法律后果后，法庭调查可以主要围绕量刑和其他有争议的问题进行，对被告人不认罪或者辩护人作无罪辩护的案件，法庭调查应当在查明定罪事实的基础上，查明有关量刑事实。"也就是说，法庭审理的任务是审查与定罪、量刑有关的事实、证据，这意味着，法官在判决中不但要对定罪部分进行说理，还要对作为宣告刑基础的事实和证据进行论证。这是对司法实践中量刑程序改革成果的肯定，2012 年《刑事诉讼法修正案》初步确立了相对独立的量刑程序。

（2）规定控辩双方可以对与量刑有关的事实发表意见和互相辩论。

2012 年《刑事诉讼法修正案》第 193 条的规定意味着，控辩双方不仅可以提交与量刑有关的证据，陈述有关事实，还可以提出各自的量刑意见。刑事诉讼规则第 435 条进一步规定，在法庭审理中，公诉人应当客观、全面、公正地向法庭出示与定罪、量刑有关的证明被告人有罪、罪重或者罪轻的证据。定罪证据与量刑证据需要分开的，应当分别出示，这改变了中国刑事案件概括请求的惯例，也强化了控辩双方在量刑问题上的参与，对于法官正确认定事实、进行法律评价有重要作用。

（3）细化了法庭审查的量刑情节。

《最高法解释》第 225 条第 2 款规定："人民法院除应当审查被告人是否具有法定量刑情节外，还应当根据案件情况审查以下影响量刑的情节：（一）案件起因；（二）被害人有无过错及过错程度，是否对矛盾激化负有责任及责任大小；（三）被告人的近亲属是否协助抓获被告人；（四）被告人平时表现，有无悔罪态度；（五）退赃、退赔及赔偿情况；（六）被告人是否取得被害人或者其近亲属谅解；（七）影响量刑的其他情节。"此外，《最高法解释》第 226 条进一步规定："审判期间，合议庭发现被告人可能有自首、坦白、立功等法定量刑情节，而人民检察院移送的案卷中没有相关证据材料的，应当通知人民检察院移送。审判期间，被告人提出新的立功线索的，人民法院可以建议人民检察院补充侦查。"刑事诉讼法司法解释对法庭调查的量刑情节的细化，有利于进一步完善法庭审判的量刑程序，使相对量刑程序在实践中更加具有可操作性。

4. 简易程序

1996年《刑事诉讼法修正案》中首次设置了刑事简易程序，2012年《刑事诉讼法修正案》及相关司法解释对简易程序的修改主要体现在以下几个方面。

（1）扩大了简易程序的适用范围。

《刑事诉讼法》第208条扩大了简易程序的适用范围，规定案件事实清楚、证据充分，被告人认罪的案件，在被告人同意适用简易程序时，人民法院可以适用简易程序审判。从修正后《刑事诉讼法》的规定来看，只要是被告人认罪的案件，在被告人对适用简易程序没有异议的情况下，当案件事实清楚、证据充分时，人民法院就可以适用简易程序，而不再将案件的范围限制在可能判处3年以下刑罚、告诉才处理的以及轻微的刑事案件。简易程序范围的扩大能够有效地实现案件的分流，缓解司法压力，对提高审判效率具有积极意义。简易程序范围的扩大也是对"简者更简，繁者更繁"审判制度设计的实现。修改后的该条赋予了被告人对适用简易程序的异议权，规定被告人对适用简易程序没有异议的，才能适用简易程序。这体现了被告人诉讼主体地位的提高。此外，修改后的条文还赋予了检察机关对法院适用简易程序的建议权，规定人民检察院在提起公诉的时候，可以建议人民法院适用简易程序。

（2）规定适用简易程序的例外情形。

《刑事诉讼法》第209条规定了四种不适用简易程序的情形。一是被告人是盲、聋、哑人或者尚未完全丧失辨认或者控制自己行为能力的精神病人的。这类被告人由于生理或精神缺陷已经不能很好地行使辩护权利，为充分地保障其辩护权的实现，就不应再以简易程序审判，而应当通过普通程序来实现对其诉讼权利的保护。二是有重大社会影响的案件，为维护社会稳定，提高司法公信力，也应当以普通程序审判，通过完整的诉讼程序，向社会展示一个完整的司法过程，以消除社会影响。但该项有重大社会影响的规定过于宽泛，建议对该种情形予以解释。三是共同犯罪案件中部分被告人不认罪或者对适用简易程序有异议的，出于对该部分被告人诉讼权利的尊重和诉讼利益的维护，也不能仅仅因为其他被告人同意适用简易程序而剥夺了该部分被告人的诉讼权利。四是其他不宜适用简易程序审理的。这类案件也应当通过普通程序审理。这是一个兜底条款,以解决法条列举存在的不足。

(3) 完善了简易程序的审理程序。

在1996年《刑事诉讼法修正案》的框架下,简易程序对普通程序进行了极大简化,不仅检察院可以不派员出席法庭,审判组织、庭审过程也多有省略。这当然节省了司法资源,但未必达到了程序公正的最低要求。为平衡公正和效率的关系,修改后的《刑事诉讼法》对简易程序的审理程序进行了完善。《刑事诉讼法》第210条规定,对可能判处三年有期徒刑以下刑罚的,可以组成合议庭进行审判,也可以由审判员一人独任审判,即以合议庭审判为原则,以独任审判为例外;对可能判处的有期徒刑超过三年的,应当组成合议庭进行审判。该条第2款进一步规定,适用简易程序审理公诉案件,人民检察院应当派员出席法庭。《刑事诉讼法》第211条规定,对于适用简易程序审理案件,审判人员应当询问被告人对起诉书指控的犯罪事实的意见。此处的询问可以发生在宣读起诉书以前,也可以发生在宣读起诉书以后,体现了简易程序的便捷性。如果被告人不同意适用简易程序进行审判,则应当将其变更为普通程序。此外,还应当告知被告人适用简易程序审理的法律规定。《刑事诉讼法》第214条对简易程序的审理期限作了规定,适用简易程序审理案件,原则上人民法院应当在受理后20日以内审结。对于可能判处有期徒刑超过三年的案件,人民法院可以延长至一个半月。

5. 二审程序

1996年修改的《刑事诉讼法》二审程序主要是赋予了刑事被害人及其法定代理人不服一审判决向检察院提起抗诉的权利;修改了关于审期的规定,同时进一步对审判方式和审理结果进行了法律细化。

2012年《刑事诉讼法修正案》对二审程序同样作了多处修改,主要包括:一是明确了二审开庭审理的案件范围,二是强调二审法院不开庭时讯问被告人、听取双方意见的义务,三是完善发回重审制度,四是完善上诉不加刑原则,五是延长了二审的审限,六是强调判决应对涉案财物作出处理。其中,明确二审开庭范围、限制发回重审和完善上诉不加刑原则对于发挥二审的功能较为关键。

（1）明确二审开庭审理的范围。

2012年《刑事诉讼法修正案》第223条规定："第二审人民法院对于下列案件，应当组成合议庭开庭审理：（一）被告人、自诉人及其法定代理人对第一审认定的事实、证据提出异议，可能影响定罪量刑的上诉案件；（二）被告人被判死刑的上诉案件；（三）人民检察院抗诉的案件；（四）其他应当开庭审理的案件。第二审人民法院决定不开庭审理的，应当讯问被告人，听取其他当事人、辩护人、诉讼代理人的意见。"本条是关于第二审案件方式的规定。其中第一款采用列举式规定应当开庭审理的情形：一是被告人、自诉人及其法定代理人对第一审判决认定的事实、证据提出异议，可能影响定罪量刑的，应当开庭审理；二是被告人被判死刑的上诉案件一律应当开庭审理；三是人民检察院抗诉的案件一律应当开庭审理；四是人民法院认为其他应当开庭审理的案件。该条第2款规定，人民法院决定不开庭审理的案件，也不应该进行书面审理，而是应当讯问被告人，听取其他当事人、辩护人、诉讼代理人的意见。

（2）限制发回重审的次数。

2012年《刑事诉讼法修正案》第225条第2款规定："原审人民法院对于依照前款第三项规定发回重新审判的案件作出判决后，被告人提出上诉或者人民检察院提出抗诉的，第二审人民法院应当依法作出判决或者裁定，不得再发回原审人民法院重新审判。"本条是关于二审后的判决和裁定的规定。1996年《刑事诉讼法修正案》规定二审后的处理方式有：裁定驳回上诉、抗诉，维持原判；直接改判；裁定撤销原判，发回原审人民法院重新审判。根据本条规定，第二审人民法院进行审理后，作出的处理如下。第一，维持原则。第二审人民法院决定维持原判的，应当制定裁定书，首先概述原判决的基本内容，然后写明原判决认定的事实、情节正确，证据确实充分。如果上诉人等对事实、情节提出异议的，应予重点分析否定。最后，要论证原判决结果的正确性，并驳回上诉，维持原判。第二，改判分为两种情况。一是原裁判认定事实没有错误，但是适用法律有错误，或者量刑不当，对此应当改判。二是对于原裁判事实不清或者证据不足的，二审法院可以在查清事实后改判。第三，撤销原判，发回重审。

主要适用于：原判决所认定的主要犯罪事实不清，或者证据不足的；原判决所认定的次要事实不清、证据不足，第二审人民法院查对核实又不方便的；原判决遗漏罪行或者应当追究刑事责任的；发现了新的证据，需要进一步收集证据予以查证核实的。此次修改在原来的基础上增加了"原审人民法院对于依照前款第3项规定发回重新审判的案件作出判决后，被告人提出上诉或者人民检察院提出抗诉的，第二审人民法院应当依法作出判决或者裁定"。也就是说，对于因实体问题或者证据问题发回重审的，仅限于一次，而对违反程序问题发回重审的次数未作限制。

（3）完善上诉不加刑原则。

新《刑事诉讼法》第226条规定："第二审人民法院审理被告人或者他的法定代理人、辩护人、近亲属上诉的案件，不得加重被告人的刑罚。第二审人民法院发回原审人民法院重新审判的案件，除有新的犯罪事实，人民检察院补充起诉的以外，原审人民法院也不得加重被告人的刑罚。"本条是关于上诉不加刑原则及其例外情形的规定。为有效地保障被告人的上诉权，免除被告人因害怕上诉后被加重刑罚而不敢上诉的顾虑，保证法律的正确实施，本条规定了上诉不加刑原则，同时又保障了人民检察院通过抗诉进行法律监督的职权和保护了上诉人的合法权益。本条修改的内容强调不因发回重审而变相加刑，更能较为全面地维护上诉不加刑原则，但有新的犯罪事实则属于例外，因为在原来案件事实的基础上因新的犯罪事实出现可能导致量刑从重，这是基于犯罪事实变化导致的，与上诉等程序问题无关。需要注意的是，公诉机关或者自诉人变相改变犯罪事实或者虚增犯罪事实，这些事实未被法院认定，不属于有新的犯罪事实，有新的犯罪事实须是被法院认定的新犯罪事实。

八　执行程序和特别程序

（一）执行程序

刑事执行（简称"行刑"），是国家专门机关将已经生效的刑事裁判付诸实施的法律活动，刑事执行制度是刑事诉讼制度的重要组成部分，是刑事诉讼的结果得以实现的重要保障，刑事执行是刑事法制运作中一个十分重要的环节，刑事执行权的配置是否科学合理，直接关系刑罚效益能否得到最优实现。通过刑事执行制度，一方面使公民合法权益得到保障，社会公共秩序和安全得到维护；另一方面，也可以使罪犯获得其应有的惩罚，使其获得教育、改造，从而最终达到控制犯罪的目的。随着社会和法制的发展，中国的刑事执行制度逐渐完善，也暴露出了诸多问题。2012年《刑事诉讼法修正案》针对中国刑事执行制度中存在的突出问题进行了较大的修改，主要体现在对暂予监外执行、社区矫正、执行监督等制度的完善等方面。然而，立法的修改并非尽善尽美，刑事执行的司法实践中仍然存在的一些问题并未完全得到解决。

刑事诉讼程序从立法上分为立案侦查、审查起诉、审判以及执行四个环节，而执行虽然处于四环节之尾，却是一个不可或缺的重要角色，执行程序得不到制度性完善，法院判决得不到有效的执行，会将侦查起诉等一系列诉讼程序的作用架空，因此，刑事执行的效果如何不仅关系到刑事判决能否得到有效实现，而且关乎公民的相关权益能否得到有效保护，关乎国家和社会安全能否得到保障以及法律制度的权威能否得到切实树立。2012年《刑事诉讼法》的修改是刑事领域内的一次巨大进步，完善了以往诸多条文的不规范、不严谨之处，也创设了刑事诉讼史上几个崭新的制度，如令学界十分关注的非法证据排除制度，以及侦查阶段律师的调查取证制度等。此次修改反映在执行部分则主要体现在以下几个方面。

1. 暂予监外执行制度

暂予监外执行是中国变通自由刑执行的一种刑罚执行制度，新修改的《刑事诉讼法》一方面将暂予监外执行的适用范围扩大至"被判处无期徒刑的怀孕或者正在哺乳自己婴儿的妇女"；同时新增了暂予监外执行的决定程序和决定机关的内容，即"在交付执行前，暂予监外执行由交付执行的人民法院决定，在交付执行后的暂予监外执行由监狱或者看守所提出书面意见报省级以上监狱管理机关或者设区的市一级以上公安机关批准"；此外，还将暂予监外执行的检察监督由事后监督改为同步监督，在第255条增加了关于暂予监外执行的法律监督的规定，明确了暂予监外执行的罪犯在何种情况下收监执行和发现罪犯通过非法手段获得暂予监外执行的处理方式。

2. 社区矫正制度

社区矫正的制度性规定首次见于 2003 年 7 月 10 日最高人民法院、最高人民检察院、公安部、司法部联合发布的《关于开展社区矫正试点工作的通知》，在全国确立了首先开展社区矫正的六个试点城市。随后于 2005 年 1 月最高人民法院、最高人民检察院、公安部、司法部又在第一批试点经验总结的基础上，下发了《关于扩大社区矫正试点范围的通知》，通知中又将 12 个城市列入第二批社区矫正试点范围。2012 年《刑事诉讼法修正案》首次将社区矫正制度纳入条文之中，在第 258 条中明确了社区矫正的适用范围。同时最高人民法院、最高人民检察院、公安部、司法部联合制定的《社区矫正实施办法》中规定，社区矫正人员有下列情形之一的，县级司法行政机关应当给予警告，并出具书面决定：①未按规定时间报到的；②违反关于报告、会客、外出、居住地变更规定的；③不按规定参加教育学习、社区服务等活动，经教育仍不改正的；④保外就医的社区矫正人员无正当理由不按时提交病情复查情况，或者未经批准进行就医以外的社会活动，经教育仍不改正的；⑤违反人民法院禁止令，情节轻微的；⑥其他违反监督管理规定的。该规定进一步细化了社区矫正的适用范围，为实践中社区矫正的适用提供了准确的法律依据。

3. 执行监督

新法在执行监督部分的变更修改之处主要表现在两个方面，一是对暂予监外执行的执行监督，由 1996 年《刑事诉讼法修正案》规定的"事后监督"提前至监狱、看守所提出书面意见后，省级以上监狱管理机关或者设区的市一级的公安机关批准前，这一进步具体规定于新《刑事诉讼法》第 256 条；二是检察院对于减刑、假释予以法律监督的规定由原来的"事后监督"变更为"事前监督"。同时《最高人民法院关于办理减刑、假释案件具体应用法律若干问题的规定》第 26 条也作出规定，人民法院审理减刑、假释案件，原则上书面审理，六类减刑、假释案件必须开庭审理：①因罪犯有重大立功表现提请减刑的；②提请减刑的起始时间、间隔时间或者减刑幅度不符合一般规定的；③在社会上有重大影响或社会关注度高的；④公示期间收到投诉意见的；⑤人民检察院有异议的；⑥人民法院认为有开庭审理必要的。这一规定明确了减刑、假释开庭审理的范围，确立了开庭审理与书面审理相结合的减刑、假释审理方式。

（二）特别程序

随着社会分工的日益细化和刑事犯罪的日趋复杂，对某些特定类型的犯罪设置特别的刑事诉讼程序已然成为一种迫切的现实需要。因此，2012年《刑事诉讼法修正案》单设一编，专门规定了未成年人刑事案件诉讼程序，当事人和解的公诉案件诉讼程序，犯罪嫌疑人、被告人逃匿、死亡案件违法所得的没收程序以及对实施暴力行为的精神病人的强制医疗程序等四种特别程序。在这些特别程序当中，尽管有一些规定过于粗疏，如关于刑事和解的规定只有三条，还有大量的问题没有涉及；有一些规定甚至存在问题，如未成年人刑事案件诉讼程序中将对已决犯进行"教育、惩罚、挽救"的实体法原则规定在诉讼法当中，而适用于未成年人的程序法原则规定不够，等等。但是，从设立制度框架的立法指引功能来看，新增此编本身就有极大的意义，它填补了1979年和1996年刑事诉讼法修正案只有普通程序没有特殊类型程序的空白，进一步细化了刑事诉讼程序的分工，为刑事诉讼程序进一步朝着文明化、规范化和科学化的方向发展提供了一个有益的思路。总体而言，现行刑事诉讼法关于特别程序的规定，着眼于在控制犯罪和保障人权的价值目标之间作出平衡，是中国刑事诉讼法律制度渐趋科学完备的体现，适应中国刑事司法发展的基本趋势，更加符合联合国刑事司法准则的要求，具有里程碑意义。

九　二十年变迁的进步与不足

1996年至2016年这二十年间，伴随着法治中国的推进，中国刑事诉讼法制也不断健全，刑事诉讼法治不断得到发展与完善。在下文中，笔者拟对刑事诉讼法治二十年来的进步和不足从宏观上加以分析。

（一）进步之处

有学者在多年前就曾提出关于《刑事诉讼法》修改应该注重的四

个基本理念：惩罚犯罪与保障人权相结合、实体公正与程序公正并重、客观真实与法律真实相结合、公正优先兼顾效率。这一说法无疑是具有先进性的，也基本反映了中国刑事诉讼二十年变革的路径，对于我们正确认识与分析刑事诉讼二十年变迁是有所裨益的。

1. 注重保障人权

2004年3月14日，第十届全国人民代表大会第二次会议通过《宪法修正案》，明确规定"国家尊重和保障人权"，尊重和保障人权成为国家根本大法的一项原则。2012年3月14日，十一届全国人大五次会议表决通过了关于修改刑事诉讼法的决定，2012年《刑事诉讼法修正案》将"尊重和保障人权"写入总则，并在相关具体制度的修改中得到体现。这意味着国家在追诉犯罪、惩罚犯罪的同时，应当规范职权机关的行为，充分保障刑事诉讼各主体、诉讼参与人的诉讼权利与其他正当权益。

在具体制度层面，2003年最高人民法院出台《关于推行十项制度 切实防止产生新的超期羁押的通知》，2003年最高人民检察院出台《关于在检察工作中防止和纠正超期羁押的若干规定》，2012年新《刑事诉讼法》明确规范强制措施的适用，以处理与预防超期羁押问题；2007年最高人民法院出台《关于统一行使死刑案件核准权有关问题的决定》，将死刑复核权收回最高人民法院；2004年最高人民检察院出台《关于人民检察院保障律师在刑事诉讼中依法执业的规定》，2008年最高人民法院、最高人民检察院、司法部下发《关于充分保障律师依法履行辩护职责 确保死刑案件办理质量的若干规定》，2008年《律师法》修改以解决律师"阅卷难、会见难、调查取证难"的"三难"问题，2012年《刑事诉讼法》明确辩护律师权利等等，无一不彰显着国家尊重和保障人权的宪法原则与精神。

2. 注重程序价值

中国刑事诉讼法理论与实务界长期存在重实体、轻程序的问题，但程序公正不仅有保证实体公正的作用，其自身也有独特价值。2002年之后，中国刑事诉讼法治发展的一个方面就是设立程序性违法后果与制裁措施，不断推进刑事诉讼程序的科学与完善。

在具体制度层面：从2002年最高人民法院出台《关于刑事再审案件

开庭审理程序的具体规定》以及《关于规范人民法院再审立案的若干意见（试行）》，2003年出台《关于刑事再审工作几个具体程序问题的意见》规范刑事再审程序，到2012年新《刑事诉讼法》对刑事诉讼立案、侦查、审查起诉、审判、执行等，对程序进行全面修改与完善；从最高人民法院、最高人民检察院、公安部、国家安全部和司法部2010年5月联合发布《关于办理死刑案件审查判断证据若干问题的规定》和《关于办理刑事案件排除非法证据若干问题的规定》到2012年新《刑事诉讼法》初步构建非法证据排除规则，无一不显示中国刑事诉讼法治更加注重程序的价值。

3. 公正优先与注重效率

刑事诉讼追求的核心价值是公正，然而效率也是不能忽略的部分。只有提高效率才能将有限的资源投入更为难办的案件，才能实现更广泛的公正。因此，中国有学者提出刑事审判改革的方向应是"繁者更繁，简者更简"，对刑事诉讼普通程序的设计应做到尽可能完备，从而保证重大复杂的刑事案件能够得到公正处理；对刑事简易程序应当在完善的同时扩大适用，从而使案情相对简单的案件得到快速有效处理，应当注意被告人认罪案件的特殊性。

事实上，中国刑事审判制度的改革也正是沿着这个方向迈进。2003年最高人民法院、最高人民检察院、司法部联合下发《关于适用简易程序审理公诉案件的若干意见》，2006年最高人民检察院颁发《关于依法快速办理轻微刑事案件的意见》，2012年新《刑事诉讼法》完善普通程序、扩大简易程序的适用、设置附条件不起诉制度都是极好的证明。

4. 注重弱势群体的特殊保护

弱势群体的保护是衡量刑事诉讼程序公平性的"短板"，注重弱势群体的保护不仅体现刑事诉讼法治发展的要求，也是中国尊重和保障人权的贯彻与实施。刑事诉讼法上的弱势群体主要是未成年人、残疾人、贫困人员等等。

就具体制度而言，2003年最高人民法院研究室所作《关于第二审人民法院是否应当为不满18周岁的未成年人指定辩护律师问题的答复》，2006年最高人民检察院颁发《办理未成年人刑事案件的规定》，2012年新《刑事诉讼法》明确规定未成年人刑事诉讼案件特别程序以保护未成年人的诉讼权利；2012年《刑事诉讼法修正案》对于法律援助的范围进行调整，废除1996年《刑事诉讼法修正案》对于"公诉人出庭公诉的案件"的条件限制，同时增加规定对尚未完全丧失辨认或者控制自己行为能力的精神病人、可能判处无期徒刑的人而没有委托辩护人的，应当适用法律援助。上述刑事诉讼相关制度的沿革与发展都体现了中国刑事诉讼法治的巨大进步。

（二）不足之处

有学者在总结中国刑事诉讼法20年发展时说："事物总是一分为二的，中国刑诉法30年也不例外。它取得了具有历史意义的巨大进步，但还存在值得重视、有待改进的问题。"1996年至2016年这二十年正是中国刑事诉讼法集中发展的一个重要阶段。这一阶段的刑事诉讼法治发展也还有一些不足，有待改进。

1. 立法理念有待改进

立法指导思想未转变，法律修改的政治目的大于法律目的。立法时过多考虑公权力机关的实际需求，而忽略对立方的权利。正如陈卫东教授所言："与诉讼权利的扩张相联系，刑事程序正当化必然表现为对国家刑事权力的限制。"2012年《刑事诉讼法》的修改，将技术侦查措施纳入法治化轨道，采用技术侦查手段对打击、控制犯罪有较好的作用，但由于法律本身并没有规定采用技术侦查措施的批准手续，可能会使无辜公民长期处于被秘密侦查的境地。

2. 法律规则的操作性仍有待增强

法律规则缺乏可操作性，法律规则容易被异化却没有制约手段等。2012年《刑事诉讼法》对于侦查的讯问阶段作了比较详细的规定：一般应当在看守所内进行、应当保障被讯问人的合理休息时间以及饮食、讯问犯罪嫌疑人可以对讯问过程进行录音或者录像；对于可能判处无期徒刑、死刑的案件或者其他重大犯罪案件，应当对讯问过程进行录音或者录像。但需要说明的是，《刑事诉讼法》既没有对诸如合理休息时间是多长、合理饮食是多少等内容作出规定，也没有对违反规定所取得的证据的效力作出说明。对于执行程序，主要扩大了暂予监外执行制度的适用范围，增加了对生活不能自理而不具有社会危险性的罪犯的适用，但仍存在明显问题，规定不够细致，缺乏可操作性，缺乏必要的对抗途径。例如，对于暂予监外执行、保外就医制度，其审批权仍在其体系内部，检察院只能提供书面建议，权力的设置仍缺乏合理性。

3. 先进理念有待进一步确立

有学者评价 2012 年新《刑事诉讼法》修改时就提出有两个明显不足：第一，部分应当规定、可以规定的内容未作规定，如作为一项现代刑事诉讼基石性原则的"无罪推定"原则，并没有得到贯彻规定；第二，部分内容虽然作了规定，但由于规定得不够到位将使效果大打折扣。例如，新《刑事诉讼法》依然保留了犯罪嫌疑人对侦查人员的提问应当如实回答的义务，将使得"不得被强迫自证其罪"原则产生动摇与破坏。以至于有学者基于侦查权的扩张，发表文章认为本次《刑事诉讼法》修改是"警察权的全面胜利"。虽然我们应当辩证地认识此类观点，但这些观点至少说明中国刑事诉讼法治还有待进一步发展和进步。

专题一

刑事法治年度报告

第一章 2004年中国刑事法治

　　摘　要：本文选取2004年中国刑事法治领域的几个主要事件，作为代表案例分析了我国刑事法治的发展情况。首先，本文简要介绍了《联合国反腐败公约》制定的背景和过程，结合公约的主要内容，与我国刑事立法进行了详细的比较。其次，以2004年备受关注的"中国网络色情第一案"为例，本文详尽梳理了网络色情的刑事与传播途径，网络色情可能触犯的罪名与处罚，以及目前我国打击网络色情犯罪中遇到的困难与对策。再次，本文在界定知识产权犯罪的内涵、当前知识产权犯罪的主要特点基础上揭示了2004年我国在打击知识产权犯罪方面取得的进展。复次，在未成年人犯罪率逐年上升的背景下，本文阐释了未成年人犯罪低龄化、团伙化、暴力化、贪利化的新特点，分析了未成年人犯罪来自家庭、社会和自身三方面的原因，并对预防未成年人犯罪提出建议。最后，本文介绍了国内外法学界关于死刑问题的研究热点和最新进展。

　　2004年度中国刑事和治安领域发生了一系列重大事件，如重庆开县"12·23"井喷重大责任事故案、北京密云彩虹桥"2·5"特大伤亡事故案、广西南丹"7·17"特大透水事故案，有关责任人分别被追究刑事责任；蒙受8年冤狱、3次被判死刑的孙万刚被无罪释放；中宣部、公安部等14个部门和单位在全国范围内展开打击淫秽色情网站专项行动等。通过这一个个事件，我们看到了保护人权的弥足珍贵和中国政府反腐的决心，也看到了在刑事领域确立"法治"的紧迫性与重要性。

本文选取2004年中国刑事法治领域的几个主要事件，作为该领域的年度报告奉献给读者。

一 《联合国反腐败公约》：外逃贪官的绞索

2004年2月12日，安徽省原副省长王怀忠被执行死刑；6月29日，贵州省省委原书记刘方仁被判处无期徒刑。对这些高官的查处，充分反映了中国政府深入开展廉政建设和反腐败斗争的决心。但与此同时，贪官外逃继续成为一个严重的问题。据商务部的一份调查报告，截至2004年前后，外逃官员数量大约有4000人，携走资金约500亿美元[①]。中国虽然已与38个国家缔结了54个司法协助条约、引渡条约及移管被判刑人条约[②]，但大多是发展中国家，如老挝、柬埔寨等，而那些被外逃贪官视为避难所的国家，尤其是西方发达国家，如美国、加拿大、澳大利亚，并未与中国签署引渡条约。所以，如何将外逃贪官引渡回国，追回外逃资金，是中国在反腐斗争中迫切需要解决也是最难解决的问题之一。

第58届联合国大会于2003年10月31日审议通过、同年12月9~11日在墨西哥开放供各国及国际组织签署的《联合国反腐败公约》（以下简称《公约》），在刑事定罪与处罚、技术援助、司法合作及资产返还等方面作出了规定，为世界各国尤其是发展中国家进行反腐斗争提供了一柄利器。该《公约》也因此被我国相关媒体称为"外逃贪官的绞索"[③]。

---

① 参见孟娜《我国监管漏洞导致4000名外逃贪官带走500亿美元》，《北京晨报》2005年3月11日。
② 参见卢嵘《巨贪遣返开启反腐国际合作之门》，《南方周末》2004年4月22日。
③ 参见孙亚菲、刘鉴强《联合国反腐公约——外逃贪官的绞索》，资料来源：http://www.dayoo.com/content/2003-09/25/content_ 1234729.htm。

（一）《公约》的制定背景与过程

随着经济全球化的发展，腐败犯罪日益猖獗。据世界银行的跟踪研究，全世界每年被用于贿赂犯罪的资金就超过 1 万亿美元①，严重影响了各国尤其是发展中国家的经济发展与社会稳定②，并日益呈现跨国（地区）性的特点。因此，20 世纪 90 年代以来，一些区域性的反腐败法律文件开始出现并逐渐增多，如美洲国家制定的《美洲国家反腐败公约》，欧洲国家制定的《打击涉及欧洲共同体官员或欧洲联盟成员国官员的腐败公约》等，但这些法律文件的效力具有局限性，国际层面的反腐斗争仍然处于无序状态。

联合国虽然先后以联大决议的形式通过了《公职人员国际行为守则》《联合国反对国际商业交易中的腐败和贿赂行为宣言》等文件，但这些宣言或原则并不具有法律约束力。联合国最初拟定的《联合国打击跨国有组织犯罪公约》也没有涉及反腐败问题③。在此背景下，2000 年 4 月，联合国预防犯罪委员会提出建议，要求制定《联合国反腐败公约》，同年 12 月，联合国大会决定成立"特设委员会"，具体讨论、起草《联合国反腐败公约》。2002 年 1 月～2003 年 10 月，经过近两年的艰苦工作，特设委员会先后举行了 7 次会议，完成了对《公约》所有条款的谈判，确定了《公约》的最后文本。

2003 年 12 月 9～11 日，联合国在墨西哥举行高级别政治签署会议，将该《公约》开放供各国及国际组织签署。同年 12 月 10 日中国外交部负责人代表中国政府签署了该《公约》④。

---

① 参见 UN Press Release SOC/CP/301，资料来源：http://www.un.org/News/Press/docs/2004/soccp301.doc.htm。
② 如世界银行估计在过去的 20 年中，亚洲某国因腐败而受到的损失约 480 亿美元，超过其全部 406 亿美元的外债。资料来源：http://www.un.org/News/Press/docs/2004/soccp301.doc.htm。
③ 《联合国打击跨国有组织犯罪公约》已经于 2003 年 9 月 29 日正式生效，其最后文本含有与腐败犯罪相关的内容，但较为笼统，可操作性较差。全国人大常委会于 2003 年 8 月 27 日正式批准该公约，中国常驻联合国代表于 9 月 23 日向联合国秘书长交存了中国加入该公约的批准书。
④ 参见《各国陆续签署联合国反腐公约，加强全球反腐斗争》，资料来源：http://news.xinhuanet.com/ziliao/2003-11/01/content_1154341.htm。

(二)《公约》的主要内容

《公约》除序言外,包括总则、预防措施、定罪与执法、国际合作、资产的追回、技术援助、实施机制、最后条款共8章71条。

《公约》的宗旨是:促进和加强各项措施,以便更加高效而有力地预防和打击腐败;促进、便利、支持预防和打击腐败方面的国际合作和技术援助,包括资产追回方面;提倡廉正、问责制和对公共事务和公共财产的妥善管理。这一宗旨表明,对腐败的预防与对腐败的惩治同等重要;其所特别强调的资产追回方面的国际合作,对于因腐败犯罪而导致资金外流的发展中国家而言,尤为重要;其所提倡的廉正、问责制和良好管理,实为预防腐败犯罪的必要选择。与《联合国打击跨国有组织犯罪公约》相比,《公约》宗旨的规定更清楚地表明了各方反腐败的政治意愿和希望通过《公约》达到的政治、法律和社会方面的整体目标。

《公约》的主要内容是确立如下五方面的法律机制:①预防机制,要求缔约国根据本国法律制度的基本原则,制定和执行或者坚持有效而协调的反腐败政策、各种预防腐败的有效做法,并确保设有一个或酌情设有多个机构通过《公约》规定的措施预防腐败;②定罪与执法机制,以使《公约》确立的犯罪受到与其严重性相当的制裁;③国际合作机制,为缔约国依照《公约》的规定在刑事案件中相互合作提供行为规则;④资产追回机制,规定一国在缴获贪污受贿或非法转移到国外的资产后,应将其返还原所有国;⑤技术援助机制,要求缔约国根据各自的能力考虑为彼此的反腐败计划和方案提供最广泛的技术援助,特别是向发展中国家提供援助,为便利缔约国之间在引渡和司法协助领域的国际合作而提供培训和援助,以及相互交流有关的经验和专门知识。

此外,为增进缔约国的能力和加强缔约国之间的合作,实现《公约》所列目标并促进和审查《公约》的实施,《公约》还就实施机制作出了规定,即特设缔约国会议,并要求联合国秘书长提供必要的秘书处服务。

关于生效条件,《公约》规定了较《联合国打击跨国有组织犯罪公约》大为降低的标准,自第30份批准书、接受书、核准书或者加入书交存之日后第90天起《公约》即生效。截至2004年底,已有125个国家签署了《公约》，29 个国家提交了批准书①。

（三）《公约》与中国刑事立法比较

《公约》关于犯罪与刑罚及诉讼程序的规定主要集中在第 2 条、第 3 章"定罪与执法"及第 4 章"国际合作"，涉及犯罪行为、法人责任、犯罪的参与、未遂与中止、冻结、扣押与没收、保护证人、引渡、联合侦查等多方面，且与中国的刑事立法有一些不同之处②。现举例说明。

1. 犯罪与刑罚的一般规定

（1）犯罪主体。《公约》第 17 条规定，应当"将公职人员贪污、挪用或者以其他类似方式侵犯财产"的行为规定为犯罪，根据《公约》第 2 条第 1 款，"公职人员"系指：无论是经任命还是经选举而在缔约国中担任立法、行政、行政管理或者司法职务的任何人员，无论长期或者临时，计酬或者不计酬，也无论该人的资历如何；依照缔约国本国法律的定义和在该缔约国相关法律领域中的适用情况，履行公共职能，包括为公共机构或者公营企业履行公共职能或者提供公共服务的任何其他人员；缔约国本国法律中界定为"公职人员"的任何其他人员。《公约》规定的"公职人员"的范围明显大于《刑法》第 8 章"贪污贿赂罪"的犯罪主体，即《刑法》第 93 条规定的"国家工作人员"的范围③。

（2）犯罪对象。根据《公约》第 2 条第 4 款，《公约》中的"财产"系指各种资产，不论是物质的还是非物质的、动产还是不动产、有形的还是无形的，以及证明对这种资产的产权或者权益的法律文件或者文书，这一规定的范围也明显大于《刑法》第 91 条与第 92 条规定的范围，因为

---

① 资料来源：http://www.unodc.org/unodc/en/crime_signatures_corruption.html。
② 应当指出的是，在《公约》的许多规定中，都有类似于"符合本国法律的基本原则"的提法，因此，中国的刑事立法与《公约》规定不相同，也并不意味着中国必须对之进行修改。
③ 《刑法》第 93 条："本法所称国家工作人员，是指国家机关中从事公务的人员。国有公司、企业、事业单位、人民团体中从事公务的人员和国家机关、国有公司、企业、事业单位委派到非国有公司、企业、事业单位、社会团体从事公务的人员，以及其他依照法律从事公务的人员，以国家工作人员论。"

它们都是将"财产"限定在"有形财产"的范围内①。再如，根据《公约》第2条第8款，"上游犯罪"系指由其产生的所得可能成为本《公约》第23条所定义的犯罪——洗钱行为——的对象的任何犯罪，这其实是将洗钱犯罪的犯罪对象作了不确定的规定，而《刑法》第191条是将洗钱罪的犯罪对象限定在"毒品犯罪、黑社会性质的组织犯罪、恐怖活动犯罪、走私犯罪"的违法所得及其收益的范围内。

（3）刑罚种类。《公约》第30条第7款规定，各缔约国均应当根据犯罪的严重性，考虑建立程序，据以通过法院令或者任何其他适当手段，取消被判定实施了根据本公约确立的犯罪的人在本国法律确定的一个期限内担任公职与完全国有或者部分国有的企业中的职务的资格。而中国《刑法》中并没有规定"资格刑"。虽然《刑法》将"剥夺政治权利"规定为附加刑，但《刑法》分则第8章"贪污贿赂罪"规定的各罪刑罚中，除判处死刑、无期徒刑的情况外②，没有应当剥夺政治权利的规定。此外，根据《刑法》第54条的规定，剥夺政治权利是剥夺犯罪人"担任国家机关职务的权利；担任国有公司、企业、事业单位和人民团体领导职务的权利"，范围明显小于《公约》的规定。

（4）刑罚执行。《公约》第30条第5款规定，各缔约国均应当在考虑已经被判定实施了有关犯罪的人的假释可能性时，顾及这种犯罪的严重性。但《刑法》第81条仅规定对累犯以及因杀人、爆炸、抢劫、强奸、绑架等暴力性犯罪被判处10年以上有期徒刑、无期徒刑的犯罪分子，不得假释。据此，如果犯《公约》规定之罪的犯罪人并非累犯，其假释显然不会受到影响，这与《公约》的规定明显不同。

2. 具体犯罪

《公约》第3章第15~25条规定了贿赂本国公职人员、贿赂外国公职

---

① 《刑法》第91条："本法所称公共财产，是指下列财产：国有财产；劳动群众集体所有的财产；用于扶贫和其他公益事业的社会捐助或者专项基金的财产。"第92条："本法所称公民私人所有的财产，是指下列财产：公民的合法收入、储蓄、房屋和其他生活资料；依法归个人、家庭所有的生产资料；个体户和私营企业的合法财产；依法归个人所有的股份、股票、债券和其他财产。"

② 根据《刑法》第57条的规定，对于被判处死刑、无期徒刑的犯罪分子，应当剥夺政治权利终身。

人员或者国际公共组织官员、影响力交易等11种犯罪行为,这些犯罪行为在《刑法》中大多已经有所规定,但是具体内容不尽相同。有的则没有规定,如贿赂外国公职人员或者国际公共组织官员的犯罪行为。此处仅对《公约》与《刑法》规定的贿赂犯罪进行比较,以资说明。

《公约》第15条规定的"贿赂本国公职人员"和第18条规定的"影响力交易"的犯罪行为,相当于《刑法》第389条、第385条、第388条和第393条规定的贿赂犯罪,包括行贿罪、受贿罪和单位行贿罪。但是《公约》规定的贿赂犯罪的构成要件较《刑法》规定的贿赂犯罪的构成要件要宽松得多。具体体现在:①《刑法》规定成立行贿罪行为人在主观上必须具有"谋取不正当利益"的目的,而《公约》对行贿人的主观目的未作要求;②贿赂的标的物,《刑法》规定的是"财物",而《公约》规定的则是"不正当好处",其范围显然大于"财物";③接受贿赂的主体,《刑法》规定的主体是"国家工作人员",而《公约》规定的则是"该公职人员本人或者其他人员或实体",其范围更宽泛;④行贿的方式,《刑法》规定的是"给予",而《公约》规定的则是"直接或间接许诺给予、提议给予或者实际给予",其方式更为灵活[①]。

3. 证据

《公约》第31条第8款规定,"缔约国可以考虑要求由罪犯证明这类所指称的犯罪所得或者其他应当予以没收的财产的合法来源,但是此种要求应当符合其本国法律的基本原则以及司法程序和其他程序的性质"。此规定其实是在《公约》规定的相关犯罪中确立了举证责任倒置原则。但根据《刑法》与《刑事诉讼法》的规定,中国司法机关承担证明犯罪嫌疑人、被告人有罪的责任,举证责任倒置仅适用于《刑法》第395条规定的"巨额财产来源不明罪",而且在犯罪嫌疑人对巨额财产的来源作出说明后,证明责任仍然转由司法机关承担。

《公约》第31条第1款规定,各缔约国均应当根据本国法律制度并在其力所能及的范围内采取适当的措施,为根据本公约确立的犯罪作证的证人和鉴定人并酌情为其亲属及其他与其关系密切者提供有效的保护,使

---

① 参见陈学权《〈联合国反腐败公约〉与中国刑事法之完善》,《法学》2004年第4期。

其免遭可能的报复或者恐吓。第 2 款则要求制定为这种人提供人身保护的程序或制定允许以确保证人和鉴定人安全的方式作证的取证规则。这一规定对于我国的刑事诉讼而言具有重大的现实意义。

目前，刑事证人不出庭作证现象相当普遍，出庭率普遍在 1%～5%。例如，浙江省某县人民法院 1998～2003 年刑事案件证人出庭作证率最高仅为 4.3%（1998 年），最低更是只有 1%（2003 年）[①]。这与司法机关对证人的保护不力有很大的关系。原因在于，虽然《刑事诉讼法》第 85 条第 3 款规定"公安机关、人民检察院或者人民法院应当保障报案人、控告人、举报人及其近亲属的安全"，《刑法》第 308 条也规定了"打击报复证人罪"，但对于如何对证人进行保护并未制定具体、可操作的程序与取证、作证规则，而且《刑法》中的规定也并未涉及证人近亲属的保护问题。

二　围剿网络色情：没有硝烟的战争

网络如今已经走进了千家万户。据统计，2004 年中国上网人数已达 9400 万。[②] 但是，网络带给我们的不仅是快捷、方便的服务，也为不法分子提供了实施违法犯罪的新空间，如利用网络进行盗窃、诈骗。其中，网络色情发展之迅猛，影响之广泛，令人触目惊心。据调查，至 2004 年，全世界约有色情网站 420 万家，含色情网页 3.72 亿页，占网页总数的 12%[③]。

中国在这场网络黄潮中也未能幸免。由于中国的网站主要以广告收入为主，而收费方面主要以浏览的人数作为广告费的准则，不少网站对网民设定个人的色情内容都视而不见，致使色情网站的数量剧增，以至于在中国通过互联网寻求一些色情图片或者文字一点都不困难，甚至在个人的电

[①] 参见周建达、李林进《刑事证人出庭作证难问题研究》，资料来源：http://www.iolaw.org.cn/shownews.asp?id=11069。
[②] 参见冯晓芳《全国上网人数突破 1 亿　宽带用户突破 3000 万》，资料来源：http://news.163.com/05/0628/20/1NC4HFG50001124T.html。
[③] 参见程斌《色情网站的末日》，《网络信息安全》2004 年第 8 期。

子邮箱里也会发现一些不知道从哪里来的色情邮件。为此，2004年中共中央宣传部、公安部等14个部门和单位在全国范围内展开打击淫秽色情网站专项行动。截至2004年12月下旬，相关部门已接到各类公众举报95000多件次，共依法关闭淫秽色情网站1129个[①]。

2004年8月16日，备受关注的"中国网络色情第一案"在成都市金牛区人民法院开庭审理。法院当庭以传播淫秽物品罪，判处原凤鸣网站总经理邓某有期徒刑1年6个月[②]。但是，打击淫秽色情必须严格依照刑法精神和规定来办理，而刑法关于淫秽物品及相关犯罪的规定比较笼统，亦缺少具体的量刑标准，因此，有必要把淫秽色情标准、量刑标准法律化、具体化。有鉴于此，2004年9月6日，最高人民法院与最高人民检察院出台了《关于办理利用互联网、移动通讯终端、声讯台制作、复制、出版、贩卖、传播淫秽电子信息刑事案件具体应用法律若干问题的解释》（以下简称《解释》）。

（一）网络色情的形式与传播途径

网络色情，从静态上讲，指网络上具体描绘性行为或者露骨宣扬色情的书刊、图片、视频等，从动态上讲，指利用网络传播上述淫秽物品。

网络色情主要有以下几种表现形式：数字影像，以静态的图片为主；连续动画，即通过特殊处理，让局部画面重复移动形成动感；色情文学，以情欲小说或文章为主；热情对话，以文字进行实时对谈或是在网络上通过话筒来交谈；色情广告，推销成人用品、色情影带或中介色情；电影或录像带影音服务，即在网络上提供成人影片以供观看。

网络色情的主要途径有：全球信息网，利用万维网让使用者轻易连接全世界的色情网站，浏览各种色情信息，是最方便的接触色情网站的方式；BBS讨论区，即BBS提供色情讨论区让使用者张贴色情文章及性、色情方面的内容；FTP，即以FTP传送色情信息，包括静态影像、动态影像、数字声音；新闻讨论区，利用新闻群组依照不同主题分类的特性，浏

---

① 参见顾瑞珍《接举报95000多件次 中国关闭1129个淫秽色情网站》，资料来源：http://www.huaxia.com/xw/dl/2004/00273732.html。

② 参见西川、金剑《首审中国网络色情案》，《检察风云》2004年第18期。

览搜寻色情相关信息，使用相当方便；E-mail，利用电子信件夹带色情图片、文字、动画等，使用相当普及；利用 I-PHONE（提供线上色情声音交谈）等。

（二）网络色情可能触犯的罪名与处罚

1. 制作、复制、出版、贩卖、传播淫秽物品牟利罪

制作、复制、出版、贩卖、传播淫秽物品牟利罪，指以牟利为目的，制作、复制、出版、贩卖、传播淫秽物品的行为。根据《刑法》第363条第1款的规定，犯本罪，处3年以下有期徒刑、拘役或者管制，并处罚金；情节严重的，处3年以上10年以下有期徒刑，并处罚金；情节特别严重的，处10年以上有期徒刑或者无期徒刑，并处罚金或者没收财产。

"淫秽"物品，指具体描绘性行为或者露骨宣扬色情的淫秽性的书刊、影片、录像带、录音带、图片及其他淫秽物品。此处所谓"其他淫秽物品"，根据《解释》，指具体描绘性行为或者露骨宣扬色情的诲淫性的视频文件、音频文件、电子刊物、图片、文章、短信息等互联网、移动通信终端电子信息和声讯台语音信息。但有关人体生理、医学知识的电子信息和声讯台语音信息与包含色情内容有艺术价值的电子文学、艺术作品除外。

根据《解释》的规定，制作、复制、出版、贩卖、传播淫秽物品牟利的行为具有下列情形之一的，应当予以刑事追诉：①制作、复制、出版、贩卖、传播淫秽电影、表演、动画等视频文件20个以上的；②制作、复制、出版、贩卖、传播淫秽音频文件100个以上的；③制作、复制、出版、贩卖、传播淫秽电子刊物、图片、文章、短信息等200件以上的；④制作、复制、出版、贩卖、传播的淫秽电子信息，实际被点击数达到10000次以上的；⑤以会员制方式出版、贩卖、传播淫秽电子信息，注册会员达200人以上的；⑥利用淫秽电子信息收取广告费、会员注册费或者其他费用，违法所得10000元以上的；⑦数量或者数额虽未达到第①~⑥项规定标准，但分别达到其中两项以上标准一半以上的；⑧造成严重后果的。所谓"情节严重"，指数量或者数额达到上文第①~⑥项规定标准5倍以上；"情节特别严重"，指数量或者数额达到上文第①~⑥项规定标准

25 倍以上。

《解释》同时规定，利用聊天室、论坛、即时通信软件、电子邮件等方式，实施上述行为，同样以制作、复制、出版、贩卖、传播淫秽物品牟利罪定罪处罚。

2. 传播淫秽物品罪

传播淫秽物品罪，是指传播淫秽的书刊、影片、音像、图片或者其他淫秽物品，情节严重的行为。根据《刑法》第 364 条第 1 款的规定，犯本罪，处 2 年以下有期徒刑、拘役或者管制。

淫秽物品与其他淫秽物品，上文已有解释。此处的"情节严重"，根据《解释》，是指：①数量或数额达到上文第①~⑤项规定标准 2 倍以上的；②数量或数额分别达到上文第①~⑤项 2 项以上标准的；③造成严重后果的。

根据《解释》，利用聊天室、论坛、即时通信软件、电子邮件等方式，实施上述行为的，同样以传播淫秽物品罪定罪处罚。

《解释》特别规定，具有下列情形之一的，依照制作、复制、出版、贩卖、传播淫秽物品牟利罪与传播淫秽物品罪的规定从重处罚：①制作、复制、出版、贩卖、传播具体描绘不满 18 周岁未成年人性行为的淫秽电子信息的；②明知是具体描绘不满 18 周岁的未成年人性行为的淫秽电子信息而在自己所有、管理或者使用的网站或者网页上提供直接链接的；③向不满 18 周岁的未成年人贩卖、传播淫秽电子信息和语音信息的；④通过使用破坏性程序、恶意代码修改用户计算机设置等方法，强制用户访问、下载淫秽电子信息的。

明知他人实施制作、复制、出版、贩卖、传播淫秽电子信息犯罪，而为其提供互联网接入、服务器托管、网络存储空间、通信传输通道、费用结算等帮助的，对直接负责的主管人员和其他直接责任人员，以共同犯罪论处。

（三）困难与对策

2004 年打击色情网站的专项行动之后，互联网上的"黄潮"明显退却，网络的天空又晴朗了起来。但时过不久，那些情色诱惑的窗口又可以跳窜到网络主页，在某大型的搜索网站，竟可以大量地下载色情影片[①]。打击网络色情的困难何在，如何才能有效地打击网络色情？

1. 打击网络色情的困难所在

（1）消费群体庞大，利润丰厚，形成巨大的利益驱动力。正如一位经营网上色情产业的"业内人士"所说："这个产业太庞大了，太多的人喜欢它，以至于它不会就这样消失掉。世界上有差不多两亿人上网，每天就有3000多万人会浏览成人网站。我们认为这一产业将长期延续。"[②] 据2004年7月份公布的第14次中国互联网络统计报告，截至2004年6月30日，中国已有1500万青少年在使用互联网，而在这1500万青少年中，有800多万青少年已光顾过网上"红灯区"。既然有庞大的消费群体，就必然带来丰厚的利润。例如，江苏无锡的薛某等人2004年6月共同出资52万元建成"鸿展影院"，向网站上传播20多部色情电影，短短一个月时间内就获取非法利润37万多元[③]。在巨额利润的驱动下，必然会有个人、网站铤而走险。

（2）网络技术变化多端，非法网站难封堵。由于互联网具有互联互通、快速即时、匿名隐身、跨地区无国界等特点，加上专用拨号器、动态链接技术、镜像技术，达到一个网站的方式和途径繁多，以公安部门现有的力量难以堵截。同时，此类网站的托管服务器、网站经营者和网站维护人往往不在同一地，使用托管服务器和虚拟主机技术可以逃避公安机关的IP定位，有的甚至使用国外服务器，实现境外经营境内盈利，给查处、封堵网站带来了相当大的难度。

（3）缺乏网络运营单位和提供服务单位的协作和配合。到目前为止，我国共有1000余个网站提供个人网页服务，其中最大的网站共有100万

[①] 参见观明《贴吧搜图片下吧来下载百度暗开色情闸门》，资料来源：http://it.people.com.cn/GB/42891/42894/3136915.html。

[②] 转引自《网上色情产业一瞥》，资料来源：http://www1.gznet.com/it/2003/2003-4-1/64026.html。

[③] 转引自《网上色情产业一瞥》，资料来源：http://www1.gznet.com/it/2003/2003-4-1/64026.html。

个个人网页①。对数量如此之大的个人网页进行监管，仅依靠执法机关是远远不够的，网络运营与服务单位的配合与协助是必需的。但由于网络和服务提供商看重网站经营带来高点击率的广告收入，部分网络运营商、服务提供商和网站经营者形成了共生关系，导致司法机关取证难。如在相关部门查处"联通无限"向手机用户提供色情图片增值服务的事件时，中国联通表示"难以监管"，为何？因为"营运商与服务提供商等利益链条存在共同利益体"②。而且，不少网络运营商和服务提供商还为淫秽色情网站经营者提供"捆绑"收费便利。

此外，在证据上，一方面，相关法律对电子证据及其法律效力尚没有进行明确的规定；另一方面，由于网站内容的修改和删除十分便利，在查处期间，网站经营者可以趁机毁灭证据。因此，司法机关在对色情网站经营者进行追诉的过程中，时常面临网站资料难以被法院认定的局面，从而影响了对相关责任人的定罪处罚。

2. 几点建言

（1）成立专门机构，对可疑网站进行跟踪分析，在色情网站造成较大的影响之前就将其关闭。在专项打击之后的短暂时间内，网络色情就汹涌回潮，说明打击网络色情不能抱有"毕其功于一役"的心理，而应建立长效机制，成立专门机构，对网络色情进行"常态"的监管与清剿。

就此，国外已有先例。德国政府专门建立了名为"ZARD"的"网上巡警"，24小时不间断地系统跟踪、分析互联网上的可疑情况，尤其是涉及儿童色情犯罪的信息；英国内政部长期开展"如何在网上保护你的孩子"宣传活动，向家长介绍网络的功能、潜在危险及其对儿童可能造成的危害，并提供屏蔽危险信息和网站的途径等等，政府还资助成立了倡导网络安全的慈善机构"国家儿童健康"组织，公布了24小时儿童热线，随时就网络问题向未成年人提供帮助③。

（2）发动社会公众，并保证举报渠道的畅通，以扩大信息来源，提高

---

① 资料来源：《中国大陆个人色情网站悄然蔓延》，资料来源：http://www.gznet.com/it/2003/2003-4-1/64030.html。
② 吴焰：《网络色情的违规成本》，《人民日报》2005年7月7日。
③ 珂言：《清除"黄网"需长效机制》，《华南新闻》2004年8月16日。

打击的准确性与有效性。网络色情并非存在于真空，而是依存于社会生活。因此，要打击网络色情，必须发动社会公众，使社会公众参与进来，积极提供信息。这就是有关部门将 2004 年的专项行动上升到"人民战争"高度的原因所在，而该项行动所取得的战绩，与半年内接到近 10 万次的群众举报也有直接的关系。

发动社会公众，不仅意味着要发动人民群众，还意味着要发动各种社会组织，包括网络服务商、教育机构及其他社会机构，使它们也积极参与打击网络色情，形成一张反网络色情的"网络"，使网络色情无处可遁。例如，为了让未成年人免受网络犯罪的毒害，法国政府就广泛动员行政机构、网络服务商、中小学校及家长协会，利用法律手段、技术手段及民间监督等方式多管齐下，对网络进行治理。

（3）加强与国外相关执法机构的合作，互享信息，实施联合打击。网络的优势之一就是超越国界，使世界近在咫尺。因此，打击网络色情，仅局限于本国境内是不够的，而且对于某些犯罪分子，必须进行跨国界的联合打击。2004 年初，美国某执法机构发现了一个总部设在白俄罗斯名为"红色湖泊"的儿童色情网站，该网站由俄罗斯的组织控制并由美国一家名为莱格培的财务公司为其提供信用卡服务。随后，美国、英国、法国、西班牙、白俄罗斯等 6 国联手，才将相关责任人绳之以法[1]。

现今，国内许多色情网站都租用位于国外的服务器，而且许多国外色情网站也纷纷增加中文色情网页，如根据韩国电信的分析，在 2004～2005 年一年时间里，中文色情网站增长了 47.1%[2]。因此，欲巩固国内打击网络色情的成果，提升实效，必须加强国际合作。

（4）斩断产业链条，使网络色情无利可图。网络色情之所以打而不绝，原因之一就在于丰厚的利润，而且在网络的服务商、运营商等各个实体之间存在一个产业链条，使它们形成一个利益共同体。色情网站的经营者花费几百元买一个域名，去找人租虚拟空间，办起网站后，到银行开账户，让会员直接汇款过来。不少色情网站干脆和移动运营商联手，收取手机代

---

[1] 杨华、许捷：《六国联手扫黄网 众多教师涉案令人震惊》，《环球时报》2004 年 10 月 6 日。

[2] 转引自《环球时报》2005 年 8 月 5 日，第 7 版。

扣费。在这个产业链条上，所有的人都是受益者：出租虚拟空间的 ISP（互联网接入服务商）、网站、网吧等，每出租 100 兆的空间，一年至少收费 100 元。而一个大型色情网站，至少需要 1000 兆以上的空间，租赁方每年至少进账上千元；代为扣费的移动运营商，至少分得 10%~20% 的提成；至于开户银行，自然也有一笔不菲的收入①。所以，打击网络色情，必须采用针锋相对的法律技术、网络技术及其他措施，对处于这一产业链上的每一个环节进行严厉打击，使网络服务商、网吧等无利可图。

三　打击知识产权犯罪：为赢得未来的竞争

2004 年 6 月，国务院主要领导同志在山东考察时指出，世界未来的竞争就是知识产权的竞争②。

的确，与贸易相关的知识产权，作为世界贸易组织三大支柱之一，正日益成为各主要贸易国家维护国家利益的重要手段。中国虽然自 2001 年 12 月 11 日起就已正式成为世界贸易组织的成员国，但是目前，经济社会中还存在大量制假售假、侵权盗版等违法行为。而且，近年来侵犯知识产权的犯罪活动日渐猖獗，涉案金额不断增大。据不完全统计，最近 4 年，全国侵犯知识产权案件立案数年均增长 33%，涉案金额年均增长近 30%③。2004 年 1~6 月，全国公安机关立案就超过 500 起，涉案金额 2.6 亿元④。为此，国家知识产权局等 9 部门于 2004 年 4 月 19~26 日联合开展了以"尊重知识产权，维护市场秩序"为主题的全国首次"保护知识产权宣传周"活动。

在加大宣传力度的同时，执法部门对知识产权犯罪也加大了打击力度。

---

① 吴学安：《斩断色情网站"产业链"方是治本之策》，资料来源：http://www.people.com.cn/GB/it/1067/2725392.html。
② 参见贺劲松、丁锡国《温家宝考察山东 要求三个"一流"》，资料来源：http://news.sina.com.cn/c/2004-06-23/18032888733s.shtml。
③ 参见于滨《侵犯知识产权呈现六个新特点　打击犯罪难度高》，资料来源：http://cn.news.yahoo.com/040918/219/25t1q_2.html。
④ 此处统计数据来自公安部举办的 2004 年中国知识产权刑事保护论坛，下文所引用数据，如无特殊说明，则来源相同。

相关部门将"打击制假售假、保护知识产权"确定为2004年整顿和规范市场经济秩序工作的重点，公安部也于2004年在全国范围内部署开展为期一年的打击侵犯商标专用权犯罪的"山鹰"行动。但是，1997年《刑法》规定的7个侵犯知识产权犯罪罪名，有的尚没有具体的定罪量刑标准；有的虽然通过司法解释明确了定罪量刑标准，但随着犯罪情况的变化，已经不适应打击侵犯知识产权犯罪的现实需要。鉴于此，2004年12月21日最高人民法院与最高人民检察院公布了《关于办理侵犯知识产权刑事案件具体应用法律若干问题的解释》（以下简称《知识产权解释》），并于翌日开始正式实施。

（一）知识产权犯罪的界定

知识产权犯罪，通常认为，指《刑法》分则第3章第7节所规定的7种犯罪，即假冒注册商标罪，销售假冒注册商标商品罪，非法制造、销售非法制造的注册商标标识罪，假冒专利罪，侵犯著作权罪，销售侵权复制品罪，侵犯商业秘密罪。也有的观点认为，在广义上，知识产权犯罪包括：《刑法》分则第3章第7节（第213~220条）专门规定的"侵犯知识产权罪"；《刑法》分则第3章第1节（第140~150条）规定的"生产、销售伪劣商品罪"；《刑法》第153条、第155条规定的走私罪；《刑法》第225条规定的非法经营罪；其他相关犯罪，如有组织犯罪、恐怖活动犯罪、洗钱罪等[①]。

基于《刑法》与上述《知识产权解释》的规定，本文所谓的"知识产权犯罪"，指通常意义上的知识产权犯罪。

（二）当前知识产权犯罪的特点

1. 侵犯商标专用权（包括假冒注册商标、销售假冒注册商标的商品和非法制造、销售非法制造的注册商标标识）与侵犯商业秘密的案件突出

据统计，1998~2003年，全国公安机关共立侵犯商标专用权的案件近

[①] 参见朱丽欣《广义视野中的中国知识产权犯罪》，《国家检察官学院学报》2004年第5期。

5000起，占侵犯知识产权犯罪案件立案总数的80%，涉案金额超过12亿元，占侵犯知识产权犯罪案件涉案总额的64%。在某些地区，近年来法院审理的侵犯商标专用权的案件最高达到所审理的侵犯知识产权案件的90%[①]。

在知识产权犯罪中，另一类所占比例较大的案件是侵犯商业秘密案件。1998~2003年，全国公安机关共立侵犯商业秘密案件超过500起，占侵犯知识产权犯罪案件立案总数的9%，涉案金额6亿元，占侵犯知识产权犯罪案件涉案总额的32%。而且，侵犯商业秘密的案件增长较快。以山东省为例，2002年全省共受理侵犯商业秘密案件11起，涉案金额569万元，2003年受案达到25起，涉案金额2973万余元，分别增长227%和522%[②]。

2. 经济发达地区的犯罪比经济欠发达地区严重

从全国看，东部沿海地区比中西部地区情况严重。从局部看，也是经济发达地区比经济欠发达地区严重，如在广东，珠江三角洲、潮汕地区和湛江属省内经济发达地区，全省80%的侵犯知识产权犯罪案件就发生在这些地方。究其原因：一是经济发达地区是现代化生产的核心，可以便利地购买到进行侵犯知识产权犯罪所需的设备、原材料；二是交通发达，便于运输；三是集中了大量的技术工人和具备侵犯知识产权犯罪技能的人员，便于进行犯罪活动；四是侵犯知识产权犯罪产品的消费市场也是在经济发达地区。

3. 内外勾结犯罪的趋势明显

主要表现在两方面：一是一些境外不法分子向境内不法分子下订单，提供假冒产品的样式，然后又指定其将该假冒产品出口到某一特定国家。二是一些境外不法分子以来料加工为掩护，在内地开办工厂，实际上是在生产假冒商品，之后，又将假冒商品运送至境外销售。例如，在2004年中国公安机关与美国国土安全部移民和海关执法局（ICE）合作侦破的以

---

① 参见沈凤丽、诸达鹤《知识产权犯罪案：侵犯商标专用权犯罪占九成》《新闻晨报》，2005年4月26日。
② 参见山东省知识产权局《我省侵犯知识产权犯罪案件呈现新特点》，资料来源：http://web.sdstc.gov.cn/html/2004/05/20040509201935-1.htm。

美国公民顾然地为首的跨境销售侵权复制品案中，犯罪人就是在上海市利用网络向境外发送销售 DVD 光盘的信息，并通过国际运输代理公司、速递服务公司等途径向境外客户销售盗版 DVD①。

4. 个人与单位犯罪并重

调查显示，在假冒注册商标案件中，大批量集中生产、技术含量高的假冒产品以单位犯罪为主，如 2004 年国家版权局查处的北京某公司与天津某光盘公司非法复制"联想操作系统恢复光盘"案②，小批量生产、技术含量低的假冒产品以自然人犯罪为主，其中，个体户、农民和无业人员占了 80%。

5. 犯罪的组织化、专业化和智能化水平很高

目前，侵犯知识产权的犯罪大多是作案成员等级分明，制假设备与技术先进，体现出高度的组织化、专业化，例证之一就是有的地方出现假冒品牌产品的"专业村"。例如，广东潮阳就有专门假冒香烟的"榕堂村"，有假冒牙膏、牙刷的"仙港村"，有假冒化妆品、洗涤用品的"两英镇"。而且，还体现出高度的智能化，如吉林省公安部门在侦查中发现，当地假冒品牌香烟所用的烟丝与正品同一等级的烟丝相同，并按不同品牌卷烟的配料方法，由专业技师调配而成，烟草专卖部门的专业人员根本无法鉴定其真伪。此外，犯罪手段和对象也呈现专业化、科技化的趋势。例如，现已出现了利用网络侵犯商业秘密、侵犯新型科技产品、假冒液晶屏、仿冒激光全息标志等智能化、科技化水平较高的案例。

（三）《知识产权解释》的相关规定

《知识产权解释》首先对相关犯罪的量刑标准进行了详细划分。例如，规定实施《刑法》第 219 条规定的行为，给商业秘密的权利人造成损失数额在 50 万元以上的，属于"给商业秘密的权利人造成重大损失"；造成损失数额在 250 万元以上的，属于"造成特别严重后果"。并细化了

---

① 参见蒋建科《中国破获一批侵犯知识产权案件　产生广泛影响》，《人民日报》2005 年 7 月 17 日。
② 参见蒋建科《中国破获一批侵犯知识产权案件　产生广泛影响》，《人民日报》2005 年 7 月 17 日。

对单位犯罪的量刑标准,即"按照《知识产权解释》规定的相应个人犯罪的定罪量刑标准的三倍定罪量刑"。

其次,《知识产权解释》对相关犯罪的罪状进行了解释,如明确《刑法》第213条规定的"相同的商标",是指与被假冒的注册商标完全相同,或者与被假冒的注册商标在视觉上基本无差别、足以对公众产生误导的商标;"使用"指将注册商标或者假冒的注册商标用于商品、商品包装或者容器以及产品说明书、商品交易文书,或者将注册商标或者假冒的注册商标用于广告宣传、展览以及其他商业活动等行为。

再次,《知识产权解释》确定了对相关知识产权犯罪进行追诉的标准,如规定假冒他人专利,非法经营数额在20万元以上,属于《刑法》第216条规定的"情节严重",应当予以刑事处罚,并列明了"非法经营数额""销售金额"等的计算方法。

最后,《知识产权解释》就知识产权犯罪的共犯作出了规定,即"明知他人实施侵犯知识产权犯罪,而为其提供贷款、资金、账号、发票、证明、许可证件,或者提供生产、经营场所或者运输、储存、代理进出口等便利条件、帮助的,以侵犯知识产权犯罪的共犯论处"。

四 预防未成年人犯罪:为了祖国与民族的未来

20世纪90年代以来,未成年人犯罪一直呈上升态势,未成年人涉案的人数占同龄人口的比例近10年来提高了一倍。至1998年,中国未成年犯占全部刑事作案成员的比例高达10.7%。为此,全国人大常委会于1999年通过了《预防未成年人犯罪法》,中共中央、国务院于2004年2月26日又颁布了《关于进一步加强和改进未成年人思想道德建设的若干意见》。但是,一系列的举措并没有遏制住未成年人犯罪的上升势头,据统计,1998~2004年6年间全国法院判处的未成年犯增长了1.2倍[①],而且,未成年人犯罪的上升态势在2004年尤为明显。根据2005年3月的《最高人民法院工作报告》,2004年全国法院判处未成年人罪犯多达

---

① 参见李薇薇《未成年人犯罪呈现几个特点》,《沈阳晚报》2005年5月31日。

70086 人，比 2003 年上升 19.1%[①]。在某些地区，这一数字更高。例如，2004 年广州法院共判处未成年人罪犯 1584 人，同比增长 41.27%[②]。

当前，未成年人犯罪有什么主要特点，是什么使得作为祖国未来的未成年人走上犯罪道路？又如何才能保障未成年人身心健康，培养未成年人良好的品行，有效地预防未成年人犯罪？

（一）未成年人犯罪的主要特点

1. 低龄化

随着物质条件的改观，信息传播渠道的拓宽，未成年人生理、心理早熟明显，过去发案年龄多在 17~18 岁，现在提前到 15~16 岁，甚至更早。据统计，21 世纪初中国未成年人犯罪初始年龄与 70 年代相比已提前了两至三岁，14 岁以下不满刑事责任年龄的少年违法犯罪比例上升，在未成年人违法犯罪中所占比例已由 1991 年的 1.3% 上升到 1999 年的 1.9%[③]。近年来，低龄化的趋势更加明显。以江苏省为例，1998~2000 年该省全部在押的未成年犯中，14、15、16 周岁的，分别占 2%、9% 和 35.9%，至 2003 年，案发年龄在 14 周岁以下的已经上升到 2.8%，16 周岁的则占了 43.7%[④]。

2. 团伙化

团伙化是未成年人犯罪的又一明显特点，而且日益严重。从实践来看，未成年人往往纠合成伙，少者两三人，多者七八人，共同作案，盗窃抢劫，打架斗殴，随意滋事。例如，河南省安阳县在 2001 年未成年人涉嫌犯罪的 28 起案件中，团伙作案 13 起，约占未成年人犯罪案件总数的 48%；2004 年，未成年人犯罪 28 起，其中团伙作案上升为 24 起，约占未

[①] 参见最高人民法院 2005 年 3 月 9 日在第十届全国人民代表大会第三次会议上所作的《最高人民法院工作报告》。
[②] 参见梁克毅、穗法宣《广州 2004 年未成年人犯罪人数比上年增长四成》，《羊城晚报》2005 年 3 月 18 日。
[③] 参见薛剑《对未成年人犯罪问题的调查与思考》，资料来源：http://www.chinaweblaw.com/news/show.aspx?id=9968&cid=52。
[④] 参见吕红梅《未成年人犯罪的现状、原因及对策探讨》，《山西青年管理干部学院学报》2005 年第 1 期。

成年人犯罪案件总数的 85%①。

3. 暴力化

未成年人生理、心理早熟在犯罪中的又一体现就是未成年犯罪行为的暴力化趋势日趋明显。以海南省海口市为例，2004 年 1~7 月，海口市公安局抓获青少年杀人犯罪嫌疑人 8 名，占该类犯罪人数的 80%；强奸犯罪嫌疑人 20 名，全部是青少年；青少年抢劫犯罪嫌疑人 117 名，占该类犯罪人数的 64.3%；青少年伤害犯罪嫌疑人 44 名，占该类犯罪人数的 46.3%②。在广州市亦是如此，2004 年广州法院审理的案件中，"两抢"、故意伤害和盗窃成为未成年人犯罪的主要类型③。

4. 贪利化

在未成年人罪犯中，以侵犯财产为目的的犯罪居多。例如，在北京市海淀区 2004 年审判的未成年人案件中，以侵犯财产为目的实施的抢劫、盗窃、寻衅滋事占总数的 80%④。

（二）未成年人犯罪的主要原因

1. 家庭方面的原因

家庭是未成年人成长的主要场所之一，因此，家庭的结构、经济状况、父母的婚姻状况、职业及受教育状况、家庭关系等因素，对未成年人都有深刻的影响。以家庭结构为例，2002 年对河北省少管所羁押的 395 名未成年犯进行的调查发现，其中，家庭结构不完整的，如父母离异、父母一方死亡或双亡，占总体的 19%⑤。2004 年针对江苏省未成年犯进行的

---

① 参见薛剑《对未成年人犯罪问题的调查与思考》，资料来源：http://www.chinaweblaw.com/news/show.aspx?id=9968&cid=52。
② 参见洪宝光、周礽祁《海口未成年人犯罪案件大幅上升，呈现五大特点》，资料来源：http://www.zxs.net.cn/sskd/62079.shtml。
③ 参见梁克毅、穗法宣《广州 2004 年未成年人犯罪人数比上年增长四成》，《羊城晚报》2005 年 3 月 18 日。
④ 《未成年人犯罪呈现 5 大特点》，资料来源：http://www.cetv.edu.cn/program/a0712/CETVJISHI/modelhuodong.php?newsid=1001042。
⑤ 参见王金兰等《河北省未成年人犯罪基本情况调查及原因分析》，《河北法学》2004 年第 2 期。

一项研究也表明，未成年犯的父母离异率高达35.7%，由于父母一方死亡造成的单亲家庭占了14.2%，父母双亡形成的孤儿家庭占7.1%，前面三项之和高达67%，即在犯罪未成年人中有父母离异或亡故背景的占了2/3[①]。

再以父母的职业与受教育状况为例，2004年北京市海淀区少年法庭对北京市少管所的100名未成年犯进行的调查发现，父亲是工人、农民、个体户、无业的达83人；初中文化程度以下的67人；母亲文化程度初中以下的有64人[②]。

2. 社会方面的原因

（1）教育方面。在未成年犯中，有相当一部分走上犯罪道路是由于缺乏起码的文化教育和辨别是非善恶的能力，缺乏个人行为约束力。另外，他们由于缺乏一定的文化知识，难以掌握必要的就业技能，进入合法谋生、自食其力的工薪阶层。湖北省预防未成年人违法犯罪课题组2004年完成的一项调查报告显示，2001~2003年，这个省涉嫌违法犯罪的未成年人中，初中文化程度的比例由57%下降至11.7%，高中及高中以上文化程度的由25.4%下降至7.3%，而文盲和小学文化程度的由17.6%上升至81%[③]。针对2003年江苏省未成年犯进行的研究也显示，其中，文盲率高达5.0%，小学占54.5%，初中占40%，小学初中文化总共占了94.5%，而其中不容忽视的就是许多未成年人小学只读了一两年或初中没有毕业，能够完成初中学业的比例就更低了[④]。

（2）网络方面。目前，有越来越多的未成年人沉迷于网络。据统计，在2004年中国的8000余万网民中，18岁以下的未成年人就有1650万，

[①] 参见吕红梅《未成年人犯罪的现状、原因及对策探讨》，《山西青年管理干部学院学报》2005年第1期。

[②] 参见吕红梅《未成年人犯罪的现状、原因及对策探讨》，《山西青年管理干部学院学报》2005年第1期。

[③] 参见田建军《调查：未成年人文化程度越低犯罪比例越高》，资料来源：http://www.ywtd.com.cn/act/forum/showtopic.asp?TOPIC_ID=23543&Forum_id=4&page。

[④] 参见吕红梅《未成年人犯罪的现状、原因及对策探讨》，《山西青年管理干部学院学报》2005年第1期。

占到了19%。而这1650万未成年人中的14.8%，也就是244万[1]，不仅爱上网，而且沉迷其中，难以自拔。他们中的许多人，也因此走上了犯罪道路。中国青少年犯罪研究会的统计资料显示，目前青少年犯罪总数占全国刑事犯罪总数的70%以上，其中14~18岁的未成年人犯罪又占青少年犯罪总数的70%以上，有70%的少年犯因受网络色情暴力内容影响而诱发盗窃、抢劫、强奸、杀人、放火等几类严重犯罪。2004年北京市海淀区检察院对海淀看守所在押的未成年犯罪嫌疑人的调查发现：73名有上网经历的未成年犯罪嫌疑人中，39人承认自己走上违法犯罪道路是因上网引起或与上网有关，占53.4%[2]。

（3）其他方面。比较而言，未成年人的生活更为简单。但未成年人也是处于复杂的社会之中，而且由于身心方面的原因，他们更易于受到身边不良事物的影响，如身边同龄人的越轨行为。兼之我国正处于社会转型过程中，社会上出现了许多不良因素，如社会群体的分化、社会价值及道德观念的滑坡、个人主义、拜金主义、享乐主义盛行等，所有这些使一些未成年人的人生观、价值观、道德观发生严重的扭曲。此外，社会上的高消费，含有暴力、色情内容的影视、娱乐制品大量存在，都对未成年人有严重的负面影响。

3. 自身原因

未成年人走上犯罪道路，与他们自身存在的生理和心理弱势也不无关系。首先，未成年人世界观尚未形成，可塑性强，遵守社会规范的意识薄弱，思想上比较幼稚、不成熟，对是非善恶缺乏辨别能力，易于在不知不觉中走上犯罪道路。其次，未成年人自控能力较差，易冲动，不考虑后果，在别人的怂恿、教唆下容易犯罪。在一项调查中，对于"你的犯罪动机是什么"这一问题，超过50%的未成年人回答是刺激、好玩，对"你在实施犯罪行为时有没有考虑到后果"这一问题，有68.5%的人回答

---

[1] 《网瘾少年达244万：关注未成年人的网络天空》，资料来源：http://www.cctv.com/news/china/20041215/100081.shtml。
[2] 《检察院：未成年人犯罪半数上网诱发》，《北京青年报》2004年7月25日。

"没有"①。此外，未成年人处于青春期阶段，好奇心强，喜欢尝试模仿，易受不良环境影响，且逆反心理强、情绪偏激，也使得他们容易走上犯罪道路。

（三）预防未成年人犯罪的对策

从家庭方面而言，家庭是培养未成年人正确、积极的人生观、价值观的重要场所，家长对未成年人的思想及行为起着潜移默化的影响。因此，家长应尽力提高自身的道德、法制和思想修养和文化教育水平，身体力行，做未成年人的表率，让未成年人学会做人。事实已经证明，家长的表率作用是影响未成年人犯罪的重要因素，如上文针对河北省未成年犯进行的研究发现，其中父亲有犯罪史的占 9.1%，高于正常人群。家长应采用正确的家庭教育方法，既不要过分溺爱，也不要过分严厉，而要了解孩子的特点和真正需求，维护孩子自身的合法权益，适应子女的心理、生理及行为特点的变化。

从社会方面而言，首先，政府有关部门及有关社会团体要运用各种手段来净化可能对未成年人造成不良影响的环境。运用各种宣传媒体，结合未成年人不同年龄阶段的生理、心理特点大力宣传和正确引导，使他们走上正确的成长道路。公安机关要加大对中小学校周围环境的治安管理，保障学生有适宜的学习场所。同时还要不断完善各种法律法规，加大对已有法律的贯彻实施力度，加强对未成年人的保护，尤其要防止未成年人受到"黄毒"的影响。

其次，学校应改变教育体制与"应试"的教学目标，尽可能以疏导代替压制，要增加道德实践锻炼环节，在加强科学文化知识培养的同时也要重视开展对未成年人的心理教育和心理咨询，培养他们的自信心和自制能力。

再次，政府、学校以及其他相关机构应通力协作，避免未成年人辍学，给予他们受教育的机会，保证他们受教育的权利。因为辍学意味着未

---

① 参见吕红梅《未成年人犯罪的现状、原因及对策探讨》，《山西青年管理干部学院学报》2005 年第 1 期。

成年人被推向社会,意味着他们要受到更多的社会不良事物的影响,也意味着他们走向犯罪道路的概率更大。例如,在河南省范县检察院1999~2003年10月审查起诉的72名未成年被告人中,辍学的就有63人,占87.5%,而且有攀升的趋势[1]。

最后,家庭、学校及相关机关应经常协调、联络、沟通,置未成年人于家庭与相关机构织成的网络之中,使各方面都能及时、全面地掌握未成年人的信息,对未成年人的行为作出及时、正确的反应,防止他们走上犯罪道路。

五 死刑:谁来判处

2004年2月10日,因女友被残忍杀害而蒙受不白之冤、历经5次判决、3次被判死刑的孙万刚在8年冤狱后被无罪释放[2];11月26日,同样因涉嫌杀人被判死刑(缓期执行)的李久明在被羁押2年后也被无罪释放[3]。孙、李二人从死刑到无罪的传奇经历,不但体现了"慎用死刑"的刑事政策,而且体现了中国司法"人权保障意识"的进步。2004年3月14日十届全国人大二次会议通过《宪法修正案》把"国家尊重和保障人权"写进《宪法》,更加体现了国家对人权的尊重与保障的坚定立场。

人权的一大对立面是直接剥夺人生命的死刑。随着人权观念的日益弘扬,生命权日益被视为不可剥夺、不可克减的"天赋人权",死刑也越来越被视为"不人道""不文明"的做法。早在20世纪90年代中期,就有学者提出了废除死刑的百年梦想。此后,围绕着死刑的存与废、废除途径等问题,社会各界进行了激烈的论争,有的学者明确指出,"尽管1997年刑法典在分则编对可处死刑的罪种数略作减少,但仍保持了68个罪名……中国刑法中死刑罪名的泛滥乃至司法实践中对死刑的过度适用之现

---

[1] 参见陈翠玲《应关注未成年犯罪中辍学生犯罪率攀升问题》,《检察实践》2004年第1期。
[2] 《孙万刚冤案平反8年 冤狱换来16万国家赔偿》,《生活新报》2004年10月26日。
[3] 参见冬子《曾因涉嫌杀人被判死缓,李久明平反昨回家》,《燕赵晚报》2004年11月27日。

状,与当今世界的法治发展进步趋势是背道而驰的"①。2004年通过的《宪法修正案》及几起冤案将这场论争推向了高潮,中国法学会刑法学研究会也因此将之作为2004年年会的主要议题。

(一) 死刑在世界上的发展状况

可以说,当今世界绝大多数国家的死刑政策是朝着废除死刑、严格限制死刑的方向努力的。据英国牛津大学著名犯罪学专家胡德教授的统计,截至2004年10月,共有81个国家废除了所有犯罪的死刑,12个国家废除了普通犯罪的死刑,35个国家事实上废除了死刑(至少10年内没有执行过死刑),三者加在一起是128个国家②。在保留死刑的国家里,情况也不可同日而语。越来越多的国家倾向于对死刑持严格限制的态度,表现之一是在立法上大幅度减少适用死刑的条款,将其限制在谋杀、叛逆和战时犯罪等少数几种性质极其严重的犯罪上,而不对经济犯罪等非暴力普通犯罪适用死刑。表现之二是在司法上对死刑进行严格控制,有的国家一年仅判决或执行几件或一件死刑,有的国家甚至数年才执行一件死刑。例如,韩国继1990年修订特别刑法取消15个条款的死刑、1995年修订刑法又取消5个条款的死刑之后,1998年金大中总统公开告诉大赦国际他本人反对死刑,因此韩国近几年一例死刑也没有执行③。

死刑在世界各国的日趋衰落是有深刻原因的。首先,对人权保障的不断强调,使联合国及其有关机构在废除死刑问题上的态度日益鲜明。在1948年发表《世界人权宣言》时,联合国除了宣称"人人享有生命权"(第3条)和"任何人不得加以酷刑,或施以残忍的、不人道的或者侮辱性的待遇或刑罚"(第5条)外,并没有直接表明反对死刑的态度。但到1966年通过《公民权利和政治权利国际公约》

---

① 参见赵秉志《中国废除死刑论纲》,《法学》2005年第1期。
② 参见〔英〕罗吉尔·胡德《死刑的全球考察》,刘仁文、周振杰译,中国人民公安大学出版社,2005,第14页。
③ 参见〔英〕罗吉尔·胡德《死刑的全球考察》,刘仁文、周振杰译,中国人民公安大学出版社,2005,第81页。

时，却明确表明了反对死刑和限制死刑的态度。其次，对人权的看重使一些区域性组织在推动废除死刑方面发挥着积极的作用。在欧洲，早在1982年欧洲理事会就通过了《欧洲人权公约第六议定书》，该议定书要求当事国废除和平时期的死刑。1994、1996、1999年，欧洲理事会又通过和重申"没有死刑的欧洲"的决议，并号召"世界上其他还没有废除死刑的国家，像大多数欧洲议会成员国一样，迅速废除死刑。"再次，一些以促进人权事业为宗旨的非政府组织不遗余力地为废除死刑而斗争。在人权高涨和结社自由的国际氛围下，当今世界形形色色的非政府组织如雨后春笋，各类人权组织也不可计数。最后，许多废除死刑的国家，都以人权作为其政策根据和合法性依据。例如，鉴于第二次世界大战期间意大利和德国法西斯滥用死刑、严重侵犯人权的教训，这两个国家战后很快就废除了死刑[1]。

（二）中国在死刑方面的研究热点

1. 死刑的存与废

关于死刑的存废，学界与社会公众的立场截然对立。虽然还存在不同的声音，但学界主流的观点是应当废除死刑，而绝大部分社会公众对死刑是持支持态度的，1995年的一份抽样调查报告显示，赞成废除死刑的中国民众仅0.78%；另据2002年的一份抽样调查显示，88%以上的被调查者反对废除死刑[2]。

虽然在学界废除死刑是主流的观点，但对于废除死刑的方法，仍然存在争议。有的学者主张可以"立即废除死刑"，即采取"突然死亡法"；但大部分学者的观点是"严格限制并逐步废除死刑"，即采取"慢性死亡法"，并对如何逐步废除死刑提出了不同的设想。例如，有的学者提出了废除死刑的百年梦想，还有的学者将中国废除死刑的过程细分为三个阶

---

[1] 1947年《意大利共和国新宪法》对普通犯罪和非战时的军事犯罪废除了死刑。1949年《德意志联邦共和国新宪法》废除了所有犯罪的死刑。参见〔英〕罗吉尔·胡德《死刑的全球考察》，刘仁文、周振杰译，中国人民公安大学出版社，2005，第31页以下。原德意志民主共和国于1987年废除死刑，成为当时第一个废除死刑的社会主义国家。

[2] 参见杨中旭《中国死刑改革论证引人关注》，《中国新闻周刊》2005年1月31日。

段：一是至 2020 年亦即建党 100 周年，先行逐步废止非暴力犯罪的死刑；二是再经过 10~20 年的发展，在条件成熟时进一步废止非致命性暴力犯罪（非侵犯生命的暴力犯罪）的死刑；三是在社会文明和法治发展到相当发达程度时，至迟到 2050 年亦即新中国成立 100 周年之际，全面废止死刑[①]。

在当前面临强烈反对意见的情况下，"严格限制并逐步废止死刑"不失为现实的选择。无论如何，我们必须改变外界对中国"在死刑问题上一枝独秀"的印象，否则会带来许多不利后果。首先，容易与国际社会产生隔阂，影响中国的社会主义形象。社会主义本来应当是最讲人权的，是最应当尊重人的生命的，但如果世界上相当一部分死刑甚至大部分死刑都发生在中国，就很难使人信服。其次，不利于国际和区际刑事司法合作。如今，欧盟已经禁止将有判处死刑危险的犯罪分子引渡给管辖国，其他一些废除死刑的国家也持类似态度，如大走私分子赖昌星逃到加拿大后，加拿大即以其有死刑危险为由拒绝引渡。再次，死刑适用过多过滥，不仅会滋长对死刑作用的迷信，忽略社会治安和社会管理的基础性工作，忽视犯罪成因的多重性和复杂性，而且会使死刑逐渐变得见多不怪，减弱人们对它的强烈印象，自然其威慑作用也就慢慢减退。最后，由于死刑误判不可避免，美国最近 20 年来被错判死刑的人数也高达 100 余人。中国近年来暴露出来的冤案也确证了这一点。因此，判处死刑越多，其中风险就越大，而死刑一旦误判，后果将无法挽回。

2. 死刑复核权的问题

死刑复核权不但是学界，而且是官方广为关注的问题，直接将这一问题推向了争论的最高峰的，就是 2001 年最高人民法院曾命令"枪下留人"而后又维持死刑判决的董伟案。此事首次引起法学界人士对死刑二审程序和死刑复核程序的大讨论，人们更加关注死刑复核权下放带来的弊端。2004 年年 10 月 10 日，在广州召开的中国诉讼法学研究会 2004 年会上，最高人民法院有关领导在发言时明确表示，将部分死刑核准权下放到高级人民法院的做法不妥，并认为收回死刑核准权不是司法体制改革问

[①] 参见赵秉志《中国废除死刑论纲》，《法学》2005 年第 1 期。

题,而是落实现行法律的规定,是法律上的归位问题。

根据1979年《刑事诉讼法》第141条"死刑由最高人民法院核准"的规定,死刑复核权的行使主体为最高人民法院。但1980年2月,也就是1979年《刑事诉讼法》生效后仅两个多月,全国人大常委会决定,对杀人、强奸、抢劫、爆炸、放火等犯有严重罪行,应当判处死刑的案件,最高人民法院可以授权高级人民法院核准。1983年9月,第六届全国人大常委会第二次会议通过了修改《人民法院组织法》的决定,将第13条修改为"杀人、抢劫、强奸、爆炸以及其他严重危害公共安全和社会治安判处死刑案件的核准,最高人民法院在必要的时候,可以授权省、自治区、直辖市的高级人民法院行使"。据此,最高人民法院在1983年9月7日发出了《关于授权高级人民法院核准部分死刑案件的通知》。从1991年起,最高人民法院又先后将贩毒案件的死刑核准权下放到广东、广西、云南、四川、贵州等省区高院。

虽然1996年修改的《刑事诉讼法》和1997年修改的《刑法》都要求死刑立即执行案件的核准权必须由最高人民法院统一行使,但1997年9月最高人民法院还是以"通知"的形式下放死刑核准权。

将死刑复核权下放,存在诸如程序虚置、标准不统一等诸多弊端,而且不利于控制死刑的适用、贯彻"慎杀、少杀"的死刑政策。实践已经证明,将死刑复核权收回最高人民法院,有利于控制死刑的适用。根据2004年3月的《最高人民法院工作报告》,2003年最高人民法院共审结死刑复核案件和刑事再审案件300件,同比上升16.28%。其中,维持原判182件,改判94件,指令下级法院再审24件,改判率逾28%[①],而地方高级法院的改判率仅为1%[②]。为此,最高人民法院要收回死刑核准权在十届人大二次会议上已成为全国人大代表共同的呼声。

如何收回死刑复核权?学界及实务界的人士设想了种种方案。"对死刑案件实行三审终审""最高法院设置巡回法庭""最高法院在北京设置

---

① 参见最高人民法院2004年《最高人民法院工作报告》。
② 参见杨中旭《中国死刑改革论证引人关注》,《中国新闻周刊》2005年1月31日。

专门的复核庭",成为众多方案中最常提及的三种①。

3. 非暴力犯罪的死刑

通常认为,暴力犯罪可以从以下两个方面来确定。一方面,从暴力犯罪的范围来看,只要《刑法》分则中规定的明确或隐含的包括以暴力为手段的犯罪都属之,如暴力危及飞行安全罪。另一方面,从暴力犯罪的程度来看,则可以从具体罪名、法定刑以及是否"严重危及人身安全"等方面进行考察②。以上述标准考量目前中国刑法规定的421种犯罪可以发现,其中的非暴力犯罪多达358种。在《刑法》规定的68种死刑罪中,非暴力犯罪为44种,占全部死刑罪的64.7%,占全部358种非暴力犯罪的12.3%③。

对于非暴力犯罪,目前普遍的观点是应当废除死刑。首先,中国已经签署了《公民权利与政治权利国际公约》(ICCPR),并正朝着批准的方向前进。ICCPR第6条第2款规定,在未废除死刑的国家,判处死刑只能作为对最严重的罪行的惩罚。1984年联合国经社理事会又以决议的方式通过了《保护面临死刑者权利的保障措施》,也规定"在未废除死刑的国家,只有最严重的罪行可判处死刑",并认为"死刑的范围应只限于对蓄意而结果为害命或其他极端严重的罪行"。虽然最严重犯罪的定义会随着社会、文化、宗教及政治因素的不同而不同,其重点在于主观上的故意和致命的或是极其严重的后果。因此,正如有的学者所言,在尚未废除死刑的国家,死刑应只适用于应承担罪责的最严重的凶杀罪(谋杀罪),而不应适用于非暴力犯罪④。

其次,中国传统的价值观念也认为,生命高于一切。因此,只要对杀人罪之类的暴力犯罪保留死刑,即使废止了所有非暴力犯罪的死刑,也不会突破民众的传统观念与社会心理的底线。这对于中国接受限制死刑的国际标准,将死刑严格限制在"蓄意而结果为害命或其他极端严重的罪行"

---

① 参见孙展、杨中旭《中国新一轮司法改革已到关键时刻 防冤案受关注》,《中国新闻周刊》2005年4月25日。
② 参见高铭暄主编《刑法专论》(上),高等教育出版社,2002,第450页。
③ 参见赵秉志《论中国非暴力犯罪的逐步废除》,《政法论坛》2005年第1期。
④ 参见〔英〕罗吉尔·胡德《死刑的全球考察》,刘仁文、周振杰译,中国人民公安大学出版社,2005,第138页。

范围内，是极为重要的。因为它决定了民众对限制死刑的国际标准的认同度。

最后，中国1997年《刑法》废止了部分犯罪的死刑，如普通盗窃罪，实践中适用死刑的数量也有了相当的减少。这无异于做了一次限制死刑的实验。而新刑法实施至今，中国的犯罪形势并无反常的恶化，民众的心理与情绪也没有因为死刑的减少而出现明显的不适应。这最有说服力地表明中国完全可以进一步限制死刑。

（三）死刑与民意

长久以来，我们似乎已经习惯了"以人民的名义""群众拥护和支持"来证明某一项政策的合法性。"面临如此强大的民意支持，废除死刑是不可能的"也是支持保留死刑的学者与官员的主要理由。但是，真的应该把死刑的存废放在民意的手中吗？

在这一点上，法国与南非废除死刑的经历值得我们借鉴。1981年，当法国废除所有犯罪死刑时，国内要求保留死刑的民意还很强烈，高达62%的民众反对废除死刑，但当时的总统密特朗和司法部长巴丹戴尔等人认为，法国作为在世界人权历史上起过伟大作用的国家，却成为西欧唯一一个适用死刑的国家，这是一种很不光彩的记录，不符合他们的政治信仰，因此，死刑应当立即、无条件地、一步到位地废除。故法国政府依然坚定地推动死刑的废除，并最终实现此一目标[1]。南非在结束种族隔离制度后，先是暂停所有死刑的执行，后又通过宪法法院裁决死刑违宪，最后终于在1997年修改刑法时废除了所有犯罪的死刑。由于在废除死刑时南非的社会治安形势不好，尤其是暴力犯罪严重，社会上反对废除死刑的呼声非常高，但南非国会还是顶住压力，同意了宪法法院院长的意见，即"减少暴力犯罪应通过创造一种尊重生命的'人权文化'来实现"[2]。

我们认为，民意当然不能不顾，但更重要的是如何正确地引导民意向

---

[1] 参见〔法〕巴丹戴尔《为废除死刑而战》，罗结珍、赵海峰译，法律出版社，2003，第194页。

[2] 参见〔英〕罗吉尔·胡德《死刑的全球考察》，刘仁文、周振杰译，中国人民公安大学出版社，2005，第67页。

着正确的、理性的方向发展。历史经验表明，在废止死刑的过程中，大多数民众起初可能是不赞成废止的，但在废止死刑后一段时间，大多数民众又会不赞成恢复死刑。这说明对民意是可以进行引导的。在德国，在废除死刑前绝大多数国民支持死刑，但至1992年支持率已经降至24%。在爱尔兰，废除死刑前大多数人已经由绝对地支持死刑转为反对死刑，在2001年6月进行的公民投票，以62%对37%通过了一项宪法修正案，禁止爱尔兰议会颁布"任何规定死刑适用的法律"[1]。

所以，我们不能让难以界定而又善变的民意阻止我们"限制直至废除死刑"的进程。这不仅仅是社会文明进步的体现，也是落实"国家尊重和保障人权"这一宪法规定的必然要求，而且，"只有我们愿意保护我们之中最恶劣的、最软弱的人，我们才能确保我们自己的权利会受到保护"[2]。

（参见法治蓝皮书《中国法治发展报告 No.3（2005）》）

---

[1] 参见〔英〕罗吉尔·胡德《死刑的全球考察》，刘仁文、周振杰译，中国人民公安大学出版社，2005，第500页。
[2] 南非宪法法院院长阿瑟·查斯卡勒斯（Arthur Chaskalson）语，转引自〔英〕罗吉尔·胡德《死刑的全球考察》，刘仁文、周振杰译，中国人民公安大学出版社，2005，第503页。

第二章　2005年中国刑事法治

摘　要：本文围绕2005年刑事法治领域发生的一系列重大事件，总结了我国刑事法治的发展状况。首先，本文介绍了我国在打击毒品犯罪、矫治吸毒人员、毒品宣传教育、禁毒国际合作方面的禁毒政策，分析了当前的毒品形势并提出对策。其次，本文介绍了赌博犯罪的刑事立法情况，分析了当前赌博犯罪的特点和禁赌的难点。再次，本文说明了渎职侵权检察机构更名的背景，厘清了渎职侵权犯罪的概念，并论述了目前渎职侵权犯罪的特点与查处障碍。最后，本文回顾了死刑复核权的下放历程，阐述了最高人民法院收回死刑复核权的意义，并提出进一步完善死刑复核程序的建议。

2005年1~11月，全国法院共审结各类刑事一审案件583915件，判处罪犯728067人。其中，审结重大责任事故犯罪案件844件，判处罪犯969人；审结国家工作人员职务犯罪大要案19045件，判处罪犯18730人。同时期，全国法院共受理知识产权刑事案件3250件，同比上升28.21%；共办理涉诉信访372622件（人）次，再审立案43310件，审结35198件。此外，全国法院坚持"有罪则判，无罪放人"的原则，共依法宣告无罪1792人[①]。

2005年全国社会治安形势大局保持稳定，全国公安机关共发现受理治安案件737.3万起，同比上升10.9%；查处治安案件629.6万起，同比

[①] http://news.xinhuanet.com/legal/2006-01/06/content_4015015.htm。

上升17.3%。据国家统计局2005年进行的全国公共安全感抽样调查，91.9%的被调查者认为社会治安"安全"或"基本安全"[1]。

该年度在刑事法治领域还发生了一系列重大事件，如自2005年1月11日起，公安部等中央十几个部委联手展开新中国成立以来规模和力度最大的集中打击赌博违法犯罪专项行动。一批震惊全国的大要案得以查处，如挪用本单位公款318.55万元在境外参与赌博并将之挥霍一空的"官赌"蔡豪文案，成都火车站派出所50名警察与站内小偷勾结谋取不义之财的成都警偷勾结案，以及以工业酒精假冒食用酒精销售、勾兑白酒，导致14人死亡、41人受伤的广州"毒酒"案等[2]。本文围绕以下几个事件展开论述，以期对读者了解该年度的刑事法治状况有所助益。

一 禁毒：又掀新高潮

2005年初，针对毒品犯罪与毒品滥用的高发态势[3]，国家禁毒委员会在全国部署开展为期三年的禁毒人民战争。截至2005年9月，全国共破获毒品犯罪案件74419起，抓获毒品犯罪嫌疑人49097名，缴获海洛因7167千克、鸦片1819千克、冰毒4511千克、摇头丸87.9万粒、氯胺酮1593千克，缴获易制毒化学品131.9吨[4]。

（一）现行禁毒政策的形成

自20世纪80年代初结束了近30年之久的"无毒国"历史以来，经过二十余年的建设，中国目前已经形成了以"禁绝毒品"为根本目标，以"'四禁'（禁种、禁制、禁运、禁吸）并举、堵源截流、严格执法、标本兼治"为工作方针，坚持打击毒品犯罪与减少毒品危害

---

[1] http://www.mps.gov.cn/webpage/showNews.asp?id=1810&biaoshi=bitGreatNews。

[2] http://www.chinanews.com.cn/news/2005/2005-12-30/8/672017.shtml。

[3] 据统计，至2004年中国累计登记在册的吸毒人员已经从1991年的14.8万人发展到超过114万人，每年毒资的直接消耗近2000亿元之巨。参见国务院新闻办公室《中国的禁毒白皮书》（2000年6月）；国家禁毒委员会办公室：《2004年中国禁毒报告》；王娟、刘志民：《药物滥用调查方法的比较》，《中国药物滥用防治杂志》2004年第3卷第3期。

[4] http://news.sina.com.cn/o/2005-10-27/10317283751s.shtml。

相结合、国内缉毒与国际合作相结合、解决当前紧迫问题与实现长远目标相结合，综合运用法律、行政、经济、文化、教育和医疗等多种手段进行综合治理的禁毒政策。这一政策在实践中对毒品犯罪及毒品滥用的蔓延起到了积极的遏制作用，具体表现如下。

1. 在打击毒品犯罪方面

从严惩处毒品犯罪，是中国禁毒刑事立法的显著特点之一。1997年修订后的《刑法》充分体现了这一原则。其一，对毒品犯罪种类规定齐全，确保各种毒品犯罪行为受到法律制裁。该法规定了走私、贩卖、运输、制造毒品罪，非法持有毒品罪，窝藏、转移、隐瞒毒品、毒赃罪，走私制毒物品罪，非法买卖制毒物品罪，非法种植毒品原植物罪，非法买卖、运输、携带、持有毒品原植物种子、幼苗罪，非法提供麻醉药品、精神药品罪等12个罪名，并对毒品洗钱犯罪行为作出处罚规定。其二，对走私、贩卖、运输、制造毒品，无论数量多少，都规定要追究刑事责任，予以刑事处罚。毒品的数量以查证属实的走私、贩卖、运输、制造、非法持有毒品的数量计算，不以纯度折算。其三，对毒品犯罪从经济上予以制裁。对毒品犯罪，规定了并处没收财产或罚金，旨在剥夺毒品罪犯的非法收益，摧毁其再次实施毒品犯罪的经济能力。其四，对利用、教唆未成年人走私、贩卖、运输、制造毒品，或者向未成年人出售毒品的，引诱、教唆、欺骗或者强迫未成年人吸食、注射毒品的，因走私、贩卖、运输、制造、非法持有毒品罪被判过刑又有毒品罪行为的，从重处罚。其五，对走私、贩卖、运输、制造毒品等严重的毒品罪犯处以死刑。

依据上述立法，中国执法机关对毒品犯罪进行了严厉打击。1991～1999年，中国禁毒执法机关共破获毒品违法犯罪案件80余万起，缴获海洛因近40吨、鸦片近17吨、大麻逾15吨、甲基苯丙胺逾23吨。2000年之后，公安机关每年破获的毒品犯罪案件都在10万件左右，缴获的海洛因都近10吨[1]（见表1）。

---

[1] 参见国家禁毒委员会2000~2004年禁毒报告。

表 1　2000~2004 年全国公安机关破获毒品犯罪案件情况

年　份	破获毒品案件(件)	抓获犯罪嫌疑人(人)	缴获海洛因(千克)	缴获病毒(千克)
2000	96189	—	6300	20900
2001	110300	73300	1320	4820
2002	110000	90000	9290.8	3190.9
2003	93800	63700	9530	5830
2004	98009	66960	10836.5	2746

2. 在矫治吸毒人员方面

首先，中国政府坚持对吸毒人员进行强制戒毒。1995 年，国务院发布了《强制戒毒办法》，卫生部发布了《戒毒药品管理办法》，使戒毒工作有法可依。此后，有关部门制定了《阿片类成瘾常用戒毒疗法的指导原则》和《戒毒药品管理办法》，以规范全国的戒毒治疗工作。根据上述法律规定，各地建立了吸毒人员调查登记制度，建立了药物滥用监测网络，定期收集数据资料，及时掌握吸毒人员情况。中国从国情出发，以强制戒毒为主体，采取多种办法帮助吸毒人员戒除毒瘾。对吸毒成瘾者，一律送到由各级政府统一建立的戒毒所强制戒毒；对强制戒毒后又吸毒者，一律送司法部门管理的劳动教养所，在劳动教养中强制戒毒；对不宜收入强制戒毒所的吸毒人员，在家属监护下和住地公安派出所的教育、管理下，令其限期戒毒。此外，一些地方在医疗单位开办戒毒脱瘾治疗业务，收治自愿戒毒者。一些地区还因地制宜，采取了基层组织、社会团体监督帮助吸毒人员戒毒的做法。对经强制戒毒后的出所人员，由家庭、单位、常住地公安派出所及基层群众组织，共同负责开展对强制戒毒出所人员的后续帮助教育工作，防止其复吸。1991~1997 年，全国强制戒毒 55 万人次，劳动教养戒毒 10 万人次。1998 年之后，随着吸毒人员的增加，中国政府对强制戒毒机构与劳动教养机构加大投入，对更多的吸毒人员进行了强制戒毒与劳动教养戒毒[①]（见表 2）。

---

① 参见国家禁毒委员会 1998~1999 年禁毒报告。

表 2　1998~2004 年登记在册的吸毒人员、强制戒毒及劳动教养戒毒人员情况

年　份	登记的吸毒人员（万人）	强制戒毒人员（万人次）	劳动教养戒毒人员（万人次）
1998	59.6	14	—
1999	68.1	22	12
2000	86	24.8	12
2002	100	25.25	7.6
2003	105.3	22	13
2004	114.04	27.3	6.8

其次，在实施强制戒毒的同时，中国政府非常重视吸毒人员的康复工作。1997 年，云南省借鉴美国戴托普（DAYTOP）管理模式建成了中国第一个中美戴托普戒毒康复村，迄今已为 2000 多名戒毒者进行了戒毒和心理康复治疗。2003 年，湖南、广东、湖北等省借鉴戴托普戒毒模式，建立了康复治疗点，收治了近千名吸毒人员。云南省昆明市强制戒毒所开办了社区戒毒医疗咨询服务中心，向社会提供戒毒医疗咨询、毒品和艾滋病预防教育、心理咨询等服务。2004 年，国家禁毒办会同卫生部、国家食品药品监督管理局等部门在 10 个省（自治区、直辖市）确定 34 个门诊开展"海洛因成瘾者社区药物维持治疗"试点工作，召开了药物维持治疗总结与现场经验交流会，先后两次对试点地区公安禁毒部门进行了培训。此外，国家还建立了药物依赖性研究中心、药物滥用监测中心、药物依赖治疗中心和麻醉品实验室，组织科研机构和专家开展科学戒毒方法和戒毒药物研究。

3. 在毒品宣传教育方面

中国各级政府高度重视禁毒宣传工作，每年都制定计划，面向社会公众开展以拒绝、抵制毒品为主要内容的毒品预防教育。各地禁毒部门与宣传、文化、广播电影电视、新闻出版等部门密切合作，充分运用报刊、广播、电视等新闻媒体和各种群众喜闻乐见的形式，经常开展禁毒宣传、教育和咨询活动，普及禁毒知识和法律知识。国家禁毒委员会办公室（国家禁毒办）和各地禁毒委员会办公室（禁毒办）还设立了禁毒咨询服务热线电话，云南等一些省市创办了禁毒报刊，在国际互联网上开通了禁毒网页。每年"6·3"林则徐虎门销烟纪念日、"6·26"国际禁毒日期间，

各地政府都统一组织规模较大的宣传活动，形成禁毒宣传高潮。鉴于吸毒是传播艾滋病的重要途径，在每年12月1日世界艾滋病日期间，卫生部门都组织开展以"拒绝毒品，防止艾滋病"为内容的宣传活动。

预防青少年吸毒是禁毒工作的基础工程。因此，对青少年进行预防教育，教育青少年珍爱生命，拒绝毒品是禁毒政策的重点所在。早在1992年，国家禁毒委和国家教委就联合下发了将《禁毒教育读本》列为中学生课外读物的通知。目前，以贯彻《中共中央、国务院关于进一步加强和改进未成年人思想道德建设的若干意见》为契机，国家禁毒委会同有关部门要求在全国全面实施《中小学生毒品预防专题教育大纲》，广泛开展"社区青少年远离毒品"活动，继续加强"中学生毒品预防教育活动示范学校"建设，积极落实在小学五年级至高中二年级普遍开设毒品预防教育课程，逐步将毒品预防教育由城市扩展到农村。

此外，禁毒机构还有针对性地加强了对吸毒高危人群的禁毒宣传教育。2004年国家禁毒委员会办公室就加强流动人口禁毒教育进行专题部署，配套印发了2.5万套"禁毒宣传教育挂图"、10万册《社区禁毒宣传教育问答》，在重点场所和人群中广泛张贴发放，提高了公众的识毒、防毒、拒毒意识。各地禁毒办、共青团组织了10万多支禁毒宣传小分队，深入车站、码头、工地等流动人口集中地区，开展禁毒宣传咨询活动，以加强对外出务工人员、无业闲散人员等高危人群的禁毒宣传教育，提高他们抵御毒品的能力。

4. 在禁毒国际合作方面

针对毒品犯罪在世界范围内的扩展、"金三角""金新月"等境外毒源地对中国的渗透不断加强及境内外毒品犯罪日益相结合的态势，为推动世界范围内的禁毒斗争和将毒品堵截在中国境外以从根本上解决中国的毒品问题，中国政府在加强国内缉毒的同时，积极签署禁毒国际公约，参与和推动国际禁毒合作。中国参与和推动的国际合作，可以划分为三个层次。①世界范围内的禁毒国际合作。从1984年起，中国多次派代表团出席联合国、国际刑警组织、世界海关组织和世界卫生组织召开的禁毒国际会议。1990年2月和1998年6月，中国政府代表团先后参加联合国第十七次和第二十次禁毒特别会议，向国际社会宣示了中国政府坚决禁毒的立场和政策、措施。②联合国倡导的次区域禁毒合作活动。1993年10月，中国、缅甸、泰国、老挝和联合国禁毒署签署《禁毒谅解备忘录》，确定在次区域禁毒合作中保持高级别接触。1995年5月，中国、越南、老挝、泰国、缅甸、柬埔寨及联合国禁毒署在北京召开第一次次区域禁毒合作部长级会议，通过《北京宣言》，并签署《次区域禁毒行动计划》。2004年，中国与东盟又签署了《非传统安全领域合作谅解备忘录》，确定了双方在禁毒等重点领域的合作，并明确了中长期目标，规定双方将通过信息交流、人员交流与培训、执法协作与共同研究等方式加强合作。③双边、多边国际禁毒合作。中国与美国从1985年开始进行禁毒合作，1987年，两国政府签署《中美禁毒合作备忘录》。1996年4月，中俄两国签署《关于禁止非法贩运和滥用麻醉药品及精神药物的合作协议》。1998年，中、哈、吉、俄、塔五国元首共同签署联合声明，把打击毒品犯罪和跨国犯罪作为五国合作的一项重要内容。此外，中国政府还与墨西哥、印度、巴基斯坦、哥伦比亚、塔吉克斯坦等国政府签署了双边禁毒合作协议，开展了多种形式的禁毒情报交流、培训与执法合作。从1996年起，中国还陆续与缅甸、老挝、越南、俄罗斯等国建立边境地区缉毒执法合作联络官制度。

（二）当前毒品形势

总体而言，中国当前的毒品犯罪形势十分严峻。西南、西北境外分别面临着"金三角""金新月"毒源地的冲击，欧美国家生产的新型毒品也经东南沿海地区向内地渗透。在海洛因等传统毒品尚未得到有效解决的情况下，冰毒、"摇头丸"、氯胺酮等新型毒品来势迅猛，境内外贩毒人员相勾结在国内的制毒活动日益向规模化发展。随着国内毒品消费市场不断扩大，吸毒人员持续增加，非法种植毒品原植物时有反复，麻醉药品、精神药品和易制毒化学品流入的非法渠道屡禁不止，以下几方面尤其值得关注。

境外毒品开始"多头入境，全线渗透"。虽然来自"金三角"地区的毒品对中国的渗透仍然最为严重，而且呈日趋增强的态势，2003年云南省共破获来自该地区万克以上的海洛因案件156起，缴获涉案海洛因

4130.7 千克，大大超过了历年同期的数字。2004 年 1~5 月，云南省破获毒品案件 7416 起，缴获毒品 4368.9 千克，与上年同期相比分别增长 33.5%和 31.8%。但是来自以阿富汗为核心的"金新月"毒源地的毒品对中国的渗透已经非常明显，2001~2003 年 4 月，新疆的红其拉甫、阿拉山口、霍尔果斯、塔城、阿勒泰海关口岸就查获各类贩毒案件 20 多起，缴获醋酸酐 59.6 吨、安菲拉酮 606316 片、海洛因 4310 克、鸦片 5298 克、大麻 8000 克[①]。因此，目前境外毒品对中国的渗透，已经不再集中于西南地区，西北及其他地区也已经成为境外毒品向中国渗透或借道中国的选择。这意味着中国的禁毒政策，尤其是将毒品堵截于境外的策略，将要面临更大挑战，需要克服更大的困难。

虽然对青少年的预防宣传与教育是禁毒政策的重点所在，但是从目前的统计数据来看，青少年（35 岁以下）的吸毒问题正变得越来越严重，从 1998 年之后，在登记在册的吸毒人员中，青少年占了绝大多数，超过 70%；此外，统计数据还表明，目前吸毒问题已经与辍学、失业等社会问题纠缠在一起，因为在登记在册的吸毒人员中，社会闲散人员也占了非常大的一部分[②]（见表 3），这更增加了戒毒禁吸的难度。

表 3　1999~2004 年登记在册的吸毒人数与青少年、社会闲散人员情况

年　份	登记在册的吸毒人数（万人）	青少年的比例（%）	社会闲散人员的比例（%）
1999	68.1	78	49
2000	86	73.9	50.6
2002	100	74	53
2003	105.3	72.2	54.3
2004	114.04	70.4	53.6

制毒问题日趋严重，中国不但已经从毒品过境国变成了毒品消费国，而且正从毒品消费国变成毒品生产国。20 世纪 90 年代中期，台湾、香港制毒分子利用我国麻黄素等易制毒化学品资源以及执法部门对冰毒犯罪了解不够的情况，以各种名目为掩护，在福建、广东等东南沿海一带秘密设

---

① 参见国家禁毒委员会办公室《2004 年中国禁毒报告》。
② 参见国家禁毒委员会办公室 1999~2004 年禁毒报告。

点疯狂加工制造冰毒,而且中国是麻黄素资源大国和重要的化工产品生产国,联合国《八八公约》规定的22种易制毒化学品在中国都有生产,这在客观上为国内制毒提供了便利,2003年中国查获的冰毒、"摇头丸"地下毒品加工厂所用的化学前体麻黄素、胡椒基甲基酮(PMK)全部来自国内就证明了这一点。

近年来,在福建、广东警方严厉打击制冰毒犯罪活动的压力下,广东、福建等东南沿海地区制造冰毒的犯罪活动逐渐向河南、湖南、宁夏等内地蔓延。目前,全国已有20多个省(自治区)发现了冰毒制造活动。由于国内生产的大量冰毒被贩卖到韩国、日本、菲律宾、澳大利亚等国,联合国麻管局和美国禁毒年度报告已经将中国列为冰毒主要来源国。

在国际层面上,虽然禁毒国际合作机制已在逐步发展和完善,但是至今仍然不够健全。中国与东盟的禁毒合作机制仍然以论坛为主,形成组织机构职能性不强、投入力度不大和堵截打击不力的态势。而制贩毒组织的国际化、集团化、网络化和职能化程度却在不断提高,组织日趋严密,武器、装备及犯罪手段不断更新。如此,毒品犯罪有了相对宽松的国际环境与活动空间。此外,各国对毒品犯罪的态度并非整齐划一,采取的措施也各异,而且有的国家之间缺乏互信,制约着禁毒国际合作的开展。例如,缅甸政府认为,缅北各民族武装是从缅共人民军中分裂出来的,而其领导人大多是华人,与中国有着千丝万缕的关系,因此心怀疑虑[①]。

(三)对策建议

我们认为,现行的禁毒政策可在国际和国内两个层面向如下方向加强和调整。

在国际层面上,首先,毒品问题与有组织犯罪、跨国犯罪紧密相连,属于非传统国家安全的范围,而且毒品又是一个影响到国家安全、区域安全及国际安全的全球性问题,解决这一问题的根本途径只能通过国际合作,共同打击和控制毒品犯罪,寻求共同安全。其次,通过合作打击跨国

---

① 刘稚:《中国与东盟禁毒合作的现状与前景》,《当代亚太》2005年第3期。

有组织毒品犯罪，可以加强在相关领域的互信，促进双边经贸发展，对合作各方都有利无害。因此，将禁毒国际合作具体化、务实化，符合各国的利益。所以，中国可以考虑在相关国际公约（如已有的禁毒国际公约与《联合国打击跨国有组织犯罪公约》）与国际、区域框架内（如10+1框架，即东盟10国加中国）推动禁毒国际合作，尤其是与毒源地国家的双边合作，向务实的方向发展。

在国内层面上，首先，既然吸毒问题已经与入学、就业等社会问题纠缠在一起，不如考虑将戒毒禁吸工作与相关的社会工作联系起来，将之作为一个系统工程，将一部分注意力从强制戒毒适当转移到减少潜在吸毒人员上，推动禁毒政策从堵截式向疏导式方向发展。在加强戒毒禁吸工作的同时，制定可行的社会政策，采取更多的社会措施，提高青少年的入学率、就业率，减少其接触毒品的可能性，从根源上避免毒品滥用。尤其是对于刚刚辍学或失业的青少年，家庭、社会、政府应尽快采取措施使其复学或就业，避免其在社会上游荡，与社会闲散人员过多接触。因为被开除或辍学的经历、失业和孤独、缺乏凝集力的社会生活，都是促使青少年吸毒的间接环境因素，而身边滥用毒品的伙伴则是将他们引向深渊的直接力量。

其次，在目前以公权力为主导的禁毒政策框架内，引入更多的社会手段、社会力量对吸毒、贩毒行为进行控制。对于吸毒人员，在对其强制戒毒之后，组织志愿人员对其进行帮教，定期进行尿检和辅导，帮助他们巩固戒毒成果，或建立起"社会联系人"制度，由与吸毒人员居住在同一社区的志愿人员或社区组织的工作人员担任他们与主管机关之间的联系人，对吸毒人员的日常状况进行监督，为其提供心理辅导，并随时向主管机关通报情况，以防止他们复吸。建立无毒社区已经取得的成绩表明，如果能将更多的社会力量调动起来，禁毒政策就能够被更好地贯彻，禁毒工作就能取得更好的成效。因此，可以考虑采取可行的措施，推动禁毒政策从国家主导型向国家、社会共同主导型发展，使国家机关之外的社会公众与社会组织能够发挥更大的作用。

二 禁赌：再刮风暴

随着 GDP 以每年高达 9% 的速度快速增长与社会财富的积累，赌博犯罪在中国也达到了前所未有的规模。根据北京大学中国公益彩票事业研究的数据，仅内地每年外流的赌资就高达人民币 6000 亿元[①]，而且赌博正日益成为行贿、受贿的重要手段。为扭转赌博活动猖獗的局面，2005 年 1~5 月，公安部等中央十几个部委联手展开了一场新中国成立以来规模和力度最大的打击赌博违法犯罪的专项行动。据统计，截至 2005 年 4 月 25 日，全国各地公安机关共查获赌博违法犯罪案件 114740 起，其中立案侦办的赌博刑事案件 22211 起、已破案 18435 起、查处治安案件 98291 起，其中立案的聚众赌博案件 22211 起、以赌博为业的案件 1771 起、开设赌场的案件 1490 起[②]。

（一）赌博犯罪的刑事立法

根据《刑法》第 303 条的规定，赌博罪系指以营利为目的，聚众赌博、开设赌场或者以赌博为业的行为，犯该罪处 3 年以下有期徒刑、拘役或者管制，并处罚金。对于以营利为目的为赌博提供条件或参与赌博赌资较大的行为，公安机关可以根据《治安管理处罚法》第 70 条的规定，对之处以 5 日以下拘留或者 500 元以下罚款的治安处罚；情节严重的，可以处 10 日以上 15 日以下拘留，并处 500 元以上 3000 元以下罚款的治安处罚。对于旅馆业、饮食服务业、文化娱乐业、出租汽车业等单位的人员在公安机关查处赌博活动时为违法犯罪行为人通风报信的行为，公安机关可以根据《治安管理处罚法》第 74 条的规定，对之处以 10 日以上 15 日以下拘留。

由于《刑法》并没有对"聚众赌博、开设赌场"进行详细界定，客观上对司法机关准确有效地打击赌博违法犯罪造成了一定的障碍，而

[①] 梁耀祖：《睡狮还有待真正苏醒》，《联合早报》2005 年 4 月 20 日。
[②] http://news.sina.com.cn/c/2005-05-13/18256635778.shtml。

且在实践中容易混淆罪与非罪、违法与合法的界限。2005年5月11日，为确保公安司法机关在集中打击赌博违法犯罪活动专项行动中，准确认定赌博犯罪行为，严格依法办案，保证办案质量，最高人民法院、最高人民检察院联合颁布了《关于办理赌博刑事案件具体应用法律若干问题的解释》。

该司法解释明确规定，以营利为目的，有下列情形之一的，属于《刑法》第303条规定的"聚众赌博"：组织3人以上赌博，抽头渔利数额累计达到5000元以上的；组织3人以上赌博，赌资数额累计达到5万元以上的；组织3人以上赌博，参赌人数累计达到20人以上的；组织中华人民共和国公民10人以上赴境外赌博，从中收取回扣、介绍费的；以营利为目的，在计算机网络上建立赌博网站，或者为赌博网站担任代理、接受投注的，属于《刑法》第303条规定的"开设赌场"。并规定，实施赌博犯罪有下列情形之一的，依照《刑法》第303条的规定从重处罚：具有国家工作人员身份的；组织国家工作人员赴境外赌博的；组织未成年人参与赌博，或者开设赌场吸引未成年人参与赌博的。

就通过赌博或者为国家工作人员赌博提供资金的形式实施行贿、受贿的行为，司法解释规定，构成犯罪的，依照《刑法》关于贿赂犯罪的规定定罪处罚；就未经国家批准擅自发行、销售彩票的行为，司法解释也明确规定，构成犯罪的，依照《刑法》第225条第4项的规定，以非法经营罪定罪处罚。

此外，司法解释还规定，赌博犯罪中用作赌注的款物、换取筹码的款物和通过赌博赢取的款物属于赌资。通过计算机网络实施赌博犯罪的，赌资数额可以按照在计算机网络上投注或者赢取的点数乘以每一点实际代表的金额认定。赌资应当依法追缴；赌博用具、赌博违法所得以及赌博犯罪分子所有专门用于赌博的资金、交通、通信工具等，应依法予以没收。

最后，司法解释严格区别了罪与非罪的界限，明确规定，"不以营利为目的，进行带有少量财物输赢的娱乐活动，以及提供棋牌室等娱乐场所只收取正常的场所和服务费用的经营行为等，不以赌博论处"。

（二）当前赌博犯罪的特点

境内赌博形式繁多。除通过玩纸牌、打麻将、推牌、押注等传统方法进行的赌博活动比较普遍外，六合彩、私彩等非法彩票赌博活动和赌球赌马、电子游戏机赌博活动的发展也很快，一些地下赌场利用21点、押大小、百家乐、轮盘赌等方式进行的赌博活动亦比较突出。其中尤其值得重视的是六合彩，这种赌博方式不但非常普遍，而且参赌人数众多，涉及赌资数额巨大。广东省在2005年1月11日至3月31日查处的10540起赌博案件中，利用六合彩赌博案件达3648起，占1/3强①；湖南省在2005年2月18日至28日查破的1929起各类赌博案件中，地下六合彩赌博案就有507起②。在2004年7~11月江西省修水县地下六合彩赌博猖獗的时期，7月，银行的居民储蓄存款余额，就比2003年同期减少了22万元。7月30日，该县司法机构采取一系列严厉措施进行打击。8月，银行的居民储蓄存款余额就大大增加了。9月下旬后，修水县地下六合彩赌博再度出现强力反弹。到10月，银行的居民储蓄存款余额竟然比2003年同期减少了6206万元，在地下六合彩出码日，当地手机通讯信号竟然出现了"塞车"现象，参赌人数之多可见一斑③。

境外赌博屡禁不止。在境内赌博违法犯罪行为高发的同时，中国公民境外赌博的现象也日益严重。一些相邻的国家在与中国接壤的边境一侧设有赌场，涉足这些赌场的赌客大部分是中国公民。一些西方国家的赌场也瞄准亚太地区，也以优先提供出入境服务或者代办签证、提供往返机票、免费食宿等方式不断招揽中国国内人员出国参赌。因此，在中国的周边地区，一张从日本、韩国、泰国、缅甸、马来西亚到菲律宾、新加坡、印尼，并延伸至澳大利亚及欧美的庞大境外"赌博网"正在迅速形成。据国外研究机构统计，这一网络每年吞噬着亚洲国家约140亿美元（约合

---

① 戎明昌等：《广东禁赌行动取得阶段性战果，三个月缴资逾七千万》，《南方日报》2005年4月13日。
② 陈雪骅：《湖南通报最近十五起党员干部参赌案》，《东方新报》2005年6月3日。
③ 《官赌加速官员腐败，赌场成贪官洗钱场所》，《北京青年报》2005年4月20日。

人民币1100亿元）的资金①，中国赌客的赌资占了相当大一部分。资料显示，在2004年从吉林省延边市出境计25万人次中，有5万人次参加了专程到朝鲜罗先市"英皇娱乐中心"赌博的"休闲游"。相关部门负责人明言，"英皇就是中国人在养"，每年有上亿元人民币输在英皇②。再如，在距离中国南部边境不到半小时路程的某国一家赌场，平时每天有500多中国人去那里赌博，高峰时每天能达800多人。即使在最冷清的时候，也会有300多人，仅2003年，该赌场就给该国当地政府缴了6000万美元的税③。

党政干部频频参赌。在禁赌专项行动中，许多领导干部、国家公务员和企事业单位负责人被发现参与赌博，包括许多高级党政领导，如厦门市原副市长蓝甫、湖北省驻港澳办事处原主任金鉴培等④。在2005年1~4月，全国查处的参赌涉赌党员干部、国家公职人员和国有企事业单位负责人达555名。有的省份尤其严重，如江苏省司法机关在禁赌风暴中发现并查处涉赌党员干部、国家公职人员、国有企事业单位负责人89名。其中村干部16名，私营企业负责人3名，国有企事业单位干部3名，国家公务员4名，其他党员干部63名⑤。湖南省一次就通报了15起党政干部涉赌案件，涉及乡镇书记、县人大副主任等国家工作人员数十名⑥。而且，查处的一些大案表明，少数领导干部、国家公务员和企事业单位负责人为了赌博不惜受贿索贿、贪污、挪用公款。

网络赌博日益蔓延。随着网络技术的发展和网民数量的增加⑦，利用互联网和网上金融支付手段进行赌博发展迅速，参赌人员众多，赌资数额

---

① 陈璐：《官员境外豪赌地图揭秘：从东方公主号到朝鲜英皇》，《周末报》2005年1月24日。
② 陈璐：《官员境外豪赌地图揭秘：从东方公主号到朝鲜英皇》。
③ 石华：《160多家赌场包围我国，禁赌是一场持久战》，《环球时报》2005年1月20日。
④ 陈璐：《官员境外豪赌地图揭秘：从东方公主号到朝鲜英皇》。
⑤ 沈宫轩、田雪亭：《江苏自1月中旬起处罚89名涉赌党员干部》，《现代快报》2005年5月24日。
⑥ 陈雪骅：《湖南通报最近十五起党员干部参赌案》。
⑦ 据统计，截至2004年12月31日，中国网民已达9400万，位居世界第二，网站数量突破66万。刘峰、小过：《网络赌博缘何迅速蔓延，打击网络赌博亟待立法》，《三秦都市报》2005年1月27日。

巨大。在 2005 年 1 月 11 日至 27 日，北京、吉林、山西、江苏等省市公安机关查处的 230 余起大案要案中，网络赌博案件就有 130 余起①，在 2004 年 11 月宝盈赌博公司在大陆组织进行网络赌球的案件中，公安机关共抓获违法犯罪嫌疑人多达 597 人，查获赌资 2300 万元人民币，查实涉嫌赌资逾 5 亿元人民币②。网络赌博在经济发达和互联网信息技术发达的地区更为严重，如江苏省在禁赌专项行动中破获的网络赌博犯罪案件就有 20 余起，摧毁网络赌博犯罪团伙达 13 个，共抓获违法犯罪嫌疑人 195 名，并扣押、追缴涉案资金 1186 万元，查缴用于作案的电脑 60 台③。福建警方仅在 2004 年 11 月破获的一起案件中就端掉赌球窝点 104 个，抓获涉赌人员 131 名④。

赌博数额不断增大。在公安机关近年来查获的赌博案件中，赌资总额上百万元甚至超过千万元、亿元的案件时有发生，大赌豪赌不乏其人。例如，湖南郴州市住房公积金管理中心原主任李树彪将该市逾万公务员数年积累的约 1.2 亿元住房公积金挪用进行赌博⑤。网络赌博涉及的数额更为惊人，如福建警方破获的"新宝"和"新宝盈"案，两赌博网站的团伙成员众多，涉案金额特别巨大，仅"新宝盈"一个月的国内累计投注金额就高达 136 亿元人民币⑥。再如，北京市警方于 2005 年 1 月破获的"12·23"网络赌球案，犯罪嫌疑人 2004 年 12 月份就接受投注 96374 笔，赌注金额 2.3 亿元，仅 2005 年 1 月 1 日至 8 日，就接受近 6000 万元的投注⑦。

（三）禁赌的难点

2005 年的禁赌风暴针对境外赌场（包括赌博公司与赌博网站）在中

---

① 郑发：《公安部通报七起赌博大案，抓获 1.5 万犯罪嫌疑人》，《法制日报》2005 年 1 月 28 日。
② 刘峰、小过：《网络赌博缘何迅速蔓延，打击网络赌博亟待立法》。
③ 沈宫轩、田雪亭：《江苏自 1 月中旬起处罚 89 名涉赌党员干部》。
④ 赵鹏、徐志南：《网络赌博如同传销每年造成千亿赌资流失境外》，《人民日报》2005 年 2 月 4 日。
⑤ 梁耀祖：《睡狮还有待真正苏醒》。
⑥ 赵鹏、徐志南：《网络赌博如同传销 每年造成千亿赌资流失境外》。
⑦ 郑发：《公安部通报七起赌博大案，抓获 1.5 万犯罪嫌疑人》。

国设立的代理人与代理机构、赌博网站的开办者与维护者、非法彩票的组织者、赌场的开设者与聚众赌博的组织者及党员、领导干部、国家公务员，还有企事业单位的负责人进行了重点打击，有效遏制了赌博违法犯罪行为的发展与蔓延。据报道，云南边境地区的 82 家赌场已有 68 家被迫关闭，剩余的 14 家营业状况也日益惨淡；越南境内的两大赌场也因中国客源奇缺而停业。公安部官员还表示，此次打击赌博行动绝不是一阵风，将会对这类违法行为构成持续的压力，采取多管齐下的办法①。但禁赌行动的实践表明，打击赌博犯罪还有以下难点有待解决。

赌博违法犯罪与贪污、贿赂等犯罪相纠结，某些党政领导利用职权阻挠执法。近年来查处的许多案件都表明，赌博违法犯罪行为已经与贪污、贿赂等犯罪紧密结合起来，借赌博进行贿赂，使权钱交易从公开化走向隐蔽化，如因巨额受贿被判死缓的厦门市原副市长蓝甫，就是借赌博之名行受贿之实，其通过赌博受贿多达 65 万美元外加 33 万港币②，对这些案件的调查需要公安、检察、纪检等党纪、司法机构进行有效配合，这在客观上增加了查处难度。尤其值得警惕的是，由于行政体制存在的一些弊端，如"领导"决定政绩评定考核、职位升迁、财政来源等，赌博在一定程度上已经成为下级接近、讨好、贿赂上级心照不宣的间接方式，被称为"赌博书记"的陕西省南郑县阳春镇党委书记刘贵正曾直言，第一次挪用公款赌博是"投上级领导所好"，"为了赢得县委副书记开心，哪怕硬着头皮，我每回都要故意输掉好几千元"③。

此外，在执法过程中，有些党政领导为了自身私利，不惜甘为虎伥，为参赌人员通风报信，如原宁夏回族自治区灵武市市委组织部副部长、市直机关工委书记贺林，在 2005 年 1 月 18 日公安厅采取集中打击灵武市地下六合彩突击行动时，将此次查处行动的信息用电话透露给亲戚张万智，后者随即告知灵武市从事地下六合彩赌博活动的其他庄家，致使公安机关采取的打击行动失利④。还有党政干部甚至直接利用手中权力，阻挠公安

---

① 郭高中：《打击赌博重在制度建设》，《瞭望东方周刊》2005 年 2 月 8 日。
② 陈璐：《官员境外豪赌地图揭秘：从东方公主号到朝鲜英皇》。
③ 东风：《整肃"官赌"：要禁令更要制度》，《羊城晚报》2005 年 1 月 10 日。
④ 郑发：《公安部通报七起赌博大案，抓获 1.5 万犯罪嫌疑人》。

司法机关查处赌博行为，如 2005 年 12 月 15 日，陕西省周至县公安局在该县终南镇查处一起赌博案件时，该镇镇长、党委书记、副书记和镇武装部长、司法所所长等人百般阻挠民警执法，30 多名镇干部围攻、辱骂民警，强行给民警照相，索回赌资，并将一位民警证件收走，司法所所长还让人给民警拍照、做笔录，而 4 名参赌人员则安然离开现场①。

由此可见，"禁绝党员干部赌博，不仅要依靠党的纪律和命令，还要依靠法治；不仅要加强党员干部个人的价值观念、道德伦理建设，更要探索切实可行、运转有效的权力监督制度"②。

资金链难以斩断，出境赌博难以根除。虽然禁赌行动对出境赌博进行了有效打击，查处了一批大案，但是，出境赌博仍难以根除，而且如果不及时在制度建设、执法力度等方面采取针对性措施，出境赌博极可能很快卷土重来。

首先，资金链难以斩断。虽然根据目前的法律，内地人到香港、澳门特区及外国旅行或进行商务活动最多只能携带 5000 美元加 6000 元人民币，但许多内地人在澳门特区的赌桌上动辄挥霍数万甚至数十万美元，监控资金流动的政府官员称，实际上，每年都有数十亿美元被走私到香港和澳门。将巨额赌资携带出境的途径主要有：①虚假投资或虚假贷款，即以海外投资或对外贷款名义，将资金转入海外"空壳"公司账户，事后以投资失败或对方公司破产等名义，把在赌博中输的钱款变成呆账或坏账，使国有资产隐性流失；②利用外国赌场经纪公司进行资金转移；③利用国内地下钱庄转移资金③。

其次，虽然禁赌行动已经致使 80 余家临近中国边境的国外赌场关闭，但是尚有近百家赌场在继续营业，而且从东北边疆到西南边陲包围中国的赌博网的投资绝大多数来自中国人，主要赌客是中国人，组织赌博的也是中国人，人民币是赌场里的硬通货。由于对中国情况非常了解，这些赌场以介绍娱乐为名，有的在公开发行的报刊上登广告，有的直接邮寄邀请

---

① 何嘉：《周至县终南镇民警查赌遭镇政府干部围攻》，《三秦都市报》2005 年 12 月 17 日。
② 东风：《整肃"官赌"：要禁令更要制度》。
③ 陈璐：《官员境外豪赌地图揭秘：从东方公主号到朝鲜英皇》。

函，有的在各大中城市设立办事机构，以代办签证、提供往返机票、免费食宿等方式招揽赌客，具有很大的欺骗性与隐蔽性，很难从根本上进行查处。因此，对出境赌博也很难根除。

网络赌博形式隐秘，技术性强，难以形成有效控制。所谓网络赌博，就是赌博集团借助互联网高新技术推行的一种赌博，有网上足球、篮球博彩和网络赌博游戏等多种形式。网络赌博是这次禁赌专项行动打击的重点之一，而且在实践中也查处了许多案件，惩罚了许多犯罪人。自2005年1月11日至4月15日，全国公安机关共破获网络赌博刑事案件342起，抓获涉赌人员1340人，其中逮捕82名，刑事拘留311名，取保候审137名。依法取缔赌博网站域名89个，封堵境外赌博网站259个，依法取缔境内涉赌网站1361个[1]。但是，对网络赌博很难形成有效的控制。

首先，网络赌博依托现代信息技术，具有便捷性、隐蔽性、分散性的特点，如根据公安部门的监测结果，某网上赌博站点，一个晚上就可以开赌100多场。另据监测，某跨国网上赌博公司在中国20多个地区发展了代理机构，数以千计的人参与网上赌博[2]，对这些赌博行为很难及时进行查处。而且在网络赌博中，赌徒可以隐蔽自己的身份和地址，把一个虚拟人置于"赌博场所"，向其"发号施令"，进行跨地区、跨省甚至跨境赌博，这种虚拟空间的赌博更是让公安机关无从查起。

其次，网络赌博具有集团化的特点，采取传销的方式进行传播，不但传播速度很快，而且因为组织严密，难以彻底查处。例如，在福建省公安部门侦破的"新宝"和"新宝盈"案中，这两个赌博网站都是在台湾注册，主要采用类似传销的方式大肆发展线下会员，在福建设赌已有两年。其组织结构呈金字塔形状，由上到下依次是股东、总代理、代理、会员，最低一级才是赌客。上线为下线登录网络投注的用户名和密码，同时或自己或雇聘他人为其在网络上操作。所有代理级以上人员根据投注金额按照一定点数抽成。这两个网站现行抽成率都是0.75%，假如当晚有100万元的赌额进入，庄家一晚便获利7500元。赌博结束后，会员向代理以银行

---

[1] http://news.sina.com.cn/c/2005-04-15/18285662319s.shtml。
[2] 石华：《160多家赌场包围我国，禁赌是一场持久战》，《环球时报》2005年1月20日。

卡、银行账户或现金形式结账,代理再向上一级结账,总代理定期向股东结账。正因网络赌博如传销般"迷人",越来越多的赌徒趋之若鹜,打击非常困难①。

三 反渎职侵权:与反贪污贿赂同等重要

2005年,最高人民检察院作出决定,要求全国各级检察机关渎职侵权检察机构统一更名为"反渎职侵权局",将之升格为与"反贪污贿赂局"具有同等级别与重要性的机构。随着2005年8月23日浙江省人民检察院第一个正式挂牌成立反渎职侵权局,至2006年1月全国已有10个省级检察院、52个分州市检察院、305个基层检察院成立了反渎职侵权局。其中,湖南、浙江、贵州、湖北、河北等省率先实现了在全省统一更名设局。2006年1月12日,最高人民检察院为全国检察机关渎职侵权检察机构更名工作排出时间表:2006年6月底之前,省以下渎职侵权检察机构要全部更名为"反渎职侵权局",并要以改革后的新名称运行②。机构名称的改变,意味着反渎职侵权已经与反贪污贿赂具有同等重要性,成为检察机关重点查处的犯罪领域之一。为何最高人民检察院要求全国检察机关渎职侵权检察机构更名?何为渎职侵权犯罪?目前,渎职侵权犯罪具有什么样的特点,对之进行查处又存在哪些障碍?

(一)渎职侵权检察机构更名的背景

渎职侵权机构自人民检察院设立伊始就存在,渎职侵权犯罪在1979年《刑法》中也已有规定,在实践中也时有发生,但因为种种原因在很长时间内并没有引起足够的重视。例如,浙江省某市1995年共受理渎职、侵权犯罪案件线索82件,初查76件,但立案侦查仅11件,而侦查后移送起诉7件7人都被给予了免诉处理。在1996年初侦查64件渎职、侵权

---

① 赵鹏、徐志南:《网络赌博如同传销每年造成千亿赌资流失境外》。
② 郭洪平:《最高检排出时间表,反渎职侵权局六月全部亮相》,《检察日报》2006年1月14日。

犯罪案件，立案查办也仅有9件，而在移送起诉的6件7人中，有6件6人被免予起诉①。

近年来，由于重特大渎职侵权犯罪案件时有发生，给国家和人民的生命财产造成重大损失。例如，云南省2000~2004年查处的197件重特大渎职侵权案件，给国家造成的直接经济损失就高达2.7亿元，并致使246人死亡，25人重伤②，尤其是2004年初发生的几起渎职侵权大案，在当地甚至全国范围内都造成了极其恶劣的影响。2004年2月，北京市密云县众多游人在元宵节观赏花灯时因拥挤互相踩踏，造成37人死亡。事后，密云县城关派出所所长孙勇、政委陈百年因涉嫌玩忽职守罪被提起公诉。2004年3月，西安市体育彩票中心发行即开型体育彩票，随后被发现有造假行为，陕西省体彩管理中心主任贾安庆、省体彩管理中心副主任张永民、省体育彩票发行中心吴燕华、西安市体彩管理中心主任樊宏等人，分别因涉嫌玩忽职守罪、滥用职权罪等而被立案侦查。2004年4月，安徽阜阳发生劣质奶粉致死多名婴儿的恶性事件，随后不久，阜阳市颍泉区人民检察院以涉嫌徇私舞弊不移交刑事案件罪，对阜阳市工商局颍泉分局周棚工商所副所长白祥、李亭君立案侦查。仅仅一个月之后，河北霸州又曝出派出所民警殴打、盘问对象致死隐瞒不报的丑闻。河北省霸州市康仙庄派出所民警苑景武、刘志庚等人涉嫌非法拘禁罪被立案侦查，最高人民检察院派员直接督办③。种种迹象表明，渎职侵权犯罪已经令人触目惊心。

为此，最高人民检察院于2004年5月11日开始了为期一年的"严肃查办国家机关工作人员利用职权侵犯人权犯罪"专项活动。确定全国检察机关重点查办国家机关工作人员利用职权实施的五类案件：渎职造成人民生命财产重大损失的；非法拘禁，非法搜查案件；刑讯逼供，暴力取证案件；破坏选举，侵犯公民民主权利案件；虐待被监管人案件。据最高人民检察院的信息，2004年1~9月，全国检察机关立案侦查渎职侵权犯罪嫌疑人6953人，同比上升2.6%；立案侦查侵犯公民人身权利、民主权利

---

① http://www.zsgj.gov.cn/zsnj/showing.aspid=7217。
② 张瑞芳：《李春林：大力查办渎职侵权大要案》，《云南日报》2004年7月29。
③ 孙展：《中国提升反渎职侵权机构》，《中国新闻周刊》2005年第13期。

的犯罪嫌疑人1287人，同比上升11.6%。2004年全年，全国检察机关立案侦查涉嫌渎职侵权犯罪的国家机关工作人员8726人，而立案侦查整个涉嫌职务犯罪的国家机关工作人员则达到43757人，通过办案为国家挽回直接经济损失45.6亿元①。

2005年6月8日，鉴于渎职侵权犯罪频发，并未得到有效的遏制，为巩固2004年开始的查处渎职侵权犯罪专项活动的成果，作为继"严肃查办国家机关工作人员利用职权侵犯人权犯罪"专项活动之后专门针对反渎职侵权的又一次部署，最高人民检察院对外宣布，要求全国地方各级检察系统的反渎职侵权机构统一更名为"反渎职侵权局"。

（二）渎职侵权犯罪的界定

渎职侵权犯罪并非严格的法律概念，而是检察机关在司法实践中逐渐形成的一个理论概念，包括两类犯罪，其一是《刑法》第九章规定的国家机关工作人员的渎职犯罪；其二是侵权犯罪，即国家机关工作人员利用职权实施的侵犯公民人身权利、民主权利犯罪②。因为这两类犯罪从实体法上而言，犯罪主体都是国家机关工作人员，而且都与国家机关的职权密切相关，从程序法上而言，都由人民检察院立案管辖，因此在司法实践中，被合称为渎职侵权犯罪。

根据《刑法》《刑事诉讼法》《人民检察院刑事诉讼规则》《最高人民检察院关于人民检察院直接受理立案侦查案件范围的规定》等法律及司法文件，目前人民检察院管辖的渎职侵权犯罪范围很广，具体而言，包括如下42个罪名：滥用职权罪，玩忽职守罪，故意泄露国家秘密罪，过失泄露国家秘密罪，徇私枉法罪，民事、行政枉法裁判罪，私放在押人员罪，失职致使在押人员脱逃罪，徇私舞弊减刑、假释、暂予监外执

---

① 孙展：《中国提升反渎职侵权机构》。
② 根据全国人大常委会2002年12月28日发布的《关于〈中华人民共和国刑法〉第九章渎职罪主体适用问题的解释》，此处的国家机关工作人员包括在依照法律法规规定行使国家行政管理职权的组织中从事公务的人员，或者在受国家机关委托代表国家机关行使职权的组织中从事公务的人员，或者虽未列入国家机关人员编制但在国家机关中从事公务的人员。

行罪，徇私舞弊不移交刑事案件罪，滥用管理公司、证券职权罪，徇私舞弊不征、少征税款罪，徇私舞弊发售发票、抵扣税款、出口退税罪，违法提供出口退税凭证罪，国家机关工作人员签订、履行合同失职被骗罪，违法发放林木采伐许可证罪，环境监管失职罪，传染病防治失职罪，非法批准征用、占用土地罪，非法低价出让国有土地使用权罪，放纵走私罪，商检徇私舞弊罪，商检失职罪，动植物检疫徇私舞弊罪，动植物检疫失职罪，放纵制售伪劣商品犯罪行为罪，办理偷越国（边）境人员出入境证件罪，放行偷越国（边）境人员罪，不解救被拐卖、绑架妇女、儿童罪，阻碍解救被拐卖、绑架妇女、儿童罪，失职造成珍贵文物损毁、流失罪及国家机关工作人员利用职权实施的非法拘禁罪、非法搜查罪、刑讯逼供罪、暴力取证罪、虐待被监管人罪、报复陷害罪、破坏选举罪等。

（三）渎职侵权犯罪的特点与查处障碍

近年查处的案件表明，目前渎职侵权犯罪有如下几个特点。

（1）滥用职权、玩忽职守案件所占比例较大。在重庆市2004年查处的93件渎职侵权案件中，滥用职权犯罪案件有20件，玩忽职守案件有37件，合计超过50%[①]。给国家造成的损失也比较大，2003年1～10月，仅全国检察机关查处的行政和司法人员滥用职权、玩忽职守犯罪案件1841件就造成经济损失6.5亿多元，并致人死亡460人，重伤117人[②]。

（2）侵权案件大多发生在直接面对群众的基层政权组织、司法机关和行政执法机关中，主要原因是：首先，基层国家机关中极少数工作人员素质不高，工作方法简单粗暴；其次，极少数基层国家机关工作人员受封建特权思想的影响，在工作中尊重和保护人权的意识不强；最后，个别地方存在预防和查处侵犯人权违法犯罪不力的问题。

（3）渎职侵权犯罪渗透到社会各个领域、国家机关各个部门，检察

[①] http://www.cqjcy.gov.cn/news/readnews.asp? newsid=2869。
[②] 邬焕庆：《刘涌案透视律政风暴　打黑除恶必须摧毁保护伞》，《北京青年报》2003年12月22日。

机关已查处的渎职侵权犯罪案件几乎涉及所有的司法、行政执法部门，而且行业特点、部门特点非常集中。在湖北省检察机关2005年1~7月立案查处的119件案件中，涉及行政执法、经济监管行业占80%以上[①]。在湖南省2005年查处的渎职侵权案件中，林政、安全生产监督、税收征管、规费征收、土地管理、城市建设、文化稽查等市场监管领域工作人员渎职案件占五成以上[②]。

（4）渎职侵权犯罪与贪污贿赂犯罪相交织的情况越来越突出，而且窝案、串案所占的比例较大。河北省2000年查处的5796件贪污贿赂、渎职、职务犯罪案件中，窝案、串案就有579件，占10%[③]。而且有的案件涉及犯罪嫌疑人众多，如河北省国税局原局长李真案中，共查出42名涉案犯罪嫌疑人；邢台市土地管理部门特大串案共涉及33人，其中1名副市级干部、9名处级干部、12名科级干部[④]；在武汉市两级检察机关2004年立案侦查的236件贪污贿赂、渎职侵权等职务犯罪案件中，窝案、串案也达到了108人。

（5）渎职侵权犯罪与重大责任事故的联系紧密。突出的表现之一就是在全国各地层出不穷的矿难中，如广东兴宁矿难、吉林舒兰矿难、山西宁武矿难，无不和渎职侵权犯罪联系在一起，仅在山西一省，2004年因此查处的国家机关工作人员就达58人，次年这一数字更是升至96人[⑤]。2005年仅在全国查处的8起最大煤矿安全事故案中，被立案追究刑事责任的就有45名国家机关工作人员[⑥]。

虽然2004年全国检察机关借反渎职侵权专项行动之机，对国家机关工作人员侵犯人权犯罪案件进行了严厉查处，2004年立案查办的犯罪嫌疑人数与2003年同期相比上升了13%，使查办侵权案件连续多年下降的

---

① 郭清君等：《湖北：渎职侵权犯罪呈八大特点》，《检察日报》2005年8月22日。
② 王冠华、陈代明：《湖南邵阳副市长戴松林玩忽职守造成损失1700万》，《潇湘晨报》2005年12月24日。
③ http://news.eastday.com/epublish/gb/paper148/20010714/class014800018/hwz290691.htm。
④ http://news.eastday.com/epublish/gb/paper148/20010714/class014800018/hwz290691.htm。
⑤ http://westking.cn/xhNews/20060203/WestKing_1010_20060203191857.html。
⑥ http://news.sina.com.cn/c/2005-12-31/16188745240.shtml。

势头得到扭转①，但是目前渎职侵权犯罪仍处于多发态势，而且"有案不敢办，有案不会办，有案不能办"与"不把违法当违法，不把犯罪当犯罪"的现象仍然较为普遍，查处渎职侵权犯罪还存在许多障碍，以下两点尤其突出。

首先，虽然反渎职侵权局的成立为查办渎职侵权犯罪解决了机构设置上的障碍，但一时尚难以改变反渎职侵权工作中人少质弱的现状，而且渎职侵权犯罪专业性强，具有一定的迷惑性，要求反渎人员素质更高，需要具有跨行业、跨专业的知识。因此，执法人员的素质问题是目前有效查处渎职侵权犯罪的障碍之一。

其次，虽然有时国家机关工作人员利用职权实施的渎职侵权案件比贪贿案件危害更大，动辄造成人员伤亡几十上百人，有的造成经济损失上亿元，而一些侵犯人权的犯罪则情节恶劣，但实践中不少司法机关和司法人员并没有充分认识到渎职侵权案件的危害性，再加上部门保护主义、地方保护主义等案外因素的影响，以至于在查处渎职侵权案件中，受理的线索比较多，初查的案件也比较多，但真正立案侦查的案件就比较少，移送审查起诉的案件则更少。浙江省舟山市1995~2000年渎职侵权犯罪案件的初查、立案和起诉情况（见表4），就说明了这一点②。虽然自2004年反渎职侵权专项行动以来这种情况有所改善，但实践表明这种改善是有限的，渎职侵权犯罪案件的立案率仍然偏低，如新疆维吾尔自治区检察院2005年共受理贪污贿赂、渎职侵权等职务犯罪案件线索2351起，仅立案629起，其中渎职侵权案件仅83起③。与贪污贿赂案件相比，渎职侵权案件的查处力度更是相形见绌，如在厦门市区两级检察院2005年立案侦查的54件职务犯罪案件中，贪污贿赂犯罪案件有49件68人，而渎职侵权犯罪案仅有5件5人④。因此，执法人员的观念问题是目前有效查处渎职侵权犯罪的又一障碍。

---

① 曾建宁：《浙江省反渎职侵权局挂牌前后事》，《青年时报》2005年8月26日。
② http://www.zsgj.gov.cn/zsnj/showing.asp? id=7217。
③ 李润文：《新疆去年查处县处级以上渎职侵权干部50人》，《中国青年报》2006年2月16日。
④ 陈艳：《职务犯罪案共立案54件》，《东南快报》2006年2月18日。

表 4 浙江省舟山市 1995~2000 年渎职侵权犯罪案件初查、立案、起诉情况

年份 \ 具体情况	受理案件线索（件）	初查（件）	立案侦查（件）	移送审查起诉
1995	82	76	11	7人（7人免诉）
1996	71	64	9	7人（6人免诉）
1997	49	38	4	2人
1998	26	23	2	—
1999	24	24	3	2人
2000	32	28	4	1人

四 死刑复核权：不应仅仅是收回

2005年10月26日，最高人民法院发布"二五改革纲要"，明确提出要将死刑复核权从各省高级人民法院收回。12月7日，最高人民法院发布《关于进一步做好死刑第二审案件开庭审理工作的通知》，提出自2006年1月1日起，对案件重要事实和证据问题提出上诉的死刑第二审案件，一律开庭审理，并积极创造条件，在2006年下半年对所有死刑第二审案件实行开庭审理，为最高人民法院统一行使死刑复核权创造条件。那么，死刑复核权的下放经过了怎样的历程？收回死刑复核权具有什么样的意义？在收回死刑复核权的过程中，又有哪些问题值得我们特别关注？

（一）死刑复核权的下放历程

死刑复核权是指人民法院对被告人判处死刑的案件进行复核，以决定是否核准死刑判决并执行死刑的权限。死刑复核权的行使程序可简单作如下概括：①死刑复核程序仅适用于被判处死刑立即执行和死刑缓期二年执行的案件；②对此类案件不实行两审终审制，即使经过了第二审程序，其作出的裁判也不是生效裁判，而是必须经过死刑复核程序之后裁判才发生法律效力（最高人民法院作出的裁判除外）；③死刑复核程序的启动完全是自动的，不需要当事人的推动，也不需要人民检察院的抗诉；④死刑复核权的主体是特定的，即最高人民法院和被授权的高级人民法院。

根据 1979 年《刑事诉讼法》第 141 条"死刑由最高人民法院核准"的规定,死刑复核权的行使主体为最高人民法院。但 1980 年 2 月,也就是 1979 年《刑事诉讼法》生效后仅两个多月,鉴于严峻的社会治安形势,为了打击犯罪,全国人大常委会决定,对杀人、强奸、抢劫、爆炸、放火等犯有严重罪行,应当判处死刑的案件,最高人民法院可以授权高级人民法院核准。1983 年 9 月,六届全国人大常委会第二次会议通过了修改《人民法院组织法》的决定,将第 13 条修改为"杀人、抢劫、强奸、爆炸以及其他严重危害公共安全和社会治安判处死刑案件的核准,最高人民法院在必要的时候,可以授权省、自治区、直辖市的高级人民法院行使"。据此,最高人民法院在 1983 年 9 月 7 日发出了《关于授权高级人民法院核准部分死刑案件的通知》。从 1991 年起,最高人民法院又先后将贩毒案件的死刑核准权下放到广东、广西、云南、四川、贵州等省区高院。

虽然 1996 年修改的《刑事诉讼法》和 1997 年修改的《刑法》都要求死刑立即执行案件的核准权必须由最高人民法院统一行使,但 1997 年 9 月,最高人民法院还是以"通知"的形式下放死刑核准权。目前由各省高级人民法院复核的死刑案件占全部死刑复核案件的近 90%[①]。

复核死刑案件的实践表明,将死刑复核权下放,存在诸如程序虚置、适用标准不统一等诸多弊端,而且不利于控制死刑的适用,贯彻"慎杀、少杀"的死刑政策。因此理论界开始就死刑二审程序和死刑复核程序展开讨论,2001 年最高人民法院曾命令"枪下留人",而后又维持死刑判决的董伟案更是将这场讨论推向了最高峰。在 2004 年 3 月召开的十届全国人大二次会议上,收回死刑核准权已成为全国人大代表共同的呼声[②]。2004 年 10 月 10 日,在广州召开的中国诉讼法学研究会 2004 年年会上,最高人民法院有关领导在发言时也明确指出,将部分死刑核准权下放到高级法院的做法不妥,并认为收回死刑核准权不是司法体制改革问题,而是落实现行法律的规定,是法律上的归位问题[③]。

---

① 吴小亮:《死刑复核权归位》,《财经》2005 年 11 月 10 日。
② 刘武俊:《死刑核准权应当尽快由最高法院统一行使》,《民主与法制时报》2004 年 5 月 13 日。
③ http://www.jcrb.com/zyw/n588/ca368735.htm。

2005年3月14日，国务院主要领导同志在答记者问时明确，中国正在进行的司法改革包括将死刑复核权收回最高人民法院①。同年，最高人民法院获准增加250名编制，开始组建新的刑事审判庭，以专门负责死刑案件的复核工作②。在经过25年的风雨、承受了多年的质疑之后，死刑复核权终于踏上了回归之路。

（二）收回死刑复核权的意义

收回死刑复核权在推动法治建设、贯彻"少杀、慎杀"的死刑政策、实践"尊重并保护人权"的宪法原则等各方面都具有深刻的意义。

首先，收回死刑复核权有利于依法治国。死刑复核权的问题在法理层面是一个法律冲突的问题，现行《刑法》和《刑事诉讼法》均规定，"死刑除依法由最高人民法院判决的以外，都应当报请最高人民法院核准"。而《人民法院组织法》第13条规定："死刑案件除由最高人民法院判决的以外，应当报请最高人民法院核准。杀人、强奸、抢劫、爆炸以及其他严重危害公共安全和社会治安判处死刑的案件的核准权，最高人民法院在必要的时候，得授权省、自治区、直辖市的高级人民法院行使。"从新法优于旧法的法律时间效力规则看，《人民法院组织法》修改在前（1983年），而《刑法》《刑事诉讼法》修改在后（1996、1997年），《刑法》《刑事诉讼法》的规定效力应该取代以前《人民法院组织法》的规定。因此，死刑核准权继续下放已失去法律依据。

其次，收回死刑复核权有利于缩小死刑的适用面，贯彻宪法"保护人权"的基本原则。严格限制死刑一直是中国的一项基本刑事政策，新中国成立后，毛泽东就曾强调："凡介在可杀可不杀之间的人一定不要杀，如果杀了就是犯错误。"实践已经证明，将死刑复核权收回最高人民法院，有利于控制死刑的适用。2003年最高人民法院共审结死刑复核案件和刑事再审案件300件，同比上升16.28%。其中，维持原判182件，

---

① 郭光东：《收回死刑复核权难在哪里》，《南方周末》2005年3月31日。
② 孙展、杨中旭：《中国新一轮司法改革已到关键时刻，防冤案受关注》，《中国新闻周刊》2005年4月25日。

改判 94 件，指令下级法院再审 24 件，改判率近 30%[①]，而同时期地方高级法院的改判率仅为 1%[②]。2005 年依法改判死缓或无期徒刑的案件也占到了报请复核的死刑案件的 11.22%[③]。

再次，收回死刑复核权有利于提高死刑案件的办案质量。死刑案件事关人命，自古就是一件十分严肃的事情。中国之所以要设立死刑复核制度，就是为了最大限度地提高死刑案件审判质量，尽量避免出错。但死刑核准权的下放，使得高级人民法院既是死刑案件的二审法院，又是复核法院，因为同一个审判委员会不可能作出两个不同的决定，因此二审和复核难免合二为一。这实际上等于取消了死刑复核程序，使得死刑复核权失去了应有的意义。如此，死刑案件的质量难以得到最高限度的保证。

最后，有利于统一死刑案件的适用标准，实现法律面前人人平等。法律面前人人平等，是中国的一项宪法原则，但死刑核准权的下放，使得各地的死刑标准不一，同样的犯罪在甲地可能被判处死刑，在乙地则可能不被判处死刑；甚至甲地一个较重的犯罪不判处死刑，而乙地一个较轻的犯罪反而判处死刑。此外，杀人、抢劫等危害社会治安的死刑案件只能由省级高级人民法院复核，而经济犯罪和危害国家安全的犯罪由最高人民法院复核，如此，就造成了不同种类罪犯死刑适用程序的不平等现象。由此可能引起死刑犯的不服、死刑犯家属的不满，给社会也造成一些误解。

（三）死刑复核权不应仅仅是收回

最高人民法院收回死刑复核权已成定局。虽然一些具体的程序性问题仍悬而待决，如死刑复核的主体问题、辩护律师与被告人如何参与死刑复核程序的问题、如果检察机关介入死刑复核程序其诉讼地位与职责如何界定的问题，但这些问题在死刑复核权收回的过程中必将得到解决。我们认为，如果能在解决这些具体问题的过程中，进一步将现行的死刑复核程序予以完善，形成一些良好的规则则更好。现就死刑复核谈如下改革意见。

[①] 2004 年《最高人民法院工作报告》。
[②] 孙展、杨中旭：《中国新一轮司法改革已到关键时刻，防冤案受关注》。
[③] 廖卫华：《2005 年中国 11% 的死刑案复核改判死缓或无期徒刑》，《新京报》2006 年 1 月 7 日。

应由内部审批改为公开审理。现行的死刑复核是一种法院内部的秘密审批，带有较强的行政色彩，从提高透明度、增强科学性着眼，我们认为，合议庭应当与辩护律师和公诉人三方一起当面交流意见，并征求被告人的意见（可以通过电话），只有在辩护律师、被告人和公诉方均没有分歧意见的前提下（如被告人一审被判处死刑后，就不再上诉）才可以不开庭，否则就得开庭审理。当然，在开庭形式上，可有别于一、二审，简化开庭手续。在开庭地点的选择上，是集中于北京还是采取巡回审理的方式，亟须研究。考虑到复核法官必须提审被告人，并且最好让被告人能出庭，这样全部押解到北京来显然不现实，因此，由最高人民法院派出复核法官到各地就近开庭不失为一种选择。至于有人提出，为慎重起见，应将死刑复核的合议庭人数由3人扩充到5人，我们认为没有必要，当务之急应是完善合议庭的工作机制，克服"一人审、二人附和"的现象，为此，应将合议庭讨论的意见和他们的表决情况记录在案，并予以公开，接受当事人和公众的检验。

应让律师和检察机关参与到死刑复核中来。目前，在死刑复核程序中没有检察官与律师的介入。我们认为，在死刑复核程序中，被告人不仅应有权聘请律师为其辩护，而且必须获得律师辩护，也就是说，当本人或家属无力或不愿聘请律师时，必须保证有负责法律援助的律师为其辩护。在死刑复核的辩护工作中，律师应享有阅卷权、会见权和充分参与质证、辩论以及提供新证据的权利。至于检察机关应否介入，有不同意见。有人认为：检察机关在第一、二审中已经充分发表了意见，没有必要再介入，如果由最高人民检察院介入最高人民法院的死刑核准，将出现最高人民检察院对最高人民法院复核结果提出抗诉的现象，这就违背了司法权的终局性原则[①]。我们认为，从兼听则明的诉讼规律来看，应当允许检察机关介入。在复核阶段，被害人或其近亲属可以不必介入，以免造成不利于控制死刑的气氛，但为了他们的利益，也需要代表他们的公诉方参与复核。至于检察机关介入后，合议庭没有采纳其意见，为维护最高人民法院的权威性，此时可将该裁决视为终局裁决，最高人民检察院不得再按照审判监督

[①] 廖卫华：《死刑复核新热点：最高检应否介入？》，《新京报》2006年1月4日。

程序提起抗诉。还有，就是在死刑复核程序中，不一定要由最高人民检察院出面，完全可以由一、二审出庭支持公诉的检察官继续出庭。

发回重审不得由死缓改死刑立即执行。在死刑复核环节能否发回重审，法律没有规定，1998年最高人民法院等部门颁布的《关于刑事诉讼法实施中若干问题的决定》允许发回重审，但该决定的这一规定是否合理，值得商榷。举例言之：某中级人民法院判处故意伤害致人死亡的被告人甲死缓，判决后，甲没有上诉，检察机关也没有抗诉，于是中院依法报请省高院复核，但高院复核后，以原判事实不清等理由发回重审，后中院审委会在讨论该案时，认为是高院嫌他们判得太轻，于是改判死刑立即执行。这样一来，就出现了如下不正常现象：如果此案不属死刑案件，就没有复核这一关，上诉、抗诉期一过，就正式生效。而死刑复核制度（包括死缓复核制度）本来是基于死刑案件事关人命、马虎不得这一认识而增加的一道特殊把关程序，其本意非常清楚，就是要防止错杀，但本案的结果恰恰相反，复核程序反而帮了被告人的倒忙，将其由死缓推入死刑，这显然违背了复核制度设立的初衷。因此，应当确立这样一项制度：即死刑复核原则上不得发回重审，万一要发回重审也不得加重被告人的刑罚。须知，复核法官既不是上诉法官，也不是处于审判监督环节的法官，更不是负责法律监督的检察官，其唯一任务在于确保不杀错人。如果原审判决（包括像本案的一审判决以及经过上诉或抗诉的二审判决）确实存在重罪轻判的现象，要靠检察机关的抗诉或法院的审判监督程序来纠正。需要指出的是，此次最高人民法院计划中的收回死刑复核权，并没有包括死缓的复核，也就是说，死缓的复核权将继续由各省高级人民法院行使，如果这一漏洞不及时堵住，不排除各地在死刑复核权丧失后，利用发回重审这一撒手锏来贯彻自己的重刑思想，致使下级法院按照相应的潜规则，将发回重审的死缓案件改为死刑立即执行。

死刑复核不宜设立期限。有人认为，现在由于死刑复核没有规定期限，导致实践中有的死刑案件复核期限过长，影响了诉讼效率，因而建议就此作出规定,具体意见有3个月、6个月或1年①。我们认为,本着"杀人不急"的原则,不必规定具体期限,这也可以使被告人无法准确预料他的最后期限,避免焦躁不安。还要指出的是,对于那些核准执行其死刑的,是否需要立即告知?从人道主义的角度出发,应选择一个适当的时机,即离他最后执行死刑的时间已经不长,但又能确保他有留遗言、会见亲属的时间,并且应辅之以心理医生,将其恐慌和痛苦降到最低限度②。

最后,最高人民法院应通过死刑复核,发现各级人民法院在一、二审中所暴露出来的问题,进一步完善一、二审的程序和规则,使一、二审在发现事实真相、准确适用法律方面发挥良好的基础性作用,同时,最高人民法院也应通过死刑复核,确立一些示范性案例,通过《最高人民法院公报》等加以宣传,逐步引导各地朝从严控制死刑的方向前进。

(参见法治蓝皮书《中国法治发展报告 No.4(2006)》)

---

① 蒋安杰:《死刑复核程序如何完善》,《法制日报》2005年12月1日。
② 依照现行法律规定,死刑立即执行的判决一旦被核准,死刑执行命令便会紧接着被签发,执行机关将在死刑执行命令送达7日内执行(《刑事诉讼法》第211条),如此短的时间使得通过申诉启动再审的程序变得几乎不可能,而这与死刑案件"权利救济手段充分"的国际刑事司法准则相悖,因此,应适当延长执行死刑的时间。

第三章 2006年中国刑事法治

摘　要：2006年，全国社会治安形势良好，全国有15个省、自治区、直辖市的刑事犯罪立案数出现下降，全年严重暴力犯罪也有不同程度的下降。在刑事法治方面取得新进展，首先是全国人大常委会于6月29日审议通过了《刑法修正案（六）》，对一些犯罪的规定进行了修改，或是对罪状进行了针对性修订，或是对法定刑进行了调整。其次，最高司法机关联合或单独通过了若干重要的司法解释，对相关刑事案件的立案追诉、定罪量刑以及刑罚适用作了细化规定。再次，司法实践部门积极贯彻宽严相济的刑事政策，开展了反商业贿赂等专项治理工作，查处了一批重大刑事案件。本文以2006年刑事领域的几个重要事件为线索，大体描绘了该年度刑事法治的基本状况。

2006年，全国社会治安形势良好。公安机关刑事犯罪案件立案数与2005年持平，共465.3万起，具体到各地，全国有15个省、自治区、直辖市的刑事犯罪立案数出现下降，其中，青海、重庆、四川、广东、山东等五省、直辖市刑事案件的降幅超过5%，分别为5.1%、5.7%、5.7%、5.8%和6.8%。全年严重暴力犯罪也有不同程度的下降，全国公安机关共立放火、爆炸、杀人等严重暴力犯罪案件53.2万起，比2005年减少2.2万起，下降4%。此外，2006年"黄赌毒"犯罪亦创近年来新低，全国公安机关共立"黄赌毒"犯罪案件11.3万起，比2005年减少2.2万起、下降16.2%。2006年青少年犯罪人员降幅明显，在抓获的刑事犯罪案件作案人员中，25 岁以下的青少年 67.9 万人，比 2005 年减少 4 万人，下降 5.5%，为近年来最大降幅；青少年犯罪人员占刑事犯罪作案人员的比重由 2005 年的 46.8%下降至 43.5%①。

在刑事法治方面取得新进展。首先是全国人大常委会于 6 月 29 日审议通过了《刑法修正案（六）》，对危害公共安全罪、破坏社会主义市场经济秩序罪、侵犯公民人身权利、民主权利罪、妨害社会管理秩序罪、贪污贿赂罪进行了修改，或是对罪状进行了针对性修订，或是对法定刑进行了调整。其次，最高司法机关联合或单独通过了若干重要的司法解释，如最高人民法院、最高人民检察院于 2006 年 9 月联合公布的《关于死刑第二审案件开庭审理程序若干问题的规定（试行）》，11 月两家联合通过的《关于办理盗窃油气、破坏油气设备等刑事案件具体应用法律若干问题的解释》，最高人民检察院 2006 年 7 月公布的《关于渎职侵权犯罪案件立案标准的规定》，最高人民法院 2006 年 7 月公布的《关于审理环境污染刑事案件具体应用法律若干问题的解释》、11 月公布的《关于审理走私刑事案件具体应用法律若干问题的解释（二）》和《关于审理未成年人刑事案件具体应用法律若干问题的解释》，对相关刑事案件的立案追诉、定罪量刑以及刑罚适用作了细化规定。再次，司法实践部门积极贯彻宽严相济的刑事政策，开展了反商业贿赂等专项治理工作，查处了一批重大刑事案件，如黑龙江省"齐二药"假药案、安徽省阜阳法官腐败窝案以及上海市社会保障基金案等。

本报告以 2006 年刑事领域的几个重要事件为线索，大体描绘了该年度刑事法治的基本状况。

一 宽严相济的时代内容：以宽济严

继中国共产党十六届四中全会于 2004 年完整提出"构建社会主义和谐社会"的概念之后，2006 年 10 月召开的十六届六中全会专门就构建社

---

① 参见公安部《06 年刑事犯罪有 5 特点，黄赌毒犯罪创新低》，http：//news3. xinhuanet. com/video/2007-02/06/content_ 5702631. htm，最后访问时间：2007 年 2 月 24 日。

会主义和谐社会作出了整体部署，并将宽严相济的刑事政策确定为构建和谐社会的重要部分。六中全会通过的《中共中央关于构建社会主义和谐社会若干重大问题的决定》明确要求："实施宽严相济的刑事司法政策，改革未成年人司法制度，积极推行社区矫正。"此后，于11月27~28日召开的全国政法工作会议再次提出，在和谐社会建设中，各级政法机关要善于运用宽严相济的刑事司法政策，最大限度地遏制、预防和减少犯罪。

在此前召开的十届全国人大四次会议上，最高人民检察院、最高人民法院的工作报告也分别表明，宽严相济的刑事政策是目前司法工作中的基本政策。最高人民检察院的工作报告指出，认真贯彻宽严相济的刑事政策，应坚持区别对待，对严重的刑事犯罪坚决严厉打击，对主观恶性较小、犯罪情节轻微的未成年人、初犯、偶犯和过失犯，应慎重逮捕和起诉，可捕可不捕的不捕，可诉可不诉的不诉。最高人民法院的工作报告明确表示，2006年要坚持宽严相济的刑事政策，对罪当判处死刑但具有法定从轻、减轻处罚情节或者不是必须立即执行的，依法判处死缓或无期徒刑；对犯罪情节轻微或具有从轻、减轻、免除处罚情节的，依法从宽处罚。

宽严相济的刑事政策是构建社会主义和谐社会的必然要求，标志着实践中的刑罚思想由侧重惩罚报应向惩罚与教育矫正并重的重大转变。何为宽严相济的刑事政策，何为宽严相济的刑事司法政策，在刑事法治中有何具体体现，如何在刑事法治建设中贯彻这一政策？

（一）宽严相济刑事政策的基本内涵

刑事政策是指代表国家权力的公共机构为维护社会稳定、实现社会正义，围绕预防、控制和惩治犯罪所采取的策略和措施，以及对因此而牵涉的犯罪嫌疑人、犯罪人和被害人所采取的态度。宽严相济的刑事政策是中国在维护社会治安的长期实践中形成的基本刑事政策，这一政策体现了以人为本、公平正义的理念和罪刑法定、罪刑均衡的精神，其基本含义可简单概括为在刑事活动中应该坚持：当宽则宽，当严则严，宽中有严，严中有宽，审时守度，宽严相济。

刑事活动分为刑事立法、刑事司法与刑事执行三个阶段，因此宽严相济的刑事政策也可以相应地区分为宽严相济的刑事立法政策、刑事司法政策与刑事执行政策。在刑事立法阶段坚持宽严相济的政策，就是要构建宽严适度的刑事法网，在坚决将社会危害性大的行为犯罪化的同时，将本来作为犯罪处理的社会危害性小的行为非犯罪化，在配置法定刑时，以行为的社会危害性与行为人的人身危险性为基础，考虑刑罚的社会效果与犯罪人回归社会的需要以及被害人的要求，合理规定法定刑的种类、力度。

根据 2006 年 11 月的全国政法工作会议文件与精神，宽严相济的刑事司法政策的基本含义，可以简要概括为：严，就是要毫不动摇地坚持严打方针，集中力量依法严厉打击严重刑事犯罪。对危害国家安全犯罪、黑社会性质组织犯罪、严重暴力犯罪以及严重影响人民群众安全感的多发性犯罪必须从严打击，绝不手软。宽，就是要坚持区别对待，应依法从宽的就要从宽处理。对情节轻微、主观恶性不大的犯罪人员，尽可能给他们改过自新的机会，依法从轻、减轻处罚，并探索建立刑事自诉案件的和解、调解制度，节省司法资源，注意司法活动中宽严的适度与协调，以争取最好的法律效果和社会效果①。

刑事执行阶段的宽严相济是指，在刑罚和某些刑罚制度的执行过程中，在依法严惩重罪犯罪人的同时，正确适用假释、减刑、保外就医等制度，促进罪犯改造，进一步做好劳教工作，提高教育挽救的质量，推进社区矫正试点工作，确保取得预期效果。

尤其重要的是，在刑事立法、司法与执行活动中，要注意宽严相济的"济"字，所谓济，具有以下三层含义：其一，以宽济严，通过宽以体现严；以严济宽，通过严以体现宽；其二，宽严有度，保持宽严之间的平衡，宽严审势，宽严的比例、比重不是一成不变的，而应当根据一定的形势及时进行调整；其三，宽中有严，严中有宽，适当结合。例如，某些犯罪分子所犯罪行虽然极其严重应当受到刑罚的严厉制裁，但如果坦白、自首或者立功，在从重处罚的同时还要做到严中有宽，使犯

---

① 参见孙春英、邓克珠《政法工作会议：宽严相济刑事司法政策构建和谐》，http：//news.xinhuanet.com/legal/2006-11/28/content_ 5403391.htm，最后访问时间：2007 年 2 月 25 日。

罪人在受到严厉惩处的同时感受到刑罚的体恤与法律的公正，从而认罪伏法①。

（二）宽严相济的刑事政策的体现

2006年，宽严相济的刑事政策被推上战略高度。在刑事立法阶段，以《刑法修正案（六）》为例，其"严"的一面体现在对社会现实快速作出反应，对相应的法律条文进行改、立，或者修改罪状，扩大处罚范围，或者提高法定刑，增加处罚力度，或者增加新罪，将社会影响极其恶劣的行为纳入刑事调整范围。例如，现实中安全事故频发，造成重大伤亡，为了严厉打击违反安全生产规范的行为，《刑法修正案（六）》对《刑法》第134条进行了修改，特别强调"强令他人违章冒险作业，因而发生重大伤亡事故或者造成其他严重后果的，处五年以下有期徒刑或者拘役；情节特别恶劣的，处五年以上有期徒刑"，并删除了原第135条中"经有关部门或者单位职工提出后，对事故隐患仍不采取措施"的内容，规定只要"安全生产设施或者安全生产条件不符合国家规定，因而发生重大伤亡事故或者造成其他严重后果的，对直接负责的主管人员和其他直接责任人员，处三年以下有期徒刑或者拘役；情节特别恶劣的，处三年以上七年以下有期徒刑"。此修改简化了犯罪构成要件，扩大了处罚的范围。再如，针对社会上组织未成年人乞讨，甚至故意残害未成年人并强迫其乞讨的行为，《刑法修正案（六）》增加了组织未成年人乞讨罪，规定"以暴力、胁迫手段组织残疾人或者不满十四周岁的未成年人乞讨的，处三年以下有期徒刑或者拘役，并处罚金；情节严重的，处三年以上七年以下有期徒刑，并处罚金"。

《刑法修正案（六）》"宽"的一面体现在立法机关审时度势，从人道主义与刑事政策的高度将某些具有一定社会危害性的行为非犯罪化，只是通过行政、经济等非刑事途径予以处理。例如，违规鉴别胎儿性别的行为，曾经被纳入《刑法修正案（六）》的草案，但是全国人大常委会在进行第三次审议《刑法修正案（六）》草案时，决定去掉该项条款，留

---

① 参见陈兴良《解读宽严相济的刑事政策》，《光明日报》2006年12月11日。

待继续研究论证,这是正确的。因为"目前通过鉴定胎儿性别而进行选择性别的人工终止妊娠,主要发生在广大农村地区,这其中既有农村重男轻女的封建观念,也有农村要靠儿子养老送终的实际问题,这些恐怕都难以靠刑法来解决。另外《计划生育法》等法律早已规定:对违规鉴定胎儿性别的医务人员,要由原发证机关吊销其执业证书,如果真正能将这些规定落到实处,就足以威慑一个医务工作者不去从事此类行为",而且"刑法的犯罪一般要求行为与结果之间要有因果关系,但胎儿性别鉴定与堕胎之间并不必然成立因果关系。例如,许多城市里的夫妻鉴别胎儿性别不是为了堕胎,而是希望早日知道自己孩子的性别的自然心理。即使在农村地区,有的夫妇查明胎儿性别的目的是为了生养男孩,但堕胎的直接前因应是当事人前往求医和医务人员施行堕胎手术的行为,而不应将因果关系推至胎儿鉴别"[①],所以将违规进行胎儿性别鉴定的行为非犯罪化,不动用刑罚手段,就是"当宽则宽"的现实体现。

在刑事司法阶段,对未成年人的刑事司法政策也体现了宽严相济的特征。"严"的一面体现在通过立法解释,将一些最严重的犯罪纳入了未成年人应当承担刑事责任犯罪的范围。1997年《刑法》第17条第2款规定,"已满十四周岁不满十六周岁的人,犯故意杀人、故意伤害致人重伤或者死亡、强奸、抢劫、贩卖毒品、放火、爆炸、投毒罪的,应当负刑事责任"。实践中曾一直将上述八种行为理解为具体的罪名,但是在2002年,针对犯罪低龄化的趋势,以及某些未成年人实施的其他严重犯罪的后果比这八种犯罪更为严重,为了增加刑罚的威慑性,适应实践的需要,全国人大常委会在2002年作出的《关于已满十四周岁不满十六周岁的人承担刑事责任范围问题的答复意见》中规定,《刑法》第17条第2款规定的八种犯罪,是指具体犯罪行为而不是具体罪名。对于《刑法》第17条中规定的"犯故意杀人、故意伤害致人重伤或者死亡",是指只要故意实施了杀人、伤害行为并且造成了致人重伤、死亡后果的,都应负刑事责任。而不是指只有犯故意杀人罪、故意伤害罪的,才负刑事责任,绑架撕

[①] 参见刘仁文《违规鉴定胎儿性别暂不入刑体现慎刑思想》,http://www.iolaw.org.cn/showarticle.asp?id=1860,最后访问时间:2007年1月22日。

票的，不负刑事责任。对司法实践中出现的已满十四周岁不满十六周岁的人绑架人质后杀害被绑架人，拐卖妇女、儿童而故意造成被拐卖妇女、儿童重伤或死亡的行为，依据刑法应当追究其刑事责任。

在坚持"严"，扩大未成年人刑事责任的范围的同时，最高司法机关的司法解释以及一些实践也表现出对未成年犯罪人"宽"的一面，其集中体现在最高人民法院于 2006 年 11 月颁布的《关于审理未成年人刑事案件具体应用法律若干问题的解释》中。该解释不但对未成年人承担刑事责任的范围进行了一些细微的限定，而且在适用缓刑、假释等刑罚制度上也作出了有利于未成年人的规定。例如，根据该解释第 6 条，已满十四周岁不满十六周岁的人偶尔与幼女发生性行为，情节轻微、未造成严重后果的，不认为是犯罪。第 9 条规定，即使已满十六周岁不满十八周岁的人实施盗窃行为未超过三次，盗窃数额虽已达到"数额较大"标准，但案发后能如实供述全部盗窃事实并积极退赃，并在共同盗窃中起次要或者辅助作用，或者具有其他轻微情节的，可不以犯罪处理，而且已满十六周岁不满十八周岁的人盗窃未遂或者中止的，可不认为是犯罪。再如，根据该解释的第 12 条，行为人在年满十八周岁前后实施了不同种犯罪行为，对其年满十八周岁以前实施的犯罪应当依法从轻或者减轻处罚。行为人在年满十八周岁前后实施了同种犯罪行为，在量刑时应当考虑对年满十八周岁以前实施的犯罪，适当给予从轻或者减轻处罚。

（三）宽严相济的刑事政策的贯彻

2006 年，宽严相济的刑事政策涉及刑事法治的方方面面，这里仅从刑事立法、刑事司法、刑事执法三个方面加以分析。

在刑事立法方面，对于一些发案率较高、危害性较大的犯罪，可以考虑修改罪状，扩大处罚范围，并适当增加一些刑种，加大处罚力度。前者如《刑法》第 338 条规定的重大环境污染事故罪，"造成重大环境污染事故，致使公私财产遭受重大损失或者人身伤亡的严重后果的"才构成犯罪，但是近年来重大环境污染事故不断发生，生态环境严重恶化，如此规定不足以对行为人形成威慑。因此，应将处罚的底线提前，即将其从结果犯变成危险犯甚至行为犯，即构成犯罪不需要造成相应的严重后果，只需要造成可能发生严重后果的危险即可；后者如对于某些单位实施的经济犯罪，《刑法》并没有规定资格刑，仅规定了罚金刑，即使《刑法修正案（六）》第9条关于操纵上市公司实施犯罪的规定，也仅规定了有期徒刑与罚金刑。对于能够操纵上市公司拥有千万、亿万资产的个人或者单位而言，些许罚金只是九牛一毛，毫无威慑作用。因此，应该考虑增加资格刑，剥夺实施类似犯罪行为的个人与单位从事某种经营的资格。

在"严"的同时，可以通过如下途径实现"宽"：第一，对于某些犯罪，可以考虑通过修改罪状，收缩处罚的范围。例如，根据《刑法》第310条的规定，父母、子女、夫妻互相包庇的，也构成包庇罪，并且没有其他诸如罪名、犯罪后果的限制。然而家庭作为社会最基本的细胞，对维持社会秩序、推动社会发展具有不可替代的重要作用，父母、子女、夫妻的包庇行为恰恰是相互信任的体现，有利于保证家庭的稳定。因此，从刑事政策的角度出发，对于普通犯罪而言，只要没有造成严重的后果，不具备严重的情节，应该考虑将父母、子女、夫妻之间的互相包庇行为非犯罪化。第二，调整某些犯罪的法定刑，使之轻缓化。例如，《刑法》对许多经济犯罪配置了死刑，生命刑与经济犯罪联系在一起并不恰当，似乎应该将废除经济犯罪的死刑提上研究和立法的日程。第三，规定前科消灭制度或者复权制度。在刑罚执行完毕若干年后，消除犯罪人的前科记录，为犯罪人尤其是未成年犯罪人的教育、就业创造有利条件。第四，针对特定的犯罪或者犯罪人，规定非监禁刑，如社区矫正、公益劳动等等。

贯彻宽严相济的刑事司法政策，主要应注重以"宽"来济"严"。首先，在审前阶段，必须大幅度降低羁押率，适当降低起诉率。《公民权利和政治权利国际公约》从"无罪推定"出发明确规定："等待审判的人受监禁不应作为一般原则，但可规定释放时应保证在司法程序的任何阶段出席审判，并在必要时报到听候执行判决。"据此，许多国家都确立了"保释为原则，羁押为例外"的审前模式，如英国对犯罪嫌疑人的保释率达到90%以上。但中国对犯罪嫌疑人实行的是以拘留、逮捕等羁押措施为原则，取保候审、监视居住等非羁押措施为例外的模式。办案机关和人员不习惯将取保候审等视为犯罪嫌疑人的一项权利，而将其视为手中的一项权力，其工作思路是能捕的尽量捕，而不是能取保的尽量取保。而实践中，一旦捕了就要尽量起诉，一旦起诉又很少出现无罪的情况。可见，在中国要实现以"宽"济"严"，逮捕是一个极为重要的环节。对此，应当作一些制度性的调整和改革，如将保证人和保证金并用，以增强保证人的责任心；将批捕的检察官相对独立，淡化其指控犯罪的职能，强化其中立色彩；批捕检察官必须面见犯罪嫌疑人，而不是书面审批；应允许被捕的人向法院申诉，法院有权撤销不当逮捕。

除了逮捕环节，起诉环节也有以"宽"济"严"的巨大空间。这方面，现行《刑事诉讼法》第142条第2款"相对不起诉"的规定给检察机关提供了适当扩大不起诉范围的权力资源。值得注意的是，在扩大这种酌定不起诉范围的同时，如何加强对权力行使的监督，防止此环节的司法腐败。另外，在实践中，有检察机关尝试使用"缓起诉"的做法并取得较好效果，这也是以"宽"济"严"的表现，可考虑在此次《刑事诉讼法》修改时赋予其法律地位。

其次，在审判阶段，要用好法官手中的自由裁量权，在刑罚总量处于高位状态的情况下，实现刑罚的相对轻缓化。应当承认，目前中国刑法在总体上重刑色彩比较浓厚，而以"宽"济"严"又必须在法律的幅度内，因而这种"戴着脚镣跳舞"的状态对审判人员提出了更高的要求，它需要法官对法律的精神有一种透彻的把握，用良知、勇气和技巧来编织权力之网，以实现政策的目的。例如，如何运用《刑法》第13条但书"情节显著轻微危害不大的，不认为是犯罪"来实现"出罪化"处理，如何运用第37条"对于犯罪情节轻微不需要判处刑罚的，可以免予刑事处罚"来实现"免刑"处理，如何运用《刑法》第72条，适当扩大缓刑的适用比例，将那些符合缓刑条件的人，特别是偶犯、初犯、过失犯、少年犯等尽量不收监，都考验着作为法律和政策执行主体的法官的综合素质。当然，在通过这些途径来实现刑罚轻缓化的同时，同样存在防止以"宽"为名行腐败之实、对"免刑"处理的人如何落实民事、行政处罚或行政处分，以及对犯罪被害人一方的感情的兼顾问题。关于后者，目前正在许多地方试点的刑事和解制度为以"宽"济"严"开拓了新的视野，即只要案情中有和解因素，被害方与被告方实现和解，被告方以认罪、赔偿、道歉等形式承担责任后，经被害方请求从宽处理的，人民法院可以从轻处罚。刑事和解与西方的"恢复性司法"存在相通之处，它本来还可以走得更远一些，如不只是从轻处罚，还可以在某些情况下减轻甚至免除处罚，不过这需要《刑事诉讼法》在修改时给其相应的法律地位。

再次，在审后阶段，要扩大假释的适用，推进社区矫正。减刑、假释都符合"宽"的要求，但相对减刑而言，假释在过渡性等方面具有更大的优势。正因此，国外有学者指出："假释是矫正系统最成功的故事。"但中国的实践中普遍存在减刑适用率高而假释适用率低的不正常现象，如北京市2004年的减刑率在30%～35%，而假释率仅为2‰，这种局面应当扭转。应借鉴一些国家的经验，在行刑制度中实行以假释为主、减刑为辅的做法。此外，自从2003年《关于开展社区矫正试点工作的通知》下达以来，一些地方的经验表明，社区矫正利用社会力量来改造罪犯，克服监禁刑的弊端，犯人不脱离社会，具有积极的效果，体现了刑罚宽容轻缓的一面，应考虑在健全立法的基础上推进该项制度的全面实施。

二 反商业贿赂：专项治理进入深挖阶段

"2010年前建成惩治和预防腐败体系框架"已经被确立为"十一五"时期反腐倡廉的总体目标，针对腐败多发领域进行重点专项治理是实现此目标的必然之举。目前，商业贿赂普遍存在于各种商业活动之中，由于商业贿赂往往披着"正当"商业回报的外衣，有很大隐蔽性和欺骗性，对公平竞争的市场经济原则和秩序具有极大的破坏性和危害性，对商业贿赂行为开展专项治理非常必要，也非常紧迫。2006年伊始，中共中央主要负责同志在中纪委第六次全体会议上就明确指出，"要认真开展治理商业贿赂专项工作，坚决纠正不正当交易行为，依法查处商业贿赂案件"[①]。其后，国务院主要负责同志在国务院第四次廉政工作会议上再次强调，各地各部门要把开展治理商业贿赂专项工作作为2006年反腐倡廉的重点，要着力解决公益性强、与人民群众切身利益密切相关、破坏市场经济秩序

[①] 秦轩：《中央发出系列信号"反商业贿赂风暴"蓄势而发》，http://cn.news.yahoo.com/060125/72/2gsqy_1.html，最后访问时间：2007年2月25日。

的问题；重点治理工程建设、土地出让、产权交易、医药购销、政府采购以及资源开发和经销等领域的商业贿赂行为[1]。这两次会议显示了党和国家反商业贿赂的决心，明确了反商业贿赂的重点区域，也标志着反商业贿赂专项治理进入了深挖阶段。

实际上，中国的反商业贿赂专项治理工作在此之前已经启动。2005年9月，由中纪委牵头，联合18个部委参加的治理商业贿赂领导小组成立，同年12月18日，中纪委研究室、国家工商行政总局、南开大学等单位在南开大学举行了"反商业贿赂与中国社会经济可持续发展研讨会"，为反商业贿赂进行理论准备。进入2006年之后，为了进一步推动全国的反商业贿赂治理工作，中央又发出了《关于开展治理商业贿赂专项工作的意见》和《关于依法查处商业贿赂案件的实施意见》；全国人大常委会在2006年6月通过的《刑法修正案（六）》中，对涉及商业贿赂的刑法条文进行了相应修订，为反商业贿赂提供了法律依据；最高司法机关也通过了相应的司法解释，以指导对商业贿赂的定罪量刑。

（一）商业贿赂的内涵及现状

所谓商业贿赂，通常指商业活动中，有关商品或者商业性服务的买受人、销售人或使用人等，为了购买、销售商品，或为了接受、提供服务而给予对方单位或者个人财物或其他利益的行为，抑或接受对方单位或者个人给付的财物或其他利益的行为。例如，医院中医疗器材或药品的使用人等，虽然不是该器材的直接买受人，却也可以通过承诺批量使用某种药物而获贿赂[2]。

商业贿赂是随着商品经济的发展而产生和逐步发展起来的，在经济生活中几乎已经成为被普遍认可的"潜规则"。虽然自20世纪90年代初，中国就开始立法打击商业贿赂，如1993年出台了《反不正当竞争法》，1996年颁发了《关于禁止商业贿赂行为的暂行规定》，1997年在《刑法》中也

---

[1] 参见《温家宝在国务院第四次廉政工作会议上要求：把治理商业贿赂作为今年反腐重点》，《检察日报》2006年2月25日。

[2] 参见屈学武《完善我国打击商业贿赂法治体系的法律思考》，《河北法学》2006年第6期。

补充了相关规定，但是商业贿赂并没有因此而止步，反而在电信、金融、建筑、教育等各个领域愈演愈烈。例如：在全国药品行业中，作为商业贿赂的药品回扣，每年就侵吞国家资产约 7.72 亿元，占全国医药行业全年税收的 16% 左右；在交通领域，在 2006 年国家审计部门审计的投资总额达 1662 亿元的 34 个高等级公路建设项目中，有 20 个项目涉嫌商业贿赂①。数字还表明，2000~2005 年上半年，全国各级工商行政机关共查处商业贿赂案件 13606 件，案值达 52.8 亿元，罚没款约 8.1 亿元②。但是，直接揭开商业贿赂黑洞的，是 2005 年被中国媒体披露的两个外国公司案件：一个是德普公司案，在该案中，根据美国司法部于 2005 年 5 月 20 日提供的报告，1991~2002 年，全球最大的诊断设备生产企业 DPC 在天津的子公司天津德普诊断产品有限公司向中国国有医院医生行贿 162.3 万美元的现金，用来换取这些医疗机构购买 DPC 公司的产品；另一个是朗讯公司案，在该案中，美国朗讯公司的报告披露，在公司依照《反海外腐败法》进行自我审计时，发现公司在中国的运营过程中存在涉嫌违反《反海外腐败法》的情况，并自愿接受处罚。需要特别指出的是，这两个案件有一个共同之处：犯罪行为发生在中国，但是相关犯罪人在美国接受处罚。这两个案件暴露了中国市场监管的漏洞、反商业贿赂立法与执法工作的不足，促使决策机构采取有力措施治理商业贿赂。

目前，反商业贿赂治理工作已经取得了阶段性成效。据统计，2006 年 1~12 月，全国检察机关共立案侦查商业贿赂犯罪案件 9582 件，涉案总金额 15 亿余元。发生在中央确定的 6 个重点领域和 9 个方面的案件 7182 件，占立案总数的 75%③，查处了一批具有重大影响的案件，如中国建设银行股份有限公司原董事长张恩照受贿案、中国国际贸易促进委员会原副会长刘文杰受贿案以及财政部金融司原司长徐放鸣受贿案。治理工作使得某些重点领域的商业贿赂情况有所改观，如商业贿赂曾经泛滥成灾的

---

① 参见《34 条高等级公路 20 条涉嫌商业贿赂》，《北京青年报》2006 年 6 月 28 日。
② 参见萧方《商务部打击商业腐败升级》，http://www.phoenixtv.com/phoenixtv/72988910 451425280/20060804/858645.shtml，最后访问时间：2007 年 2 月 24 日。
③ 参见肖玮《王振川：去年检察机关查处 9582 件商业贿赂案》，《检察日报》2007 年 2 月 16 日。

医药领域，甚至出现了"医药代表集体夏眠"的现象①。

（二）反商业贿赂法律体系

中国的反商业贿赂法律体系主要由国际公约、行政法体系、商法体系和刑法体系四个部分构成。

（1）国际公约。在目前关于反商业贿赂的国际公约中，最重要的当属全国人大常委会于 2005 年 10 月批准的《联合国反腐败公约》，公约在第三章（定罪和执法）涉及腐败犯罪的 11 种罪行中，就有四种与商业腐败有关：第 15 条"贿赂本国公职人员"、第 16 条"贿赂外国公职人员或者国际公共组织官员"、第 18 条"影响力交易"与第 21 条"私营部门内的贿赂"。

（2）行政法体系。中国 1993 年颁行的《反不正当竞争法》第一次对商业贿赂作出了明确的规定，但是，该法并未明确何谓"商业贿赂"。此后，1996 年 11 月，国家工商行政管理总局颁发的《关于禁止商业贿赂行为的暂行规定》才第一次明确规制了商业贿赂的内涵与外延。与此同时，中国相继颁行的《经济合同法》《商业银行法》《土地管理法》《药品管理法》《城市房地产管理法》《对外贸易法》《电信条例》等经济行政法规针对商业贿赂行为也制定了禁止性、罚则性规范。例如，依据《关于禁止商业贿赂行为的暂行规定》第 9 条，对尚未构成犯罪的商业贿赂行为，可处以"1 万元以上 20 万元以下的罚款，有违法所得的，依法予以没收"；依《药品管理法》的规定，对实施商业贿赂的药品企业、医疗机构可"吊销企业营业执照、药品生产许可证、药品经营许可证，对执业医师吊销执业证书"等。此外，早年国务院颁行的《国家行政机关工作人员贪污贿赂行政处分暂行规定》《国家行政机关及其工作人员在国内公务活动中不得赠送和接受礼品的规定》等，在性质上属于国家针对贿赂行为所做的禁止与惩处性行政法规，可划属于广义的打击商业贿赂的"法律"体系。

---

① 参见周明《治理商业贿赂见成效，医药代表集体夏眠》，《城市快报》2006 年 6 月 21 日。

（3）商法体系。通常认为，中国商法主要由公司法、证券法、票据法、保险法、破产法、海商法构成。其中，《公司法》《证券法》均置有打击商业贿赂的禁止性规范。《公司法》第59条明文规定："董事、监事、经理不得利用职权收受贿赂或者其他非法收入"，第198条规定："清算组成员不得利用职权收受贿赂或者其他非法收入"；《证券法》第22条规定："证券公司不得以不正当竞争手段招揽证券承销业务"，等等[1]。

（4）刑法体系。刑法是最重要的保障法、补充法，是反商业贿赂法律体系中最重要的组成部分。商业贿赂犯罪主要包括《刑法》所规定的如下犯罪：第163条规定的公司、人员受贿罪，第164条规定的对公司企业人员行贿罪，第184条规定的金融机构工作人员受贿罪，第385条规定的受贿罪，第387条规定的单位受贿罪，第389条规定的行贿罪，第391条规定的对单位行贿罪，第392条规定的介绍贿赂罪以及第393条规定的单位行贿罪。虽然1997年《刑法》没有使用"商业贿赂"的表述，但是其中许多规定无疑是针对商业贿赂而制定，尤其是第163条与第164条关于公司、企业人员受贿、行贿的规定。2006年，针对刑法规范中的不足，《刑法修正案（六）》又进行了针对性的修订。首先，扩大了公司、企业人员贿赂犯罪的主体范围，以解决实践中对某些身份难以界定的人员的定罪。将第163条修改为：公司、企业或者其他单位的工作人员利用职务上的便利，索取他人财物或者非法收受他人财物，为他人谋取利益，数额较大的，处五年以下有期徒刑或者拘役；数额巨大的，处五年以上有期徒刑，可以并处没收财产。同时规定公司、企业或者其他单位的工作人员在经济往来中，利用职务上的便利，违反国家规定，收受各种名义的回扣、手续费归个人所有的，依照前款的规定处罚。其次，对应第163条的修改，将第164条第1款修改为：为谋取不正当利益，给予公司、企业或者其他单位的工作人员以财物，数额较大的，处三年以下有期徒刑或者拘役；数额巨大的，处三年以上十年以下有期徒刑，并处罚金。最后，对其

---

[1] 参见屈学武《完善我国打击商业贿赂法治体系的法律思考》，《河北法学》2006年第6期。

他相关犯罪也进行了修改，以加大处罚力度。例如，将《刑法》第312条修改为：明知是犯罪所得及其产生的收益而予以窝藏、转移、收购、代为销售或者以其他方法掩饰、隐瞒的，处三年以下有期徒刑、拘役或者管制，并处或者单处罚金；情节严重的，处三年以上七年以下有期徒刑，并处罚金，扩大了原窝藏、收购、转移、销售赃物犯罪的对象范围，如此有助于剥夺商业贿赂犯罪人的收益，增加刑罚的威慑力。

（三）立法与执法中的缺陷

当前，反商业贿赂专项治理已经取得了一定的成效，但立法与执法工作中还存在诸多缺陷。

第一，不严不厉的反贿赂法治体系导致贿赂黑洞过大。不严，主要是就中国针对商业贿赂的财产罚与资格罚设置而言。一些国家对于商业贿赂行为往往处以极为严厉的财产罚，或者处以取消上市公司、证券交易资格等各种严厉的资格罚。而中国，即便作为其他各种商事、经济法规的最后保障法的《刑法》，其惩处力度也是非常不够的。例如，无论是《刑法》原第163条、第164条的规定，还是《刑法修正案（六）》的相关规定，都无取消经营资格的资格刑规定。此外，由于《刑法》第163条、第164条所规定的犯罪主体只能是自然人，在相关的犯罪案件中，即便按照相应规定，没收犯罪人的全部财产或者处以最高额的罚金，对于资产雄厚的单位而言，影响甚微。说其不厉，从立法上看，中国的贿赂犯罪防线过于靠后：就受贿罪而言，既要求收受贿赂，还要求受贿人务必"为他人谋取利益"；此外，行贿和受贿的"标的"都只能是"财物"，而且仅是"承诺"交付财物绝对够不上行贿，得实际交付财物完毕才能构成刑法意义上的行贿。可见中国反贿赂法网确实过于粗疏、宽泛。再从执法上看，商业贿赂，目前已经逐渐衍生为通行于贸易各方的"潜规则"，在国内大面积泛滥，但由于种种原因，案件的侦破率、处置率并不高。从公安机关的立案件数看，2000~2006年6月，全国公安机关立公司、企业人员受贿犯罪案件仅有2529起，公司、企业人员行贿案件仅有564起，商业贿赂犯罪案件占同期所有经济犯罪案件立案数的比例非常小，不到1%。不过，这个统计数据可能没有真实反映近年中国商业贿赂犯罪的客观情况，目前查办的案件只是冰山一角[①]。

第二，贿赂由行贿与受贿两个对向行为组成，因此各国在反贿赂犯罪、惩罚受贿行为的同时，也大力惩治行贿行为。例如，美国的《反海外腐败法》就是专门规范总部设在美国本土的海外子公司或分公司的"行贿"行为的特别法案。在2002年的台湾辛克尔公司案中，虽然位于美国本土的辛克尔国际公司自愿披露了其台湾子公司的行贿行为，美国司法部还是对其提起了刑事诉讼，并处以200万美元的罚金[②]。在中国，长期以来，无论从立法还是执法层面看，对行贿行为的规范与惩处均不够有力，其打击重点始终集中在受贿贪官上，就全国而言，在近几年，立案侦查行贿犯罪的人数和所占比例虽然有所上升：2000年查处行贿犯罪嫌疑人1298人，占立案查处全部贿赂案件的12.5%，到2004年上升到1952人，占17.3%[③]，但是与被定罪判刑的受贿犯罪人数所占比例相比，仍然有着天壤之别。

（四）立法与执法建议

针对目前反商业贿赂立法、执法工作中的问题，可以从如下几个方面予以完善。

首先，增加相应的处罚种类，构建宽严相济的惩罚体系。严的一面不是体现在加大刑罚的力度，而是体现在民事及行政处罚及各种处罚可能同时施加至被告人上。这一点，可以参考美国《反海外腐败法》的规定，根据该法，如果个人或公司违反其规定实施商业贿赂行为，可能面临如下三个方面的处罚。①刑事处罚，违法公司或商业机构可能会被处以200万美元的罚款，高级职员、董事、持股人、雇员的代理人可能会被处以高达10万美元的个人罚款及五年监禁。②美国证券交易委员会针对违法公司及有关个人提起民事赔偿诉讼。法院在判决时，还会考虑根据被告通过贿

[①] 参见王斗斗《已查商业贿赂案件只是冰山一角——访公安部打击商业贿赂犯罪领导小组办公室负责人》，《法制日报》2006年6月16日。
[②] http://www.oecd.org/dataoecd/7/35/35109576.pdf.
[③] 参见张仲芳《依法严惩行贿犯罪》，http://theory.people.com.cn/GB/49150/49153/3524687.html，最后访问时间：2007年2月25日。

赂行为所获的金钱利益，或者视其违法严重程度确定另一固定数额的罚款，对个人而言，从5000美元到10万美元，对其他公司或商业机构，从5万美元到50万美元不等，两者从一重处罚。③美国政府的行政制裁。根据美国管理预算部颁发的实施指南，任何违反该法的个人或公司将被中止其参与政府采购的资格。如其非法行为被法院判决确认，其将失去获得出口资质的资格。美国证监会还可能禁止其参与证券业务。美国期货贸易委员会和美国海外私人投资委员会也会禁止其参与代理项目。而且，非法支付的款项不得作为经营成本从应纳税款项中扣除等。

宽的一面可以从如下两个方面着手，第一，对于符合商业惯例的做法，在立法上予以承认，如对为推动或加速"正常政府行为"的实施而实施法律所禁止的相关行为，譬如获得政府文件、提供警察保护、提供通信（电力、供水）服务、装卸货物等，可以规定不构成商业贿赂。另言之，在明确企业与个人"不可为"区域的同时，也应明确其"可为"区域，消除立法上的"模糊区域"，避免执法过程中的"灰色区域"。第二，在处理商业贿赂犯罪案件过程中，如果相关行为人能够迅速自我披露违法行为，与执法部门进行合作，司法部门可以考虑对之不起诉或免于处罚。

其次，加强程序性立法。目前所查处的商业贿赂案件表明，商业贿赂与政府权力紧密相连。而透明、公开、完善的程序是监督政府行为、预防商业贿赂的有效途径，因此各国反腐立法都非常注意程序立法，并强调违反程序的法律后果，以方便社会对政府行为进行监督，并为公众在权利受到政府行为侵犯时提供救济。这一点对于中国尤其具有重要意义，因为中国的许多实体立法无配套的程序保证，缺少公共机构违反程序应当承担何种法律后果以及公民如何获得有效救济的规定。

因此，可以考虑制定一部综合性的"行政程序法"，就行政行为的具体问题，尤其是政府违反行政程序应当承担的不利法律后果与公民获得救济的途径作出规定。此外，可以考虑就某些对预防腐败特别重要的程序进行特别立法，如可以针对信息公开程序制定单行"信息公开法"，就政府应予公开的信息的范围，公民获得政府信息的途径、程序以及政府违反信息公开程序的后果作出规定。

最后，统一执法体系，加大执法力度。所谓统一，是相对于打击商业贿赂的"体系"而言。因而，其执法机构并不仅限于一家；但各家又须统一于一个法治体系。具体而言，国家各级经济行政管理机关，理应成为各类商业贿赂行为的执法机关。但是，鉴于此类机关每天还有其他多种行政业务亟待处理，因而，将处理商业贿赂的全副重担都交付他们，势必人力不济。因此，有必要设立一个统一协调处理此类贿赂案件的专门性机关，如韩国的"反腐败委员会"，新加坡的"腐败行为调查局"[①]。目前，中国有诸多反商业贿赂机构，国务院也曾下设监察局，检察系统有反贪局，此类机构或者是针对特殊的行为主体，或者是针对刑事案件，从而使某些商业贿赂行为成为漏网之鱼。设立专门的反商业贿赂执法机关，或者是协调机关，加强资源共享与信息交流，有助于加大反商业贿赂的力度，提高治理工作的效率与质量。

三 反洗钱：斩断黑金外流的通道

犯罪与洗钱紧密相连，甚至在一定程度上形成了共同体：有了犯罪收益的源头，就会有洗钱的暗流。"反洗钱"与"打击犯罪"密不可分，严厉打击犯罪能够减小反洗钱的压力，有力地反洗钱能够增强打击犯罪的成效。所以，在致力于惩治犯罪、展开专项治理工作的同时，国家也在逐步完善反洗钱法律体系，加强反洗钱执法力度，以斩断黑金外流的通道。在法制建设方面，2006年6月，全国人大常委会在《刑法修正案（六）》中对《刑法》第191条第1款关于洗钱罪的规定进行了修订，扩大洗钱罪上游犯罪的范围，并在2006年10月通过了《反洗钱法》；在执法方面，根据2006年12月公安部、中国人民银行联合召开的新闻发布会，在2006年全国破获了重大地下钱庄案件七起，抓获犯罪嫌疑人44名，缴获冻结资金折合人民币5800多万元，涉及非法经营资金达140多亿元人民币，并查处了一系列涉案金额巨大的洗钱案件，如广东珠海黎某等人非法吸收公众存款案、浙江杭州某公司等抽逃出资案、浙江宁波涉赌涉税洗钱

[①] 参见屈学武《完善我国打击商业贿赂法治体系的法律思考》，《河北法学》2006年第6期。

案、广西黄广锐洗钱案等[①]。

(一) 洗钱的途径与危害

洗钱指犯罪人通过银行或者其他金融机构将非法获得的钱财加以转移、兑换、购买金融票据或直接投资,从而压缩、隐瞒其非法来源和性质,使非法资产合法化的行为。当前,随着市场经济的深入发展,犯罪尤其是腐败犯罪日益严重,为了逃避法律制裁,"正当地"享受犯罪收益,犯罪分子纷纷利用各种手段进行洗钱,转移犯罪收益。就目前查处的案件看,国内的犯罪人主要通过如下几个途径进行洗钱。①购买有形资产或者证券、股票,如利用犯罪收益购买房地产等不动产,也可以购买小汽车、贵重金属、钻石珠宝、古玩字画等动产。②利用双重发票。例如,公司故意以抬高的价格从国外的子公司订购货物,如某批货物实际价值只有80万美元,却以100万美元的价格成交。公司付款时按子公司开出的100万美元的发票付款,而子公司入账时以实际价值80万美元的发票入账,二者之间的差价就构成非法金钱收益,由子公司存入国外的特定账户中,如此就通过合法的贸易掩盖了非法金钱收益的真正来源。③携带巨款出境,即直接将现金秘密运至国外,然后将现金存入国外的金融机构。④通过地下钱庄转移犯罪收益,如在上海市公安机关2006年查处的一个案件中,被告人自2004年在上海租赁的住宅内从事新加坡与中国两地间的非法汇款及货币兑换业务,其业务范围涉及中国25个大中城市,非法经营额达50亿元人民币[②]。⑤利用银行票据或者信用证转移资金,即洗钱者将现金带至银行,经过一系列的交易,既可以将小额钞票换成大额钞票以利携带,也可以将现金兑换成国库券、银行汇票、信用证、旅行支票或其他金融工具。⑥虚假投资。例如,注册空壳公司,这种公司只存在于纸面上,不参与实际的商业活动,仅作为资金或有价证券流通的管道。⑦虚假捐

[①] 参见《全国破获7起重大地下钱庄案 涉案金额140多亿元》,http://news.xinhuanet.com/legal/2006-12/19/content_ 5507828.htm,最后访问时间:2007年3月2日。

[②] 参见陈维松《公安部与央行公布协作配合打击洗钱犯罪典型案例》,http://news.xinhuanet.com/legal/2006-12/19/content_ 5506355.htm,最后访问时间:2007年3月1日。

款。⑧利用赌场进行洗钱。例如,在2003年执法机关查处的浙江"8·27"赌资洗钱案中,就是澳门赌场放贷公司向大陆赌客放贷,来大陆将收回的人民币通过外汇黑市兑换成港币,并经由珠海等口岸转向澳门。⑨将犯罪收益混入合法收入之中。例如,在2004年广州市海珠区人民法院审理的"广州汪照洗钱犯罪案"中,犯罪人就是用毒资520万元港币购得广州百叶林木有限公司60%的股权,并运送毒资作为转让款,后又将上述公司更名成立新公司,他们以经营木业为名,采取亏损账目的手段,将毒品犯罪所得转为合法收益①。

洗钱通常要经过三个步骤:第一步"入账",对非法活动得来的钱财进行初期处置,通常是将黑钱存入银行;第二步"分账",通过一系列的复杂金融交易,如银行转账、现金与证券的交换、跨国转移资金等,来掩盖非法钱财的真实来源,掐断查账线索;第三步"整合",将资金转移回犯罪地,以合法的形式回到罪犯手中。此时,犯罪收益已经披上了合法的外衣,犯罪收益人可以自由地使用该犯罪收益了。

洗钱犯罪的危害主要体现在如下四个方面。首先,洗钱为其他严重犯罪活动"输血",是贩毒、恐怖活动、走私、贪污、诈骗、涉税等犯罪活动的伴生物,如果黑社会组织的洗钱一旦成功,黑社会的犯罪活动就越发猖獗,对社会的破坏范围、破坏程度也就更大更深。其次,洗钱会导致资金外流,影响国家的外汇储备和税收,危害国家的金融稳定和安全。再次,洗钱主要是通过金融体系完成的,而金融机构是靠信用立足的,信用是其"生命线",若金融机构为洗钱分子所利用而被揭露,公众就会对金融系统的信用产生怀疑,那将严重动摇其信用的基础。最后,洗钱还对中国社会经济造成深层次危害。许多腐败分子通过洗钱把国有资产合法地转为己有,导致国有资产大量流失,而且外来黑钱流入中国境内,往往过多地集中在娱乐场所、酒店等的投资上,犯罪分子将钱"漂白"后,通常会放弃这些产业,从而引起行业经济震荡,造成宏观经济失控或结构失调。

---

① 参见孙立云《首份反洗钱报告披露五大典型洗钱案》,《东方早报》2005年7月14日。

（二）反洗钱体系的构建

虽然早在 1997 年中国修订后的《刑法》就已经将洗钱行为定性为犯罪[①]，但是并没有建立起完善的反洗钱机制与执法网络，而且贪官外逃的现实表明，刑事立法将洗钱罪的上游犯罪限制在"毒品犯罪、黑社会性质的组织犯罪、恐怖活动犯罪、走私犯罪"影响了专项治理工作的成效。反洗钱国际合作立法的缺失，也为打击跨国洗钱行为带来了障碍。与此相对应的是，洗钱行为日渐猖獗。据中国有关部门的官员表示，中国目前内地每年通过地下钱庄洗出去的黑钱至少 2000 亿元人民币，占中国 GDP 的 2%[②]。另据中国人民银行 2005 年发布的《反洗钱报告》，2004 年中国各银行类金融机构共报告人民币大额和可疑交易 463.91 万笔，交易金额累计 165820.75 亿元；报告大额和可疑外汇资金交易 431.62 万笔，交易金额累计 11981.66 亿美元；央行和外汇管理局配合公安机关成功破获洗钱及相关案件 50 起，涉案金额高达 5.7 亿元人民币和 4.47 亿美元。商务部的统计也显示，截至 2004 年，中国约有 4000 余名贪官逃至国外，卷走资金多达 500 亿美元[③]。为此，中国近年来致力于完善反洗钱体系，构建反洗钱网络。

首先，签署、批准国际公约，积极展开国际反洗钱合作。2000 年和 2001 年，中国签署了《联合国打击跨国有组织犯罪公约》和《制止向恐怖主义提供资助的国际公约》，在 2005 年，中国又批准了《联合国反腐败公约》，这些公约对于制止跨国洗钱起着非常重要的作用。此外，中国的反洗钱国际合作取得明显进展，在加入有关反洗钱国际组织和开展双边、多边国际合作方面均取得一定成效。2004 年 10 月，中国与俄罗斯、哈萨克斯坦、塔吉克斯坦、吉尔吉斯斯坦、白俄罗斯共同作为创始成员国

[①] 1997 年《刑法》第 191 条规定：明知是毒品犯罪、黑社会性质的组织犯罪、恐怖活动犯罪、走私犯罪的违法所得及其产生的收益，为掩饰、隐瞒其来源和性质，有下列行为之一的……。

[②] 参见江涌、李宏伟《地下钱庄每年洗出去 2000 亿，中国官员赴美取经》，《环球时报》2003 年 12 月 9 日。

[③] 参见邓飞《4000 贪官卷走 500 亿美元，离岸公司提供洗钱便利》，《法制日报》2004 年 8 月 16 日。

成立了"欧亚反洗钱与反恐融资小组"（EAG）。2002年以来，公安部、中国人民银行在其他部门的支持下，为中国加入"金融行动特别工作组"（FATF）做了大量工作。2005年1月，中国正式成为该组织的观察员。目前，在中国人民银行的组织下，包括公安部在内的相关部门已顺利完成了FATF的现场评估工作。

其次，修订国内立法，完善反洗钱法律体系。在刑事立法方面，继1997年《刑法》第191条正式规定了洗钱罪，将毒品犯罪、黑社会性质的组织犯罪、走私犯罪规定为洗钱罪的"上游"犯罪后，2001年12月，全国人大常委会通过的《刑法修正案（三）》又将恐怖活动犯罪增列为洗钱犯罪的"上游"犯罪，2006年6月通过的《刑法修正案（六）》进一步将贪污贿赂犯罪、破坏金融管理秩序犯罪、金融诈骗犯罪增列为洗钱罪的"上游"犯罪。

在行政立法方面，2006年10月，中国正式发布了《反洗钱法》，对反洗钱工作机制、金融机构的反洗钱义务等进行了明确规定。还通过立法逐步建立了大额和可疑交易报告制度。2003年1月，中国人民银行发布了《金融机构反洗钱规定》《人民币大额和可疑资金支付交易报告管理办法》和《金融机构大额和可疑外汇资金交易报告管理办法》，首次确立了反洗钱行政管理制度，建立了以银行业为核心的、全面的金融机构反洗钱管理制度。2006年11月，中国人民银行又发布了《金融机构反洗钱规定》和《金融机构大额交易和可疑交易报告管理办法》，取代了原有的行政法规，将大额和可疑交易报告的范围扩展到证券和保险领域。

最后，加强机构建设，构建反洗钱网络。2002年4月，公安部专门设立了洗钱犯罪侦查处。2002年7月，中国人民银行成立了反洗钱工作领导小组，并设立支付交易监测处和反洗钱工作处。2003年，中国国家外汇管理局成立了反洗钱工作的专门机构。在这些专门机构之外，2002年国务院还批准成立了由公安部牵头的包括最高人民法院、最高人民检察院等16个部门的反洗钱工作部际联席会议，2003年5月，牵头部门调整为中国人民银行。2004年6月，经国务院批准，联席会议的成员单位扩大到23个。

四 刑事被害人救助：宜早不宜迟

《刑事诉讼法》第 77 条规定，"被害人由于被告人的犯罪行为而遭受物质损失的，在刑事诉讼过程中，有权提起附带民事诉讼"。《刑法》第 36 条也规定，"由于犯罪行为而使被害人遭受经济损失的，对犯罪分子除依法给予刑事处罚外，并应根据情况判处赔偿经济损失"。但在实践中，如果犯罪人没有赔偿能力，或者案子进入了漫长的司法程序，受害人就无法及时获取赔偿，如此，许多被害人在获得形式上的正义之后，生活却陷入困境。例如，在 2006 年 11 月吉林省通化市人民法院审理的石悦军特大杀人案中，虽然判处被告人石悦军死刑，同时宣判赔偿六名被害者及其家属死亡赔偿金、丧葬费、生活费、医疗费等费用共计 83 万多元，但被告人表示无力支付，大多数被害者家属也认为希望渺茫。此类情形也广泛存在于其他众多的刑事案件中，如邱兴华案、杨新海案以及马加爵案等。

据统计，自 2001 年以来，中国每年刑事犯罪立案均在 400 万起以上，破案率均为 40%~50%，除了那些经济条件相对较好的受害人外，每年可能至少有上百万被害人因为得不到加害人的赔偿而身陷绝境[①]。因此，如何保证被害人在获得形式正义的同时，也获得实质正义，已经成为建设和谐社会过程中必须要解决的重大问题。鉴于此，2007 年初，最高人民检察院与江西省人民检察院、中国犯罪学会部分学者共同草拟了"被害人国家补偿立法建议稿"，准备提交立法机关；最高人民法院在部署 2007 年的工作时也将"研究建立刑事被害人国家救助制度"作为一项重要工作提出来。据悉，目前四川、上海、福建等省市也已经计划或开始探索这一制度。

刑事被害人国家救助制度是司法文明和司法和谐的体现和要求。在过去 20 多年中，中国在刑事领域对犯罪嫌疑人和被告人的权益保护方面取得很大进步，但越来越多的人开始认识到，我们对被害人的权益保护没有得到平衡发展，其中对陷入经济困境的被害人缺乏必要的救助制度就是突

---

① 参见赵晓秋《国家救助无法解决所有问题》，《法律与生活》2007 年 2 月（下）。

出的一例。这一制度的缺位,既不利于抚平被害人所遭受的犯罪创伤,赢回对法律制度的信任,也不利于缓解被害人与被告人一方的矛盾和仇恨,因而也就不利于被害人融入社区和被告人回归社区。因此,建立刑事被害人国家救助制度,宜早不宜迟。

在刑事被害人国家救助制度的建立过程中,以下几点值得注意。一是各级法院必须取得同级党委和政府的支持和配合,从财政上解除后顾之忧。有钱才好办事,对被害人的救助绝不能靠法院自己创收来解决,而是要靠地方政府和中央政府的"皇粮"来保证。可由最高人民法院向财政部申请专项拨款,并要求各地方政府实行配套拨款。二是要明确救助对象和条件。对象必须是犯罪被害人本人,本人死亡的,则其父母、子女和配偶亦可。条件则必须是那些因被犯罪所害而陷入经济困境,如无法支付医疗费用、无法获得维持生活的最低水准等。三是要对救助数额的标准作出规定。救助不可能像执行判决书一样,一个案子获得高额赔偿,而只能是与国家经济发展水平相适应的救济。而且,在对不同地区以及城乡不同被害人的救助上,还得视当地物价等因素而区别对待,否则片面强调"平等"反而会带来实质上的不平等。四是要对救助的申请和审批程序作出设计,一方面申请手续不宜太烦琐,另一方面又要通过公开透明的程序来确保资金的合理使用。

此外,值得指出的是,如欲保证刑事被害人救助制度能够落到实处,取得实效,还需要采取措施,解决与之相关的一些问题。首先,由于法院只能针对审结的案子来对被害人提供救助,但实践中有的案子或者因为没有破,犯罪人没有被抓获,或者因为案件带有"疑案"性质,办案机关在"疑罪从无"的原则要求下,对被告人作出不捕、不诉或无罪处理,此时那些因被犯罪所害而陷入生活困境的被害人由谁来给予救助?建议公安部、最高人民检察院也借鉴最高人民法院的这一思路,出台类似的救助制度,从而使各种刑事被害人的救济不留死角。需要说明的是,一旦刑事被害人救助的全部环节健全起来,就不必一定要等到结案后才救助,而是只要证明自己的生活困境系因遭受犯罪侵害所致,就不管犯罪人归案与否,也不管案件进展到何种阶段,救助要紧,先救助再说。

其次,对被害人的救助单靠国家的力量还不够,还需要社会的协助。

这里包含两层意思：一是国家的公共资金有限，需要采取社会捐助等途径来弥补这方面的不足，在国外的救助制度中，慈善捐款也是被害人救助基金的重要来源之一；二是被害人不仅面临一个物质上的救助问题，还有心理上的康复等。因此，我们应当鼓励、支持专门针对被害人救助而设立的非政府组织开展这方面的工作。

最后，国外除了对被害人的物质补偿，还有精神抚慰制度。而我国至今不承认刑事案件的精神损害赔偿，对被害人的精神损害视而不见，这不仅与我国民事司法实践已广泛适用精神损害赔偿的现实相脱节，而且也不符合对被害人进行救助和抚慰的初衷。因此，立法应当承认被害人有向犯罪人提出精神损害赔偿的权利，相应的，在犯罪人没有被抓获或无力承担精神损害赔偿时，国家和社会的有关机构就应当承担起对被害人的物质补偿和精神抚慰之职责。

五　赔钱减刑：争议中前行

2005年11月1日，被告人王某、赖某、周某抢劫并致被害人蔡某死亡。在公诉机关提起刑事诉讼的同时，被害人的家属也依法提起了附带民事诉讼。因为该案的发生，被害人一家的生活已陷入了极端困顿的境地，蔡某的女儿也因此面临失学。针对这一情况，负责审判的法官多次组织案件的双方当事人进行细致的调解。被告人王某的家属同意先行赔偿原告5万元人民币，原告对此结果表示满意。被告人也表示要痛改前非。最后，法院根据双方的真实意思表达，并依照法律，对被告人王某作出一定程度的从轻处罚，一审判处死缓。此后，据负责审判该案的东莞市法院介绍，像被告人王某一样通过补偿被害人经济损失获得刑事减刑的判例，在东莞市两级法院已超过30宗[①]。另据悉，此类处理方式在其他地方也不同程度地存在。

上述事实一经报道，立刻引起了一片反对之声。有的观点认为，虽然

[①] 参见《广东东莞尝试赔钱减刑，抢劫犯赔5万获轻判死缓》，《北京晨报》2007年1月31日。

法院是希望通过对这种赔偿机制的探索,再辅以国家赔偿,从而使被害人的利益得到最大维护,但是从法律上讲,一个人犯了罪,不仅要负刑事责任,当然也要负民事赔偿责任,"被告人赔偿被害人经济损失"是法律中应有之义。然而,在当下,却是被告人被判刑之后,判决书判定的赔偿,被害人往往一分钱都拿不到,判决书成为一纸空文。反而往往是被害人事先与被告人协商好了,被告人能得到减刑,被害人能拿到赔偿。出现这种问题当然与一些被告人没有赔偿能力有关,但跟被告人故意转移或者隐瞒财产,以赔偿来要挟被害人要求减刑也有关系,如果同意减刑就赔偿,否则就是"要钱没有,要命有一条",所以,在现有的司法环境下,过度提倡"对作出经济赔偿的被告人给予从轻处罚"的措施,可能成为被告人收买司法人员或被害人的工具,妨碍司法公正[1]。还有的观点直接指出,实行"赔偿减刑"有损法律正义,此先例一开,可能使"拿钱赎刑"乘虚而入,得不偿失,而且"赔钱减刑"缺少法律依据[2]。即使是对这一做法持宽容态度的人,也对如何保证实践的公正性表示担忧。

总体而言,"赔钱减刑"这一思路是值得肯定和继续摸索的。首先,它回应了国内外刑事政策的呼唤,是推动和谐司法的一次有益尝试。自20世纪70年代以来,西方社会基于对现代刑事追究模式的反思,认识到片面强调公诉制度导致了对犯罪原始矛盾也就是被害人与犯罪人的矛盾的遗忘,特别是对被害人的感受和利益照顾不周,因而出现了从"报应性司法"向"恢复性司法"的转向,即通过调解、道歉、真诚悔过、积极赔偿等方式,恢复被害人与犯罪人、与社区之间的关系。与之相对应,中国在建设社会主义和谐社会的大背景下,也在试行刑事和解以及本文中所讨论的积极赔偿受害人等制度。这些做法是"以人为本"在刑事司法领域的体现,有利于助推和谐司法。因此,最高人民法院主要领导在2007年初强调指出:"要注重发挥刑事附带民事诉讼中调解的重要作用,对于因婚姻、家庭等民间纠纷引发的刑事案件,积极赔偿反映了被告人弥补犯罪损失、真诚悔罪的心态,如果取得被害人的谅解,从轻处罚有助于减少

---

[1] 参见杨涛《如何保证"赔钱减刑"的公正性》,《北京青年报》2007年2月1日。
[2] 参见李克杰《谨防"赔钱减刑"沦为"拿钱赎刑"》,《燕赵都市报》2007年2月1日。

社会对抗，促进社会和谐。"①

其次，"赔钱减刑"也并非难以在现实法律中找到依据。赔钱获减刑的前提是真心悔罪，而真心悔罪意味着犯罪人的人身危险性比较低。根据《刑法》第 61 条规定，对犯罪分子决定刑罚的时候，应当根据犯罪的事实、犯罪的性质、情节和对社会的危害程度，依照本法的有关规定判处。该条规定隐含着将人身危险性作为量刑依据的意蕴。与该条规定相比而言，《刑法》第 72 条关于缓刑适用的规定就更为直接，根据该条，对于被判处拘役、三年以下有期徒刑的犯罪分子，根据犯罪分子的犯罪情节和悔罪表现，适用缓刑确实不致再危害社会的，可以宣告缓刑，明确将犯罪人的人身危险性列为是否考虑适用缓刑的条件之一。此外，最高人民法院 2000 年颁布的《关于刑事附带民事诉讼范围问题的规定》也规定，被告人已经赔偿被害人物质损失的，人民法院可以作为量刑情节予以考虑。

再次，虽然"赔钱减刑"有一定的现实法律依据，但应当明确的是，并不是所有的案件都可以赔了就减刑甚至免除刑罚，也并不是所有的案件只要赔偿了就一定能减刑甚至免除刑罚。那种认为"赔了就不再罚（刑罚），罚了就不再赔"的观点是错误的。以上述案件为例，如果被告人本人有可供执行的财产，即使他被判处死刑立即执行，也应给予被害人家属以丧葬费、抚养费、赡养费、医疗抢救费和死亡赔偿金等赔偿。当然，该案是其家属协助赔偿的，按照"罪责自负"的原则，其家人没有赔偿的义务，但是如果积极赔偿能取得被害人一方的谅解和法院乃至检察院的认可，而被告人本人又没有赔偿能力时，作为家人甚至友人，从亲情、友情出发，自愿地给予协助，这应当予以许可，同时也不违背"罪责自负"原则，因为"罪责自负"的立法本意是为了防止"罪及他人"，这种自愿协助被告人赔偿与非自愿地被无辜株连是有本质区别的。

最后，如何保障"赔钱减刑"的公正性，保证在实现功利目的的同时不损害法律正义，确实是应该予以关注的。因此，应该建立配套机制来规范"赔钱减刑"的适用。可以考虑从如下几个方面着手：第一，限定案件的范围，如可以将一些重大的恶性案件、有组织犯罪的案件排除在可

---

① 参见《将赔钱与量刑挂钩并非以钱换刑》，《新京报》2007 年 2 月 1 日。

以适用的范围之外；第二，法官应该征求被害人或其亲属的意见，如果后者表示同意，才可以安排犯罪人与被害人或其亲属见面，真诚悔罪，求得后者的谅解；第三，保证被害人或者其亲属自愿同意接受赔偿；第四，犯罪人积极履行赔偿义务。因为，"赔钱减刑"的目的不但在于补偿被害方的损失，而且在于促进被害人与犯罪人之间的和解，恢复被损害的社会关系，只有面对面进行对话，确保被害方的自愿性，才能实现这一目的。

六　收回死刑复核权：后续工作亟须跟上

2006年10月31日，全国人大常委会修改了《人民法院组织法》，将该法原第13条修改为第12条："死刑除依法由最高人民法院判决的以外，应当报请最高人民法院核准"，并决定修改《人民法院组织法》的决定自2007年1月1日起施行。2006年12月，最高人民法院作出了《关于统一行使死刑案件核准权有关问题的决定》，决定自2007年1月1日起，最高人民法院根据全国人民代表大会常务委员会有关决定和《人民法院组织法》原第13条的规定发布的关于授权高级人民法院和解放军军事法院核准部分死刑案件的通知，一律予以废止，死刑除依法由最高人民法院判决的以外，各高级人民法院和解放军军事法院依法判处和裁定的，应当报请最高人民法院核准。至此，关于收回死刑复核权的争论告一段落。

但是，收回死刑复核权也意味着更艰难、更漫长的征途的开始。因为收回死刑复核权的目的在于贯彻我国秉持的"慎杀、少杀"的死刑政策，落实宪法关于"尊重和保障人权"的规定，因此在收回死刑复核权后，如何保证死刑案件的质量，把好复核关，是需要解决而且是必须解决好的问题。为此，最高人民检察院、最高人民法院已经联合或者独立公布了若干司法解释，以明确实践中的具体问题，实现收回死刑复核权的最终目的，如2006年9月公布了《关于死刑第二审案件开庭审理程序若干问题的规定（试行）》，最高人民法院2007年2月公布了《关于复核死刑案件若干问题的规定》。

目前，为了切实保证"慎杀、少杀"目的的实现，保证收回死刑复核权取得实效，还需要采取措施对死刑二审程序、死刑复核工作进行规范。对此，当前应加强以下几方面的工作。

第一，增加死刑复核程序的透明度。虽然最高人民法院已经表示，"死刑复核程序不是审判程序，而是救济程序。因此，复核死刑案件是对原审裁判的事实认定、法律适用符合诉讼程序的书面审理，依法合议庭由三名法官组成"①，但以往的教训表明，书面审理容易造成暗箱操作，因此有必要采取措施增加死刑复核程序的透明度。例如，允许新闻媒体进行采访报道，辩护律师就重要证据申请法院进行审查核实，公众获得完整的复核结果文书，等等。

第二，说明裁决理由。上述《关于复核死刑案件若干问题的规定》第12条规定，最高人民法院依照核准或者不予核准死刑的，裁判文书应当引用相关法律和司法解释条文，并说明理由。将复核的法律、事实依据公之于众，有利于保证死刑复核的质量，也有利于二审或者一审法院的重审工作。但是，仅仅如此是不够的，就如最高人民法院的负责人所言，"确保准确适用死刑，一审是基础，二审是关键"，为了从源头上保证死刑案件的质量，应该要求死刑案件的一审判决、二审裁决都说明判决结果的法律依据、证明情况、因果推论等问题，而且应该允许公众获得完整的裁判文书。

第三，粗略划定明确"准"与"不准"的界限。刑事实践差别无限，"一刀切"的做法当然不可行，但是据最高人民法院法官的介绍，目前90%以上的死刑案件是故意杀人、故意伤害、抢劫、贩毒四种案件②，因此，就这些案件粗略制定一个复核指导性意见或者司法解释，明确"准"与"不准"的界限，并公之于众，对于保证死刑适用的公平性，提高裁判的可接受性，都是非常有利的。

第四，规范相关的技术性问题。刑事审判实践表明，一些简单的技术性问题也可以导致死刑案件久拖不决，致使被告人长时间遭受冤狱。例如，2005年被改判无罪的湖北佘祥林，反反复复历经五次审

---

① 杨中旭：《回首死刑复核权下放27年：从人治走向法治》，《中国新闻周刊》2006年12月29日。

② 参见李东阳《死刑复核建议法院开庭审理》，《华西都市报》2007年1月28日。

判，两次被判处死刑，被无罪羁押十余年，因为《刑事诉讼法》并没有规定二审、重审的次数或者其他方面限制等技术性问题[①]。在死刑复核中也不可避免地会存在这些问题。例如，根据上述《关于复核死刑案件若干问题的规定》第3条、第4条与第5条的规定，最高人民法院复核后认为原判认定事实不清、证据不足的，认为原判认定事实正确，但依法不应当判处死刑的，认为原审人民法院违反法定诉讼程序，可能影响公正审判的，都应裁定不予核准，并撤销原判，发回重新审判。但是该规定没有限制可以发回重审的次数，如果下级法院一次次地判处被告人死刑，但又都存在相同的问题，最高人民法院是否就一次次无限制地发回重审？从审判公正与司法效益的角度出发，应该尽快解决这些技术性问题。对于上述问题，可以规定如果在最高人民法院两次发回重审后，下级法院发送复核的死刑判决仍然存在相应缺陷的，最高人民法院可直接改判。

（参见法治蓝皮书《中国法治发展报告 No.5（2007）》）

---

① 参见张林《佘祥林不愿第6次当被告》，《东方今报》2005年4月13日。

第四章 2008年中国刑事法治

摘　要：本报告根据公安部门发布的统计数据，对2008年的社会治安总体状况进行了回顾，介绍了2008年发生的具有重大影响的刑事案件，并结合2008年颁布实施的立法与司法文件，围绕律师权利保护、群体性事件、许霆案、反腐制度建设以及特殊时期的刑事法治问题，对2008年的刑事法治进展进行了评介。

2008年是改革开放30周年。改革开放以来的30年，也是中国刑事法治不断发展的30年，从1979年颁布新中国第一部刑法典与刑事诉讼法典，到1996年修订刑事诉讼法典，确立无罪推定的基本精神，以及1997年修订刑法典，废除类推制度，确立罪刑法定原则；从20世纪80年代初开始实行"严打"刑事政策，到2004年提出实行"宽严相济"的刑事政策；从"严打"期间死刑复核权的下放到2007年死刑复核权收归最高人民法院；从恢复律师制度、完善辩护制度到实施法律援助制度；还有统一司法考试制度的确立；等等。2008年的刑事法治在这样一个历史进程中继续取得新的进展。

一　社会治安基本情况

2008年的社会治安继续保持平稳态势。据统计，1～7月份，全国爆炸案件、盗抢爆炸物品案件立案数和炸药爆炸事故发生数量较上年同期分别下降15.1%、23.4%和44%。2008年,严重交通违法行为和重点时期、重点路段道路交通事故死亡人数同比下降。全国因超速行驶、疲劳驾驶、货车、拖拉机违法载人等交通违法行为导致事故死亡人数同比下降13.6%。国、省道上发生道路交通事故导致死亡人数同比下降14.2%。

2008年,重大事故和特别重大事故呈上升态势,1~10月,全国发生重大事故71起,死亡1079人,同比上升10.9%和10.6%;特别重大事故10起,死亡和失踪662人,同比增加7起、535人①。

从局部地区和个案看,2008年发生了以下一些引人注目的案件:3月,西藏自治区首府拉萨市发生了由境内外"藏独"分裂势力相互勾结制造的较大规模的打、砸、抢、烧事件,有十余名无辜群众死亡,造成大量的财产损失;6月,贵州省瓮安县发生了较大规模的群体性暴力事件,造成100余名警察受伤,其中10余名重伤;7月,在上海市发生了杨佳恶性袭警案,6名警察死亡,3名警察与1名保安人员受伤;8月,新疆一个月内连续发生三起由"疆独"势力策划的严重暴力恐怖事件;10月,在黑龙江省哈尔滨市发生的一起恶性斗殴致人死亡案件中,6名警察涉嫌殴打受害人致其死亡。

在安全生产领域,该年度亦发生多起造成重大伤亡的案件:河南省登封市新丰二矿"9·21"特别重大煤气与瓦斯爆炸事故,有几十人遇难;广东省深圳市龙岗区舞王俱乐部"9·20"特别重大火灾案,有几十人遇难;黑龙江省鹤岗市南山区富华煤矿"9·20"特别重大火灾案,有几十人遇难;四川省巴中市"9·13"特别重大交通事故案,有几十人遇难;山西省临汾市襄汾县新塔矿业公司"9·8"特别重大溃坝案,有两百多人遇难;山西省娄烦尖山铁矿"8·1"特别重大排土场垮塌案,几十人遇难和失踪;广西壮族自治区百色市右江矿务局那读煤矿"7·21"特别重大透水案,有几十人遇难;山西省吕梁市孝义市安信煤业有限公司"6·13"特别重大炸药爆炸案,几十人遇难和失踪;山东胶济铁路"4·28"特别重大交通事故案,有几十人遇难②。造成这些重大事故案件发生

---

① 参见人民网报道,http://energy.people.com.cn/GB/8279985.html。
② 参见人民网报道,http://energy.people.com.cn/GB/71904/。

的原因，主要是事故单位和业主无视法律，非法生产，安全管理混乱，隐患严重，以及一些地方政府及监管部门监管不到位甚至徇私枉法。例如，河南省登封市新丰二矿是一个技改煤矿，在事故发生前不久，河南省已经下发对全省技改矿井进行停工停产整顿的紧急通知，而且，郑州市正在抓紧落实。但该矿却白天停产、晚上顶风作业，最终造成重大伤亡事故①。

二 新《律师法》助推刑事辩护

2008年6月1日，修正后的《律师法》开始实施，同时标志着争议了十多年的《律师法》修改告一段落。

新《律师法》针对实践中的问题，尤其是会见难、阅卷难和调查取证难问题，在加强对律师权利保护的同时，对律师权利进行了扩展，这对于刑事辩护而言，无疑具有积极的推动作用。新《律师法》第33条规定，犯罪嫌疑人被侦查机关第一次讯问或者采取强制措施之日起，受委托的律师凭律师执业证书、律师事务所证明和委托书或者法律援助公函，有权会见犯罪嫌疑人、被告人并了解有关案件情况，会见不被监听。根据这一规定，律师会见犯罪嫌疑人、被告人，无须再经批准，凭上述"三证"即可。

对于取证与调查，新《律师法》第34条规定，受委托的律师自案件审查起诉之日起，有权查阅、摘抄和复制与案件有关的诉讼文书及案卷材料，受委托的律师自案件被人民法院受理之日起，有权查阅、摘抄和复制与案件有关的所有材料。这扩大了律师可以获得的证据材料的范围。第35条规定，受委托的律师根据案情的需要，可以申请人民检察院、人民法院收集、调取证据或者申请人民法院通知证人出庭作证；自行调查取证的，凭律师执业证书和律师事务所证明，可以向有关单位或者个人调查与承办法律事务有关的情况，无须申请司法机关的批准或者同意。而根据《刑事诉讼法》第37条的规定，辩护律师如欲向被害人或者其近亲属、

---

① 参见财经网报道，http://www.caijing.com.cn/2008-09-21/110014445.html。

被害人提供的证人收集与本案有关的材料,需要经人民检察院或者人民法院许可。

在实践中,执业律师对刑事辩护望而却步的主要原因之一,是因在法庭上的发言或辩护意见而被司法机关追究刑事责任的情况屡有发生。据统计,1995~2002年,全国有200多位刑事辩护律师在履行律师职责时被捕①。针对这一情况,新《律师法》第37条明确规定了辩护律师法庭言论豁免权,即律师在执业活动中的人身权利不受侵犯,律师在法庭上发表的代理、辩护意见不受法律追究,但是,发表危害国家安全、恶意诽谤他人、严重扰乱法庭秩序的言论除外。

在新《律师法》生效之前,作为收回死刑复核权这一决策的延续,最高人民法院与司法部于2008年5月21日联合颁布了《关于充分保障律师依法履行辩护职责 确保死刑案件办理质量的若干规定》,强调了对死刑案件中辩护律师的权利保护问题。实践表明,收回死刑复核权在限制死刑方面已经初见成效。据最高人民法院的统计,自2007年收回死刑复核权以来,因原判事实不清、证据不足、程序违法等原因不核准的案件占复核终结死刑案件的15%左右,而且判决死缓的犯罪人数首次高于死刑立即执行的罪犯人数②。为了更好地贯彻"少杀、慎杀"的方针,保护被告人权利,发挥辩护律师的积极作用,上述规定针对司法实践中出现的问题,明确规定,人民法院受理死刑案件后,应当及时通知辩护律师查阅案卷,并积极创造条件,为律师查阅、复制指控犯罪事实的材料提供方便。律师书面申请人民法院收集、调取证据,申请通知证人出庭作证,申请鉴定或者补充鉴定、重新鉴定的,人民法院应当及时予以书面答复并附卷。在庭审过程中,法官应当严格按照法定诉讼程序进行审判活动,尊重律师的诉讼权利,认真听取控辩双方的意见,保障律师发言的完整性。死刑案件复核期间,被告人的律师提出当面反映意见要求或者提交证据材料的,人民法院有关合议庭应当在工作时间和办公场所接待,并制作笔录附卷。律师提出的书面意见,应当附卷。

---

① 胡喜盈、端木正阳:《不敢替"刑事犯罪嫌疑人"辩护的中国律师》,《中国律师》2002年第7期。
② 参见《北京晨报》2008年3月8日报道。

新《律师法》以及《关于充分保障律师依法履行辩护职责 确保死刑案件办理质量的若干规定》,对于保护律师权利、提高刑事辩护的质量具有重要意义。但是,从近期的实践情况来看,律师的会见权等相关权利仍然需要一些配套措施,尤其是与新《律师法》相比较,《刑事诉讼法》在诸如会见、阅卷等方面的规定不一致。例如,新《律师法》规定,从侦查机关第一次讯问犯罪嫌疑人时起,律师可凭"三证"直接会见犯罪嫌疑人,但现行《刑事诉讼法》则规定,如果律师会见犯罪嫌疑人,必须在侦查机关第一次讯问犯罪嫌疑人后(有些案件还需侦查机关批准)方可会见犯罪嫌疑人;新《律师法》规定,律师自审查起诉之日起有权查阅、摘抄和复制与案件有关的所有案卷材料,但现行《刑事诉讼法》规定,在此阶段律师只能查阅、摘抄、复制本案的诉讼文书、技术性鉴定材料等。虽然全国人大法工委明确指出应按照新《律师法》的规定执行①,但执法机关却认为,"律师法虽然修订了,但司法机关执行的刑事诉讼法并没有修订,我们只能执行刑事诉讼法。况且,目前相关部门也没有颁布律师法的实施细则"②。所以,如欲将新《律师法》的规定与精神转变为现实,立法机关还需要对关联法律文件尤其是《刑事诉讼法》进行相应的修改,加大违法责任追究力度,确认程序违法的不利后果,公安司法机关也需要转变执法模式与办案思维。

三 群体性事件呼唤治安新思维

在2008年的刑事法治领域有一个词不可不提,即"群体性事件"。除上述发生在贵州瓮安的打、砸、抢事件之外,在全国范围内产生较大影响的群体性事件还有:7月3日,陕西省府谷县一驾驶农用货车的村民为逃避检查跳入黄河并死亡,在遗体安置过程中警方人员与死者家属发生分歧,引来大量群众围观,并导致事态扩大,1辆民用车、2辆警用车被掀

---

① 《全国人民代表大会常务委员会法制工作委员会对政协十一届全国委员会第一次会议第1524号(政治法律类137号)提案的答复》,http://www.hebls.cn/news/html/?1262.html。
② 《法制日报》2008年8月17日报道。

翻和遭到打砸；7月19日，在云南省孟连县，因胶农与企业的长期经济纠纷激化引发一起严重的群体性社会治安突发事件，致使两名村民死亡，41名公安民警和19名群众受伤，9辆执行任务车辆不同程度损毁；11月7日上午，深圳宝安石岩街道组织相关部门进行整治非法营运统一行动，一工作人员举对讲机砸无牌摩托车致司机李某撞灯柱身亡，引发2000余名群众聚集，并烧毁了值勤的警车；11月17日，甘肃省陇南市武都区东江镇30多名拆迁户集体到位于武都区新市街的陇南市委上访，最终导致事态升级，一批闹事者冲击了陇南市委大院，69名武警、2名民警和3名记者被打伤，110间房屋、22辆车辆被砸烧，市委大院各单位办公设施及其他损失500余万元①；11月25日，广东省东莞一玩具厂因劳资纠纷，导致500多人聚集，有2000多人围观，数辆警车以及办公设备被砸毁②。

群体性事件由来已久，但2008年发生的群体性事件规模之大、影响之广是前所未有的。在处理群体性事件方面，一些地方政府的思维惯性是：一旦群体性事件发生，一定存在"少数别有用心的人"在推波助澜，因此采取的传统方式往往是动用各种力量，尤其是公安民警，进行堵、压、瞒③。2008年群体性事件的频繁发生、对治安秩序所造成的破坏性后果以及导致这些群体性事件的原因进一步提醒我们，在处理群体性事件方面，需要新的思维。

群体性事件的产生原因是多元的，如社会贫富差距拉大，社会心理及社会舆论对分配不公、不正当致富表现出的强烈不满，普通民众经济利益和民主权利受到侵犯，个人无法找到协商机制和利益维护机制，社会管理方式与社会主义市场经济和人民群众日益增长的民主意识不相适应，等等。其中，"地方政府与民夺利"被认为是"罪魁祸首"，即一些地方政府片面强调经济发展，忽略了应有的服务职能。比如，在公共事业范围内，修路要过路费，建校要集资费，并大肆侵犯民众权益，其中尤为突出的是侵犯农民的土地权益。在2008年的"全国土地执法百日行动"中，

---

① 参见《国际先驱导报》2008年11月24日报道；中国网报道，http://www.china.com.cn/news/txt/2008-11/23/content_ 16813137.htm。
② 参见《广州日报》2008年11月26日报道。
③ 参见《国际先驱导报》2008年11月24日报道。

全国查出"以租代征"、开发区擅自设区扩区、未批先用三类违规违法案件 3 万多件，涉及土地 330 多万亩。中国社会科学院农村发展研究所调研发现，农村土地纠纷已取代税费争议而成为目前农民维权抗争活动的焦点，是当前影响农村社会稳定和发展的首要问题[①]。

在最近几次群体性事件的处理过程中，政府都把群众利益放在第一位，对话与协商、信息公开与权益保护取代了传统的堵、压、瞒，这表明政府的处置理念也正在发生转变。

针对地方政府动辄把公安推上第一线，使用警力处理群体性事件的现象，公安部主要领导也专门撰文指出，在处置群体性事件中，公安机关的主要任务是维护现场秩序，化解矛盾，制止过激行为，防止局势失控；必须讲究政策、讲究策略、讲究方法，坚持"三个慎用"（慎用警力、慎用武器警械、慎用强制措施），坚决防止因用警不当、定位不准、处置不妥而激化矛盾，坚决防止发生流血伤亡事件。应完善新闻发布制度，健全突发事件舆论引导机制，争取在第一时间发布权威信息，公布事实真相；坚持用事实说话、用数字说话，以正视听，消除不实传闻[②]。

此外，有关部门正在努力将上述思维贯彻到制度层面。例如，中央纪委、监察部等部门分别于 2008 年 6 月 30 日、7 月 4 日颁布了《关于违反信访工作纪律适用〈中国共产党纪律处分条例〉若干问题的解释》与《关于违反信访工作纪律处分暂行规定》，体现出了通过加大领导责任预防群体性事件，并建立起对话协商解决群体性事件机制的精神与意图。

四 许霆案引发大讨论

在 2008 年的刑事法治领域，有一个案件不可不提，即许霆盗窃案。2006 年 4 月 21 日，被告人许霆在广州发现某银行自动取款机出故障，取 1000 元银行卡里仅扣 1 元，原本只有 170 多元余额的许霆分 171 次共取走 17.5 万元，并在潜逃过程中将赃款挥霍[③]。2007 年 12 月，广州市中级人

---

① 参见《上海证券报》2006 年 3 月 17 日报道。
② 参见《南方日报》2008 年 11 月 4 日报道。
③ 参见《新快报》2007 年 12 月 17 日报道。

民法院以盗窃罪判处被告人无期徒刑。此案一经报道，各方就被告人许霆行为的法律适用与定性展开了激烈的讨论。有的意见认为，许霆的行为并不构成犯罪，而是民法上的不当得利，因为盗窃罪应该是当事人施行的一种秘密行为，而在许霆案中，当事人是持有自己的工资卡，利用个人的真实身份在公开场合公开取得的财物，不符合秘密取得的要件。有的意见认为，许霆的行为符合《刑法》第264条的规定，构成盗窃罪，但是从主观目的上分析，由于这种情况跟盗窃银行还是有一定的区别，因此判处无期徒刑过于苛厉。还有的从银行卡的性质、计算机诈骗行为相对于普通诈骗行为的特殊性，以及"恶意透支"行为等方面出发，认为许霆行为应构成信用卡诈骗罪。

在社会的质疑声中，2008年1月9日，广东省高级人民法院裁定认为，原一审判决事实不清、证据不足，撤销原一审判决，发回重新审理该案。广州市中级人民法院在对案件进行了重新审理后，于3月31日以盗窃罪判处被告人许霆5年有期徒刑，罚金人民币2万元。最高人民法院根据《刑法》第63条第2款"犯罪分子虽然不具有本法规定的减轻处罚情节，但是根据案件的特殊情况，经最高人民法院核准，也可以在法定刑以下判处刑罚"之规定，核准了上述判决。4月9日，许霆向广东省高级人民法院提起上诉。5月22日，广东省高级人民法院终审维持原判。许霆案至此尘埃落定，但是该案所揭示出的问题，却仍然值得我们深思。

首先，在罪刑可能严重失衡的时候，法官如何在法治的框架内避免不合理结果？在本案中，根据最高人民法院的司法解释，被告人许霆盗窃"17万多"，已构成了"数额特别巨大"，而在盗窃金融机构、数额特别巨大的情形下，《刑法》规定须判处无期徒刑或死刑，法官没有其他选择，"无期"已经是最低刑期了。在这种情况下，法官需要通过对法律进行合目的的解释，处理被告人的行为。

其次，如何处理司法与民意的关系也是一个不容回避又亟须深入探讨的问题。一方面，由于种种原因，目前的司法腐败还比较严重，因此需要有效地发挥舆论监督的作用；另一方面，司法有其固有的独立和尊严，不能听任民意的摆布。现今的司法独立其实面临来自两方面的干扰和压力，一是权力，一是民意，两者都需要采取措施加以隔离。就民意而言，其所具有的积极功能不能否认，如在许霆案中其对于最终改判起到了重要的推动作用，但其可能产生的消极作用也应当承认。为了扬长避短，应当把民意更好地反映到立法中去，通过选民选出的代表制定更加符合民意的法律，以及通过选民选出的代表来更好地选出法院院长，从而有效地实现民意的分流，这样才不至于使司法工作被推到民意的第一线，也就更加有利于建立一种不偏不倚的司法机制，进而维护整个社会的长治久安。

最后，许霆案还揭示了审判程序中的一些缺憾。例如，中国目前的刑事庭审中只有定性的辩论，而没有量刑的辩论，这对有效地约束法官的自由裁量权、保障被告人的人权是非常不利的。又如，上级法院把难题抛给下级法院，使下级法院出尔反尔，就同一案件事实作出两个差距如此之大的判决。再如，发回重审后，在结果还没有出来之前，最高人民法院一名副院长就在与全国人大代表的交流中公开表示"许霆案一审量刑过重"，给下级法院施加了很大的压力。

五 反腐需要增强预防的主动性

2008年，党和国家继续保持对腐败的严厉打击力度，对包括原最高人民法院副院长黄松有、财政部副部长朱志刚在内的多名高官进行了"双规"，同时对已经查实的案件进行严肃处理，如判处北京市原副市长刘志华、北京市西城区法院原院长郭生贵、湖南省郴州市原市委书记李大伦死缓，判处郴州市市委原副书记、纪委书记曾锦春死刑。最高人民法院、最高人民检察院也于2008年11月20日联合发布《关于办理商业贿赂刑事案件适用法律若干问题的意见》，针对当前办理商业贿赂刑事案件面临的新情况、新问题，进一步明确了法律适用依据。尤其是2008年以及此前一系列案件的处理过程和决策机关在反腐方面所采取的措施表明，中国的反腐工作在严惩之余，也致力于制度建设，力求在预防上加强主动性。

首先，完善法规制度体系，初步实现了党内和党外、国内和国际反腐规范的衔接。近年来，党和国家先后颁布了《行政许可法》《反洗钱法》《党内监督条例（试行）》《纪律处分条例》《党员权利保障条例》《行政监察法实施条例》《行政机关公务员处分条例》等一系列基础性法规制度，反腐倡廉法规制度建设取得了突破性进展。不仅立法数量多，而且立法质量也明显提高，使反腐倡廉工作基本实现了有法可依，初步形成了以宪法、法律和党章为依据、基本适应新时期反腐倡廉形势和任务的需要、由若干党风廉政法规制度共同组成和相互联系的反腐倡廉法规体系。在"惩防并举"理念的指导下，预防腐败的法规制度在整个制度体系中的比重得以提高，法规工作在向惩防并举、注重预防的方向发展。

在完善法规制度体系的过程中，党内规章和国家法律正在实现衔接。2007年6月8日中纪委发布了《关于严格禁止利用职务上的便利谋取不正当利益的若干规定》，针对当前反腐败工作中出现的新情况、新特点，为防止权钱交易，对党员干部提出了八项严格的禁止性规定，并限定规定发布后30日内主动说清问题的可考虑从宽处理。7月8日"两高"联合发布了《关于办理受贿刑事案件适用法律若干问题的意见》，明确了各种新型受贿犯罪案件适用法律问题的具体意见。上述规定与意见基本一致并相互衔接，严重违反规定的行为被认定为受贿犯罪，从而比较好地实现了党规与国法之间的衔接、协调和配套。此外，在完善国内法规体系的同时，决策机关加强了国际合作，如积极参与《联合国反腐败公约》的起草工作，后又批准公约，并对公约与中国法律制度相衔接问题做了大量工作[①]。

其次，开始实施具体的预防性反腐制度，如"巡视制度"。中纪委负责人指出，通过巡视制度，能够督促一些地方和单位认真解决存在的议事规则不够完善、决策不够民主、班子不够团结等问题，并发现和纠正了一些"跑官要官""买官卖官""带病提拔"等违反组织人事纪律以及选举中的违纪违法行为。巡视组还对一些不适合担任现职的领导干部提出了调整交流的建议；发现了一大批为民、务实、清廉的优秀领导干部，为地方

---

① 张建明：《为反腐倡廉提供制度保证》，《学习时报》第397期。

党委换届和配好班子、选好干部提供了重要的依据。此外，中纪委监察部开通了网上举报，自开通以来群众举报非常踊跃。有的地方还通过开通电话举报、短信举报、变上访为下访等方式听取群众意见，使监督的渠道更加畅通。

最后，2007 年 9 月中国成立了专门的预防腐败机构，即国家预防腐败局，负责全国预防腐败工作的组织协调、综合规划、政策制定、检查指导，协调指导企事业单位、社会团体、中介机构和其他社会组织的防治腐败工作，并负责预防腐败的国际合作和国际援助。这项职责是《联合国反腐败公约》对缔约国预防腐败机构的要求。在人员、资金跨国流动日趋频繁的全球化背景下，单纯依靠一国的力量难以解决腐败犯罪问题，国际合作和国际援助已经成为有效防治腐败的重要手段。

当然，预防腐败本身是一项系统工程，需要从多层次、多角度下功夫，在加强事后惩罚力度的同时，决策机关还需要推进深层次的制度建设。通过提高个罪刑罚可以起到一定的威慑作用，但完善作为刑法防线的其他基础性法律更重要，如制定国家工作人员财产申报法。此外，目前国家有多个预防腐败的专门机关（如上述国家预防腐败局和检察机关的职务犯罪预防机构）和监督机构（如各级人大及其常委会、纪检监察、检察机关），在中央层面分别归属不同的领导分管，如何形成合力，建立高效权威的反腐防腐机构，需要研究。尤其应该指出的是，人大及其常委会对人事任免和财政预算的监督权还需要加强，绝不能停留于简单地听听汇报，而是要通过细致甚至烦琐的程序设计来实现专业化的听证和质询，真正把用人权和用财权从暗箱操作转移到阳光下。抓住并解决用人权和用财权，就抓住了反腐败的核心，也就从源头上大大促进了反腐败工作的主动性。

六　特殊时期的刑事法治

2008 年还存在非常规性的刑事法治问题，如 2008 年 8 月北京奥运会期间的刑事案件与治安案件、5 月汶川地震期间违法犯罪行为的预防与处理等。在这些特殊时期，决策机关与司法机关一方面基于特殊的客观条件与要求，采取了一些特殊的措施，突出了治理与预防的重点；另一方面，坚持了刑事法治的基本原则，在刑法规范的范围内完成了维护社会稳定的任务。

在汶川地震之后，针对灾区的现实情况，为指导汶川地震灾区的刑事审判工作，5月26日，最高人民法院发布了《关于依法做好抗震救灾期间审判工作切实维护灾区社会稳定的通知》，7月14日，又发布了《关于处理涉及汶川地震相关案件适用法律问题的意见（一）》。一方面，明确规定了应当予以从重处罚的犯罪行为，如盗窃、抢夺、抢劫、故意毁坏用于抗震救灾的物资、设备设施，以及以赈灾募捐名义进行诈骗、敛取钱财，拐卖灾区孤残儿童、妇女等犯罪行为，以及为牟取暴利囤积居奇、哄抬物价、非法经营、强迫交易等严重扰乱灾区市场秩序，影响灾区人民群众正常生产生活的犯罪行为等；另一方面，要求审判机关严格贯彻宽严相济的刑事政策，即坚持特殊时期特殊案件特殊办理的方针，对那些严重危害抗震救灾和灾后重建工作进行的犯罪行为，要在法定期限内快审、快判，力争在最短的时间内使灾区人民群众感受到人民法院维护灾区稳定和打击犯罪的决心与力度，震慑潜在的犯罪分子。在预防其他犯罪发生的同时，要注意区分性质不同的违法犯罪行为，及时化解抗震救灾和灾后重建过程中的各种矛盾纠纷，鼓励、支持人民调解等组织化解纠纷，积极支持行政机关运用行政手段解决纠纷。公安部也于5月18日专门下发紧急通知，要求在全力做好抢救受困群众等抢险救灾工作的同时，严密防范、严厉打击趁灾进行盗窃、抢劫、哄抢救灾物资，以赈灾募捐名义诈骗敛取不义之财，借机制造传播谣言引起社会恐慌等违法犯罪活动，切实维护好灾区的社会稳定。

在汶川地震的天灾之外，2008年中国还遭受了"藏独""疆独"势力的恐怖主义袭击。在奥运会之前，"藏独"势力为谋求西藏"独立"，破坏奥运，在拉萨组织、策划了"3·14"大规模打、砸、抢事件；在奥运会前后，"疆独"势力也在新疆等地组织、实施了多次恐怖活动，如3月7日，南方航空公司挫败了一起企图在民航客机上制造空难的恐怖活动，经证实，为"疆独"组织策划；8月4日，新疆喀什市公安边防支队集体出早操时，突遭自卸大卡车从背后撞击，犯罪嫌疑人同时引爆两枚爆炸装置；8月10日，新疆库车县公安机关和工商管理所等处发生连环爆炸；8月12日，新疆疏勒县亚曼牙乡检查站的工作人员遭遇持刀行凶；8月27日，喀什地区公安民警和工作人员在伽师县调查案件时遇袭。

针对"藏独""疆独"以及来自其他方面的威胁，公安司法机关采取了一些针对性的措施。例如，在奥运会之前，公安机关大力开展治爆缉枪专项行动，严格爆炸物品、剧毒化学品凭证购买制度，加强易制爆危险化学品和管制刀具管理，落实销售特定种类危险化学品和管制刀具实名登记制度，对北京及周边地区环京公安检查站全面启动治安查控工作，公布第二批"疆独"恐怖分子通缉令，中国政府于7月8日将民族分裂组织"藏青会"的骨干成员英籍人士德庆边巴驱逐出境，等等。在奥运期间的治安工作以及在打击"藏独""疆独"势力尤其是处理涉及"藏独""疆独"的刑事案件时，公安司法机关注意贯彻"宽严相济"的政策。迄今为止，在因参与"3·14"打、砸、抢事件而被采取强制措施的不法分子中，经审理已经有1000多人被释放，只有四五十名被告人因放火、盗窃、扰乱社会秩序和冲击国家机关等犯罪行为受到法律制裁，而且其中无一例死刑。此外，在整个办案过程中，违法犯罪分子的法律权利都得到了充分的保障，如对于不懂汉语的少数民族被告人，在审讯的时候，公安司法机关都为其配备了翻译[①]。

（参见法治蓝皮书《中国法治发展报告 No.7（2009）》）

---

① 参见搜狐网报道，http://news.sohu.com/20081125/n260841633.shtml。

第五章　2009年中国刑事法治

摘　要：本报告对2009年的社会治安情况进行了总体回顾，介绍了《刑法修正案（七）》与司法机关本年度颁布的司法解释；以假币犯罪"09行动"等专项执法活动为例，回顾了2009年针对多发犯罪进行的治理活动，并围绕2009年度具有重大社会影响的案件，探讨了司法与民意等问题。本文还介绍了正在进行的量刑程序改革的相关情况，展望了2010年的刑事法治建设。

一　2009年社会治安总体情况

2009年，在国际金融危机波及面扩大、国内维稳压力增加等负面环境的影响下，诱发违法犯罪的消极因素明显增多，社会治安形势变得更加复杂、严峻。为此，全国公安机关将以黑恶势力为主的有组织犯罪、以命案为主的严重暴力犯罪、以"两抢一盗"为主的多发性侵财犯罪与拐卖儿童、妇女犯罪作为打击重点，在全国范围内开展了社会治安整治行动。同时，为增强打击整治的针对性、实效性，公安部确定了涉枪涉爆犯罪、涉毒犯罪、侵财犯罪等问题严重的113个县市进行挂牌整治，各地公安机关也确定了266个重点县市进行挂牌整治。

此外，2009年前三季度，各地按照全国公安交通管理工作会议要求，以高速公路、营运客车、超速行驶、道路安全隐患为重点，针对酒后驾驶、机动车涉牌涉证等严重交通违法行为开展集中整治，取得了明显成效。

2009年，还发生了多起对社会治安造成重大冲击的事件。其中，最严重的事件当属新疆乌鲁木齐的"7·5"事件。

二 适应形势需要及时修法

2009年2月28日，第十一届全国人民代表大会常务委员会第七次会议通过了《刑法修正案（七）》。该修正案共15条，修改、增加了刑法的相关条款。例如，将绑架罪最低刑期减为5年；规定逃避缴纳税款者经税务机关依法下达追缴通知后，补缴应纳税款，缴纳滞纳金，已受行政处罚的，可不追究刑事责任；金融从业人员"老鼠仓"行为、网络"黑客"、单位洗钱、领导干部"家里人"及"身边人"的腐败行为等被纳入了刑事制裁范围，这些规定都体现了宽严相济的刑事政策精神。在通过新的立法的同时，立法机关也适时对旧的法律进行了清理。2009年6月27日，第十一届全国人民代表大会常务委员会第九次会议通过了《全国人民代表大会常务委员会关于废止部分法律的决定》，废除了《公安派出所组织条例》《全国人民代表大会常务委员会关于惩治偷税、抗税犯罪的补充规定》《全国人民代表大会常务委员会关于严惩组织、运送他人偷越国（边）境犯罪的补充规定》等数部内容已经为其他法律取代或者与社会现实脱节的刑事、治安法规。

最高人民法院与最高人民检察院联合颁布了《最高人民法院、最高人民检察院关于执行〈中华人民共和国刑法〉确定罪名的补充规定（四）》。该补充规定共确定新罪名13个，对《刑法修正案（七）》增加的9个条（款）相应增加9个罪名，即利用未公开信息交易罪，组织、领导传销活动罪，出售、非法提供公民个人信息罪，非法获取公民个人信息罪，组织未成年人进行违反治安管理活动罪，非法获取计算机信息系统数据、非法控制计算机信息系统罪，提供侵入、非法控制计算机信息系统程序、工具罪，伪造、盗窃、买卖、非法提供、非法使用武装部队专用标志罪，利用影响力受贿罪。在修改的9个条（款）中，改变4个罪名，即走私国家禁止进出口的货物、物品罪，逃税罪，妨害动植物防疫、检疫罪，非法生产、买卖武装部队制式服装罪；继续适用原罪名5个，即内幕交易、泄露内幕信息罪，非法经营罪，绑架罪，掩饰、隐瞒犯罪所得、犯罪所得收益罪，巨额财产来源不明罪。

迄今为止的刑法修改固然有诸多值得称赞之处，但纵观1997年之后的7个刑法修正案以及《全国人大常委会关于惩治骗购外汇逃汇和非法买卖外汇犯罪的决定》，可以发现还存在一些问题。

首先，上述修正案与决定基本上都是致力于扩大犯罪圈与加大刑罚力度，体现了过于依赖刑罚的思维。例如，前六个修正案都是增加罪名、扩充罪状或者提高法定刑，这种状况直到《刑法修正案（七）》才有所改观，如其规定关于偷税罪在特定条件下可免于处罚，并降低了绑架罪的起刑点。而即使是《刑法修正案（七）》，也仍然存在迷信刑法之虞，如将巨额财产来源不明罪的最高刑由5年有期徒刑提高至10年，以期遏制巨额财产来源不明日益严重的现实，但从事前预防与强化监督的角度出发，一部规定完备、执行得力的财产申报法无疑会发挥更大的作用。

其次，刑法修改只立足于刑法分则的个罪，而没有对总则给予应有的注意，但刑法的一些基本制度往往都是通过总则确立下来的，要实现刑法的现代化和刑罚结构的科学化，必须对总则动一定的"手术"。此外，当前一些新的刑事政策思想和做法，如刑事和解、社区矫正等，如何在刑法中得到体现和贯彻，这也是今后刑法修改必须考虑的事项。

最后，中国立法往往将罪名的确立交予司法机关，结果常常要等到相当长一段时间后，最高人民法院、最高人民检察院才能出台统一罪名的司法解释。例如，《刑法修正案（六）》于2006年6月29日颁布，而《最高人民法院、最高人民检察院关于执行〈中华人民共和国刑法〉确定罪名的补充规定（三）》于2007年11月6日才公布，罪状与罪名脱节近1年零6个月。但是，由于刑法修正案自公布之日起即施行，罪名与罪状适用并不存在缓冲期，在罪名补充规定出台前，对于《刑法修正案（六）》中的新设罪状与重大修改罪状，司法实践中普遍存在罪名确定不统一的问题。为了避免上述混乱情况，建议立法机关在今后修改刑法时，一并公布相应的罪名。

三 针对严重犯罪，加强执法力度

以国庆 60 周年安全保障工作为中心，以宽严相济刑事政策为指导，2009 年，司法、执法机关针对多发性犯罪加大了执法力度，在开展社会治安整治行动的同时，进行了打击假币犯罪的"09 行动"，打击拐卖儿童、妇女专项行动，深入查办危害能源资源和生态环境的渎职犯罪专项工作，打击牢头狱霸等多项专门执法活动。同时，北京、重庆、广东等地方司法、执法机关也针对当地犯罪形势，展开了相应的专项治理活动。

（一）打击拐卖儿童、妇女犯罪专项行动

为打击拐卖妇女儿童犯罪，维护妇女儿童合法权益，2007 年 12 月，国务院印发了《中国反对拐卖妇女儿童行动计划（2008~2012 年）》，明确要求在全国范围开展日常性反拐工作的同时，强化对重点地区的治理。为贯彻上述行动计划，自 2009 年 4 月 9 日，执法部门在全国范围展开了打击拐卖儿童、妇女犯罪专项行动，并采取了许多具有针对性的具体措施。例如，有的地方公安机关规定，家里有妇女、儿童失踪的，家属可拨打 110 或者到派出所、刑警队报案，民警不得以任何理由推诿，而且只要接到此类报案，就必须按照刑事案件立案调查。

（二）打击假币犯罪"09 行动"

假币犯罪严重影响国家金融秩序和经济安全，破坏社会稳定。为此，自 2009 年 1 月 20 日开始，公安机关在全国范围展开了打击假币犯罪"09 行动"。通过该项行动，围剿假币犯罪的格局基本形成，假币流通渠道日益狭窄，假币犯罪的蔓延态势基本得到遏制，专项行动取得了显著成效。

（三）打击和整治发票犯罪专项行动

发票犯罪（包括制售假发票和非法出售发票犯罪）是当前经济领域的一种多发性犯罪。尤其是在铁路、高速公路、桥梁等国家重点工程项目

中，不法承建单位大量购买、使用假发票，为偷逃税款、非法转包、侵占挪用、贪污贿赂等违法行为披上"合法"的外衣。

为遏制发票犯罪蔓延势头，2008年，公安部会同财政部、审计署等16个部门，开展了对发票违法犯罪的综合治理工作。2009年1月，按照国务院的要求，公安部部署全国公安机关开展了为期10个月的打击和整治发票犯罪专项行动；6月，又专门开展了为期3个月的"端点"集中行动。

（四）重庆"打黑除恶"专项斗争

近年来，随着社会转型与经济发展，黑社会性质组织呈蔓延趋势，其社会危害逐渐凸显。为了实现平安重庆的目标，自2009年6月，重庆市执法、司法机关开始全面展开"打黑除恶"专项斗争。该专项斗争获得了重庆市民的积极支持，据统计，在群众举报的黑恶势力中有80%是实名举报[①]。为了保证"打黑除恶"专项斗争的合法性与准确性，贯彻宽严相济的政策精神，巩固"打黑除恶"专项斗争的成果，重庆市检察机关公诉部门采取从下级院抽调、从上级院选派的方式。重庆市高级人民法院也于7月15日下发通知，要求严格控制涉黑罪犯的减刑、假释，并作出"三个一律"的规定：对于黑社会性质组织罪犯，一律不予假释；对于黑社会性质组织的组织者、领导者，一律不予减刑（法律规定应当减刑的除外）；对于黑社会性质组织其他罪犯的减刑案件，裁定前一律进行公开听证。在检察机关查办的相关案件中，呈现司法人员及行政执法人员犯罪突出、案件罪名相对集中、大要案比例较高三大特点。

四 交通肇事，还是危害公共安全

在2009年的刑事法治进程中，有两个案件值得关注。一是2009年5月发生在杭州、被称为"欺实马（70码）案"的"5·7"交通肇事案，

[①] 《广州日报》2009年10月17日。

另一件是 2008 年 12 月 14 日发生在成都的"12·14"特大交通肇事案。

上述两个案件的定罪量刑差别巨大，有两个因素的影响至关重要。一个是民意。近年来因交通事故，尤其是醉驾造成的交通事故频发，造成了重大的社会危害。另一个是立法。在实践中，交通肇事罪之所以与"以危险方法危害公共安全罪"发生纠葛和博弈，不但与《刑法》中"以其他危险方法危害公共安全"这样一个兜底条款有关，而且与交通肇事罪的处罚力度较轻有关。根据《刑法》规定，交通肇事罪必须等到"肇事"结果发生后才能处罚，而且，一般最高刑为 3 年有期徒刑，只有情节特别恶劣的，才可处最高为 7 年有期徒刑的刑罚。最高人民法院对这里的"情节特别恶劣"所作的司法解释侧重于从客观方面强调结果的严重性，如死亡 2 人以上或者重伤 5 人以上等，而忽视行为人的主观恶性程度。

五 司法遭遇民意，公正还需公开

2009 年 5 月发生在湖北省巴东县的"邓玉娇案"以及 1 月发生在云南的"躲猫猫"案，同时触动了因司法腐败与社会不公现象的存在而变得异常敏感的社会神经，导致了超越法律范畴的社会大讨论，使民意与司法成为 2009 年刑事法治的两个关键词。

上述案件原本都是普通的刑事案件，最后却都因涉案人的身份背景、严重的危害后果，以及因司法腐败而导致的对司法机关的深度质疑和个别部门的不作为或乱作为，导致网络民意的爆发，就连最高人民法院负责人也不得不承认："当前，部分群众对司法的不信任感正在逐渐泛化成普遍社会心理，这是一种极其可怕的现象。"[①] 因此，如何正确处理"司法"与"民意"尤其是"网络民意"的关系已经成为亟须解决的问题。如果司法不能针对网民这一规模庞大的群体的诉求与情绪作出妥当的回应，将难以提高公众对司法的信任。而且，在目前司法腐败比较严重的情况下，也需要来自方方面面的舆论监督。当然，司法需要认真面对、妥当回应民意，并非意味着司法要盲从民意，因为司法必须坚持法治的原则。所以，

---

① 《人民日报》2009 年 8 月 19 日。

当遭遇民意，受到质疑时，司法一方面要坚持公正的原则，严守法律的界限，不能超越法律、违背事实进行裁判；另一方面，还需要坚持公开的原则，即通过案卷公开（法律规定不能公开的除外）、判决书公开等制度将定罪量刑的案件事实、推理过程以及量刑理由向公众公开，并及时回应公众质疑，以保证民意的形成能够建立在信息充分的基础上，不受猜测甚至谣言所误导。但在现实中，有些司法机关和司法工作人员在思想上对传媒监督持抵触情绪，这在客观上导致了民意对某些案件司法裁决的公正性与合法性的质疑。

六　量刑程序改革关键在于透明

2009年，最高人民法院出台了《人民法院量刑指导意见（试行）》和《人民法院量刑程序指导意见（试行）》，开始正式推动横跨人民法院"二五"和"三五"改革纲要的量刑规范化改革。这一改革的目的是逐步形成一部罪名较为齐全的、比较系统的、中国特色的量刑指导意见，使全国95%以上的刑事案件的量刑都得到有效规范，最大限度地实现量刑公正和均衡。

《人民法院量刑指导意见（试行）》旨在从实体上进一步明确和规范刑法上众多富有弹性的量刑情节。基本思路是：先确定一个基准刑，即针对某一具体犯罪，在不考虑各种法定和酌定量刑情节的前提下，根据基本犯罪事实，对犯罪行为的社会危害性进行量化分析，从而实现对法定刑幅度的合理细分，确定一个应当判处的刑罚。它以犯罪的社会危害性为基础，根据罪责刑相适应原则的要求，确立量刑的基本方向，解决的是一般公正要求。在此基础上，再根据各种从轻或者从重的量刑情节对基准刑作出相应的调节，最后确定一个宣告刑。它是根据刑罚个别化原则的要求，强调反映被告人主观恶性和人身危险性的各种量刑情节对基准刑的调节作用，以达到区别对待、解决个案公正的目的。明确规定量刑的上述两个步骤，有利于将量刑的思维过程展示出来，使量刑这个很难说明白的法官"内心活动"变得明确起来，克服以往量刑中存在的步骤不明问题。

《人民法院量刑程序指导意见（试行）》则旨在从程序上确立法庭审

理过程中定罪和量刑两个环节的相对分立，突出量刑在法庭审理中的独立地位。在以往的定罪与量刑一体化诉讼模式下，被告人、辩护人对于法院的量刑决策过程存在明显的参与不足、影响力不充分的问题，特别是在被告方作无罪辩护的案件中，由于其无法确定法庭是否一定会判决无罪，因而必须同时解决一旦被告人被认定有罪应当判处何种刑罚的问题，这样就陷入了一个困境：如果想影响法官量刑进而就罪轻问题提出意见，就等于否定了自己先前的无罪辩护。不仅被告方参与不足，被害方也参与不足，传统的审理方式使得被害人被排斥在量刑程序之外，难以对法院的量刑裁决施加积极的影响，导致不少被害人对法院的量刑结果不满或者不解，甚至因此走上申诉、上访之路。这次改革不仅为控辩双方在法庭上就量刑问题提出意见和展开辩论提供了舞台，而且还给予了被害方参与量刑的机会，这有利于让被害人了解整个量刑的过程，提高透明度，进而减少被害人不服判和上访的现象。

从前期的试点工作来看，量刑规范化的开展总的来讲效果是好的。裁量权的公开化、规范化，在很大程度上避免了"暗箱操作"的现象和人为因素的干扰，有效地预防了"人情案、关系案、金钱案"的发生，较好地实现了量刑公正和均衡；上诉率、抗诉率以及二审改判、发回重审率都大大降低，一些试点法院甚至实现了零上诉、零抗诉、零信访，这说明量刑规范化的改革对提高办案质量、提升司法公信力是有好处的。当然，量刑规范化是一项复杂的系统工程，目前还有很多问题需要继续研究。例如，如何进一步扩大试点罪名的范围，解决所有犯罪至少是绝大部分犯罪的量刑规范化问题？现行的量刑指导意见所规定的各种罪名的量刑起点是否准确、各种常见量刑情节的调节幅度是否合理？法庭的量刑环节在辩论程序和证据规则方面与前面的定罪环节应有何异同？另外，量刑情节的细化有利于遏制"一放就乱"，但如何防止"一统就死"也是需要注意的。再有就是目前法院本来就案件多、压力大，法庭审理增加独立的量刑环节，势必加剧这一矛盾，如何通过刑事和解、缓起诉等措施来缓解司法压力，通过简易程序、控辩协商等途径来实现程序分流，也必须正视。最后，量刑的公正化前提取决于定罪的公正化，如果在定罪环节不能很好地解决司法独立和司法公正问题，那么纵使后面再规范，结果也将大打折扣。

七 2010年刑事法治展望

可以预见，2010年的社会治安与犯罪形势仍不容乐观，维护社会稳定的任务依然十分繁重；新疆、西藏等边疆地区，多数属于少数民族地区、经济欠发达地区，跨境走私制贩毒品、拐卖人口等违法犯罪活动较多，极端势力、分裂势力、恐怖主义容易渗透进来，更需善治。新疆"7·5"事件表明，中国在社会安全预警方面还存在缺失。要防备不确定性很强，时间、地点和方式也很难预测的治安事件，需要尽快完善社会治安预警体系，建立和完善监测、预测、预报、预警体系，对可能发生的社会安全事件尤其是恐怖袭击进行预警，不断提高预警的准确度和时效性。打击违法犯罪和保障人权，是当代中国刑事法治面临的双重考验。为此，一方面，我们要加大执法力度；另一方面，又要始终沿着法治的轨道，在继续推进量刑程序改革和刑事和解等制度的同时，如何及时跟踪和总结试点经验，也会成为下一步刑事法治关注的重点。

（参见法治蓝皮书《中国法治发展报告No.8（2010）》）

专题二

犯罪形势与预测

第六章 2009年中国犯罪形势分析及预测

摘　要：在2009年，犯罪数量大幅增长，大量增加的犯罪类型为暴力犯罪、财产犯罪、破坏社会主义市场经济秩序犯罪、妨害社会管理秩序犯罪等。与此同时，国家的刑事政策不断调整和变化。2010年犯罪形势依然严峻，维稳压力较大，需要实施相应的刑事政策。

2009年全国社会治安形势相对比较严峻。一方面表现为全国刑事案件立案数、治安案件数大幅增长，打破了2000年以来的平稳态势；另一方面，主要犯罪类型的犯罪数量也明显增加。

一　2009年犯罪形势及犯罪特点

根据截至2009年10月的统计数据，全国刑事案件立案数和治安案件发现受理数大幅增长，刑事案件数增长幅度在10%以上，治安案件数增长幅度达20%左右，全年刑事立案数达到530多万件，治安案件数达到990多万件，这种增长态势打破了2000年以来违法犯罪数量一直保持的平稳态势（见图1）。

2009年违法犯罪大幅增长与下列因素密切相关：①经济危机的影响；②公安机关加大了打击违法犯罪的力度；③公安机关对大量影响民生的侵

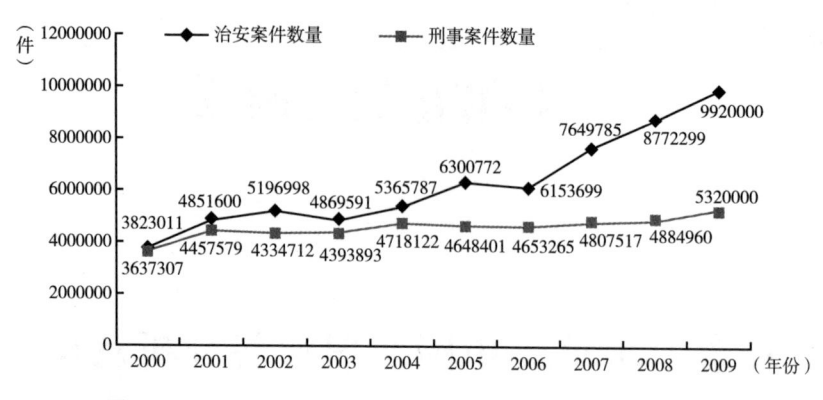

图 1 2000~2009 年全国公安机关刑事案件立案数与治安案件发现受理数趋势

①数据来源：2009 年之前的数据来源于 2000~2008 年《中国法律年鉴》，2009 年数据根据 2009 年前 10 个月的月平均数的趋势推测而来；②治安案件发现受理数分为两个阶段：2000~2005 年统计数据的依据是《治安管理处罚条例》，2006~2009 年统计数据的根据是《治安管理处罚法》。

财型"小案件"进行了集中打击；④公安机关加大了立案监督力度。

2009 年犯罪类型主要有以下特点。

（一）暴力犯罪增幅较大，涉枪涉爆案件危害严重

从 2001 年开始，全国杀人、伤害、抢劫、强奸等严重暴力犯罪案件一直呈下降态势，而且下降幅度较为明显（见图 2），但是，2009 年出现了较大的增幅。其中，放火案件占 26.4%，投放危险物品案件占 37.5%，强奸案件占 11.4%，增长幅度较大①。这是 2001 年以来暴力犯罪的首次增长。

在故意杀人案件中，家庭成员间的恶性伦理杀人案件、报复社会的重大恶性杀人案件、精神病患者实施的恶性杀人案件比较突出，雇凶杀人现象时有发生。一些地方还出现了犯罪团伙或矿工杀害智障者伪造矿难实施敲诈的案件。

---

① 汝信、陆学艺、李培林主编《2010 年中国社会形势分析与预测》，社会科学文献出版社，2009，第 86 页。

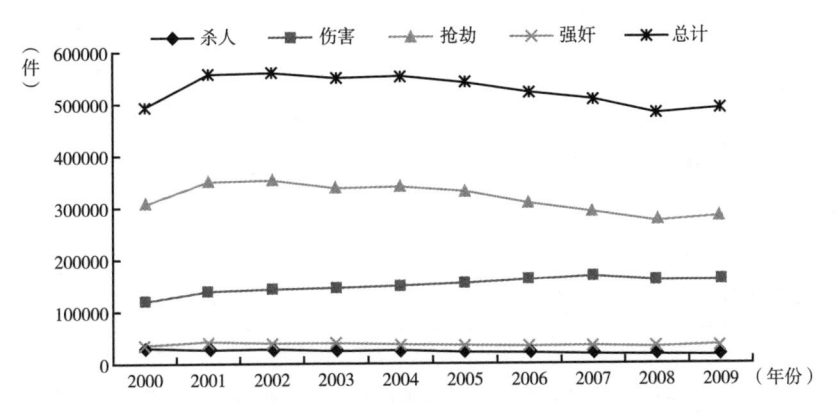

图 2 2000~2009 年全国公安机关四类暴力犯罪案件立案趋势

数据来源：2009 年之前的数据来源于 2000~2008 年《中国法律年鉴》，2009 年数据根据 2009 年前 10 个月的月平均数的趋势推测而来。

抢劫犯罪数量不仅有所增长，而且涉枪现象突出，大都还伴随着劫持人质、杀害被害人等行为。2002 年以来，随着银行防范工作的加强，抢劫银行营业网点、运钞车的案件大幅减少，但 2009 年发生的一起震惊全国的银行抢劫案——北京科技大学学生黎立抢劫银行案，引起了社会对教育制度、大学生心理健康、弱势群体的救济制度等问题的反思。

随着网络的发展，因上网而引发的青少年杀人、抢劫、伤害、聚众斗殴、寻衅滋事等暴力犯罪增多，这是 2000 年以来青少年犯罪中出现的一种新现象。

（二）侵犯财产犯罪增幅明显，呈持续增长态势

2009 年侵犯财产犯罪出现了大幅增长的情况，增幅达 16% 左右（见图 3），是 2009 年总体犯罪数量增长的主要原因之一。2009 年侵犯财产犯罪主要呈现以下特点。

（1）盗窃、抢劫、抢夺、诈骗等多发型、常发型违法犯罪增幅明显。原因是，在经济危机下，务工人员就业困难，容易实施临时性、偶发性、机会性盗窃或者冲动性抢劫、抢夺等行为。此外，全国各地公安机关为保民生，对影响民生的涉案金额较小的侵犯财产犯罪加大了打击力度，这也

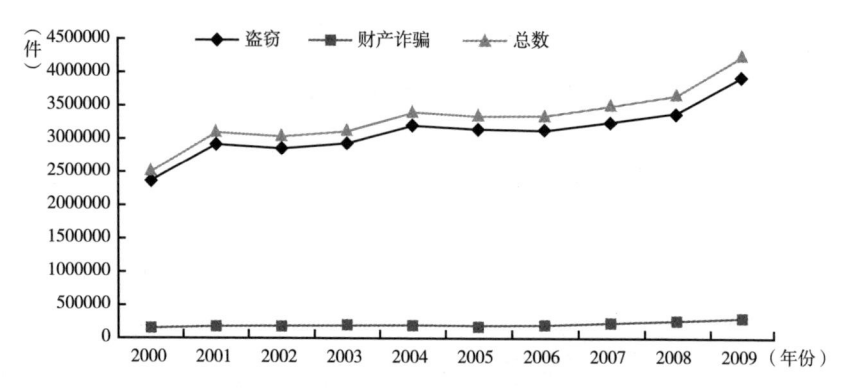

图 3 2000~2009 年全国公安机关两类侵财犯罪案件立案数趋势

数据来源：2009 年之前的数据来源于 2000~2008 年《中国法律年鉴》，2009 年数据根据 2009 年前 10 个月的月平均数的趋势推测而来。

是该类犯罪数量增加的主要原因。

（2）"两抢一盗"团伙作案、跨区作案日趋严重。犯罪分子以乡缘、学缘、血缘为纽带组成松散或临时的犯罪团伙或紧密的犯罪集团，在一定区域连续流动作案，或采取甲地落脚、乙地犯罪、丙地销赃的方式，或采取甲地落脚、驾车异地作案、作案后快速逃离的方式作案。近年，盗窃文物案件呈上升趋势，且职业化、集团化、专业化、智能化、科技化、暴力化倾向明显，犯罪对象不断扩大。

（3）电信诈骗进入高发阶段。目前，电信诈骗发案数已超过盗窃类犯罪，成为刑事犯罪中发案率最高的一类。电信诈骗犯罪有电话欠费、网络购物、中奖、冒充熟人、退税、谎称绑架等 30 多种形式。针对电信诈骗犯罪泛滥的形势，公安机关已采取了"落地侦查"机制进行严厉打击。

（4）由网络交友引发的诈骗、抢劫案件和虚拟财产盗窃案件成为青少年犯罪实施侵犯财产犯罪的新形式之一。

（三）黑恶势力犯罪处于活跃期

目前，中国黑恶犯罪不仅涉枪、涉暴、涉腐，有组织地实施多种违法犯罪行为为害一方，而且向经济、政治领域渗透，并有向有组织犯罪的最高形态——黑社会犯罪发展的趋势。

（四）跨国企业刺探、购买、窃取中国商业机密与国家支柱行业及其大型企业的商业贿赂行为相互交织，严重危害国家经济安全

2009年澳大利亚力拓集团上海办事处的4名员工因涉嫌窃取国家机密被逮捕引起了社会对国家经济安全的关注。"力拓事件"实际上是外资企业的驻华机构通过商业贿赂手段，贿赂相关行业部门的主要人员和国家大型企业高层管理人员，获取钢铁企业包括其下游企业的成本、利润、需求等商业秘密的犯罪行为。

（五）境内外敌对势力煽动、组织的恐怖暴力犯罪活动时有发生

2009年7月5日，境外"世维会"等组织直接煽动、策划、指挥了"打砸抢烧严重暴力犯罪事件"。"7·5"暴力犯罪事件是一起由境外敌对势力遥控指挥、煽动，境内少数犯罪分子具体组织实施的，利用广东韶关旭日玩具厂"6·26"群体性斗殴事件，打着民族宗教的幌子，有预谋、有组织、恐怖性质的暴力犯罪。"7·5"暴力犯罪事件造成了1680多人受伤，197人死亡，大量财产受损。"7·5"暴力事件反映了一定的问题，从事件的发起、发生过程、持续时间、造成后果来看，政府相关部门应当加强相关情报信息收集与分析、快速反应、现场处置、事态控制等方面的工作。

（六）群体性事件持续增多

2009年，全国群体性事件呈持续增长态势，如吉林通钢股权调整事件、陕西凤翔血铅事件、山西吕梁煤矿事件等。环境污染、土地、拆迁补偿、治安等问题是群体性事件发生的主要诱因。一些群体性事件实质上是一些地方政府或部门片面强调经济增长，忽视或不顾群众利益引发的。

（七）破坏社会主义市场经济秩序犯罪持续增加

2009年全国经济犯罪案件数保持继续上升态势，并出现了一些新的特点。

（1）集资诈骗、非法吸收公众存款犯罪、非法传销、非法经营等涉众型经济犯罪大幅增长。涉众型经济犯罪占经济犯罪比例较大，在南京公布的 2009 年十大经济犯罪案例中，有 7 起属于涉众型经济犯罪。

（2）非法集资、传销犯罪手段翻新，从购买保健品到认购林木，从养殖蚂蚁到销售普洱茶，从投资连锁超市到委托理财炒股，名目繁多，更具迷惑性。

（3）合同诈骗向房地产领域渗透。主要手段如以内部认购转让为名，签订虚假购房协议，骗取购房款；利用"阴阳合同"骗取购房人购房款差价。

（4）利用建筑工程诈骗的案件有所抬头。主要作案手法是：利用真实或者虚构的建筑工程中标证明，采取收取保证金或者重复发包等方式骗取财物。

（5）境外人员策划组织、境内外不法人员相互勾结的金融领域的非法外汇买卖、黄金保证金交易、信用证代理诈骗等案件多发。

（6）假币犯罪活动在规模、范围和结构上出现新的特点。①犯罪态势由东中部重点地区沿交通干线向全国呈辐射状扩展，广东是伪造的源头，安徽、河南、湖南等地是假币的加工和集散地，以人口流动性大、现金使用量多的省会及经济中心城市为周转地，向周边、中西部地区及广大农、牧、山、少、边区蔓延扩散。②犯罪嫌疑人呈职业化倾向，并多以家族、老乡为纽带，结成团伙作案，形成人员相对固定、分工负责的"产业链"。一般由家族中的主犯从广东等地购入大量假币在内部分配，然后对外出售或者三五成群前往全国各地使用。③假币的种类以大面额百元假币为主，同时，小面额假币、假硬币也开始增多。④假币的使用以调包、找零为主要侵害方式，地域多选择城乡结合部，部位多为小摊小贩、集贸市场。⑤假币犯罪与毒品、色情、假发票、赌博等违法犯罪活动有交织的倾向。

（7）银行卡犯罪出现了新的特点：①信用卡恶意透支诈骗犯罪持续高发；②办卡、养卡活动已成产业化、公开化趋势，并与伪卡诈骗、恶意透支等犯罪相交织；③窃取、收买、非法提供信用卡信息犯罪渐趋增多；④互联网成为银行卡犯罪滋生的温床；⑤境外不法分子实施诈骗活动增多。

（8）制售假发票和非法出售发票犯罪、虚开增值税发票等涉税发票犯罪多发。当前发票犯罪主要呈现以下特点。①假发票制造地区和职业犯罪团伙成员相对集中，大型假发票制造窝点主要集中在河南周口、安徽阜阳、浙江温州和广东广州等重点地区。②犯罪团伙成员的所在地较为集中，浙江台州、安徽阜阳、湖南娄底、广东饶平、江苏连云港和河南周口等重点地区的犯罪嫌疑人占公安机关全部抓获人员的34%。③各大中城市的假发票"销售市场"也基本上被一个或数个来自上述地区的职业犯罪团伙控制。④犯罪手法不断变换升级。犯罪分子倒卖假发票逐渐从街面兜售，转向互联网、手机等网络化、信息化方式。同时，利用虚假身份成立"开票公司"，从税务机关骗购正规发票后非法出售的案件也增多。⑤餐饮服务、商业零售行业使用假发票问题十分突出，建筑安装、交通运输行业的假发票开具金额巨大，导致税款流失严重。⑥部分行政机关、事业单位在基建施工、招标采购或劳务咨询等活动中，利用假发票进行报销变现、滥发奖金甚至贪污、挪用公款等违法犯罪的情形时有发生。⑦发票犯罪从最初的东南沿海地区，扩散蔓延至全国。

（9）证券违法犯罪问题突出。因"操纵证券市场"而被证监会开出2.5亿元天量罚单的"汪建中荐股案"刑事案件部分已进入起诉阶段，"老鼠仓"事件未息，而西飞国际、高淳陶瓷又被指涉嫌内幕交易。

（10）洗钱犯罪活动形式多样，多涉及腐败犯罪、金融犯罪和有组织犯罪。2009年非法洗钱活动的主要特征有：①洗钱方式多样化，如犯罪分子将贩毒、走私获得的非法收入通过第三方清洗的方式变为合法收入；②贪污受贿犯罪案件中亲属参与洗钱特征明显，在这类案件中，犯罪分子亲属在明知收入来源非法的情况下，将收入用作理财、投资，实施转移；③越来越多的犯罪分子利用金融机构高科技服务手段清洗黑钱，如用非面对面的网上交易、银行卡等方式转移非法资金；④有组织犯罪也常常和洗钱联系在一起，如犯罪分子将非法集资、诈骗获得的收益拿去清洗；⑤利用中介机构和地下钱庄洗钱这一方式突出。

（八）2009年职务犯罪立案数量小幅上升，大案要案数量增加明显

2004年以来，全国检察机关查处的职务犯罪（贪污贿赂和渎职）基本保持平稳态势，2009年有小幅回升，但从检察机关立案的人数和人民法院受理案件数来看，2006年以来呈明显上升态势，2009年升幅较为明显（见图4）。根据最高人民检察院的统计，2009年1~11月，立案侦查职务犯罪案件31091件、39813人，其中大案20422件、要案涉及2547人。2009年职务犯罪主要有如下特点。

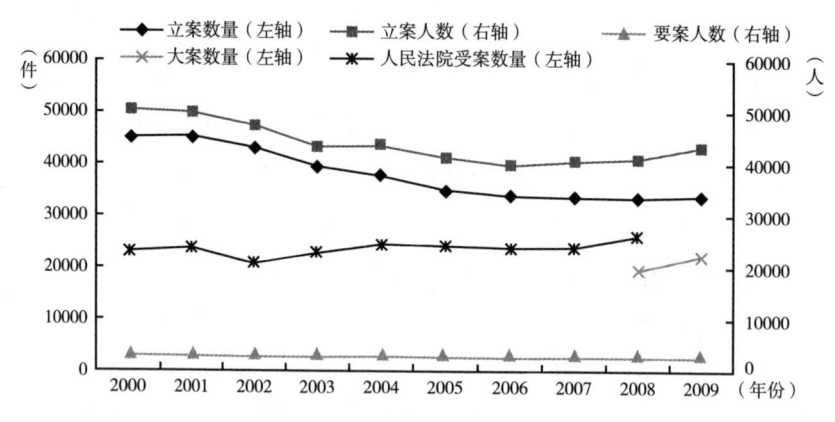

图4 2000~2009年全国职务犯罪案件立案数量及人数趋势

①数据来源：2009年之前的数据来源于2000~2008年《中国法律年鉴》，2009年数据根据2009年前11个月的月平均数的趋势推测而来；②大案数量系自2008年开始纳入统计的。

（1）大案要案数量增加，涉案人员级别升高、涉案金额增大。职务犯罪大案、要案涉及多个领域，以国企、高校、城市建设、涉农、公积金等领域为主。

（2）工程建设领域仍然是腐败的高发区和重灾区，案件所占比例越来越大，涉案金额越来越多。根据杭州市纪检监察机关的统计，涉及建设领域的案件占案件的总数，从2006年的11.69%上升到2009年上半年的21.29%，涉案的金额也越来越大。

(3) 司法领域的渎职犯罪得到了一定的控制。"躲猫猫"事件后，检察机关在全国范围内开展了打击"牢头狱霸"专项行动，遏制了监狱、监管场所的职务犯罪。

(4) 串案、窝案、合伙共同犯罪增多。在涉农职务犯罪中，一些"村官"包括会计、出纳等，利用职务便利分工合作，贪污、挪用或者共同犯罪的现象比较普遍。在公积金领域，公积金管理中心负责人与财务人员甚至银行工作人员的串通合谋作案增多。

(5) 金钱、房产、文物等成为权力寻租的交换品。

(6) 腐败有向制度腐败发展的趋势。黄光裕案件和2008年的郭京毅案件都存在通过制度或法规制定权进行利益输送的嫌疑，即涉案的郑少东们似乎揭开了一个崭新的思路：不仅利用权力为利益共同体的违法犯罪个案进行开脱，而且利用手中的法规制定权，以法律的威力为利益共同体的利益或犯罪"开道"，最终导致制度的异化[①]。

（九）青少年犯罪保持平稳态势

从2006年开始，青少年犯罪保持平稳态势，其中未成年犯罪人所占比例持续降低，2009年继续延续了这一态势（见图5）。

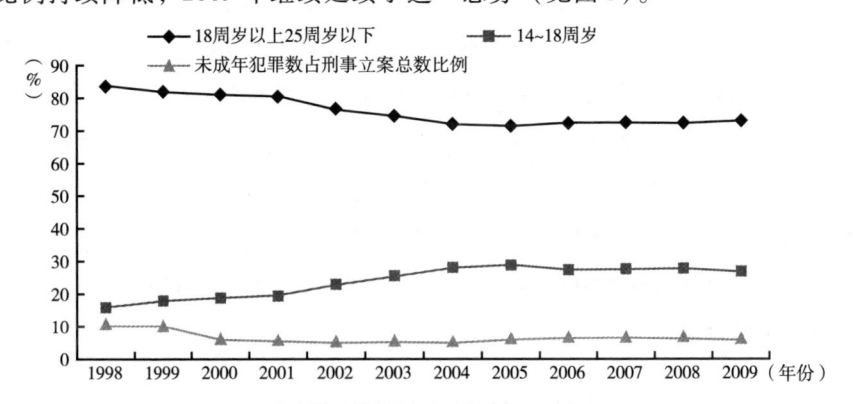

图5　1998~2009年全国法院受理的青少年犯罪比例趋势

说明：①数据来源：2009年之前的数据来源于1998~2008年《中国法律年鉴》，2009年数据根据2009年前10个月的月平均数的趋势推测而来。

---

① 《黄光裕看守所欲自杀　或来自更多不为人知压力》，《中国新闻周刊》2009年5月7日。

"90后"青少年犯罪的犯罪率呈持续上扬的态势,在未来10年内,"90后"青少年犯罪团伙作案会有所增多,并有向黑恶势力组织发展的趋势。青少年犯罪类型以盗窃、抢劫、抢夺、故意伤害等侵犯财产犯罪为主,且暴力性明显。网络对青少年尤其是"90后"影响深入,网络和网吧是"90后"犯罪的主要诱因、空间和手段。

(十)涉黄犯罪、赌博犯罪突出

2009年涉黄案件与往年相比,在数量上大致持平,犯罪类型以组织卖淫、强迫卖淫和制贩淫秽物品为主。2009年涉黄违法犯罪的主要特点为:①嫖宿幼女案件高发,涉案国家工作人员呈上升趋势;②手机涉黄泛滥,犯罪点集中在福建、江苏等地;③组织、强迫卖淫犯罪高发地为舞厅、夜总会等歌舞娱乐场所,发廊、足疗、美容美发、洗浴按摩等服务场所,旅店、饭店、出租房屋等公共复杂场所;④卖淫主体呈低龄化、高学历特征;⑤强迫"网友"卖淫现象较为突出。

赌博违法犯罪日趋严重,主要表现为:①组织他人偷越国(边)境赌博案大幅增多;②跨境网络赌博多发;③企业主圈内聚赌现象普遍;④赌博是黑恶势力获取利润的非法途径之一,一些黑恶势力参与开设赌场、组织赌博现象严重;⑤赌博团伙向公司化管理发展,分工合作;⑥农村赌博现象严重,东南沿海地区赌博呈村庄化趋势,甚至一些村庄流传着"孩子不赌就长不大"的俗语;⑦利用足球赌博案件多发。

毒品犯罪的形势依然十分严峻,犯罪数量居高不下且呈逐年增长的态势,新型毒品犯罪案件增长迅速。2009年毒品犯罪的特点是:①农民、无业人员、女性、青少年涉毒违法犯罪案件呈上升趋势;②毒品犯罪再犯率高;③毒品犯罪地方化、家族化趋势明显;④出现了新的国际贩毒通道和毒品中转站。

二 2009年刑事政策

(一)落实宽严相济的刑事政策,严厉打击严重暴力犯罪和多发性侵财犯罪,全面推行社区矫正和轻罪从宽的刑罚政策

(1)颁布实施了《刑法修正案(七)》及相关的司法解释。一方

面，新的刑事政策对一些行为予以犯罪化，扩大了犯罪圈，对严重危害社会治安秩序的非法传销，组织未成年人实施犯罪，社会公众反映强烈的泄露、买卖公民个人信息，证券市场中的"老鼠仓"等行为予以犯罪化；"两高"还公布相关司法解释，加强了对信用卡诈骗的打击力度。另一方面，对一些行为的处罚轻刑化，如逃税罪方面，对于初次逃税税额不大的，在定罪量刑上予以放宽。

（2）深入推进"打黑除恶"专项斗争。2009年7月份，全国打黑专项行动工作会议召开，出台了《关于深入推进打黑除恶专项斗争的工作意见》。意见要求各地区各部门要抓好专项斗争的各项工作，保持对黑恶势力主动进攻的高压态势，确保专项斗争向纵深推进。在中央的统一领导下，由中纪委牵头、公安部督办了一系列涉黑案件，各地相继打掉了一批盘踞多年的黑社会性质组织，一批"保护伞"也被依法惩处。

（3）严厉打击严重暴力犯罪，充分发挥刑罚的功能。严厉打击"两抢""命案""打砸抢烧"暴力犯罪行为，贯彻"从严"的刑事政策不动摇，充分发挥刑罚特殊预防和一般预防的功能。

（4）对涉枪涉爆犯罪保持高压态势。公安机关在全国范围内开展了治爆缉枪专项行动，有力地遏制了非法枪支泛滥的势头。为了继续保持对涉枪涉爆犯罪的高压态势，最高人民法院遵循不降低定罪量刑标准、注重解决突出问题、认真贯彻宽严相济的刑事政策三个原则，出台了相关司法解释，把将枪支、弹药、爆炸物作为犯罪工具实施严重危害公共安全犯罪行为的案件作为严厉打击的对象和防范的重点；同时，对将枪支、弹药、爆炸物作为生产、生活用品的案件，采取不同的处理方式，区别对待。

（5）在全国试行社区矫正。2003年以来，全国先后有27个省份试点社区矫正，并取得了良好的社会效果。《关于在全国试行社区矫正工作的意见》出台后，全国开始试行社区矫正工作。社区矫正作为刑罚轻刑化和促使罪犯重返社会的有效措施，标志着中国刑罚改革的实践迈出了坚实的一步。

(二）围绕保民生、保增长、保稳定，严密防控涉民生犯罪，保障人民群众利益

（1）继续严厉打击"两抢一盗"街头犯罪，遏制多发型犯罪的高发势头。2009 年政法机关继续深入开展打击"两抢一盗"专项活动，尤其注重对涉案金额较小的侵财型犯罪的打击和防范，切实维护了广大人民群众的生命财产安全和社会稳定。

（2）严厉打击涉众型经济犯罪，维护正常的市场经济秩序和群众的财产利益。2009 年，政法机关先后打击和判决了一批集资诈骗、非法吸收公众存款、操纵证券市场、内幕交易、制售发票等涉众型经济犯罪大案要案，并展开了打击电信诈骗、假币犯罪专项行动，有力地遏制了这些多发型和涉众型经济犯罪的势头。

（3）严厉打击和预防危害公共安全的酒后驾车，开展打击拐卖妇女儿童专项行动，全面整顿网络手机涉黄问题，净化社会环境。

（4）开展工程建筑领域专项治理，严厉打击涉农职务犯罪和商业贿赂，确保国家建设资金的安全。

（三）加强反腐力度，加大查处腐败要案力度，促进公正廉洁司法，开始试水财产阳光申报制度

2009 年，国家拓展了反腐的力度和广度，加强制度反腐和法律反腐的力度。继 2008 年提出反腐败制度体系的框架之后，2009 年中央连续公布了《关于实行党政领导干部问责的暂行规定》《中国共产党巡视工作条例（试行）》等众多反腐文件。国家严密了刑事法网，通过《刑法修正案（七）》把"利用职权关系收受贿赂"正式入罪，加强了对贪污犯罪惩处的力度。

2009 年，查处的省部级高官已达 15 人之多，刷新了改革开放 31 年来高官落马的年度纪录。

2009 年，中央根据违法违纪的情况，开展了"工程建设领域问题"和"小金库"专项治理活动。

2009 年法院系统和检察院系统进行了整顿，力保司法公正。最高人

民法院出台"五个严禁",最高人民检察院向社会公布了举报电话,司法腐败情况得到了一定的遏制。云南"躲猫猫"事件后,在惩治"牢头狱霸"的同时,最高人民检察院和司法部开始对监狱司法机关的渎职犯罪进行严厉查处。

2009年,"网络反腐"、财产申报制度和行贿黑名单成为反腐的新名词和新举措。"周久耕事件"以后,网络反腐成为社会公众监督国家工作人员的一个有效途径,并起到了很大的作用。华东六省一市的检察机关启动了行贿犯罪档案查询系统数据交换平台,社会监督和预防职务犯罪的形式呈现多元化。

(四)开展政法基层领导大轮训,提高政法人员的政策水平和执法素质

公安部对全国县级公安局局长、地级市公安局纪委书记进行了轮训,以加强基层公安机关负责人政策水平和维稳能力。同时法院、检察院也进行了大轮训,以提升基层执法机关负责人的司法理念和执法能力。2009年底,采用电视电话会议形式对基层综合治理干部进行了全面的培训,以提高新时期综合治理干部在维稳中的水平和能力。

三 2010年社会治安形势预测

2010年社会治安形势仍然会比较严峻。由于社会还没有完全走出金融危机阴影,一些群体就业困难,贫富差距加大,相对贫困人口增加,加上各种社会矛盾引发的各种群体性事件多发,2010年维稳压力不会减轻。

从犯罪类型来看,暴力犯罪、侵犯财产犯罪、经济犯罪可能会持续增加。暴力犯罪发案数量持续增长是经济危机下的一个规律,暴力性侵财犯罪会有所增多,由各种矛盾引起的冲突和暴力事件可能会增加。虽然2010年的经济形势将会持续好转,但就业矛盾还很突出,盗窃、抢劫、抢夺、诈骗等常发型侵犯财产犯罪依然会有所增长,不过随着经济形势的逐步好转、就业形势的变化,此类犯罪的增幅会逐步放缓。经济犯罪发案数无疑会继续上升,经济危机和宽松的财政政策与货币政策可能会为有潜

在犯罪动机的犯罪人提供更多的机会,其中集资诈骗、非法吸收公众存款等涉众型经济犯罪会持续增多。原因在于,随着经济形势的好转,一些企业和社会公众闲置的资金会有所增加,在投资渠道较少的背景下,容易受高利的诱惑而参与其中。此外,一些中小企业由于缺乏资金,会向民间的"抬会""标会"进行高息拆借,会吸引一些人进行非法集资放贷。贷款诈骗和银行卡犯罪会持续增长,2009年发生的一些案件会逐步露出水面。2010年青少年犯罪会继续延续前几年稳中有降的走势,其中网络犯罪和"90后"犯罪会逐步增多,未成年人犯罪所占比例会继续降低。职务犯罪可能会持续高发,但大案要案比例可能会降低,职务犯罪的主要群体可能转向执行国家投资项目的中级和基层国家工作人员。

根据2010年的经济形势,2010年刑事政策的总方向是促民生、促增长、促稳定,重点工作是保"世博"、保"亚运"。从整体上说,面对严峻的社会治安形势,2010年的刑事政策应继续贯彻"宽严相济"的刑事政策。一方面,对暴力犯罪、黑恶势力犯罪、街头犯罪等保持高压态势,严厉打击;另一方面,应继续推进轻刑化、非监禁化和刑罚结构的改革,促使犯罪人重返社会,把有限的司法资源分配到严重的暴力犯罪领域。

(参见法治蓝皮书《中国法治发展报告 No.8 (2010)》)

第七章 2010年中国犯罪形势分析及预测

摘　要：2010年刑事案件数量持续保持高位，但严重暴力犯罪下降趋势明显，社会安全感上升，全国社会治安形势总体稳定。2011年刑事案件会继续维持高位，可能会出现止升甚至下降的态势，但是社会治安压力仍较大。

2010年中国刑事案件总量保持高位，严重犯罪下降趋势明显，社会治安大局总体稳定。根据最高人民法院的统计，2010年全国刑事案件数量持续增长。2010年1~6月，全国法院共新收一审刑事案件389066件，同比上升3.09%。

根据全国法院2010年上半年新收刑事案件的统计，绑架、放火、故意杀人、强奸等暴力犯罪案件在经历2009年的增长之后，开始明显下降，其中绑架案件下降14.2%。重大侵犯财产犯罪案件也继续下降，尤其是抢劫和重大盗窃案件下降趋势明显，同比分别下降14.19%和7.49%。

虽然刑事案件总量有一定幅度的增长，但是犯罪形势从整体来看还处于社会公众所接受的范围之内，是可控的。由于2008年以来全国政法机关围绕奥运、国庆60周年、上海世博、广州亚运会的安保工作展开了严打整治行动，群众的社会安全感上升明显。根据国家统计局的调查，2009年社会安全感持续上升，高达95.50%，比2008年上升30.9个百分点，2010年有望继续保持。因此，全国社会治安大局总体上是稳定的，2010年犯罪呈现如下特点。

一 严重暴力犯罪下降趋势明显

根据全国公安机关立案统计,2010年严重暴力案件下降趋势明显,1~11月,放火、爆炸、杀人、抢劫案件同比分别下降13.2%、8.2%、8.4%、16.7%。但是,频繁发生的一些重大恶性案件对人民群众的社会安全感影响较大,具体表现为以下特点。①个人极端暴力犯罪频发,严重影响社会安全感。这类案件具有突发性强、侵害对象不确定、出于报复或制造社会影响的动机、危害巨大、影响恶劣等特点,而且该类行为对相同群体具有示范或学习的效应。这类案件在一定程度上与社会矛盾积累较深、社会心理紧张焦虑、社会保障不健全、媒体舆论报道不当等因素密切相关。②由社会矛盾和社会纠纷引起的"民转刑"恶性刑事案件多发,亟待建立健全新的社会纠纷化解机制。③上半年针对幼儿园和中小学校园的严重暴力案件频发,引发了社会对中小学校园安全的担忧。④虽然抢劫、绑架案件呈下降态势,但持枪抢劫、绑架中小学生的严重恶性案件对社会影响较大。⑤涉枪涉爆犯罪案件大幅下降,但一些地方涉爆涉枪问题仍较突出。

二 危险驾驶行为得到了一定的控制

经过2009年严厉整治酒后驾驶交通违法行为专项行动后,因酒后驾驶导致的交通事故呈下降趋势,但是恶性案件仍时有发生。为充分发挥刑罚惩治和预防犯罪的功能,《刑法修正案(八)草案》将醉酒驾车、飙车等危险驾驶的严重危害公共安全的行为纳入了刑法的调整范围。

2010年,生产重大安全事故频发,造成了大量的人员伤亡、严重的经济损失和高度的环境污染,典型的如紫金矿业溃坝泄漏事故、南京塑料四厂"7·28"爆炸案、大连"7·16"漏油事故、伊春"8·16"烟花爆炸案以及上海"11·15"特大火灾事故等。

三 重大侵犯财产犯罪持续下降

根据最高人民法院统计,2010年上半年,重大盗窃案件表现出明显的下降趋势，同比分别下降 7.49%。然而，入室盗窃、扒窃等常发性犯罪仍比较多发，严重影响人民群众的日常生活。入室盗窃呈集团化、职业化、流窜化、专业化等特点，这给打击该类犯罪带来较大的困难。扒窃犯罪中，聋哑盗窃团伙、吸毒人员、刑释解教人员、流动人口扒窃现象较为突出，由于对聋哑人和未成年人的扒窃行为处罚力度较轻，重新犯罪率较高，其与职业扒手一起成为目前打击和预防这类犯罪的难点。

近年来，以文物为侵害目标的盗掘、倒卖、走私犯罪凸显，特别是盗掘古墓葬犯罪较为严重。2010 年发生的礼泉县唐肃宗建陵石狮被盗案、澄城善化乡西周古墓群被盗案以及秦东陵被盗案等重大案件反映了盗墓活动的猖獗。在有些地方，盗墓犯罪已呈现集团化、专业化、家族化的特点，甚至已形成了黑恶势力。当前盗墓出现了新的趋势，从过去盗掘人少地偏的地方转向了盗掘国家级、省级重点保护区，从过去盗掘无名墓转向了帝王将相墓，从过去盗掘地下金银陶器转向了地面大而笨重的石刻雕像、古塔等。

2009 年电信诈骗已经出现猖獗的势头，2010 年在全国公安机关高压的态势下，仍然持续频发，并呈现出新的特点。①电信诈骗遍及全国各地，其中浙江、福建、广东等地发案数明显增加，而北京地区在严厉打击下有所下降。②主要诈骗类型包括网络交易诈骗、网络冒充熟人诈骗、短信银行卡消费诈骗、电话冒充熟人诈骗、网络交友诈骗等。比较而言，传统的电话欠费、网络中奖、电话退税等诈骗案件均出现了比较明显的下降，但网络交易、网络冒充熟人、电话冒充熟人、短信中奖诈骗等案件仍呈明显增多趋势。下半年以来，短信银行卡消费诈骗和网络交易诈骗成为主要的犯罪类型。③利用"400"特服客服电话的诈骗案件多发。④集团化、网络化和专业化特征明显，组织者多来自中国台湾地区。⑤跨境特征突出，表现在犯罪人内外勾结、作案环节涉及境内外、在境内骗境外等。⑥通信和银行业的管理漏洞为电信诈骗提供了犯罪的便利。

四 黑恶势力犯罪与暴、黄、赌、毒、腐相交织

2010 年以来，全国政法机关在继续深入推进打黑除恶专项斗争的同

时，把打黑除恶与反黄、赌、毒、腐斗争一起推进，掀起了"打黑扫黄"的高潮。2010年1~6月，各级人民法院新收的组织、领导、参加黑社会性质组织案件同比上升22.94%，同时新收的组织、强迫、引诱、容留、介绍卖淫案件同比上升66.79%。

2010年中国反有组织犯罪进入了高潮阶段，除各地掀起打黑除恶的高潮外，国家在政策指导和法律制度建设方面也取得了进一步的发展。2009年底，公安部、最高人民检察院、最高人民法院联合下发了《办理黑社会性质组织犯罪案件座谈会纪要》，为依法惩治黑社会性质组织犯罪提供了政策和法律适用依据。2010年10月15日，最高人民法院下发《关于人民法院深入推进打黑除恶专项斗争的工作意见》，强调必须严格依法认定黑社会性质有组织犯罪，绝不允许在案件定性问题上出现人为"拔高"或"降格"处理的现象，并强调下一步重点打击那些盘踞在农村地区和事关国计民生的重点行业的黑恶势力及其"保护伞"。《刑法修正案（八）草案》对黑社会性质组织犯罪的法律制度进行了完善，不仅进一步明确了黑社会性质组织犯罪的特征，把黑社会性质组织犯罪的犯罪分子规定为特殊累犯，而且对黑社会性质组织经常实施的敲诈勒索罪、强迫交易罪、寻衅滋事罪等犯罪进行了修订。

五　经济犯罪持续高发

中国经济犯罪案件总量持续攀升，根据公安机关的相关统计，2000年以来年均增幅达9.2%。2008年以来，国际金融危机对经济犯罪的影响持续明显，经济犯罪数量持续大幅增长，且增幅拉大。2010年前三季度，经济犯罪案件增幅达到19.9%。涉银行卡犯罪、涉发票犯罪、生产销售伪劣商品犯罪、假币犯罪、贷款诈骗犯罪、非法集资、非法传销、非法证券、内幕交易等犯罪现象比较突出。伴随社会保障制度的逐步推进，骗取医保、社保资金案件频繁出现。其中，非法集资、非法传销、非法证券等涉众型经济犯罪已经成为影响经济秩序和社会稳定的重要因素之一。

1. 银行卡犯罪现象严重

2007年以来，全国银行卡犯罪案件逐年攀升，涉案金额逐步增加。

仅 2010 年 1~4 月，全国打击信用卡犯罪案件就达到了 6700 多起，涉及金额近 6 亿元，其中 80%的案件属于恶意透支犯罪行为。

2. 假币犯罪形势明显好转

2010 年 1~11 月，全国公安机关假币犯罪案件立案数较 2009 年同期下降 47.8%，全国银行临柜收缴假人民币较 2009 年同期下降 53.2%，假币犯罪形势明显好转。

3. 制售假发票违法犯罪问题突出

2010 年，随着全国公安机关开展深入打击整治发票犯罪专项行动，发票犯罪开始露出水面，各地发票犯罪案件增多，且涉案金额巨大。根据公安机关的统计，2010 年 1~10 月，全国破获发票犯罪案件 7361 起，打掉发票犯罪团伙 1593 个，抓获犯罪嫌疑人 9319 名，缴获假发票 6.6 亿份。当前发票犯罪的特点表现为：①制售假发票犯罪在全国范围内处于上升趋势，并逐步形成规模庞大的"地下产业链"；②犯罪职业化、集团化、网络化特征明显，制、贩、销假发票"一条龙"，批发、零售、开票成网络；③犯罪手段主要表现为利用互联网、手机短信方式兜售假发票，路面兜售假发票，通过印制、发放名片出售假发票，虚开增值税发票等；④犯罪人区域化和家族化明显；⑤分环节、跨区域、分工合作作案明显，逃避打击能力强；⑥非法利润巨大、买方市场广阔、犯罪成本低等是制贩假发票犯罪的主要原因。

4. 贷款诈骗、非法集资、洗钱等金融犯罪突出

2010 年，骗取住房按揭贷款、车贷和商业贷款为最主要的贷款诈骗类型，尤其是房贷诈骗高发。房贷诈骗犯罪最大的特点是内外勾结作案，一方面，一些银行管理人员与社会上专门骗取房贷的人员勾结，共同实施诈骗行为；另一方面，个别银行为片面追求放贷利益，对贷款审查不严，致使少数开发商为缓解资金压力以假按揭形式骗取贷款。

2010 年，非法集资案件持续高发，非法集资问题仍是当前破坏经济秩序、危及社会稳定的主要违法犯罪问题之一。2010 年前 3 季度，全国公安机关经侦部门共破获非法集资案件 974 起，抓获犯罪嫌疑人 1316 名。随着民间融资的发展和一系列特大非法集资案件的查处，关于"民间融资"和"非法集资"的定性问题成为 2010 年争论的焦点。

当前洗钱犯罪出现了新特点：一是洗钱方式呈现多样化；二是洗钱渠道主要以金融机构为主；三是利用他人账户或冒用他人名义进行洗钱；四是洗钱专业化趋势明显；五是地下钱庄仍是洗钱的主要方式，也是热钱流入境内的主要渠道，因此仍是2010年重点打击的对象。当前洗钱犯罪的上游犯罪类型主要集中在贪污贿赂犯罪、黑社会性质组织犯罪、金融犯罪、毒品犯罪、虚构交易犯罪、虚设股权罪等方面。

5. 物流、互联网及邮政快递已成为制假贩假的主要途径

当前在销售伪劣商品的违法犯罪活动中，犯罪分子利用物流运输、邮政快递、航空铁路运输、互联网等渠道非法经营烟草、化妆品、药品等的案件数量呈上升趋势。

6. 知识产权案件逐年上升

企业维权的意识不断增强，政法机关对知识产权的保护力度不断加大，侵犯知识产权犯罪案件也逐年上升。当前侵犯知识产权犯罪呈现出犯罪类型高度集中、集团犯罪与单位犯罪突出、侵犯畅销名牌商品知识产权多、犯罪方式较为隐蔽等特点。犯罪类型集中在侵犯商标权类犯罪中，包括假冒注册商标、销售假冒注册商标的商品、制造销售非法制造的注册商标标识等。

7. 内幕交易等证券犯罪活动突出

近年来，随着中国证券市场的不断发展，上市公司数量的不断增加，内幕交易、操纵市场、信息披露与利益输送等违法违规行为成为社会关注的焦点，尤其是内幕交易已成为证券监管的主要问题，也是当前重点防控的对象。2010年，证券内幕交易案件呈快速上升势头，1~10月，证监会共受理内幕交易线索案件114件，立案调查内幕交易案件42起，因内幕交易对16名个人、2家机构作出行政处罚，将15起涉嫌内幕交易犯罪案件移送公安机关。当前内幕交易呈现方式更加多样、操作手段更加隐蔽、主体开始多元化的特点。黄光裕案是典型的公司大股东幕后操纵的内幕交易案，而李启红案是典型的利用职权干预上市公司重组内幕交易案。

2010年，公安机关加强了经济犯罪的预防力度。一方面，与相关行政管理部门、商业机构共同采取防控专项行动；另一方面，对于多发型、涉众型经济犯罪，通过开展"5·15"宣传日、发布媒体防范广告与提示等活动加大防范宣传的力度。2010年关于经济犯罪的刑罚政策也有所调整,《刑法修正案(八)草案》拟把近年来较少适用或基本未适用过的13个经济性非暴力犯罪的死刑删去,其中大部分是《刑法》第三章"破坏社会主义市场经济秩序罪"中的罪名。这反映了中国刑罚对于经济性非暴力犯罪轻刑化的趋势,是顺应世界刑罚"重重轻轻"发展趋势和贯彻宽严相济刑事政策的体现。

六 涉黄、赌、毒犯罪得到一定控制

随着北京市公安机关铁腕整治黄、赌、毒违法犯罪,全国各地警方相继展开打击夜总会、洗浴中心的系列行动,"扫黄查赌禁毒"在全国已经拉开序幕。公安机关打击黄、赌、毒专项行动取得显著成效,各地娱乐服务场所治安秩序明显改善,卖淫嫖娼、淫秽表演等违法犯罪活动明显收敛,全国涉黄违法犯罪案件前10月同比下降18.4%。

赌博问题仍比较突出,尤其是赌博地下行业已成为黑恶势力攫取非法利润的主要途径之一。2010年查处的足球比赛贿赂、赌博系列案件引起了社会的广泛关注。

在毒品犯罪中,贩运易制毒化学品案逐年攀升,但是法律和司法实践中对该行为的量刑畸轻,使该类犯罪多发,重新犯罪率高。2010年全国禁毒部门通过遏制毒品来源、遏制毒品危害、遏制新吸毒人员产生等途径实现了全国禁毒斗争形势持续好转。

七 新生代农民工犯罪问题受到了社会的关注

2010年,1980年以后出生的新生代农民工受到了国家和社会的高度关注,这一人口总数近1亿的庞大群体中的违法犯罪问题也受到了各级政法机关的重视。根据有关政法机关统计,当前新生代农民工犯罪案件约占整体案件的1/3。当前新生代农民工犯罪呈现下列特点:①犯罪类型以侵财型犯罪为主,性犯罪案件也比较突出;②年龄分布以25岁以下青少年为主,且低龄化趋势明显;③共同犯罪、团伙犯罪突出;④暴力化倾向明显。

关于新生代农民工犯罪的原因,普遍认为的文化水平偏低、成长环境失利、对社会的失望、经济贫困、家庭教育缺损、心理功能失常等都不是犯罪的主要因素,城市对农民入城的心理歧视和排斥、就业与受教育的困境、经济政治待遇上的不平等、社会保障和救济制度的欠缺、文化冲突等社会心理和社会现实才是导致这一群体犯罪高发的主要原因。因此,国务院在2010年1月31日发布的《关于加大统筹城乡发展力度,进一步夯实农业农村发展基础的若干意见》中要求,采取有针对性的措施让新生代农民工市民化,这是解决这一群体犯罪问题的根本性措施。

八 职务犯罪上升趋势明显

根据最高人民检察院的统计,2010年1~11月,全国检察机关共立案侦查各类职务犯罪案件32039件42901人,同比分别上升3.1%和7.8%。2010年职务犯罪主要有以下特点。①工程建设、房地产开发、土地管理和矿产资源开发、国有资产管理以及金融、教育、社保、医疗、环保、司法等领域的贪污贿赂犯罪易发多发。②领导机关干部腐败犯罪案件时有发生,且涉案金额越来越大,严重损害党群干群关系,更容易成为引发群众上访和群体性事件的导火索。③工程建设、土地出让、医药购销等领域商业贿赂案件多发,且多伴随国家公务员利用审批权、执法权和司法权在商业活动中从事官商勾结、权钱交易、索贿受贿等行为,而且跨国性质的商业贿赂案件频发。根据中央治理商业贿赂领导小组的介绍,2010年1~11月,全国司法机关和行政执法部门共依法查办商业贿赂案件1万余件,涉案金额42亿余元。④涉农职务犯罪突出,特别是国家加大投入力度的农村基础设施建设、生态环境保护等领域贪污贿赂犯罪高发,土地出让、征地补偿、移民拆迁等环节监管难度较大。⑤涉案的企业工作人员所占比例下降,而国家机关工作人员和农村基层组织人员所占比例上升。⑥"窝案""串案""案中案"明显增多,多部门官员联手腐败已经成为不可忽视的问题。⑦工程建设、征地拆迁、安全生产、食品药品监管和行政执法、司法等领域渎职侵权违法犯罪易发多发,危害能源资源和生态环境的渎职犯罪突出，不仅造成公共财产、国家和人民利益重大损失，而且容易引发社会矛盾和群体性事件。根据最高人民检察院的统计，2009年11月至2010年8月，全国检察机关共立案侦查渎职侵权犯罪案件6375件8840人，同比分别增加6%和10.6%，其中重特大案件3019件，同比增加9%；查处县处级以上国家机关工作人员298人，同比增加8%；挽回经济损失11.2亿元。⑧"小官大贪"现象突出，案件涉案金额惊人，典型的案件如原抚顺市国土资源局顺城分局局长罗亚平，涉嫌犯罪的金额达1.45亿元。⑨性贿赂、信息贿赂、业绩贿赂、感情贿赂、期权贿赂等成为腐败的新动向，也给当前的反腐斗争带来了新挑战。

九 互联网犯罪类型增多

2010年互联网犯罪出现了新的特点。一方面，"黑客"犯罪出现了新趋势，"黑客"犯罪利益链条明显，跨国犯罪突出；另一方面，利用网络"钓鱼"诈骗、电信诈骗、股票诈骗、电子货币集资诈骗、网络诽谤、组织卖淫、网络色情、网络传销等犯罪案件增多，其中分红式网络诈骗呈爆发趋势，网民的投诉量剧增。

十 2011年犯罪形势预测

2010年中国人均GDP预计超过4000美元，已经进入中等收入国家行列。这一时期是经济转轨、社会转型期，工业化、城镇化、市场化和国际化趋势日益加强，社会发展不断加速，人流、物流、资金流、信息流、意识流的速度越来越快。但是快速发展过程中也积累了大量的社会矛盾，进一步导致社会治安形势复杂化。一方面，整体犯罪数量保持高位，严重暴力犯罪多发，侵财型犯罪持续增长，新型犯罪不断出现；另一方面，互联网这一虚拟世界与现实社会相呼应，各类群体性事件及其带来的犯罪问题频发。

2011年，刑事案件会继续维持高位，可能会出现止升甚至下降的态势。一方面，近年来逐步实施的社会保障和救济政策将逐步显现成效，潜在犯罪人和犯罪诱因会有所减少，犯罪的绝对数量会降低；另一方面，由于2011年国家性大型活动减少，刑事法律政策会有所放宽，犯罪的相对数量会有所减少。但是，社会治安压力仍较大，严重影响社会群众安全感的严重暴力犯罪案件仍会频发，入室盗窃、各类诈骗、街头抢劫抢夺、涉黄赌毒等犯罪仍会保持高发态势，社会矛盾的复杂性、多样性和不确定性容易引起严重暴力犯罪甚至是个人极端暴力事件或群体性事件。

国际金融危机对犯罪的影响还会存在，会引发更多的犯罪诱因，而经济复苏可能会增加犯罪的机会。因此，侵犯财产犯罪会维持主导地位，经济犯罪会持续增长。同时，金融危机时期所发生的经济犯罪案件，如贷款诈骗、非法集资、合同诈骗等会逐步浮出水面。

2011年青少年犯罪尤其是未成年人犯罪可能会继续下降，这在一定程度上反映了20世纪80年代后出生的新生代文化水平和文明程度的提高，还反映了近年来不断完善的少年司法制度的效果。但是互联网对新生代犯罪现象的冲击和影响日益深远，对互联网的管理和法律规制应当上升到一个新的阶段。

随着反腐败力度的加大，贪污贿赂犯罪的机会会逐步减少，同时风险也会逐步加大，因此贪污贿赂犯罪可能会逐步趋稳，但涉及商业贿赂和渎职的案件可能会逐步增多。同时，随着司法机关查处力度的加大，前些年未被及时发现的犯罪行为会逐步显现。

（参见法治蓝皮书《中国法治发展报告 No.9（2011）》）

第八章 2011年中国犯罪形势分析及预测

摘 要：2011年犯罪形势稳定，严重暴力犯罪明显下降，群众安全感持续上升。2012年全国犯罪形势会持续稳定，刑事立案数变化幅度不会太大，侵犯财产犯罪、妨害社会管理秩序犯罪和涉众型经济犯罪可能会呈高发态势。

一 2011年中国犯罪形势与刑事政策

为加强社会管理在综合治理中的作用，充分发挥各方面力量，多渠道维护社会稳定，2011年8月中共中央、国务院决定把"中央社会治安综合治理委员会"更名为"中央社会管理综合治理委员会"。这标志着社会治安综合治理由原来单纯的社会治安管理、打击犯罪功能向社会管理综合治理功能的转变，以通过社会管理创新、减少社会矛盾的途径加强犯罪预防。

2011年，全国人民代表大会常务委员会通过的《刑法修正案（八）》，一方面加大了对恐怖活动犯罪、黑社会性质组织犯罪等严重暴力犯罪的惩处力度；另一方面调整和完善了敲诈勒索罪、强迫交易罪、寻衅滋事罪的规定，以加大打击力度。同时，还加强了对民生的保护，增加群众反映强烈的醉酒驾车、飙车等危险驾驶的犯罪，拒不支付劳动报酬的犯罪，非法组织买卖人体器官的犯罪等；修改了强迫劳动犯罪，生产、销售假药犯罪和重大环境污染事故等犯罪的规定。该修正案还依据宽严相济的刑事政策取消了经济性非暴力犯罪的 13 个死刑罪名,并增加了对未成年人和老年人犯罪从宽处理的规定等。

2011 年《刑事诉讼法(草案)》的征求意见和审议引起了社会各界的关注。该次修订充分体现了对恐怖主义犯罪、危害国家安全犯罪、恐怖活动犯罪、黑社会性质的组织犯罪、重大毒品犯罪、重大贪污贿赂犯罪等严重犯罪严厉打击的刑事政策,以及对刑事诉讼参与人合法权利的保护力度,满足了当前惩治犯罪和加强公民权利保护的需要。

2011 年全国公安机关围绕保民生和保障人民生产生活安全,先后开展了整治社会治安的"春季攻势"、打击侵犯知识产权和假冒伪劣产品的"亮剑行动"、打击银行卡犯罪的"天网行动"、打击危害食品安全的"除四黑四害专项行动"、清理整治制作贩卖枪支爆炸物品违法信息的"净网行动"、网上追逃专项督查的"清网行动"等一系列专项行动,有效地遏制了当前严重侵害民生、危及群众安全感的常发性犯罪的发展势头。

2011 年,国际执法合作取得了巨大的成效,典型如:中国警方分别与多国警方合作破获了 4 起特大跨境电信诈骗案和"阳光娱乐联盟"特大跨国网络色情案;协调处理了湄公河"龙兴号"中国船员遇害案件,并建立了湄公河流域联合巡逻执法机制;厦门远华特大走私案潜逃数年的犯罪嫌疑人赖昌星被遣返回国。公安机关不仅通过个案执法合作破获了一系列的跨境大案要案,而且开创了一些国际执法合作新模式。

在全国政法机关的努力下,2011 年全国整体犯罪形势稳定,刑事案件总量变化不大。根据最高人民检察院统计,1 月至 11 月,共批准逮捕各类刑事犯罪嫌疑人 837736 人,提起公诉 1069280 人,分别比 2010 年同期增长了 0.26% 和 5.7%。同时,全国杀人、抢劫、爆炸等严重暴力犯罪明显下降,重大交通、火灾等事故大幅减少,人民群众反映强烈的电信诈骗、有毒有害食品药品和拐卖儿童妇女等犯罪明显减少,酒驾违法犯罪势头得到了遏制[①]。

2011 年群众安全感持续保持稳定。根据对 2011 年中国居民生活质量

[①] 黄庆畅:《为民除害 保民平安——2011 年全国公安机关专项打击整治行动综述》,《人民日报》2011 年 12 月 23 日。

的调查，2011年群众安全感保持稳定，社会治安安全感指数与2010年持平[1]。2011年国家统计局在全国范围内开展的群众安全感调查的部分结果显示，重庆市、青海省、贵州省等地的群众安全感持续上升。其中，重庆市连续四年上升，群众安全感指数高达96.51%，比2010年上升0.62%[2]；浙江省群众安全感指数高达96.08%，比2010年上升0.26%；青海省群众安全感指数高达93.20%，比2010年上升0.23%[3]。

二 2011年中国主要犯罪类型

（一）严重暴力犯罪案件时有发生，家庭暴力问题受到关注

2011年，新疆喀什、和田地区连续发生4起暴力恐怖犯罪案件，造成无辜群众重大伤亡，严重影响了新疆经济社会发展和民族团结。为维护新疆社会稳定和民族团结，新疆开展了为期两个月的"严厉打击暴力恐怖犯罪"专项行动，取得了明显的效果。为提高联合打击恐怖主义的能力，2011年5月6日，中国和吉尔吉斯斯坦、塔吉克斯坦在新疆喀什举行了"天山-2号（2011）"上海合作组织成员国执法安全机关联合反恐演习，进一步密切了中国与上海合作组织其他成员国的反恐合作关系，加强了执法安全协作机制。为更加有效地防范和打击恐怖活动，全国人大常委会通过了《关于加强反恐怖工作有关问题的决定（草案）》，对恐怖活动、恐怖活动组织、恐怖活动人员作了界定，并对加强涉恐资产的监控工作和推进反恐的国际合作进行了规定。

2011年1月4日，山东省泰安市发生一起严重持枪袭警案件，先后有多名警员殉职，致使数名无辜群众受伤，造成了恶劣的社会影响。10月25日发生的"广东徐闻初中生校门口遭枪击事件"引起了较大的社会

---

[1] 汝信、陆学艺主编《2012年中国社会形势政策分析与预测》，社会科学文献出版社，2012，第128页。
[2] 徐伟：《2011年重庆群众安全感指数创新高 达96.51%》，《法制日报》2011年12月12日。
[3] 聂森：《青海2011年度群众安全感、政法队伍满意度进一步提升》，中国平安网，2011年12月29日。

影响。全国公安机关持续开展了治枪缉爆专项行动，针对网络贩枪现象突出的情况，于8月开展了"净网行动"，对"百度贴吧""拍拍网""一淘网"等15家涉枪涉爆违法信息问题突出的网站进行了重点整治。2011年爆炸案件也时有发生。5月江西省抚州市发生了连环汽车爆炸，造成多人伤亡；12月武汉雄楚大街建设银行发生恶性爆炸案件，造成多名无辜群众伤亡，社会影响恶劣。

2011年随着"李阳家庭暴力事件"的披露，家庭暴力问题受到了社会的广泛关注。根据全国妇联的调查，在整个婚姻生活中曾遭受过配偶侮辱谩骂、殴打、限制人身自由、经济控制、强迫性生活等不同形式家庭暴力的女性占24.7%，其中，明确表示遭受过配偶殴打的比例为5.5%，农村和城镇分别为7.8%和3.1%[①]。根据家庭暴力的现状，2011年全国人大把"反家庭暴力法"纳入了立法立项论证的试点项目，为反家暴立法和工作实践提供决策依据及理论指导。

2011年，广东省潮州市潮安县古巷镇、广州市增城市新塘镇大敦村和汕头市陆丰市东海镇乌坎村陆续发生了3起群体性事件，这些事件引起了一定的暴力冲突和暴力违法犯罪行为。当地政府流动人员管理服务工作不到位和对外来务工人员权利保障不足是导致前两起事件发生的主要原因，而后一起事件则是由于部分村民因土地问题、财务问题、选举问题等对村干部不满的诉求长期得不到解决而引起的。

2011年，中国公民在国外被暴力犯罪侵害的情况再次受到了社会的关注。2011年，发生多起中国商人和留学生在国外遇害的案件，尤其是造成13名中国船员遇害的湄公河"龙兴号"船员遇害案，引起了党中央和国务院的高度关注。为了维护和保障湄公河航运安全，中国、老挝、缅甸、泰国建立了湄公河流域联合巡逻执法机制。

（二）重大安全事故频发，校车安全问题引发社会关注

在2010年上海"11·15"特别重大火灾事故相关涉案人员接受刑事审判和行政处罚的同时，7月23日，甬温线发生了造成40人死亡、172人受伤的

---

① 王卡拉、张盖伦：《反家暴途径"乏力"》，《新京报》2011年11月25日。

特别重大铁路交通事故。同时,全国重大公路交通安全事故也不断发生。

2011年煤矿安全生产形势依然严峻。根据国家安全生产监督管理总局初步统计,截至10月份,先后发生的18起重大煤矿事故,因非法违法生产造成的有8起,死亡一百多人。

2011年11月16日,甘肃庆阳榆林子镇发生了造成21人死亡(其中19名幼儿)、43人受伤的校车特大交通事故。根据媒体报道,2011年下半年,除甘肃庆阳榆林子镇特大交通事故外,还先后发生了4起重大校车安全事故(陕西灵石校车事故、云南文山校车事故、云南丘北县校车事故、江苏丰县校车事故),这5起事故共造成了60多人死亡、80多人受伤。随着校车事故的频发,中小学校车安全问题受到了社会的广泛关注。教育部、公安部等部委要求各地教育行政部门对校车安全和学生出行安全问题进行大排查,国务院随后制定了《校车安全条例(草案征求意见稿)》,以明确校车安全技术标准,保障中小学生出行安全。

(三) 酒驾违法犯罪数量大幅下降,中青年人是醉酒驾驶的主体

《刑法修正案(八)》将醉酒驾车、飙车等危险驾驶行为规定为犯罪后,全国公安机关查处的酒后驾驶和醉酒驾驶机动车违法犯罪数量均大幅下降。根据公安部的统计,2011年5月1日至11月30日,全国共查处酒后驾驶机动车201153起,比去年同期下降44.5个百分点。其中,醉酒驾驶机动车33183起,比去年同期下降43.7个百分点;因酒后驾驶造成交通事故死亡人数同比下降23.2个百分点。据公安部交通管理局相关负责人介绍,醉酒驾驶机动车犯罪呈现以下明显特点:醉酒驾驶的机动车类型主要是摩托车和小型客车,分别占查处总量的41.2%和39.8%;醉酒驾驶机动车行为主要发生在城市道路和普通公路,分别占查处总量的59.4%和27.3%;醉酒驾驶机动车的驾驶人年龄主要集中在20岁至40岁年龄段,占查处总量的65%[①]。

[①] 《公安部:各地公安机关严查酒后驾驶违法犯罪行为》,中央政府门户网站,2011年11月2日,http://www.gov.cn/gzdt/2011-11/02/content_ 1984048.htm。

（四）文物犯罪大案要案频发，销赃走私集团化、链条化

2011年博物馆和国家级重点文物保护单位被盗的重大案件频发，文物犯罪形势严峻。仅上半年就接连发生3起博物馆被盗案，其中包括2011年5月8日发生的"故宫展品被盗案"。文物犯罪呈现下列特点。

①文物盗窃开始涉及国家级文物保护单位。2011年，全国重点文物保护单位秦公六号大墓、世界文化遗产龙门石窟风景区分别被盗挖。②盗掘古墓犯罪职业化、集团化、订单化、科技化特征明显，利用互联网销赃交易特征凸显。③文物走私犯罪严重，已形成了"内地盗掘——转运到港澳台地区——流向美国、欧洲等地"的走私链条。

（五）电信诈骗手段不断更新，跨境性特征突出

2011年，电信诈骗犯罪高发势头得到遏制，但是案件仍处于多发态势，主要特点表现为以下几点。①电信诈骗案涉及全国多个省（自治区、直辖市），并呈现从沿海向内地辐射的趋势。②跨境电信诈骗案件突出。犯罪分子往往将主机设到东南亚各国，再通过网络VOIP电话从这些地区将诈骗电话打到大陆、台湾甚至美国和日本。③电信诈骗呈集团化、专业化、网络化、规模化趋势，组织内部层次分明，分工明确。④网络电话VOIP平台是跨境电信诈骗的主要手段。⑤欺诈手段不断变化更新。2011年，冒充执法机关工作人员的电话诈骗，以网络购物、网络炒股、网络订票为形式的网络诈骗，以诉讼执行为由的诉讼诈骗，是多发的电信诈骗手法。2011年，公安机关加大了跨境电信诈骗的打击力度，先后与港澳台警方和多国警方合作摧毁了四个特大跨境电信诈骗犯罪集团，其中联合港澳台及东盟八国警方破获的特大跨国跨境"9·28"案件，抓获犯罪嫌疑人828人，其中大陆532人，台湾284人，其他国家12人。

（六）非法集资活动猖獗，高利贷问题危及社会稳定

2007年以来，非法集资活动猖獗，案件数量居高不下，非法集资类

案件每年以约 2000 起、集资额度约 200 亿元的规模快速增长。2011 年非法集资违法犯罪活动尤为突出，严重扰乱了经济秩序，影响了社会稳定。2011 年 1 月至 9 月，全国非法集资案件共立案 1300 余起，涉案金额达 133.8 亿元[①]。11 月至 12 月 15 日，全国公安机关共立非法集资案件 420 起，涉案金额近百亿元，挽回经济损失近 11 亿元；辽宁、江苏、浙江、安徽、福建、江西、山东、河南、广东等地连破亿元以上大案。根据非法集资活动突出的形势，处置非法集资部际联席会议 11 月 10 日决定，在全国部署开展为期 3 个月的整治非法集资问题专项行动。在这次行动中，全国各地公安机关以集资诈骗、重大非法吸收公众存款、非法经营、高利转贷、贷款诈骗以及因非法集资诱发的非法拘禁、绑架、故意伤害等暴力犯罪和涉黑犯罪为重点，成功侦破一大批案件，涉案金额 73 亿余元，初步挽回经济损失 8.87 亿余元[②]。

2011 年非法集资违法犯罪活动的主要特点如下。

（1）非法集资涉及地域广、行业多。根据处置非法集资部际联席会议的统计，非法集资案件涉及全国 29 个省（自治区、直辖市），涉及全国超过 80% 的地市州盟，其中发达地区和经济较发达的城镇较为严重；而且涉及农业、房地产、采矿、制造、批发零售、建筑、金融、食品加工、旅游、医疗卫生和教育等众多行业，一些个案甚至涉及多个行业。

（2）非法集资形式、手段不断翻新，当前以下几种手段较为突出：①假借股权投资基金名义，依托公司网站，虚构投资项目，以高利息吸引社会公众投资；②以康体疗养等名义，邀请客户休闲度假，并以高利或享受免费服务等为诱饵，吸引客户签订康体疗养投资合同；③在互联网设立公司网站，假称公司股票即将在美国、中国香港或欧洲等地上市，吸引投资者购买原始股，获得所谓溢价收益；④依托所谓投资咨询、担保公司等企业，假借"投资理财"名义进行虚假宣传，并以高利吸引社会公众投资；⑤以投资黄金等名义，以高利吸引社会公众投资；⑥以发展农村连锁超市为名，采用召开"招商会""推介会"等方式，以高利息进行"借

---

① 周斌：《严打非法集资诱发涉黑犯罪》，《法制日报》2011 年 11 月 11 日。
② 潘科峰：《公安机关整治非法集资专项行动取得阶段性成果 挽回损失 8.87 亿元》，《人民公安报》2011 年 11 月 29 日。

款";⑦以投资养老公寓、异地联合安养等为名,以高利诱导加盟投资①。

（3）跨省份、涉案金额巨大的案件增多。根据整治非法集资问题专项行动的阶段性战果,仅11月份,山西、内蒙古、江苏、浙江、山东、河南等地公安机关先后侦破11起涉案金额逾亿元的重特大非法集资案件。安徽兴邦非法集资案和浙江银泰房地产集团有限公司非法集资案非法集资金额分别高达37亿元和55亿元；前者涉及全国27个省份4万余人,后者被害人涉及当地各个阶层1.5万多户。

（4）担保公司、房地产中介公司、投资咨询公司等中介机构非法集资案件增多,风险凸显,如河南省一些民间担保公司出现了"挤兑潮"现象。

（5）非法集资案件与当前突出的高利贷问题密切相关。民间高利贷问题危及经济安全和社会稳定,一方面引发非法集资、高利转贷、金融传销、洗钱、暴力索债、赌博犯罪、贪污贿赂犯罪、金融诈骗等违法犯罪行为；另一方面激化社会矛盾,容易引起群体性事件,如2011年底河南安阳出现了部分参与非法集资民众的聚集事件。

（6）"金融传销"（即以传销模式放高利贷、非法吸储）出现并日趋严重,严重危及金融秩序和社会稳定。有专家指出,当前高利贷行业已经变成了"庞氏骗局",这种当前中国经常发生的传销模式首次进入金融领域,如果得不到有效控制,这种行为会造成全国性的灾难②。

（七）非法传销愈演愈烈,金融传销、网络传销成为新形式

2011年,被称为"经济邪教"的非法传销活动依然猖獗,并出现了许多新的形式,呈现以下特点。

（1）"金融传销"成为犯罪的新形式,如广西来宾以"国家整合民间资金做投资"的传销骗局、江苏南通"E玛国际"传销组织销售电子股权、天津天凯新盛公司利用私募股权投资基金进行非法集资等。

（2）传销犯罪手段不断翻新,流窜性特征突出。

---

① 潘科峰:《公安机关整治非法集资专项行动取得阶段性成果 挽回损失8.87亿元》,《人民公安报》2011年11月29日。

② 谢国忠:《金融领域传销会造成全国性灾难》,中国证券网,2011年11月1日。

(3) 网络传销形成了成熟的产业链。

(4) 被害人呈现高投入、高智商、高学历"三高"的特征。例如，在广西来宾金融传销案中，被害人包括公务员、教授、白领、海归、博士甚至海外的华侨华人。

(5) 传销的区域性明显，广西的南宁、玉林、钦州、来宾、百色、北海，云南的红河等地是重灾区。

(6) 传销活动公开化，"迷惑性"和"隐蔽性"增强。

（八）食品安全犯罪日益突出，"打四黑除四害"效果显著

2011年，国内相继出现"瘦肉精""地沟油""染色馒头"等重大食品安全事件，食品安全问题再次成为社会关注的热点问题，司法机关也加大了对食品安全犯罪的打击力度。截至12月中旬，全国共破获"瘦肉精"犯罪案件150余起，查清非法生产厂家12家，打掉研发实验室6个，查实涉案"瘦肉精"饲料2.4万余吨。

2011年食品安全犯罪呈现以下特点：①生产销售数量巨大，网络化、跨地域化特征突出；②生产、储存、销售环节异地分离，逃避查处和打击能力强；③生产销售隐蔽，多披着合法企业的外衣；④犯罪对象范围不断扩大，从假烟假酒逐步扩大到肉类、乳制品等生活必需品；⑤食品安全犯罪多与渎职犯罪相交织，一些行政管理部门及其工作人员不作为甚至故意违法犯罪问题突出。

为了应对严峻的食品安全犯罪形势，《刑法修正案（八）》提高了食品安全犯罪的量刑标准，并单独列明了食品安全监管部门渎职的刑事责任，在法律上强化了对食品安全的保护。同时，全国公安机关集中开展"打四黑除四害"专项行动，对群众反映强烈的"黑作坊""黑工厂""黑市场""黑窝点"采取了"零容忍"态度。"打四黑除四害"专项行动不仅打破了食品安全犯罪的生产销售网络，而且摧毁了"瘦肉精""地沟油"等违法犯罪的主要源头。同时，全国检察机关也加大了对食品安全职务犯罪的打击力度。根据最高人民检察院的统计，2011年1~11月全国检察机关共批准逮捕制售有毒有害食品等犯罪嫌疑人1801人，提起公诉1254人，查处涉嫌渎职犯罪的国家工作人员120人。

（九）假币犯罪形势持续好转，银行卡犯罪得到有效遏制

2011年制售假币犯罪案件持续大幅下降。根据全国公安机关统计，2011年1~8月共立假币犯罪案件509起，与上年同期相比下降52%，缴获假币面额2.43亿元；2009年11月以来全国假币犯罪连续22个月呈下降态势，月均立案数下降了64起，创10年来最低①。同时，全国银行临柜收缴假币量同比也呈持续下降趋势。当前制售假币犯罪的特点表现为：①犯罪对象以100元面额人民币为主；②制售假贵金属纪念币的违法犯罪活动呈现多发态势；③"找零""调包"是当前不法分子使用假币的主要手段；④继2009年"HD90"高仿真版假币后，2011年以CE86、CH31、TJ55、AZ88、WL15、YX86、WF66、LN37开头的新版高仿假钞陆续在全国各地出现。

2011年银行卡犯罪得到了有效的遏制，信用卡恶意欠债行为、套现行为有所改善。随着银行卡消费额在社会消费品零售总额中的比重逐步提高和使用渠道的逐步扩大，当前银行卡犯罪的专业化程度不断提高，已形成了分工合作、环环相扣的"一条龙"产业链。为巩固2008年以来开展的联合打击银行卡犯罪专项行动取得的成果，2011年1月至10月，公安部在全国范围内部署开展了打击银行卡犯罪"天网-2011"行动，全国公安机关把伪造银行卡、非法套现和网络涉卡犯罪等三类犯罪活动作为打击重点。此次行动中，共破获银行卡犯罪案件2.4万起，同比增长16.4%，挽回经济损失4亿元。

（十）操纵证券市场犯罪手段翻新，内幕交易是主要类型

根据中国证券监督管理委员会2011年11月29日召开的通气会，2011年共获取各类案件线索245件。其中，内幕交易108件、市场操纵22件、上市公司信息披露违规36件、非法证券20件、超比例持股8件、期货盗码交易7件、基金"老鼠仓"3件、限制期买卖5件、非证券期货类36件。

2011年证券违法犯罪呈现以下特点。

---

① 邢世伟：《全国今年缴获假币2.43亿元》，《新京报》2011年10月19日。

①违法犯罪类型多种多样,其中内幕交易、市场操纵和信息披露违规是主要类型。根据证监会的统计,证券违法犯罪类型达十多种,其中内幕交易、市场操纵和信息披露违规三类案件占比77%[1]。

②操纵证券市场手段不断翻新。继汪建中通过专业荐股操纵证券市场案件之后,2011年又发生了广东中恒信传媒投资有限公司操纵证券市场案。广东中恒信涉嫌以"抢帽子"手法操纵市场,共交易股票552只,累计交易金额571.76亿元,违规交易股票数量之多,创A股市场纪录。

③内幕交易犯罪呈多发态势,成为证券市场的主流犯罪。根据证监会的统计,内幕交易违法犯罪超过了全部案件的50%。

④内幕交易犯罪呈现涉案主体身份多元、作案手段方式复杂、信息传递渠道隐蔽、涉及党政领导干部等特点。

⑤党员领导干部内幕交易违纪违法呈现涉案主体多元、人员成分复杂、非法获利巨大、交易形式隐蔽、信息贿赂突出等特点[2]。

⑥私募股权腐败现象凸显,其危害已经远远超过了二级市场的内幕交易。

(十一) 制售伪劣商品犯罪涉及领域广,网络售假犯罪突出

自2011年9月1日起至12月31日,全国公安机关组织开展"亮剑"行动,严厉打击侵犯知识产权和制售伪劣商品犯罪。截至2011年10月底,全国公安机关共破获侵犯知识产权和制售伪劣商品犯罪案件28607起,捣毁制假售假窝点22107个,打掉批发、销售侵权伪劣商品犯罪团伙6773个,涉案总价值达180.2亿元,如按正品价格计算,涉案总价值超过5000亿元[3]。2011年生产销售假劣商品犯罪呈现以下特点:①犯罪类型集中,网络侵犯知识产权、生产销售假冒农资和制售假品牌商品问题突出;②犯罪从东部地区、大城市向中西部地区、中小城市辐射趋势

---

[1] 《证监会严打内幕交易 查处一批大案要案》,人民网,http://finance.people.com.cn/GB/12761155.html,2011年11月29日。

[2] 《4起党员领导干部内幕交易案件被通报》,新华网,http://news.xinhuanet.com/fortune/2011-12/27/c_111318183.htm,2011年12月27日。

[3] 参见《全国180余城市同步集中开展销毁假冒伪劣商品活动》,中央政府门户网站,2011年12月6日,http://www.gov.cn/jrzg/2011-11/06/content_1986917.htm。

明显，犯罪对象从传统领域向新兴领域蔓延趋势突出；③制售假药犯罪突出，网络销售假药成为假药销售的新途径，根据商务部的统计，当前近七成假药是通过网络销售的；④假冒伪劣商品的销售渠道进一步扩大，甚至进入了一些国际著名大型连锁超市；⑤涉网侵犯知识产权案件日趋严重，涉及网络影视作品软件、网络游戏、网购产品等的侵权犯罪活动突出；⑥食品、建材、农资行业违法犯罪案件比例较大，根据国家质量监督检验检疫总局的统计，在2011年查处的违法案件中，食品、建材和农资三类产品违法案件总数为50784起，占查处违法案件总数的45.59%。

（十二）黑恶势力犯罪出现新特点，打黑除恶专项行动效果明显

根据黑恶势力犯罪的发展形势，2011年9月和11月，公安部共组织20个省（自治区、直辖市）公安机关先后开展两次打黑除恶集中行动。投入警力21000多人次，打掉涉黑组织38个、恶势力团伙390多个，抓获犯罪嫌疑人3500多人，破获各类刑事案件2300多起。根据全国公安机关的统计，2011年1~11月，全国公安机关打掉涉黑组织400多个，铲除恶势力团伙3900多个，抓获犯罪嫌疑人2.8万余名，破获各类刑事案件2.9万余起，缴获各类枪支800多支，扣押涉案资产50多亿元①。

2011年，黑恶势力犯罪出现新的特点：①使用"软暴力"手段威胁和恐吓被害人趋势明显；②犯罪组织有松散化趋势，组织者和领导者"幕后化""隐蔽化"，一般成员"临时化""市场化"；③腐蚀农村基层政权的黑恶势力，从事高利贷、暴力追债、"地下出警"等活动；④黑恶势力更注重"形象"，向"公司化""企业化"方向发展，用经营活动掩盖非法活动，用公司利润掩盖非法获利。为应对黑恶势力犯罪发展的新特点，《刑法修正案（八）》不仅进一步明确了黑社会性质组织犯罪的特征，把黑社会性质组织犯罪的犯罪分子规定为特殊累犯，而且对黑社会性质组织经常实施的敲诈勒索罪、强迫交易罪、寻衅滋事罪等进行了修订，调整了其入罪门槛，完善了法定刑。

---

① 李恩树：《打黑除恶专业化法网更加严密》，《法制日报》2011年12月27日。

(十三) 合成毒品犯罪突出，网络成为制贩吸毒品的主要渠道

在全球毒品持续泛滥的国际背景下，中国毒品犯罪形势依然严峻，而且不断出现新的特点和趋势。

（1）易制毒化学品违法犯罪案件有增多趋势，呈现规模生产、隐蔽生产、依订单生产等特点，并出现了利用互联网非法买卖易制毒化学品、传播制毒工艺、销售制毒原料等趋势。

（2）利用邮包、航空快递和物流托运等渠道贩卖毒品犯罪多发。

（3）互联网成为吸、制、贩毒违法犯罪新的主要途径之一。2011年公安部指挥全国公安机关破获了"8·31"特大网络吸贩毒案，涉及全国31个省、自治区、直辖市，共查获涉毒违法犯罪嫌疑人员12125名，破获制贩毒案件496起，打掉制贩毒团伙144个、吸毒窝点340个、制毒工厂（点）22个，缴获毒品308.3千克。

（4）25岁以下青少年滥用合成毒品问题突出。

（5）娱乐场所涉毒问题仍较严重，并逐步向洗浴中心、宾馆酒店、别墅公寓、出租屋等场所转移。

（十四）网络犯罪多种多样，网络色情犯罪出现新特点

2011年，网络"钓鱼"案件明显增加，而且网络攻击背后已经形成了黑色的利益链条，网络安全日趋严峻。根据中国互联网络信息中心的报告，2011年上半年认定并处理的"钓鱼"网站达18782个，与上年同比增长近两倍，遭遇过病毒攻击的网民高达2亿多人，占网民总数近一半，另有1.21亿网民遭遇过账号或密码被盗，其中很多网络攻击行为都来自"钓鱼"网站；上半年"钓鱼"网站的假冒对象遍及网上银行、电子购物网站、电视节目网站、火车票订票网站等，可谓无孔不入、防不胜防。2011年，网络赌场、网络色情、裸聊诈骗、网络涉毒、网络"私服"、网上窃取信用卡号码、网络洗钱、黑客活动等比较突出，同时还出现了通过QQ群等形式联系的"网络黑恶势力"、网络水军现象、网络群体性事件。

2011年网络犯罪呈现如下特点。①网络赌博犯罪活动日益猖獗，而且跨境操纵特征明显。②网络色情犯罪案件增多，犯罪人呈年轻化和高学

历的特征。根据北京市朝阳区法院的相关统计，利用互联网传播淫秽物品犯罪案件正在逐年呈倍数增长，而且被告人呈现年龄低、学历高的特点。③跨国色情网站危害严重。2011年，中美警方联合摧毁了特大跨国色情网站——"阳光娱乐联盟"，该网站在全球拥有1000多万名会员，在其旗下的48个网站中，有18个网站含有儿童色情内容。④"少女援交"现象引起了社会的关注。根据上海市和广州市破获的未成年女性、在校学生参与卖淫和介绍卖淫案件，形似日本社会的所谓"援助交际"卖淫嫖娼形式开始出现。⑤网络贩毒、吸毒、传播制毒方法犯罪案件增多。⑥网络犯罪"产业链"特征明显。

（十五）职务犯罪出现新特点，涉地涉农职务犯罪突出

2011年，原铁道部部长刘志军接受调查，并带出了铁路系统的一系列"窝案"，表明反腐工作进一步向纵深发展。根据中央纪委监察部的统计，2011年全国纪检监察机关共接受信访举报1345814件（次），处分142893人，其中给予党纪处分118006人，给予政纪处分35934人；查办的领导机关和领导干部的违纪案件涉及县处级以上干部4843人，其中移送司法机关的县处级以上干部777人，其中包括张家盟、宋晨光、刘卓志等，已移送司法机关依法处理；还有刘志军、田学仁、黄胜等重大违纪违法案件正在立案调查之中①。根据最高人民检察院的统计，2011年1~11月，各级检察机关立案侦查各类职务犯罪案件31616件43265人，其中涉嫌犯罪的县处级以上国家工作人员2475人；立案侦查渎职侵权犯罪案件7181件10331人，同比分别上升0.2%和3.7%。

2011年职务犯罪出现以下特点。①职务犯罪群体性特征突出，窝案、串案占比仍然较大。②受贿方式更加隐蔽，收受贿赂由以往主要收受现金的方式，向权力入股参与分红、收受商品房、低买高卖等交易形式转变。③"权力—投资"模式明显，一些犯罪人首先通过贪污贿赂进行原始资本积累，然后利用手中权力谋取投资机会进行资本运作。④贪污贿赂犯罪

---

① 《中纪委：去年11.8万人受党纪处分 正立案调查刘志军》，中国新闻网，2012年1月6日。

人的悔过书格式化、推责化、辩解化，引起社会的广泛关注。⑤被判处刑罚的官员保外就医现象突出，其中合谋骗取或滥用权力的职务犯罪严重。⑥涉黑职务犯罪问题突出。山东省青岛市正在审判的聂磊黑社会性质组织案和张韶军黑社会性质组织案也引起了当地政法系统的"地震"，据报道，当地有公检法系统的百余名工作人员涉案①。⑦国家宏观经济数据泄密案件频发，管理上的漏洞、保密意识差、利益驱动等是主要原因。根据最高人民检察院的新闻发布会，国家统计局办公室秘书室原副主任孙振和中国人民银行金融研究所货币金融史研究室原副主任伍超明因故意泄露国家秘密罪分别被判处五年和六年有期徒刑，另外还有四名证券行业从业人员涉案。⑧在涉及土地交易的职务犯罪中，"利益联盟体"现象突出。根据第二次全国土地调查，涉案官员多采取股份经营、合同行为、收受干股等方式实施贿赂犯罪，职务犯罪贯穿土地交易的各个环节；在非法土地交易中，"官商勾结"现象突出，官商多利用亲属、同学、老乡等特定关系结成固定的利益联盟②。⑨工程建设行业仍是职务犯罪中的高发领域。⑩商业贿赂案件逐年增加，涉案金额逐年增大。2011年1~11月，全国共查办商业贿赂案件1.48万件，涉案金额42.8亿多元。其中，国家公务员涉嫌商业贿赂案件与上年同期相比增长了1.9%③。⑪基层涉农职务犯罪和渎职犯罪引起的群体性事件频发，典型的如9月21日广东省汕尾陆丰市东海镇乌坎村发生的村民聚众滋事及故意毁坏财物事件、内蒙古锡林郭勒盟西乌旗"5·11"事件等。⑫企业家（企业主要经营管理人员和利用企业从事违法犯罪活动的企业负责人）犯罪类型多样，团伙犯罪突出。根据《法人》杂志发布的《2011年度中国企业家犯罪报告》，在2011年媒体报道的220起企业家犯罪案件中，至少涉及122个罪名，其中以受贿罪、贪污罪、挪用公款罪、行贿罪、巨额财产来源不明罪、职务侵占罪为主；在199起案件中，至少有79个案例是2人以上共同犯罪，约占总案

---

① 《青岛公检法多名涉聂磊案落马官员名单公布》，人民网，2011年10月20日。
② 《第二次土地调查中系列职务犯罪内情披露 "官商勾结"特点突出》，新华网，2011年12月5日。
③ 《惩处商业贿赂不手软》，《人民日报》2012年1月2日。

例数的 39.7%，平均每案 16.03 人[1]。

三 2012 年中国犯罪形势预测与刑事政策建议

（一）2012 年中国犯罪形势预测

2012 年，全国刑事案件总量变化幅度不会太大，群众安全感将继续保持稳定，社会治安形势将持续平稳。2012 年，犯罪类型结构将会出现一些新的特点。随着加强民生保障的需要加大，全国政法机关会加大涉及民生犯罪和危及群众安全感的多发性犯罪的打击力度，因此，侵犯财产犯罪、侵犯人身权利犯罪、妨害社会管理秩序犯罪的立案数将会持续保持高位。同时，物价的快速上涨及其所导致的低收入群体生活压力加大，也可能会导致侵犯财产犯罪增多。随着宏观调控力度的加大，中小企业的资金链、民间借贷的资金链以及非法集资的资金链等面临着断裂的风险，因此可能会引起一系列的经济犯罪案件，并危及经济运行和社会稳定，2011 年出现的"温州老板欠薪跑路"、民间担保公司挤兑潮、非法集资案件多发、非法集资民众聚集等现象都是这一趋势的先兆。

（二）2012 年中国刑事政策建议

根据 2012 年犯罪形势的发展变化，为进一步提高人民群众的社会安全感，一方面需要加强严重暴力犯罪和群众反映突出的涉众型犯罪的打击力度，另一方面，需要建立健全以社会矛盾化解和社会管理创新为中心的犯罪预防机制。前者主要从严厉打击恐怖主义犯罪、黑社会性质组织犯罪以及杀人、抢劫、爆炸等严重暴力犯罪和严密控制非法集资、非法传销、电信诈骗、网络犯罪、制假贩假、黄赌毒等涉众型犯罪着手。在涉众型犯罪中，需要采取更严厉的措施打击集资诈骗、非法吸收公众存款、非法传销、食品安全违法犯罪、农村地区的生产销售假冒伪劣等涉众型经济犯

---

[1] 王荣利：《2011 年度中国企业家犯罪报告》，《法制日报》2012 年 1 月 15 日。

罪，尤其需要警惕因非法集资引起的群体性事件。后者主要从建立健全化解各类社会矛盾的机制与制度和创新与推广适合一定社会的社会管理模式着手，提高犯罪预防的水平和能力。在社会矛盾化解中，尤其需要排查和化解基层社会组织因社会变迁、经济建设、文化冲突过程中积累的和新出现的各类社会矛盾，这些社会矛盾是引起群体性事件的主要因素。在社会管理创新中，需要坚持治标与治本结合、刚性与柔性结合、服务与管理结合、社区与社会结合、政府主导与多方参与结合、现实与虚拟结合等原则，不断提高社会管理科学化水平，其中尤其需要加强新城镇化地区、新农村、多元化社区等社会管理模式的科学创新，以堵塞社会管理的漏洞，减少违法犯罪的机会。

（参见法治蓝皮书《中国法治发展报告 No.10（2012）》）

第九章 2012年中国犯罪形势分析及预测

摘　要：2012年犯罪数量有所上升，但全国治安形势总体稳定。涉枪涉爆等严重暴力犯罪下降趋势明显，经济犯罪增长幅度较大，职务犯罪持续增加，网络犯罪有日趋严重趋势。2013年犯罪数量变化幅度不会太大，治安形势会更趋稳定。

一　2012年中国犯罪形势分析

2012年全国犯罪数与2011年同期相比有所上升。根据最高人民检察院统计，2012年1~10月，共批准逮捕和决定逮捕各类犯罪836345人，涉及案件574310件，同比均上升8.1个百分点；共不批捕和决定不捕145861人，同比上升14.2个百分点。其中，无逮捕必要不捕66759人，同比上升14.2个百分点[1]。根据最高人民法院统计，2012年1~6月刑事案件数量大幅增长。2012年1~6月，全国法院新收刑事一审案件共477139起，比2011年同期增长22.86%；判决罪犯506456人，同比上升13.32个百分点，其中判处5年有期徒刑以上刑罚的罪犯72583人，重刑率为14.33%，比上年同期下降0.56个百分点[2]。

---

[1] 徐日丹、李轩甫：《前十月批捕犯罪嫌疑人83万》，《检察日报》2012年12月11日，第1版。
[2] 《全国法院上半年收案629.4万余件　审执结519.5万余件　同比上升13%和15.46%》，《法制日报》2012年9月15日，第5版；另见《2012年1~6月人民法院审理一审案件情况》，最高人民法院网站，2012年9月28日，http://www.court.gov.cn/qwfb/sfsj/。

2012年全国社会治安形势总体稳定，犯罪案件查处数量的增长在一定程度上与政法机关加大执法力度和严密法网密切相关。2012年，全国政法机关围绕加强民生保障和十八大安保工作，全面加强社会面治安管控，深入开展严厉打击经济犯罪的"破案会战"，严控和严防涉枪涉爆物品，全面整治网络环境和严厉打击网络违法犯罪，确保了十八大的胜利召开和社会稳定。

2012年，经济犯罪案件、职务犯罪案件等上升趋势明显。根据最高人民法院统计，2012年1~6月份重大案件有所上升。根据最高人民检察院统计，2012年1~10月共批捕破坏市场经济秩序犯罪嫌疑人53558人，同比上升59.4个百分点；批准逮捕各类职务犯罪嫌疑人15112人，同比上升14.4个百分点[1]。

（一）暴力犯罪持续下降，个别案件影响恶劣

2012年涉枪涉爆暴力犯罪案件持续下降。根据公安机关的统计，2012年1~10月，全国发生的持枪、爆炸犯罪案件与2011年同比分别下降37.9个百分点和19个百分点，处在历史的最低点。持枪犯罪案件从2000年的近5000起下降至2011年的500余起，爆炸案件从2000年的4000余起下降至2011年的200余起，2012年又持续下降[2]。与世界上其他国家尤其是美国相比，中国持枪、爆炸犯罪发案数量已处于非常低的水平。这种态势是中国实行"严管严控枪爆物品，严打严防涉枪涉爆犯罪"刑事政策的结果，中国不仅一直实行最为严格的枪支管制政策，而且全国公安机关持续开展"缉枪治爆"行动，严格控制社会上的非法枪弹和爆炸物品。但是，2012年发生的一些严重的持枪抢劫、暴力犯罪案件对群众安全感影响较大。典型的如周克华持枪抢劫、杀人案。2004~2012年，周克华先后流窜于重庆、湖南、江苏等地持枪作案10起，致使10人死亡、6人受伤。周克华案件不仅向社会表明了职业犯罪人巨大的社会危害性，也暴露出当前社会管理和社会治安防控中存在的薄弱环节。

---

[1] 《全国10个月批捕职务犯罪1.5万人》，《法制日报》2012年12月12日，第5版。
[2] 《全国公安机关严厉打击涉枪涉爆违法犯罪活动》，2012年10月18日，公安部网站，http://www.mps.gov.cn/n16/n1237/n1342/n803715/3392674.html。

2012年12月发生的河南省光山县砍伤22名小学生案和河北省丰宁县恶意驾车撞伤13名中学生案,再次引起了社会对校园安全尤其是对农村地区的校园安全、中小学学生以及留守儿童人身安全问题的强烈关注和担忧。政府部门应尽快制定校园安全标准,建立健全校园安全体系,尤其应加强农村地区的校园安全建设,保障农村地区中小学生的人身安全和健康成长。

2012年全国发生多起影响航空飞行安全的案件。6月29日,恐怖组织在新疆和田策划、组织、指挥实施了暴力恐怖劫持航空器案件,该组织成员登上GS7554航班后,高喊宗教极端口号,撞击驾驶舱,殴打、威胁机组人员和乘客,最后在引燃爆炸装置过程中被乘客和机组人员制服,造成了24名乘客、机组人员不同程度的受伤和2858.3万元的财产损失。2012年,全国范围内还发生了多起编造虚假信息恐吓航班安全的事件,仅8月29日~10月10日的40多天时间内,就先后有超过5架航班遭受有炸弹虚假信息的恐吓。这类事件大多是肇事者搞恶作剧、发泄私愤或企图通过阻止航班起飞不让某旅客离开等[1]。这类事件虽然不具有严重的社会危害性,但是仍会消耗大量社会资源并造成恶劣的社会影响,因此严惩编造恐怖信息威胁航空安全行为的呼声很高。

2012年社会对反家庭暴力立法的关注度依然较高。根据全国妇联调查,有84.9%的被调查者认为有必要对家庭暴力进行专项立法[2]。为此,全国人大常委会已把反家庭暴力立法列入了2012年立法工作计划。

2012年9月,在北京、深圳、西安、青岛、长沙等地发生的民众"保钓事件"中,出现了一些非理性的打、砸、抢、烧行为,造成了极其恶劣的社会影响。2012年中国公民在境外的人身财产安全问题也受到了持续关注,因此中国针对境外发生的严重侵犯公民生命财产安全的犯罪行为采取了积极的政策和措施。8月25日,37名涉嫌绑架、抢劫、敲诈勒索等严重暴力侵害中国公民的嫌犯自安哥拉遣返押解回国,这是中国警方在非洲组织开展的首次大规模打击侵害中国公民犯罪的行动;11月6日,

---

[1] 木声:《警惕"诈弹"背后的"毒素"》,http://opinion.news.tom.com/n/2012/1015/c1003-19260991.html。

[2] 陈丽平:《84.9%被调查者支持反家暴立法》,《法制日报》2012年5月2日,第3版。

制造"湄公河惨案"的糯康等6名被告人受到审判。

（二）电信诈骗有所下降，网络诈骗问题凸显

盗窃、诈骗仍是当前侵犯财产犯罪的最主要类型。盗窃犯罪约占全国公安机关刑事案件立案数的70%，入室盗窃占20%以上，由于《刑法修正案（八）》扩大了盗窃罪的范围，盗窃犯罪在刑事案件中的比例还将进一步增长。诱骗、利用聋哑人实施犯罪的现象增多，聋哑人组成犯罪团伙进行盗窃、扒窃现象突出。2012年，盗窃文物犯罪持续多发，未来一个时期仍将处于"文物安全事故多发期"[①]。

诈骗犯罪呈现以流动人口为主，同乡结伙作案突出，手机短信、电话、网络诈骗多等特点。2012年电信诈骗呈下降趋势，但犯罪手法不断翻新，主要表现为假冒公检法机关办案进行电话或短信诈骗、谎称社保医保卡欠费诈骗、假冒快递公司收取快递包裹诈骗等形式，典型的如"7·27"电信诈骗案，犯罪人冒充国家公检法人员、国家财政人员等实施诈骗，涉案金额高达2700多万元，涉及多个省份和地区。跨境电信诈骗犯罪涉及的国家和地区进一步扩大。一方面，除以往的大陆地区、台湾地区和东南亚外，犯罪集团活动已扩散到南亚和大洋洲一些国家；另一方面，被害对象也开始转向韩国、泰国等国民众，以逃避中国警方的打击。随着网购的快速发展，网络诈骗问题日益凸显。根据中国电子商务协会等机构联合发布的《2012年中国网站可信验证行业发展报告》，网络诈骗每年给网民造成的损失不低于308亿元，遭遇欺诈的网民规模已达6169万人[②]。网络诈骗犯罪呈现犯罪人低龄化、个案涉案金额小而整体损失大等特点。典型的如深圳特大网络诈骗案，犯罪集团利用知名购物网站套取受害人资料，再以木马链接实施诈骗，半个月内在全国20多个省市作案60余起，涉案金额达100多万元。又如，新疆破获的"网上炒金"案、淘宝网"金牌卖家"案等诈骗案，涉案金额均达数十万元。

2012年倒票贩票违法犯罪出现了新特点，随着火车票实名制的实施，

---

① 胡建辉：《我国处于文物安全事故多发期》，《法制日报》2012年1月9日，第6版。
② 中国电子商务研究中心：《2012年中国网站可信验证行业发展报告》，2012年7月12日，http://www.100ec.cn/detail-6047227.html。

互联网代购火车票成为倒票违法犯罪新手法。

（三）经济犯罪井喷式增长，涉众型经济犯罪突出

根据公安机关统计，在 2012 年 3 月 1 日～8 月 31 日全国公安机关开展的严厉打击经济犯罪"破案会战"专项行动中，共破获各类经济犯罪案件 22.9 万起，是 2011 年全年的 2.3 倍，为国家和人民挽回经济损失 545 亿元，集中打击了非法集资、电信诈骗、制售假冒伪劣食品药品、非法传销、假币等犯罪活动[1]。根据最高人民检察院统计，2012 年 1～10 月，共批捕破坏市场经济秩序犯罪 53558 人，同比上升 59.4 个百分点[2]。

2012 年，非法吸收公众存款、集资诈骗和组织、领导传销活动等涉众型经济犯罪仍是经济犯罪的最主要类型。根据最高人民检察院统计，2012 年 1～6 月，全国检察机关对上述三类案件共提起公诉 1110 余件，涉及 2100 余人，同比均增加 60%[3]。涉众型经济犯罪案发领域多元化且与民生紧密相关，案件已拓展到涉及民生的投资、融资、电信、求学就业、旅游、征婚等领域[4]。涉众型经济犯罪隐蔽性、欺骗性强，有逐渐向组织化和职业化方向发展的趋势。犯罪人通常以合法的公司经营为幌子，利用高利率或者高回报为诱饵，借助电话、电视、网络、广告等传播手段，利用新概念、新模式进行虚假包装，大肆骗取被害群众资金。

非法集资犯罪和非法传销犯罪依然突出。非法集资形式多样，手段隐蔽，其中围绕股权、基金、担保、理财等金融产品的非法集资问题尤为突出，犯罪集团多以传销手段非法集资，其中老年人是非法集资被害的高危人群[5]。2012 年非法传销活动出现了一些新动向：①传销团伙的组织更加

---

[1] 王文硕：《鏖战184天：会战风暴严打经济犯罪》，《人民公安报》2012 年 11 月 6 日，第 1 版。
[2] 徐日丹、李轩甫：《前十月批捕犯罪嫌疑人83万》，《检察日报》2012 年 12 月 11 日，第 1 版。
[3] 徐日丹：《把握五个要点依法惩治涉众型经济犯罪》，《检察日报》2012 年 8 月 17 日，第 2 版。
[4] 杜萌：《涉众型经济犯罪逐渐向民生领域扩展》，《法制日报》2012 年 3 月 27 日，第 4 版。
[5] 李松、黄洁：《老年人成非法集资诈骗案高危人群》，《法制日报》2012 年 2 月 20 日，第5版。

严密；②网络传销的隐蔽性、欺骗性更强，涉及面和区域更广，危害也更严重；③出现了新的虚拟传销组织形式。

2012 年食品药品犯罪形势依然严峻。食品卫生和医药生产领域的制假售假行为开始向农村蔓延，家族式、作坊式的制假售假问题呈现多发态势①。

制售假冒伪劣商品案件呈上升趋势，其中制售假冒伪劣农资犯罪突出。跨国制售假冒商品犯罪越来越突出，中美警方联合破获了一起向美国、中东等多个国家和地区贩卖假冒名牌箱包的特大跨国侵犯知识产权案，缴获假冒名牌箱包 2 万多个，涉案总价值 50 亿元人民币②。

银行卡犯罪产业化、网络化特征明显，银行卡套现犯罪突出。

内幕交易违法犯罪易发多发，严厉打击内幕交易已经成为当前证券期货监管执法工作的重中之重。为预防和警示内幕交易犯罪，2012 年中国证券监督管理委员会举办了全国"内幕交易警示教育"巡回展③。

违禁品走私犯罪明显上升。根据海关总署的统计，2012 年 1~9 月，中国海关共查获走私犯罪案件 1415 起，较 2011 年同期增长 18.1%④；其中查获的毒品、武器弹药、废物、珍贵动植物及其制品等违禁品走私犯罪案件 549 起，占同期查获走私犯罪案件总数的 38.8%⑤。

（四）网络犯罪突出，匿名性助长了网络违法犯罪活动

随着互联网的普及和发展，互联网领域信息安全问题日益突出。从公安机关侦破的一系列案件来看，网络盗窃、黑客攻击、网络淫秽色情、网络贩枪、网络诈骗、网络售假、网络非法公关、网上贩卖公民个人信息等

---

① 丁国锋：《宿迁破获家族作坊式假药大案》，《法制日报》2012 年 6 月 5 日，第 8 版。
② 《中美警方联合破获特大跨国侵犯知识产权案件　彻底铲除一向多个国家地区贩卖假冒名牌箱包生产源头》，2012 年 11 月 18 日，公安部网站，http://www.mps.gov.cn/n16/n1237/n1342/n803715/3425655.html。
③ 《内幕交易警示教育展在京举办》，中国证监会，2012 年 9 月 24 日，http://www.csrc.gov.cn/pub/newsite/bgt/xwdd/201209/t20120924_215254.htm。
④ 《海关总署：打击走私违法犯罪力度继续加大》，2012 年 11 月 26 日，http://news.ifeng.com/gundong/detail_2012_11/26/19557903_0.shtml。
⑤ 《海关总署：违禁品走私犯罪呈明显上升》，2012 年 11 月 26 日，http://news.ifeng.com/gundong/detail_2012_11/26/19557906_0.shtml。

违法犯罪比较突出。这些案件显示,网络的匿名性在一定程度上助长了网络犯罪活动的发生,同时也加大了公安机关打击的难度。

2012年网络犯罪呈现以下主要特点。①钓鱼网站成为网络安全的第一大威胁。这些网站往往伪装成银行及电子商务等网站窃取用户提交的银行账号、密码等信息进行违法犯罪。钓鱼网站涉及网络游戏、网上购物、网上银行等多个领域,其中,支付交易、金融证券、媒体传播等三类网站是主要的钓鱼网站。②网络非法交易种类增多,网络已成为贩枪、制假售假、涉票犯罪的新途径。③网络非法公关组织、网络恶势力出现。2012年北京破获了首例非法网络公关案,捣毁了一个以提供有偿删帖服务、恶意炒作目标企业负面信息为牟利手段的敲诈勒索犯罪团伙。杭州警方破获了全国首例"恶意差评师"案,"恶意差评师"拉人入伙、针对网络卖家组团围攻、敲诈勒索,侵害他人合法权益。④QQ视频诈骗专业化程度越来越高。⑤网络成为泄露个人信息的重灾区,买卖个人网络信息形成了利益链条。⑥编造、传播网络谣言案件严重影响社会稳定,一些人在互联网上无端编造、恶意传播谣言,造成了恶劣社会影响。

针对当前网络违法犯罪的严峻形势,公安部组织全国公安机关开展了深化打击整治网络违法犯罪专项行动,严厉打击各种网络违法犯罪,有效整治和规范互联网秩序。为了保护网络信息安全,2012年12月28日全国人民代表大会常务委员会通过了《全国人民代表大会常务委员会关于加强网络信息保护的决定》,该决定加大了保护个人电子信息和网络身份管理的力度,要求建立网站、政府、企业三位一体的合力保护网络信息安全的制度。

(五)合成毒品案件高发,未成年人涉毒犯罪增多

在全球毒品持续泛滥的背景下,中国毒品犯罪形势持续好转,但是毒品制造、贩运、走私、滥用问题仍比较突出。一方面,"金三角""金新月"等地区毒品向中国渗透势头不减,边境地区制贩毒品形势的现实危害和潜在威胁进一步加大。2012年中国警方在中缅边境、中越边境、中俄边境、中朝边境地区破获了多起毒品大案要案。另一方面,

制贩合成毒品案件继续攀升，利用麻黄碱类制剂制毒案件持续增长，危害严重。根据浙江省公安厅的统计，2012年1~5月，浙江全省共破获毒品犯罪案件2011起，其中合成毒品案件976起，占48.5%①。2012年通过快递物流网络贩运毒品案件继续增多，而且涉案毒品数额巨大，查处和预防困难。未成年人和在校学生涉毒犯罪有增多趋势。未成年人毒品犯罪主要以贩毒为主，在贩毒过程中未成年人多负责收钱、送货，以转卖少量毒品为主。

（六）职务犯罪明显上升，官员财产申报成为社会热点

随着反腐力度的加大，2012年全国职务犯罪案件上升趋势明显。据最高人民检察院统计，2012年1~6月，全国检察机关共立案侦查各类职务犯罪案件30694起，与2011年同比上升15.3个百分点；决定起诉13044人，同比上升29个百分点。1~10月，全国共批准逮捕各类职务犯罪15112人，同比上升14.4个百分点②。

生产安全、食品药品、生态环境、社会保障资金监管、社会建设、征地拆迁、司法执法等领域是渎职侵权犯罪的高发领域。随着食品药品安全监管力度的加大，危害食品药品安全渎职犯罪增多，其中渎职犯罪与贪污贿赂犯罪相互交织，呈现案发领域广、窝串案多、涉及罪名多等特点。2012年商业贿赂依然高发，而且发案领域比较集中。1~6月全国查办商业贿赂犯罪案件5642起6148人，占全部贪污贿赂案件总量的41%③。工程建设、医疗器材及药品采购、土地出让和拆迁等领域是商业贿赂犯罪易发领域。

2012年"情色反腐"和"网络反腐"持续发酵，成为社会舆论的焦点。因为网络举报，"表叔"杨达才、"房叔"蔡彬等官员先后落马。11~12月，缘于"情色"而又借助于网络力量牵出了多起腐败案件，先

---

① 陈东升：《制毒成本低廉致合成毒品泛滥》，《法制日报》2012年7月5日，第4版。
② 徐日丹、李轩甫：《前十月批捕犯罪嫌疑人83万》，《检察日报》2012年12月11日，第1版。
③ 肖玮、徐盈雁、徐日丹：《今年前五月查办贪污贿赂犯罪案件13870件》，《检察日报》2012年6月30日，第2版。

后有雷政富、单增德等多人被查处。这种利用网络的民间反腐手段虽然增加了发现案件的途径,增强了社会对腐败犯罪的监督,但是也有不少弊端。专家认为预防职务犯罪的根本途径还是在于制度反腐,在于加强内外监督机制和权力制约制度建设。十八大报告明确指出,坚决查处大案要案,着力解决发生在群众身边的腐败问题。一些重大职务犯罪案件的坚决查处表明了中国打击腐败的坚定决心。

(七) 各地开展针对性打黑除恶行动,注重刑罚预防和社会建设

2012年,辽宁省袁诚家黑社会性质组织、张家口市王玉喜黑社会性质组织、贵州黎庆洪黑社会性质组织、东莞高玉林黑社会性质组织等一批有重大影响的案件分别得到了审判。2012年,各地政法机关根据当地的治安情况开展了针对性的打黑除恶工作。广东省开展了以打击欺行霸市、打击制假售假、打击商业贿赂、建设社会信用体系、建设市场监管体系为主要内容的"三打两建"工作,以优化市场环境。山东省开展了为期10个月的打黑除恶"飓风"行动,打掉涉黑组织18个、恶势力团伙193个,抓获犯罪嫌疑人1360余名,破获刑事案件2480余起,抓获重点黑恶逃犯50名。吉林省长春市开展了涉黑涉恶案件"回头看"活动,针对余案及案件刑罚执行效果进行了清理和跟踪。

二 2013年中国犯罪形势预测

(一) 犯罪形势的总体情况

2013年中国犯罪数量增长幅度将有所放缓。随着经济形势好转和创新社会管理效果的显现,诱发犯罪的因素和犯罪机会将有所减少。2012年9月份以来的各项经济数据显示,中国经济已出现企稳回升的新态势。在这种经济形势和社会管理得到创新发展的社会背景下,犯罪诱因尤其是侵犯财产犯罪和经济犯罪会大大减少,可能导致绝对犯罪数量(发案数)增长幅度的降低。总体上,2013年犯罪增长的幅度会有所降低,变动幅度不大。

（二）继续高发的犯罪类型

2013年，侵犯财产犯罪仍是最主要的犯罪类型，尤其是盗窃、诈骗等犯罪会持续高发多发，从而严重影响群众的社会安全感。

严重暴力犯罪案件的频发仍将是严重危及群众安全感的重要因素。

经济犯罪数量会有所降低，而随着反腐力度的加大，职务犯罪数量尤其是大要案数量可能会持续增长。以权钱交易为主要特征的贿赂犯罪或有上升趋势。在自然资源日益紧缺的情况下，涉及土地、林业、生态环境、能源等行业，征地拆迁、农业补贴、养老保险、医疗保障等领域的职务犯罪仍处于多发期。

网络犯罪将是中国面临的下一个严重的犯罪问题，会逐步渗透到社会经济生活的方方面面。网络盗窃虚拟财产、网络诽谤、网络诈骗、网络色情、网络赌博的犯罪形势将在相当长时期内不容乐观。

国内滋生、诱发毒品违法犯罪的消极因素仍然不少，全球毒品产量居高不下，境内制贩毒犯罪手段更加隐蔽，合成毒品滥用发展迅猛，落实防范管控措施任务非常艰巨。因此，中国毒品犯罪形势依然十分严峻。以制造冰毒和氯胺酮为主的制毒犯罪活动在各地仍可能处于蔓延态势。

虽然中国食品药品安全形势逐步好转，但问题依然不少，食品药品安全事件处于高发态势。这方面的犯罪，影响极为恶劣，将继续受到社会各界普遍关注。

未成年人的犯罪活动呈上升态势，虽然数量时有起伏，但绝对数整体上处于增长趋势。未成年人表现出低年龄、低文化、低法律意识的特征，暴力犯罪、激情犯罪特点明显[①]。

（三）需要采取的行动

暴力犯罪和侵犯财产犯罪构成打击、预防的首要重点。有关机关应按照十八大报告"依法防范和惩治违法犯罪活动，保障人民生命财产安全"

[①] 全国人大内务司法委员会工青妇室：《〈预防未成年人犯罪法〉实施情况调研报告》，《预防青少年犯罪研究》2012年第1期。

的要求,继续加大对这些类型犯罪的打击力度。

毒品犯罪破案已首次超过10万大关①。应始终保持对其主动进攻和严打高压态势,继续开展一系列破案攻坚行动。针对涉毒活动的网络化,应深入开展"打击网上涉毒犯罪"行动。为遏制制贩合成毒品的严重化趋势,应加强对麻黄碱类复方制剂的管制。

2012年通过的《全国人民代表大会常务委员会关于加强网络信息保护的决定》强调打击窃取或者以其他非法方式获取、出售或者非法向他人提供公民个人电子信息的违法犯罪行为以及其他网络信息违法犯罪行为,成为相关部门的工作重点。2013年,公安机关应继续深化打击整治网络违法犯罪专项行动,整治和规范网络秩序。

十八大报告提出,"要把保障和改善民生放在更加突出的位置"。为此,打击民生领域的犯罪将成为司法机关的重要活动。

按照"十二五"规划关于"严厉打击暴力侵害妇女、拐卖妇女等违法犯罪行为""严厉打击拐卖儿童、弃婴等违法犯罪行为"的要求,应切实保障妇女、儿童的合法权益。为落实《预防未成年人犯罪法》,教育部门、司法部门等国家机关应立足于教育和保护,对未成年人犯罪进行预防和矫治。

司法机关应当积极配合有关部门开展食品药品安全治理整顿,始终保持高压态势,严禁以罚代刑。在办理食品药品犯罪案件时,还要注意发现其背后的工商行政管理、质量监督检验检疫、食品药品监管、卫生等部门以及司法机关工作人员收受贿赂、徇私舞弊、玩忽职守等职务犯罪的线索,并及时移送职务犯罪侦查部门。

2013年是实施"十二五"规划承前启后的关键一年,又是全面贯彻落实十八大精神的开局之年,经济发展更加有效益、有质量、可持续,并加速推进工业化、信息化、城镇化和农业现代化建设。在此过程中应把犯罪控制和预防纳入规划的范围和视野,尽量避免"新四化"建设过程中出现显著的犯罪增长。

---

① 国家禁毒委员会办公室:《2012年中国禁毒报告》,http://www.jhak.com/jdzy/zgjdzy/20120710/7327.html。

第十章 2013年中国犯罪形势分析及预测

摘 要：2013年，中国社会治安形势总体稳定，民众的安全感有所提升。但是，犯罪形势依然严峻，一些严重影响社会治安的犯罪仍然处于高位运行态势，在有些方面甚至有所加剧，一些社会不稳定因素尚未从根本上消解。随着"法治中国"建设的深入推进和司法体制改革的不断深化以及其他一些积极因素的影响，从2014年开始，刑事犯罪总量的增幅有望得到控制；贪污贿赂类犯罪、渎职类犯罪、性侵害未成年人犯罪以及与散布谣言有关的犯罪等会有所遏制；极端暴力类犯罪、与互联网有关的特定犯罪、间谍情报类犯罪以及暴力恐怖主义犯罪等仍然可能持续高发。

一 2013年犯罪总体形势

2013年，中国社会治安总体形势稳定，民众的安全感较2012年有所提升，但一些严重影响社会治安的犯罪在总体上仍然处于高位运行态势，社会的不稳定因素依旧存在，在有些方面甚至有所加剧。概括而言，严重威胁民众人身安全、财产安全和社会正常秩序的恐怖主义犯罪有所抬头，相关的编造、故意传播虚假恐怖信息的犯罪呈明显上升态势。"犯罪狠化"现象加剧，灭门惨案、爆炸案件和纵火案件多发。新型网络违法犯罪明显呈现上升趋势，网络造谣、网络诈骗和网络敲诈成为网络犯罪的三个主要类型。针对未成年人的犯罪和未成年人犯罪的问题更加突出。在反贪污贿赂犯罪取得重大进展的同时,该类犯罪继续高发,涉及数额触目惊心;因渎职导致生态环境破坏的犯罪依然多发。毒品犯罪形势不仅没有良好改观,并呈现微量化、网络化、智能化趋势。食品医药、农资仍然是犯罪高发领域;洗钱犯罪形势依然严峻。这些现象表明,"法治中国"建设不能一蹴而就,需要凝聚全社会的力量,齐心协力,稳步而积极地推进。

二 2013年主要犯罪类型形势分析

(一) 恐怖主义犯罪

在国际恐怖活动处于活跃上升期的现阶段,恐怖主义犯罪依然是威胁中国民众人身安全和正常社会秩序的一个重要因素。2013年4月23日,新疆喀什巴楚县色力布亚镇发生暴力恐怖案件,致使民警、社区工作人员15人死亡,2人受伤。6月26日,新疆吐鲁番地区鄯善县鲁克沁镇再次发生暴力恐怖袭击案件,造成24人遇害,21名民警和群众受伤。10月28日,发生天安门恐怖袭击事件。乌斯曼·艾山及其母亲、妻子3人驾车快速行驶冲撞游人群众,造成2人死亡,40人受伤,后撞向金水桥护栏,点燃车内汽油致车辆起火燃烧,车内3人当场死亡。12月15日,新疆喀什地区疏附县萨依巴格乡发生一起多名暴徒持刀砍杀及投掷爆炸装置事件,造成2名民警死亡。12月30日,新疆莎车县公安局遭9名恐怖分子投掷爆炸装置袭击,警方现场缴获爆炸装置25枚、自制砍刀9把等作案工具。

2013年,编造、故意传播虚假恐怖信息犯罪呈明显上升态势,特别是以此来威胁民航飞行安全的刑事案件屡有发生,严重扰乱了社会秩序,给相关各方造成了重大损失。2月21日,深航ZH9786合肥—深圳航班起飞后,合肥机场收到匿名电话称机上有爆炸物,迫使该航班备降南昌进行排查。根据公开的消息,2013年5月15日至18日短短四天之内,全国连续发生6起编造虚假爆炸信息威胁民航飞行安全的事件,造成北京、上海、广州等地共22架次航班返航、备降或延迟起飞,给民航企业和广大乘客造成了重大损失[①]。为打击此类犯罪，公安部于5月21日发布《关于依法严厉打击编造虚假恐怖信息 威胁民航飞行安全犯罪活动的通知》，明确要求对上述"诈弹"行为应当严格按照刑事案件进行立案侦查，不得"以行代刑"，以治安管理处罚等形式予以降格处理。5月27日，最高人民检察院发布第三批指导性案例（包括李泽强编造、故意传播虚假恐怖信息以及卫学臣、袁才彦编造虚假恐怖信息等案例），强调应加大对该类犯罪的刑事惩处力度，进一步遏制以编造和故意传播虚假恐怖信息的方式来威胁民航飞行安全的行为[②]。9月29日，最高人民法院发布《最高人民法院关于审理编造、故意传播虚假恐怖信息刑事案件适用法律若干问题的解释》，并公布了张琬奇、潘君、熊毅等三起编造虚假恐怖信息犯罪的典型案例，以期通过以案说法的形式，达到震慑犯罪的目的[③]。

（二）严重暴力犯罪

"犯罪狠化"是当下社会管理中值得警惕的一个现象。尽管公安部门对暴力恐怖活动、个人极端暴力犯罪、涉枪涉爆等严重刑事犯罪始终保持着严打高压态势，但是一些极端的个案仍然在不断冲破社会公众的心理底线。

据媒体公开报道，2013年全国发生了一系列惨绝人寰的灭门惨案。分别是，甘肃安定区符川镇长丰村新窑沟村民张明全案、江苏省东海县林鹏飞案、连云港东海县驼峰乡南榴村杨某案、安徽省淮南市凤台县朱马店镇马店村朱敬四案、湖北省长阳土家族自治县鸭子口乡古坪村余金龙案、河北省泊头市泊彩濠庭小区赵某案、云南省保山市隆阳区朱家庄2组案、云南省西双版纳州勐腊县城区案、江苏连云港市灌云县郑鲁案、宁夏回族自治区彭阳县红河乡文沟村麻永东案、广东佛山市南海区里水镇案、江苏省常熟梅里镇案、四川南充市蓬安县徐家镇东街案。

[①] 张先明：《六种严重扰乱社会秩序情形将追究刑事责任》，《人民法院报》2013年9月30日。
[②] 徐日丹：《编造虚假恐怖信息并敲诈勒索从一重罪处断》，《检察日报》2013年5月29日。
[③] 张先明：《最高法院公布三起编造虚假恐怖信息犯罪典型案例》，《人民法院报》2013年9月30日。

2013年，全国还发生了一系列影响较大的爆炸和放火案件。2月13日，陈某因婚姻家庭矛盾，在广东省湛江市坡头区官渡镇黎田村针对女方家庭制造了一起爆炸案，造成7人死亡，18人受伤①。6月7日，厦门人陈水总因社保问题无法解决，携带汽油等易燃物，致使厦门一辆公交车在行驶中突然发生爆炸起火，导致47人死亡、34人受伤、8名学生下落不明，其本人被当场烧死。7月20日傍晚，在首都机场T3航站楼到达大厅B出口处，冀中星携带的自制爆炸装置爆炸，爆炸致其左手受伤被截肢，并使现场一名民警受伤。7月26日，王贵由于怀疑自己的200元钱被盗，在黑龙江省海伦市联合敬老院住院处制造了一起重大放火刑事案件，造成11人死亡，2人受伤。11月6日，丰某在太原市迎泽大街迎泽桥东制造一起爆炸案件，引起社会广泛关注。

除上述灭门、爆炸和放火案件之外，2013年还发生了一系列其他类型的惨案，如吉林省长春市周喜军杀婴案、北京市大兴区旧宫镇韩磊摔婴案、河南省驻马店市丁金华连环杀人案等。

尽管任何国家都无法避免出现一些极端个案，但是，从维护社会治安稳定、保障公众生命安全的角度出发，国家对于恶性暴力犯罪应当秉持零容忍的态度。事实上，从总体上看，通过科学的治理手段，严重的暴力犯罪是可以得到有效控制的。例如，在构建立体化防控体系中，广东2013年前5个月治安形势明显好转，爆炸、放火、劫持、杀人、绑架、强奸、伤害、抢劫等八类严重暴力犯罪发案数同比下降5.6%，其中绑架案件与抢劫案件同比分别下降14.3%和9.1%，在抢劫案件中，入室抢劫、抢机动车、抢汽车等三种案件发案率降幅较大，同比分别下降25.1%、28.8%和53.4%；破坏社会主义市场经济案件发案率降幅近半，同比下降44%（其中制贩假币下降6.7%，金融诈骗下降19.9%）；涉枪案件立案数同比下降28.1%②（其中持枪抢劫案件立案数明显下降，降幅达76.7%）。可见，在始终保持对暴力恐怖活动、个人极端暴力犯罪、涉枪涉爆等严重刑事犯罪的严打高压态势的同时，积极探寻科学的犯罪治理手段也是十分必要的。

---

① 吴涛：《湛江特大爆炸案系因恶意报复》，《新华每日电讯》2013年2月18日。
② 陈捷生、刘芷薇、黄轩：《粤八类严重暴力犯罪发案同比下降》，《南方日报》2013年6月27日。

(三) 网络犯罪

互联网在极大改变人们生活的同时，也引发了很多问题。2013 年，中国网络违法犯罪明显呈现上升趋势。据统计，2013 年第一季度，上海共受理网络违法犯罪案件 860 多起，同比增幅达到 64.7%[1]。山西共查破各类网络违法犯罪案件 144 起，刑事拘留 49 人，治安处罚 29 人，23 人因网络违法犯罪被批捕[2]。从网络犯罪的形式上看，主要有三类：第一类是利用网络发布信息或者联络，主要犯罪活动在网下实施；第二类是直接通过网络空间实施犯罪，如利用网络非法贩卖公民个人信息等；第三类是将网络作为攻击目标，如非法侵入计算机系统等。从网络犯罪的趋势上看，主要呈现以下四个特点。第一，从年龄层次上看，网络犯罪人员呈低龄化趋势，违法犯罪人员多在 30 岁以下，其中"85 后""90 后"居多，低龄人员的比例越来越高。第二，从技术特征上看，一方面，违法犯罪群体从互联网专业技术人员逐渐向非技术人员扩展，一般企业员工及其他社会无业人员也越来越多地参与到网络违法犯罪中；另一方面，技术的更新越来越快，在便利人们交往的同时，也加快了犯罪的蔓延。第三，从犯罪设备上看，网络犯罪从个人电脑逐渐转向移动设备。移动设备不仅逐步沦为犯罪的工具与媒介，而且也越来越多地成为犯罪攻击的目标。第四，从组织形式上看，网络犯罪呈集团化趋势，分工也日益明显。有统计显示，各地公安机关查处的网络犯罪案件基本可以分为三类：网络造谣、网络诈骗和网络敲诈[3]。

第一，网络造谣。2013 年，网络造谣已经对网络环境造成了严重污染。截至 2013 年 8 月份，上海公安机关已依法查处网络造谣传谣案件 380 余起，涉案 170 余人[4]；浙江共查处网络造谣等违法犯罪 67 起，刑拘

---

[1] 杨洁：《网络犯罪新动向：集团化低龄化》，《东方早报》2013 年 5 月 24 日。
[2] 胡建华、李吉莲：《山西查破各类网络违法犯罪案件 144 起》，中国警察网，http：//sx.cpd.com.cn/n62143/c85699/content.html，最后访问时间：2013 年 11 月 27 日。
[3] 徐维维：《多地警方突击网络犯罪 数百案例集中于三大罪名》，《21 世纪经济报道》2013 年 8 月 27 日。
[4] 邹伟：《网络谣言制造者傅学胜被上海警方依法刑拘》，新华网，http：//news.xinhuanet.com/politics/2013-08/25/c_125242496.htm，最后访问时间：2013 年 11 月 27 日。

2人，治安处罚46人，教育训诫22人，关闭违法的网站、栏目、网店1978家，关停相关网络账号、码号207个①。从全国范围来看，发生了一系列影响较大的网络造谣犯罪案件。其中以秦火火（秦志晖）和立二拆四（杨秀宇）案件影响为最。2013年度，以秦火火和立二拆四为首的北京尔玛互动营销策划有限公司，专门通过互联网策划制造网络事件，蓄意制造传播谣言及低俗媚俗信息，扰乱网络秩序并非法牟取暴利。2013年还发生了傅学胜造谣事件。为泄愤报复、诽谤他人，傅学胜在网上一手制造传播"'情妇'举报副区长、公安分局长""中石化'非洲牛郎门'"等谣言，并雇用网络水军进行转载顶帖、恶意炒作，造成恶劣影响。2013年，制造"自来水里的避孕药""舟山人头发里汞超标""惠州猪肝铜超标""南京猪肉含铅超标"等虚假信息的知名"环保专家"董良杰被依法刑事拘留。此外，该年度还发生了云南网络名人"边民"董如彬造谣事件、《新快报》记者涉嫌造谣事件等。从查处的案件情况看，当前网络造谣主要呈现以下几种类型。一是非法牟利型。一些网络公关公司或者个人受利益驱动组织网络水军通过发帖、删帖等炒作、造谣，制造社会热点，借机谋取经济利益。二是博取眼球型。一些"意见领袖""大V"为了博取眼球、赚取粉丝，不辨是非甚至故意编造虚假信息。三是泄愤报复型。一些人因私愤而编造谣言，意在打击报复他人。四是意识淡薄型。一些网民法律意识淡薄，盲目转发或者随意编发各种网络谣言。从发布谣言的平台看，主要是各地论坛、微博和QQ空间等。很多谣言的最初发布平台是论坛，但之后会被其他网站及微博转载及传播②。

第二，网络诈骗。2013年，随着网络购物、网络通信、网络社区的进一步发展和流行，网络诈骗案件频繁发生。6月，公安部在马来西亚吉隆坡成功打掉了一个实施跨国网络交友、骗婚的诈骗犯罪团伙，抓获尼日利亚籍犯罪嫌疑人14名，缴获手机、笔记本电脑、银行卡等作案工具一

---

① 郑求忠：《我省查处网络造谣等违法犯罪案件67起》，《平安时报》2013年8月23日，http://www.zjsgat.gov.cn/jwzx/cgzs/201308/t20130827_460207.htm，最后访问时间：2013年11月27日。
② 徐维维：《多地警方突击网络犯罪 数百案例集中于三大罪名》，《21世纪经济报道》2013年8月27日。

批。9月,公安部部署指挥北京、辽宁等12省、自治区、直辖市公安机关集中行动,破获一起特大利用"伪基站"设备作案的新型诈骗活动,共摧毁违法犯罪团伙72个,抓获犯罪嫌疑人217名,捣毁"伪基站"设备生产"窝点"4处,缴获"伪基站"设备96套。

从总体上看,网络诈骗案件呈上升趋势。以四川省为例,据统计,四川省2013年上半年全省网络诈骗立案数达220件,已接近上年全年立案数的八成①。再以网络投资理财诈骗为例,据统计,截至2013年第三季度末,已截获的新增金融投资类钓鱼网站有6.4万个,较上年全年增长了42%,金融投资类钓鱼网站的影响范围较2012年呈现明显扩大趋势。2013年第三季度,360安全中心共拦截金融投资类钓鱼网站6474万次,平均每个网站的拦截访问量高达1009次。而且,该数据已经连续两个季度保持上升,第二、三季度分别上升48.4%和51.2%。360网购先赔的统计数据显示,2013年第二季度,遭受投资理财欺诈的人均损失高达3.1万元,单个受害者最高被骗金额竟高达30万元;"80后"成网上理财最易上当的网民群体,广东省的网络投资理财诈骗报案率则居全国之首②。网络诈骗之所以呈明显上升趋势,主要有以下几个原因。首先,网络诈骗成本低,收益大,隐蔽性强,且不受地域范围限制。其次,办案成本较高,取证难,维权亦难。很多案件涉及异地诈骗,警察办案往往不但要多地奔波,而且还要协调多个部门进行取证,难度之大可想而知。加之受害人取证能力有限,即便案件侦破,犯罪分子若将赃款分散转移或者挥霍一空,受害人维权十分困难。

从诈骗手法上看,常见的手法主要有网络购物诈骗、中奖诈骗、网络钓鱼诈骗、购车退税诈骗、虚拟游戏装备诈骗、网络荐股诈骗、彩票预测诈骗、假药诈骗、信用卡消费诈骗、发布招工招生信息诈骗、网上订票诈骗、投资返利诈骗、免息贷款诈骗和网络交友、网络结婚以及"放马"诈骗等等,其中网络购物诈骗的发案率最高。

第三,网络敲诈。2013年,网络敲诈案件仍然不时发生。8月,"网

---

① 杜蕾:《网络诈骗黑手为何屡屡得逞?》,《四川日报》2013年7月26日。
② 王荣:《前三季网络金融钓鱼诈骗激增》,《中国证券报》2013年11月21日。

络反腐维权斗士""网络知名爆料人"周禄宝因涉嫌敲诈勒索在苏州昆山被批准逮捕。据查,周禄宝利用其网络知名度先后在广西、浙江、江苏等地以"爆料炒作"发布负面帖文手段获取"封口费",敲诈多家寺庙和道观等,金额达上百万元。9月,江苏警方在徐州成功侦破一起利用网络进行敲诈勒索的案件。以仲伟、窦玉刚、鞠俊等人为首的犯罪团伙自建"今日焦点网""社会焦点网""环球视点网""社会网"等11个"权威"网站,冒充记者,以在网上发布或扬言发布负面新闻为由,对政府、企业和个人疯狂实施敲诈勒索,在江苏、安徽、山东、河北、贵州、山西等7个省27个城市作案120余起,涉案金额300余万元。

从总体上看,打击网络犯罪是一项社会综合治理工程,需要齐抓共管,多管齐下。一方面,国家应当不断完善互联网法律法规体系,进一步规范各类网站的权责归属及管理制度,实现对网络监管和治理的常态化、机制化、法治化。另一方面,还需进一步构建和完善网络安全综合防控体系,尤其要加强对重点网站、网络服务商的监管,坚持打防并举,加大行政执法力度和依法惩戒力度,以高压严打态势对违法犯罪分子形成强大威慑。

(四)与未成年人有关的犯罪

与未成年人有关的犯罪分为两类。一类是针对未成年人的犯罪,一类是未成年人实施的犯罪。

1. 针对未成年人的犯罪频繁发生

(1)针对儿童的性侵犯罪引人瞩目。2013年多次发生性侵幼女的恶性案件。5月8日,海南省万宁市后郎小学6名六年级的小学女生集体失踪,后经查明,该6名小学女生被万宁市第二小学校长陈在鹏及万宁市房管局干部冯小松带走开房,对此,舆论一片哗然。8月24日,云南大关县机构编制委员会办公室主任郭玉驰见到一名幼女(2009年出生)在路边玩耍,遂起奸淫之心将其抱至家中实施奸淫,引起社会各界广泛关注。此外,广西全州县13岁女生遭派出所所长"破处"案、兰州派出所副所长嫖宿幼女案、四川渠县档案局官员涉嫌强奸幼女案、陕西渭南市原人大代表张某嫖宿13岁幼女案、山东青岛幼儿园保安猥亵儿童案、河南桐柏教师杨仕富教室猥亵女生案、广东雷州校长强奸两女生等案的发生，一再反映出对女童的权利保障不足、对性侵者预防惩戒不力等问题。

（2）暴力伤害儿童的犯罪居高不下、手段残忍。除上述北京大兴韩磊摔死婴儿及周喜军盗车杀婴等恶性案件之外，还发生了山西儿童被挖眼的恶性案件。这些案件引发人们对未成年人保护问题的关注和思考。

（3）拐卖儿童犯罪虽然得到遏制，但是滋生此类犯罪的土壤尚未彻底铲除，部分地区拐卖犯罪依然猖獗。3月，在公安部统一指挥下，河南等20省、自治区、直辖市警方联手彻底摧毁了5个危害极大的特大拐卖儿童犯罪团伙，抓获犯罪嫌疑人368名，解救被拐卖儿童63名。11月3日，在湖北省咸宁市通城县人民医院一名出生仅一天的男婴被盗，拐卖儿童犯罪再次引起社会的普遍关注。这一情势表明，反拐工作仍然任重道远。为有效预防、依法打击拐卖人口犯罪，积极救助、妥善安置被拐卖受害人，切实维护公民合法权益，依据有关国际公约和中国法律，国务院办公厅发布《中国反对拐卖人口行动计划（2013~2020年）》。各省公安机关也利用多种渠道积极开展主题宣传活动，调动社会力量参与防范和打击拐卖犯罪活动。

2. 未成年人犯罪问题依然突出

据调查，当前未成年人犯罪具有以下特征。第一，从年龄上看，低龄化趋势明显。据统计，现在犯罪高峰年龄是17岁，十六七岁的占未成年人犯罪的90%，十四五岁的不到10%。第二，从犯罪类型上看，侵财型犯罪占比最大，约占总数的85%，其次才是打架伤害。在侵财型犯罪中，最多的是盗窃，占未成年人犯罪的40%，且较往年有增长趋势；再次是抢劫，占30%；最后是寻衅滋事、强拿硬要[1]。在一些省份，毒品犯罪明显上升[2]。第三，由于处于青春期，容易受到网络、影视作品的淫秽色情内容的误导而一时冲动实施犯罪。2013年度最具影响力的案件莫过于李

---

[1] 林靖：《孩子犯罪主要因攀比》，《北京晚报》2013年5月29日。
[2] 李婧：《广西未成年人犯罪低龄化趋势明显 毒品犯罪人数增加》，人民网，http://gx.people.com.cn/n/2013/0529/c179430-18758279.html，最后访问时间：2013年5月29日。

某某案件。

对于针对儿童的恶性犯罪，应当继续保持高压态势，严格执法，坚决打击。对于未成年人犯罪，应当在建立健全司法制度、严格执法的同时，强调家庭、学校和社会的预防和帮教责任，注重未成年罪犯的回归和教育问题。

（五）职务犯罪

2013年，中国在职务犯罪案件的查办上重拳频出，"老虎""苍蝇"一起打，取得了有目共睹的成就。来自最高人民检察院反贪总局的一组统计数字显示：2013年1月至8月，全国检察机关反贪部门共查办发生在群众身边、损害群众利益的贪污贿赂案件13163件18616人，涉案总金额31.1亿元。其中，大案10320件，占78.4%；要案涉及604人，占3.2%。最高人民检察院反贪总局挂牌督办了20件重大案件。全国检察机关共立案侦查贪污贿赂犯罪大案1.8万余件，占立案总数的80.8%，同比上升5.7%；立案侦查贪污贿赂要案涉及1761人，其中厅级以上干部129人[①]。这些数据鲜明地昭示了中国政府全力反腐的坚强决心。

2013年，纪检监察部门及检察机关查办了一批有影响、有震动的大案要案，数名省部级高官因严重违法违纪落马。四川省省委原副书记李春城，广东省委原常委、统战部原部长周镇宏，国家发展改革委原副主任刘铁男，安徽省原副省长倪发科，四川省原副省长、省委原常委、原省文联主席郭永祥，内蒙古自治区党委原常委、统战部原部长王素毅，广西壮族自治区政协原副主席、原区总工会主席李达球，江苏省南京市委原副书记、原市长季建业，原中国石油天然气集团公司副总经理、大庆油田有限责任公司总经理王永春，原国务院国资委主任蒋洁敏等省部级高官因涉嫌严重违纪被立案侦查。2013年度，还开庭审理了薄熙来受贿、贪污、滥用职权案，刘志军受贿、滥用职权案等一批大案。从2013年度查处案件

[①] 王丽丽：《检察机关开展专项工作 剑指群众身边腐败》，《检察日报》2013年10月18日。

的情况来看，贪污贿赂犯罪形势仍然严峻，贿赂犯罪尤为突出，涉案金额不断增大；国家机关工作人员犯罪增多，尤其是一些高级领导干部犯罪案件社会影响恶劣；共同作案现象增多，窝案串案高发；作案方式隐蔽，查处难度大，尤其是工程建设、商贸活动以及民生建设等领域的犯罪，具有辐射性、群体性、跨区域、关联度高等特点，需要以经济区域内关联产业链为依托，深入分析其与贪污贿赂犯罪的关联性和规律性，有效运用挖窝案查串案、滚动深挖的方法才能把案件查深查透；工程基建、土地审批、房地产开发、矿产资源的审批与开发、金融等领域腐败现象较为突出，其中房地产领域的腐败尤为严重；公众参与和社会监督作用日益凸显，群众举报成为检察机关办理贪腐案件的源头活水，检察机关在2013年前8个月立案侦查的贪贿案件中，来源于群众举报的有7080件，网络曝光正在改变反腐格局①。十八大以来的雷政富、李俊文、李亚力、孙德江、单增德、齐放等案件均得力于网友在互联网上的检举而得以查办。此外，基层的一些单位和领域腐败案件易发多发，窝案、串案明显增多，"老虎"逮住一只，"苍蝇"带出一群，如武汉市公交集团腐败窝案、甘肃省华亭县腐败窝案等即是如此。

因渎职犯罪导致生态环境破坏的犯罪依然严峻、依然多发。来自最高人民检察院的统计数据显示，2013年1月至4月，全国检察机关查办的涉及危害生态环境渎职犯罪案共计317件393人，所涉罪名主要集中在玩忽职守罪和滥用职权罪，而且行政执法人员占比较大，绝大多数案件发生在基层监管环节。对违法排污行为监管不力，超越职权违法批复环保项目立项，大搞权钱交易越权审批违规项目，与不法人员相互勾结甚至充当违法犯罪分子的保护伞，滥用职权随意免征减征排污费环保罚款，对环保专项资金申请、使用监督管理失职，造成环保专项资金未用于环保事项，是危害生态环境的重要原因②。

腐败就其实质而言是权力的滥用。反腐败的关键就是健全权力运行监督制约体系，将权力关进制度的笼子里，防止掌权者利用权力获取非法利

---

① 徐盈雁：《群众举报成为查办腐败案件的源头活水》，《检察日报》2013年10月20日。
② 赵阳：《渎职贪腐成破坏生态环境犯罪保护伞》，《法制日报》2013年6月3日。

益。为此，就必须认真贯彻标本兼治、综合治理、惩防并举、注重预防的方针，在加大反贪污贿赂工作力度的同时，尽快推进官员财产以及有关事项的公示、报告制度；积极转变政府职能，减少行政审批事项，消除滋生腐败的体制弊端；推行权力清单制度，依法公开权力运行的具体流程；强调制度反腐、法治反腐，健全和完善相关立法，让法律制度刚性运行。同时，在经济全球化、社会信息化的大趋势下，还应当进一步推动反腐败的国际合作，推动国际反腐败事业向纵深发展。

（六）毒品犯罪

2013年，毒品犯罪形势比较严峻。截至2013年6月份，山西省各级公安机关共破获各类毒品犯罪案件487起，抓获嫌疑人5387名，缴获毒品746千克左右。1月至5月，内蒙古共破获毒品案件1186起（其中包括加工毒品案件8起，通过公开查缉破获的100克以上毒品案件24起，通过区域警务合作侦破的公安部督办毒品案1起），抓获嫌疑人1350名，缴获海洛因6.95千克，缴获冰毒及其片剂15.79千克，打掉毒品加工窝点8个[①]。

从查获的案件来看，2013年中国的毒品犯罪呈现以下趋势和特点。

第一，为逃避打击，微量化、网络化贩毒成为毒品犯罪的一个新动向。在一些检察院办理的毒品案件中，7克以下毒品案件占案件总数的86.1%[②]。同时，随着网络科技的高速发展，利用QQ聊天软件、手机微信等方式进行网上贩毒，网上售卖制毒原料、制毒配方，网上贩毒的现象越来越多。第二，高学历女性作为特殊犯罪主体呈增长趋势。有调查显示，高学历涉毒犯罪女性的年龄大多集中在18岁至30岁，多为未婚女青年，且几乎全为涉毒初犯、偶犯[③]。第三，低龄化也是毒品犯罪的一大趋势。未成年人涉世未深，或者出于好奇、赶时髦、寻求刺激等心理，或者对于K粉、摇头丸等"软毒品"存在认识误区，抑或因为精神空虚容易

---

① 詹肖冰等:《广泛宣传　周密部署　各地全力遏制毒品犯罪》,《人民公安报》2013年6月28日。
② 徐伟:《毒品犯罪呈现微量化网络化新动向》,《法制日报》2013年11月18日。
③ 金可、李佳丽:《毒品犯罪中高学历女性增多》,《北京日报》2013年6月26日。

受到不法分子引诱而吸食毒品，甚至被不法分子利用，成为其"马仔"或帮凶。据统计，吸食合成毒品的人员当中青少年占比高达86%①。第四，合成毒品比例迅速上升。目前在全国范围内，海洛因仍是最主要的涉案毒品，但所占比例逐年下降。甲基苯丙胺、"麻古"、氯胺酮等合成毒品所占比例不断增长，在部分地区已超过海洛因，成为最主要的涉案毒品②。由于合成毒品成本低、利润巨大、制作简单，又有诱惑性，容易导致吸食者误食成瘾，因而其蔓延非常迅速。据统计，目前中国吸食合成毒品人群每年以30%左右的幅度增长③。第五，毒品的次生危害日益凸显，吸毒诱发的侵财性、暴力性犯罪频发。在很多案件中，犯罪分子或者为获取购毒资金实施抢劫、盗窃等侵财犯罪，或者在吸毒后行为失控，实施故意杀人、故意伤害等暴力犯罪，或者在吸毒后驾驶机动车肇事，严重危害了社会治安和人民群众的生命财产安全。第六，毒品犯罪国际化、集团化、智能化、暴力化趋势越来越明显。跨国毒品犯罪案件较多，许多案件呈集团化运作态势，并且犯罪的方式和手段越来越呈现智能化、暴力化的特征，"以毒养黑、以黑护毒"现象比较突出。在2013年的"扫毒害保平安"行动中，共破获涉枪案件637起，收缴枪支759支、子弹4.9万发④。第七，毒品来源多元化成为趋势。"四面包抄、多头入境"是中国境外毒品来源的基本特征，同时，相当一部分毒品源自国内制造。

鉴于毒品犯罪频繁发生，6月26日，最高人民法院公布孙子尔火等运输毒品案，黄红中、王玉等贩卖运输毒品、非法持有枪支案，俞彬、孙弘贩卖运输毒品案，石超故意杀人案，宁钢抢劫案等5起毒品犯罪典型案例，以此来震慑犯罪，并指导相关案件的审判工作。

针对日益严峻的毒品犯罪形势，政府应当不断加大对禁毒的宣传力度，加强对出租屋、娱乐等场所以及对易制毒化学品的监管，保持对毒品

---

① 丘勋锐：《毒品犯罪呈现新态势 打一场禁毒人民战争》，《人民公安报》2013年6月25日。
② 陈登科、程游：《打击毒品犯罪 严防次生危害》，《中国民族报》2013年7月5日。
③ 丘勋锐：《毒品犯罪呈现新态势 打一场禁毒人民战争》，《人民公安报》2013年6月25日。
④ 丘勋锐：《毒品犯罪呈现新态势 打一场禁毒人民战争》，《人民公安报》2013年6月25日。

犯罪的高压态势，深挖贩卖毒品上下游的犯罪问题，并注重对戒毒人员的治疗与教育矫治。

（七）其他类型犯罪

2013年，食品安全和假劣药械、农资仍然是犯罪高发领域。为有效遏制危害食品安全犯罪，5月3日，最高人民法院、最高人民检察院联合发布《关于办理危害食品安全刑事案件适用法律若干问题的解释》，要求对利用"地沟油""瘦肉精""工业明胶""三聚氰胺蛋白粉"等危害食品安全的行为进行严厉打击。同日，最高人民法院发布了王长兵制售假白酒、陈金顺收购病死猪肉销售等典型案例，用以警示和震慑此类犯罪[1]。6月，最高人民检察院下发《关于对一批危害食品安全、假劣药械、农资犯罪案件予以督办的通知》，要求对制售不符合安全标准或者有毒、有害食品以及假劣药械、农资等犯罪活动予以从严打击，并挂牌督办248起危害食品安全犯罪案件和77起假劣药械、农资案件[2]。

2013年，洗钱犯罪的形势仍然较为严峻。4月22日，广东省东莞市公安局联合深圳市公安局经侦部门在深圳捣毁一地下钱庄，抓获高某等3名犯罪嫌疑人，扣押冻结涉案资金折合人民币190余万元。5月24日，广东省广州市公安局捣毁一地下钱庄，抓获张某等10名犯罪嫌疑人，冻结涉案资金200余万元，涉案金额达50亿元。从查办案件的特点看，目前的洗钱犯罪上游犯罪高发，可疑交易规模大；金融体系被利用的风险加大，组织性、关联性、跨区性特点突出；隐蔽性增强，地下钱庄成为非法资金的重要通道[3]。

---

[1] 陈菲、杨维汉：《最高法院公布一批危害食品安全犯罪典型案例》，新华网，http://news.xinhuanet.com/politics/2013-05/03/c_115633826.htm，最后访问时间：2013年12月13日。

[2] 陈菲：《最高检挂牌督办325起重大案件 严打危害食品安全等犯罪》，新华网，http://news.xinhuanet.com/politics/2013-06/02/c_116002160.htm，最后访问时间：2013年12月13日。

[3] 公安部经济犯罪侦查局：《重拳打击洗钱犯罪 维护国家金融安全》，《人民公安报》2013年6月6日。

三 2014 年犯罪形势预测

从整体上看，由于中国在相当长的一段时间内将继续处于社会转型期，因此，犯罪形势将难以在短期内有较大幅度的改观。但是，鉴于以下因素的存在及其逐步影响，2014 年，有的犯罪可能会有所遏制，有的犯罪特别是一些新型犯罪仍然会有新的变化并呈现社会性、时代性等特点。

（一）可能影响今后犯罪形势变化的几个因素

1. "法治中国"建设的深入推进

中国共产党的十八大报告指出，要全面深化改革，"加快建设社会主义法治国家"，"提高领导干部运用法治思维和法治方式深化改革、推动发展、化解矛盾、维护稳定能力"；党的十八届二中、三中全会又进一步就贯彻落实党的十八大关于全面深化改革的战略作了十分具体的部署。这势必会在政治、经济、文化、社会、生态文明等方面给中国社会的整体形势带来全方位的提升和改善，对社会犯罪形势的控制作用会逐步见效。

2. 司法体制改革不断深化

十八届三中全会提出要"推动省以下地方法院、检察院人财物统一管理，探索建立与行政区划适当分离的司法管辖制度"，从而在解决司法"地方化"问题上迈出了实质性的一步。与此同时，十八届三中全会还提出了健全司法权力运行机制，优化司法职权配置，改革审判委员会制度，推进审判公开、检务公开等改革内容。可以预见，随着司法体制改革推向深入，中国社会的总体治安形势也会逐渐朝着好的方向发展。

3. 将重拳打击严重影响社会稳定的犯罪行为

2013 年，中国在恐怖主义犯罪、极端暴力犯罪、贪污贿赂犯罪以及网络谣言犯罪等多个领域，集中办理了一批大案要案。对这些案件的坚决果断处理，显示了执政党依法治国和对各类犯罪坚决打击、绝不姑息的决心。2014 年，这样的高压态势不会改变，这势必会对相当一部分领域内的潜在犯罪行为起到强烈的震慑作用。

（二）可能受到遏制的几种犯罪

1. 贪污贿赂类犯罪

在贪污贿赂类犯罪频繁高发的现阶段，执政党已经清醒地认识到"打铁还需自身硬"，必须尽快"将权力关进制度的笼子里"，否则，"腐败问题越演越烈，最终必然会亡党亡国"！鉴于此，2013年执政党在多个领域重拳反腐，坚持"'老虎''苍蝇'一起打""坚决同一切消极腐败现象作斗争"。2014年伊始即强调仍将保持惩治腐败高压态势，要求全党要"深刻认识反腐败斗争的长期性、复杂性、艰巨性，以猛药去疴、重典治乱的决心，以刮骨疗毒、壮士断腕的勇气，坚决把党风廉政建设和反腐败斗争进行到底"。这对于今后相当长一个时期内的贪污贿赂类犯罪行为都将会产生明显的警示和威慑作用，2014年，新生的"老虎"和"苍蝇"都有望得到较大幅度减少。

2. 渎职类犯罪

2012年12月4日，中共中央政治局会议审议通过了中央政治局关于改进工作作风、密切联系群众的八项规定，体现了党要管党、从严治党的根本要求。此后，中纪委先后于2013年3月19日、7月29日两次对14起违反中央八项规定精神的典型问题发出通报，强调要加大惩处力度，持之以恒落实八项规定，坚决纠正"四风"。中纪委监察部网站的数据显示，截至2013年12月31日，全国纪检监察机关共查处违反八项规定精神问题24521起，处理30420人，给予党纪政纪处分7692人。在依法治国、依法执政、依法行政观念日益深入人心的同时，这样一种高压态势，对于渎职类犯罪行为来讲，应当会产生一定的遏制作用。

3. 性侵害未成年人犯罪

鉴于近年来性侵害未成年人的违法犯罪活动时有发生，2013年10月24日，最高人民法院、最高人民检察院、公安部和司法部联合发布了《关于依法惩治性侵害未成年人犯罪的意见》，对相关的司法实践经验进行了全面系统的总结，对相关的法律适用问题等予以明确，并公布了三起性侵害未成年人犯罪的典型案例，以"最高限度保护"和"最低限度容忍"为指导思想，强调严惩性侵幼女以及校园性侵等行为。这必将对未成年人权益的保护产生积极的影响。

4. 与散布谣言有关的犯罪

继秦火火、立二拆四、傅学胜等系列案件之后，官方在打击网络谣言方面不遗余力。2013年9月9日，两高联合发布《关于办理利用信息网络实施诽谤等刑事案件适用法律若干问题的解释》，剑指利用信息网络进行的诽谤罪、寻衅滋事罪、敲诈勒索罪和非法经营罪。可以预见，这一司法解释的出台，对于规范网络管理、净化网络环境将在一定程度上起到积极的推动作用。

（三）可能继续影响社会稳定的几种犯罪

2014年，一些特定类型的犯罪仍然可能会持续高发。社会转型所引发的多重矛盾的聚集以及贫富差距的不断拉大，使得仇富、仇官、仇星、仇警等心理日益严重，包括灭门犯罪在内的极端暴力类犯罪仍然在短期内难以消除。以互联网为平台的一些犯罪（如金融诈骗等），很可能会更进一步表现出智能化、国际化和集团化等特点。涉及国家安全的间谍情报类犯罪，也有可能随着国家周边环境的变化而有所增多。以暴力恐怖势力、民族分裂势力和宗教极端势力为背景的暴力恐怖主义犯罪，在民族、宗教、利益等问题没有及时有效解决和敌对势力的蛊惑支持下，仍然可能成为危害社会治安的"毒瘤"。2014年社会管理综合治理仍任重道远。

（参见法治蓝皮书《中国法治发展报告 No.12（2014）》）

第十一章 2014年中国犯罪形势分析及预测

摘　要：2014年度，中国社会总体形势稳中有升。尽管如此，一些领域的刑事犯罪仍然比较突出。恐怖主义犯罪依然屡有发生，在个别地区和领域甚至有所加剧；禁毒形势依然比较严峻，吸毒、贩毒案件屡禁不止；职务犯罪案件查办数量大幅攀升；网络犯罪较为突出，网络安全成为重要隐患；恶性暴力犯罪势头遏制效果不佳，社会广泛关注的惨案时有发生；未成年人犯罪、企业家犯罪以及涉黄涉赌犯罪等仍较严重。2015年，受相关因素影响，贪污贿赂犯罪、涉黄涉赌犯罪会在一定程度上得到遏制；极端暴力犯罪、网络犯罪、毒品犯罪、恐怖主义犯罪可能会继续影响社会稳定。

一　2014年犯罪总体形势

2014年，中国一些领域的刑事犯罪仍然比较突出。恐怖主义犯罪依然屡有发生，在个别地区和领域甚至有所加剧；禁毒形势依然比较严峻，吸毒、贩毒案件屡禁不止；职务犯罪案件查办数量大幅攀升，"老虎""苍蝇"各有体现；网络犯罪较高发，网络安全成为重要隐患；"狠化"犯罪势头遏制效果不佳，社会广泛关注的惨案时有发生；未成年人犯罪、企业家犯罪以及涉黄涉赌犯罪等仍较严重。以下将针对上述主要犯罪类型进行简要的总结和分析。

二　2014年主要犯罪类型形势分析

（一）恐怖主义犯罪

2014年以来，先后发生了"2·14"新疆阿克苏地区乌什县暴力恐怖袭警案件、"3·1"云南昆明火车站暴力恐怖袭击事件、"4·30"新疆乌鲁木齐火车南站暴力恐怖袭击案件、"5·6"广州火车站暴力恐怖袭击事件、"5·22"新疆乌鲁木齐沙依巴克区严重暴力恐怖爆炸案件、"6·21"新疆叶城爆炸案、"7·28"新疆莎车暴力恐怖袭击案件、"9·21"新疆巴州轮台县阳霞镇爆炸袭击案等多起暴力恐怖案件。上述暴力恐怖袭击案件具有三个共性：一是多与宗教、民族问题紧密相关，绝大多数的暴恐分子都受到极端思想的影响或蛊惑；二是手段残忍，不区分人群，动辄伤及无辜百姓；三是暴力恐怖活动的组织性有不断加强的趋势。

针对暴力恐怖活动频发的问题，自5月23日开始，在新疆维吾尔自治区和公安部的统一部署之下，一项以新疆为主战场、为期一年的严厉打击暴力恐怖活动的专项行动全面启动，收效明显。从现阶段来看，坚决打击恐怖主义背后的暴力恐怖势力、民族分裂势力和宗教极端势力十分必要，但是，从长远着眼，妥善处理民族、宗教等问题才是根本之策。

（二）毒品犯罪

禁毒工作事关国家安危、民族兴衰与人民福祉。近年来，受国内外多种因素影响，尽管政府对涉毒犯罪始终保持高压严打态势，但是，不可否认的是，中国的禁毒形势依然比较严峻，吸毒、贩毒仍然屡禁不止。

据统计，截至2014年11月，全国登记的吸毒人员有276万名，实际吸毒人员应当在1300万人以上[①]。截至12月10日，全国共破获毒品犯罪

[①] 刘子阳：《源头整治遏制毒品问题蔓延趋势》，《法制日报》2014年11月18日，第5版。

案件 3.8 万起，抓获毒品犯罪嫌疑人 4.4 万名，查处吸毒人员 18 万人次，缴获各类毒品 21 吨，与 2013 年同期相比分别增长了 11.66%、17.50%、37.74% 和 99.28%①；其中，百城禁毒会战所涉及的 108 个重点城市共破获毒品犯罪案件 13628 起，抓获毒品犯罪嫌疑人 16244 名，查处吸毒人员 6.65 万名，与 2013 年同期相比分别上升了 17.82%、26.12% 和 42.00%；108 个重点城市的破案数、抓获嫌疑人数、缴毒数占全国总量的比例均由往年的 60% 左右提升到近 70%②。一些省、自治区、直辖市破获的毒品案件与往年相比也有大幅上升。

从总体上看，2014 年度的毒品犯罪呈现以下一些新的特点。第一，武装化、暴力化倾向更加明显。在高额利润的驱使下，武装贩毒、枪毒同流成为毒品犯罪的一个显著特点。另外，一些不法分子自己也吸食毒品，在性格和认知上可能出现妄想等错觉，从而引发暴力倾向行为。第二，国际贩毒集团渗入力度加大，境外毒枭操纵大宗跨境贩毒活动的现象明显增多，侦查成本和难度进一步加大。第三，网络涉毒活动迅速增加。随着互联网技术的不断发展，越来越多的犯罪分子开始利用微信等新型媒体平台进行犯罪活动。第四，零星贩毒行为愈演愈烈。为逃避打击、降低风险，一些毒品犯罪集团将大宗毒品交易分割为零星毒品交易。这种方式交易时间短，隐蔽性强，不仅查获起来极其困难，而且在证据固定和认定上也存在困难。第五，利用物流快递邮寄毒品的案件呈明显上升趋势。由于邮递方式能够实现人毒分离，"见货不见人"，贩毒风险相对较小，因此，在贩毒方式上出现了由人体藏毒以及利用火车、长途车等交通工具向邮寄快递渠道迅速转移的趋势。第六，特殊人群贩毒现象日益严重。越来越多的贩毒团伙充分利用立法对特殊人群的特殊保护，更倾向于组织、利用未成年人、怀孕妇女等特殊人群贩运毒品。第七，青少年吸毒现象十分严重。据统计，截至 2014 年 4 月底，35 岁以下的吸毒青少年占登记在册吸毒人员总数的 75%，已经成为中国吸毒人员中的最

---

① 张年亮：《全警动员全力以赴　因地制宜突出重点　不断掀起百城禁毒会战新高潮》，《人民公安报》2014 年 12 月 12 日，第 1 版。

② 孙军、林笛：《百城禁毒会战 50 天战果盘点》，《人民公安报》2014 年 11 月 19 日，第 2 版。

大群体[1]。

吸毒给社会和个人带来了严重的危害。据统计，中国每年消耗毒品总量近 400 吨，因毒品而消耗的社会财富超过 5000 亿元[2]，间接损失超过万亿元[3]。更为严重的是，由于涉毒犯罪的高发频发，由此引发的其他犯罪也呈不断增加态势。如何禁毒已经成为关涉平安中国建设的一个重要问题。今后，禁毒工作至少应当从以下几个方面着手开展。第一，综合采取多种措施进行治理，坚持"堵源"与"截流"相结合以及标本兼治的原则。第二，依靠群众，重奖举报，拓宽毒品犯罪线索来源。第三，大力推动物流快递收寄验视实名登记制度的试点工作。第四，加强网络监管，严惩涉毒问题突出的网络运营商和服务商。第五，建立和完善常态化的涉毒高危人员排查登记以及动态管控机制。第六，严厉打击操纵特殊人群贩毒的毒品犯罪。第七，严格易制毒化学品、药品的日常监管工作。第八，进一步研究对零星贩卖毒品等犯罪行为的惩治问题。第九，加强相关人才建设、经费保障和基础设施建设，加大对娱乐场所等重点场所的控制力度。第十，加强与各国的合作，逐步建立与各国案件侦查协作、情报传递共享的常态化机制，构建和完善跨国音视频作证制度等。

（三）职务犯罪

国家对腐败形势的严峻性高度重视，惩治腐败的力度如抓铁有痕，坚持"把权力关进制度的笼子里"，在反腐问题上一直保持高压态势。2014年度，全国检察机关查办职务犯罪数量比 2013 年同期有所攀升。据统计，与 2013 年同期相比，2014 年前三个季度全国检察机关反贪部门的立案贪

---

[1] 陈菲、邹伟：《全国登记在册吸毒人员已达 258 万人》，新华网，http://news.xinhuanet.com/2014-06/25/c_1111317492.htm，最后访问时间：2015 年 1 月 5 日。

[2] 刘子阳：《源头整治遏制毒品问题蔓延趋势》，《法制日报》2014 年 11 月 18 日，第 5 版。

[3] 陈菲、邹伟：《全国登记在册吸毒人员已达 258 万人》，新华网，http://news.xinhuanet.com/2014-06/25/c_1111317492.htm，最后访问时间：2015 年 1 月 5 日。

污贿赂犯罪案件数（27235件）、人数（35633人）同比分别上升9.9%和5.6%[①]。立案侦查的行贿犯罪数（5684件）、人数（6500人）同比分别上升38.7%、35.1%，立案侦查的渎职侵权犯罪案件数（8386件）、人数（12109人）同比分别上升2.8%、5.0%，其中重特大案件数（4898件）同比上升5.7%[②]。从总体上看，检察机关反贪工作效果显著，一大批腐败分子被绳之以法，昭示了执政党全力反腐的决心。

2014年反贪工作有三个重要特点。第一，重视对行贿犯罪的查办，强调依法严厉打击严重行贿犯罪，扭转以往"重受贿打击而轻行贿打击"的局面。对于那些行贿人数、行贿次数较多的案件，以及行贿数额大、获取巨额不正当利益，行贿手段恶劣、造成严重后果的案件，加大了惩治的力度，取得了一定的效果。第二，重视对外逃贪官的追捕和追赃。2014年上半年，全国检察机关通过加强反腐败的国际司法合作，积极运用引渡、劝返、移民遣返、执法合作等措施，共抓获潜逃境内外贪污贿赂犯罪嫌疑人320名。从2014年7月22日"猎狐2014"行动启动至12月4日，从60个国家和地区缉捕428名境外在逃人员，其中涉案金额1000万元以上的141人，潜逃10年以上的32人，已有231人投案自首；特别是2014年10月10日，在公安部、最高人民法院、最高人民检察院、外交部发布了《关于敦促在逃境外经济犯罪人员投案自首的通告》之后，52天已有173人主动投案，占自首人数的75%[③]。第三，侦查手段愈来愈信息化、现代化。针对职务犯罪日益呈现智能化、高科技化、隐蔽化的特点，检察机关紧跟时代发展的步伐，不断加强侦查信息化和装备现代化建设，改变过去"一张嘴、一支笔"的传统侦查方式和"由供到证"的办案模式。

职务犯罪事关政府的公信力以及政权的合法性，必须"要以猛药去疴、重典治乱的决心，以刮骨疗毒、壮士断腕的勇气，坚决把党风廉政建设和反腐败斗争进行到底"。今后的工作应当至少围绕以下几个方面展

[①] 张磊：《最高检：前9月3.5万余人贪腐被立案》，《中国纪检监察报》2014年11月1日，第1版。
[②] 邢丙银、吴天琦：《最高检将成立国际追逃小组》，《东方早报》2014年7月26日，第A06版。
[③] 简工博：《八问猎狐行动》，《解放日报》2014年12月15日，第W06版。

开。第一,加强预防和惩治腐败的立法,尽快出台完善关于行政职权、财产申报、查办反腐败案件的法律制度。第二,稳固社会正义的最后一道防线,严厉查办发生在司法机关、司法领域的贪污贿赂犯罪案件。第三,推动社会诚信体系建设,不断完善工程建设、房地产、国土资源、金融证券以及铁路、交通、石油、石化、电力、电信等重点领域、行业的行贿犯罪档案查询制度,重点关注并严肃查办那些行贿人数、行贿次数较多的案件,以及行贿数额大、获取巨额不正当利益,行贿手段恶劣、造成严重后果等案件。第四,继续加强反腐败的国际合作,从严打击外逃犯罪分子。第五,从群众最关心、最直接、最现实的利益问题入手,围绕食品药品安全、生态环境保护、生产安全事故、征地拆迁、教育就业、社会保障等重点领域,严肃查办渎职犯罪,等等。总之,只有"把权力关进制度的笼子里,形成不敢腐的惩戒机制、不能腐的防范机制、不易腐的保障机制",才能从根本上杜绝腐败的高发频发问题。

(四) 网络犯罪

2014年是中国接入互联网20周年。互联网在给人们的生活提供巨大便利的同时,也带来了很多问题。网络犯罪十分猖獗,已经严重影响了网络安全,并进而对中国的经济安全、社会安全和国家安全造成了较大的危害。从总体上看,以下类型的网络犯罪较为突出。

第一,网络诈骗犯罪愈演愈烈。据统计,在所有的网络犯罪案件中,最多的是网络诈骗、网络传销等侵财型案件,约占40%[1]。由于具有犯罪方法隐蔽、犯罪成本低、犯罪时空性强以及社会危害性大等特点,网络诈骗迅速成为一种十分常见的犯罪方法,并且随着科技的发展,诈骗方式也在不断翻新。比如:通过网银U盾升级来诱骗受害人登录假冒钓鱼网站,获取其银行信息后实施盗窃;假冒政法机关,通过虚假电话、短信、网站等方式,谎称受害人涉案,以清查资金为由实施诈骗;建立虚假网站,发布提供招工、招生、承包工程、贷款等各类虚假信息进行诈骗;利用微博、微信发布打折商品信息,售卖假冒伪劣保健食品或者其他产品骗取钱

---

[1] 周斌:《网络犯罪快速增长势头短期内不会变》,《法制日报》2014年11月25日,第5版。

财；利用免费 Wi-Fi 盗取"蹭网"用户的网银账号、密码等隐私信息；等等。

第二，利用网络侵害妇女、未成年人权益的犯罪较为突出。2014年10月21日，最高人民法院公布了"冯文东故意杀人、盗窃案"等7起利用网络实施侵害妇女、未成年人权益犯罪的典型案例。这7起案例之所以具有典型意义，原因在于上述针对妇女、未成年人的侵财型犯罪、性侵型犯罪和暴力型犯罪都是利用网络予以实施的。

第三，利用网络买卖违禁物品的犯罪日益突出。越来越多的犯罪分子通过"暗网"，也就是那些蓄意隐匿信息及身份，将不合法的交易搬到网上经营的网络站点，来贩卖毒品、剧毒化学品、爆炸物品、枪支弹药、弓弩、管制刀具、手机窃听软件、手机改号软件、车锁干扰器、假身份证件、银行卡，甚至人体器官、野生动物等违禁物品。

第四，境内外传播恶意程序以及恶意攻击的犯罪行为较为频繁。2014年上半年，中国有19万台电脑受到木马病毒的感染。来自全球的黑客攻击几乎从未断过，中国的地方政府网站已经成为"重灾区"，移动互联网环境有所恶化。恶意程序也呈爆发式增长。信息经济安全堪忧，跨平台钓鱼攻击不断增长。域名系统的安全仍然薄弱，微信断网、宽带接入商路由劫持等事件屡见不鲜。利用智能手机、Wi-Fi、二维码、实时通讯软件、"伪基站"等是犯罪分子盗取信息、实施诈骗的常用方法。

第五，利用网络实施毒品犯罪日益严重。网络已经成为毒品犯罪的重要工具。犯罪分子往往利用网络聊天交友平台、网络购物平台以保健品等为名贩卖毒品或其他制毒原料；组织策划、居中联络和指挥毒品犯罪；学习制毒技艺、订购制毒原料，制造毒品并通过网络出售。

第六，网络赌博案件高发。比如，2014年前十个月，河北省共立案侦查网络赌博案48起，同比增长155%。其中网络棋牌类案件35起，网络赌球类案件13起[①]。

第七，互联网洗钱已成常态。由于存在客户身份识别难、可疑交易发现难、资金流向追踪监控难、完整信息掌握难等工作难点，洗钱犯罪呈现

---

① 周宵鹏：《新旧违法犯罪齐向网络蔓延》，《法制日报》2014年12月2日，第8版。

由传统支付工具向信息化支付工具转移的趋势，实践中犯罪分子往往利用在线支付业务、网络借贷平台等进行洗钱犯罪。

第八，智能手机引发的网络犯罪进入高发期。不法分子利用手机病毒或者恶意程序进行恶意扣费、窃取隐私和诱骗欺诈的案件层出不穷。

2014年度网络犯罪呈现以下几个重要特点。第一，违法犯罪进入活跃期，发案率持续上升，尤其是各类侵财型犯罪案件高发频发。黑客犯罪不再迷恋单纯攻击，而更多地以牟财为目的。第二，传统的违法犯罪如赌博、吸贩毒、传销等借助互联网这一工具向网络空间迅速蔓延，涉及网络的犯罪类型迅速扩张，"黑客"犯罪、"网上钓鱼"等新型网络违法犯罪手法亦在不断翻新。第三，网络犯罪的链条化、组织化、产业化程度加强，涉案环节、人员呈逐渐增多的趋势。第四，大型跨国网络犯罪逐渐增多，国际警务合作加强。从2012年到2014年上半年，国家互联网应急中心处置的跨境事件多达1.5万起，向境外组织投诉的跨境事件多达1.2万余起[①]。

网络犯罪严重危及中国的经济安全、社会安全和国家安全。第一，需要将网络安全上升到国家核心战略的高度来对待。第二，加大立法力度，尽快制定"网络安全法"来保障网络安全，努力做到依法治网、依法管网。第三，以中央网络安全和信息化领导小组为中心，整合全社会力量，进行综合治理、系统治理、源头治理。第四，加大网络核心技术的自主研发，争取网络安全保护的主动性。毕竟，解决问题的根本之道还在于技术进步。第五，进一步加强网络安全领域的国际合作，有效治理跨国界的网络安全问题。第六，充分利用企业在网络空间治理方面的技术优势和专家优势，激励其在网络空间治理中发挥应有的作用。第七，对于公民个人来讲，应当仔细设置账号和密码，谨慎保管个人信息；及时更新程序和打补丁；不随意下载来路不明的程序、接收陌生文件或点击陌生链接；不在陌生的网络环境中使用支付账号或网银；不随意将个人信息发布到网络或存储的云空间中；谨慎使用公共Wi-Fi；杜绝浏览不良网站；等等。

---

① 陈静：《多方合作织密安全大网》，《经济日报》2014年11月25日，第8版。

(五)暴力犯罪

2014年,"狠化"犯罪势头遏制效果不佳,社会广泛关注的惨案时有发生。该年度发生了一系列灭门惨案和一系列针对女大学生的犯罪,引起社会广泛关注。另外,该年度还发生了一系列其他类型的暴力犯罪。比如,"5·28"山东招远邪教组织成员故意杀人案等。

暴力犯罪关涉人的健康、生命和自由,是对社会危害最为严重的一类犯罪,因而也是最值得关注和寻求解决之道的一类犯罪。从治标的角度看,减少暴力犯罪的基本环节至少包括以下三个:一是完善立法,依法严惩暴力犯罪;二是依法加强对暴力犯罪分子的教育改造,切实降低累犯、再犯率;三是强化社会治安综合管理,建立完善社会治安防范体系。从治本的角度看,减少暴力犯罪的根本途径,还是有赖于社会经济、政治、文化的全面协调发展以及国民整体素质的全面提高。

(六)其他犯罪

第一,未成年人犯罪。调查显示,未成年人犯罪趋向低龄化,14~16周岁群体数量呈逐年上升趋势;外来未成年人所占比重较高,在一些地方约占受审查起诉未成年人总数的1/4,甚至更高;罪名主要集中在盗窃罪、抢劫罪、故意伤害罪、寻衅滋事罪等5种犯罪,占全部受理案件人数的81%;少年黑帮是未成年人犯罪的最大特点;犯罪手段暴力化倾向严重;共同犯罪居多,兼具耦合性。调查还显示,未成年人主要在夜晚实施犯罪,其中抢劫罪、盗窃罪、贩毒罪主要发生在夜晚10时以后。犯罪地点主要分布于街头、娱乐场所(如网吧、酒吧、KTV等)和学校附近,比例分别为48.6%、26.4%和14.8%。留守儿童、孤儿、服刑人员子女等处于困境的未成年人犯罪比例较大,其中留守未成年人、未成年孤儿以及服刑人员的未成年子女分别占12.5%、1.7%和1.6%。闲散未成年人犯罪呈下降趋势,其所占比例56.9%与2001年的61.2%相比,下降了4.3个百分点[①]。为规范未成年人犯罪的审判

---

① 申宁、吕春妍:《调查显示:六成未成年人犯罪时不知道触犯法律》,人民网,http://edu.people.com.cn/n/2014/1202/c1053-26134226.html,最后访问时间:2015年1月8日。

工作，更好地保护未成年人的合法权益和依法惩治未成年人犯罪，2014年11月24日，最高人民法院公布了98起有关未成年人审判工作的典型案例，重点涉及未成年人缓刑适用、抚养权纠纷和性侵害等一系列热点问题，对各地未成年人审判具有指导意义。对未成年人犯罪的控制，应当在建立健全法律制度、科学执法的同时，发挥家庭、学校和社会的预防和帮教功能，注重未成年罪犯的回归和教育问题。

第二，黄赌犯罪。据统计，2014年度，全国公安机关共侦破涉黄涉赌犯罪案件3.7万余起，抓获犯罪嫌疑人8.7万余名，破获134起公安部挂牌督办的重大案件，打掉了一大批涉黄涉赌犯罪团伙，依法查处了一大批涉黄涉赌场所窝点。其中，自2014年10月中旬公安部部署各地开展"打黄赌·铲源头"行动至2014年底，全国共侦破涉黄涉赌刑事案件9516起，抓获犯罪嫌疑人2.1万名[①]。12月28日，公安部公布了包括"成人奶妈"网站组织卖淫案、"5·26"特大跨国赌博网站开设赌场案等在内的20起破获的涉黄涉赌典型案例。这在一定程度上有助于威慑涉黄涉赌犯罪分子，有助于遏制该类犯罪的进一步扩张和蔓延。而要有效遏制该类犯罪的发生：其一，不能一味依赖运动式的治理方式，而是应当进一步健全完善法制化、常态化的治理机制；其二，要不断增强治理的针对性与有效性，做到"三个重点"——重点打击团伙犯罪、网络犯罪和跨境跨区域犯罪，重点惩处组织者、经营者、获利者以及幕后"保护伞"，重点查处高档会所、地下赌场等相关场所窝点。

三 2015年犯罪形势预测

犯罪的产生有其深刻的社会根源，这也就决定了在社会基础未发生较大改变的情形下，一个国家的犯罪形势很难有根本性的改观。尽管如此，仍然存在一系列因素，在一定程度上影响着来年犯罪形势的发展。有些犯罪可能会在一定程度上受到遏制，有些犯罪则可能出现新的特点，或者体现出相对稳定的特征。

---

① 王旭东：《134起部督黄赌案全告破》，《人民公安报》2014年12月30日，第1版。

(一) 可能影响今后犯罪形势变化的几个因素

影响2015年犯罪形势变化的因素至少包括以下两点。第一,十八届四中全会精神的贯彻落实。随着十八届四中全会的召开,依法治国被提升到一个前所未有的高度。十八届四中全会公报明确指出,要"努力让人民群众在每一个司法案件中感受到公平正义"。该次全会通过的《中共中央关于全面推进依法治国若干重大问题的决定》更为具体地提出了一系列保障公正司法、提高司法公信力、加强法治工作队伍建设的具体举措,如完善确保依法独立公正行使审判权和检察权的制度、优化司法职权配置、推进严格司法、保障人民群众参与司法、加强人权司法保障、加强对司法活动的监督,建设高素质的专门队伍、加强法律服务队伍建设、创新法治人才培养机制等。这必将在相当程度上促进中国的社会治安状况朝好的方向转化,从而有效遏制刑事犯罪的高发势头。第二,2014年对诸多大案要案的集中办理。2014年,中国在极端暴力犯罪、未成年人犯罪、涉黄涉赌犯罪,尤其是职务犯罪等多个领域,集中办理了一大批大案要案,显示了执政党和政府严格执法、控制犯罪的决心,这必将在一定程度上对相关领域的潜在犯罪分子有震慑作用。

(二) 可能受到遏制的几种犯罪

2015年,贪污贿赂犯罪、涉黄涉赌犯罪会在一定程度上得到遏制。第一,2014年,中央"打虎灭蝇","既坚决查处领导干部违纪违法案件,又切实解决发生在群众身边的不正之风和腐败问题",效果显著,震慑了潜在的腐败分子,加之中央强调"反腐倡廉必须常抓不懈,拒腐防变必须警钟长鸣",可以预见,国家在贪污贿赂问题上的持续高压态势,会在一定程度上引致贪污贿赂犯罪数量的下降。第二,涉黄涉赌犯罪之所以可能受到遏制,一方面与中国反腐力度的加大有极大关系,另一方面也与2014年政府在打击涉黄涉赌犯罪上的不遗余力和效果显著有关。

(三) 可能继续影响社会稳定的几种犯罪

2015年,极端暴力犯罪、网络犯罪、毒品犯罪、恐怖主义犯罪可能会继续影响社会稳定。第一，作为一种自然犯，极端暴力犯罪从来都是刑事犯罪的基本类型之一，更何况在社会矛盾持续集聚的当下，自然难以有明显的改观。第二，随着互联网技术的进一步发展以及网络知识的进一步普及，网络已经逐步成为人们一种不可或缺的生活方式。在这种情况下，网络犯罪具有生存和发展的稳定土壤和广阔空间。可以预见，在2015年，尽管政府会进一步加大网络安全防范力度，但是网络犯罪仍然会高发频发，甚至会进一步凸显。尤其是侵财型犯罪，仍然会是网络犯罪的最主要类型。第三，毒品犯罪之所以难以在短期内得到有效遏制，一方面是因为在高额利润的驱使下，毒品犯罪分子往往会铤而走险，另一方面也与毒瘾本身的难以戒除有关。第四，恐怖主义犯罪的高发频发与其背后的极端暴力恐怖势力、民族分裂势力和宗教极端势力有极大关系。可以断言，只要国内宗教、民族等问题没有得到妥善解决，这一类犯罪就难以从根本上得到遏制。从总体上看，以长期稳定发展为目标，有计划、分步骤，持续深入地推进民主与法治建设，才是解决或者缓解刑事犯罪问题的根本之道。

（参见法治蓝皮书《中国法治发展报告 No.13（2015）》）

第十二章　2015年中国犯罪形势分析及预测

摘　要：2015年，中国的未成年人犯罪和传统暴力犯罪呈下降态势，但犯罪态势总体情况十分严峻。主要表现在暴力恐怖犯罪猖獗，职务犯罪大案要案增幅空前，危害生产安全、环境安全和食品药品安全的犯罪突出，毒品犯罪不断攀升，金融犯罪、证券犯罪剧增，电信网络犯罪暴涨。2016年，严重危及政权安全和人民群众生命安全的暴力恐怖犯罪会得到一定的控制，但情势依然不容乐观；与人民群众日常生活息息相关的危害食品药品安全犯罪、环境犯罪将得到有效遏制，但电信网络犯罪会继续暴增；影响经济安全的非法集资类犯罪、证券犯罪、侵犯知识产权犯罪等还会持续增长；职务犯罪将随着中国反腐败的深入出现增量明显下降、存量有所减少的态势，大案要案的总数也会降低。

2015年，在国际社会，恐怖活动日益猖獗；在国内，经济上的下行压力和政治上的反腐力度都在持续加大，证券市场出现非理性变化，环境污染特别是雾霾持续多日严重超标，等等。受这些国际局势和国内政治因素、经济因素、社会因素等的影响，中国2015年的犯罪态势依旧十分严峻。

一 暴力恐怖犯罪十分猖獗

恐怖主义是一种多元社会现象，它包括政治、法律、历史、技术等多方面的因素，恐怖犯罪活动日益猖獗，严重危及人类社会的生存与发展。2015 年，受国际恐怖犯罪活动的影响，在中国境内暴力恐怖案件也呈上升趋势，且具有严重的社会危害性。其中，影响最大的是新疆拜城"9·18"暴恐案件，造成 11 人死亡、18 人受伤，3 名民警、2 名协警牺牲[①]。

严厉打击暴力恐怖犯罪，对于保障国家安全和人民生命、财产安全，维护社会秩序具有非常重要的意义。统计数据显示，自 2014 年 5 月到 2015 年 5 月，以新疆为主战场开展严打暴力恐怖活动专项行动一年来，新疆全区共打掉暴力恐怖团伙 181 个，112 名在逃人员投案自首，96.2% 的暴恐犯罪团伙被摧毁在预谋阶段[②]。

2015 年，中国的暴力恐怖犯罪主要有以下特点。一是暴力恐怖犯罪大多受宗教极端思想影响，煽动民族歧视和民族仇恨，参与者对于实施暴力恐怖行为极为狂热。二是暴力恐怖犯罪的范围向偏远地区扩散，流动性很大。三是参加的人员越来越年轻，甚至学生的数量在不断增加。四是与暴力恐怖犯罪有关联的案件如偷越国（边）境案件增多。例如，中国警方 2015 年 7 月 9 日成功从泰国遣返了 109 名偷渡人员和组织偷渡团伙成员回国，他们主要来自新疆，其中有 13 人是涉嫌暴恐犯罪出逃的人员[③]。五是暴力恐怖犯罪集团信息化程度越来越高，运用互联网进行暴恐犯罪信息勾连，隐蔽性很强。

二 职务犯罪大幅上升，大案要案增幅空前

职务犯罪主要包括贪污贿赂犯罪和渎职犯罪。十八大以来，不论是深度还是广度，中国的反腐力度可以说都是空前的。中国反腐败斗争不断深

[①] 参见《公安局副局长为保护群众牺牲》，《京华时报》2015 年 12 月 15 日，第 A16 版。
[②] 《新疆一年打掉暴恐团伙一百八十一个》，《法制日报》2015 年 5 月 26 日，第 1 版。
[③] 唐宁：《警方遣返 109 "圣战"偷渡者》，《法制晚报》2015 年 7 月 12 日，第 A06 版。

入开展，形成了反腐败的高压态势，但目前中国的反腐败形势依然严峻。2015年中国职务犯罪的主要特点如下。

一是中国对于职务犯罪继续保持惩治的高压态势，全国的职务犯罪数量同比上升幅度较大。2015年1~5月，全国检察机关立案侦查的职务犯罪案件共18512件24187人，其中，县处级以上的国家工作人员有1891人，同比上升18.6%，其中包括厅局级干部280人；立案侦查的行贿犯罪案件共3825人，同比上升11%[1]。最高人民检察院2015年12月4日通报，全国检察机关2015年1~8月立案侦查的县处级以上国家工作人员职务犯罪案件共3214人，同比上升17.9%，其中厅局级456人，同比上升52.5%。1~11月，全国检察院对省部级干部17人次提起了公诉[2]。最高人民检察院公布的资料显示，2015年对省部级干部新增立案侦查的有40人，其中还包括3个副国级干部即苏荣（2月17日）、令计划（7月20日）和郭伯雄（7月30日），属于新中国成立以来数量最多的一年。

二是大案要案的涉案金额巨大。2015年，全国共对2万多领导干部进行了审计，查出由这些领导干部直接负责的问题金额高达2500多亿元[3]。2015年审判的重要职务犯罪案件认定的犯罪金额如下：周永康受贿共计折合人民币约1.3亿元，使他人非法获利21.36亿余元，造成经济损失14.86亿余元；李春城受贿共计折合3979.8万元，造成公共财产损失5.73亿元；2015年12月25日开庭审理的万庆良受贿案，起诉书指控万庆良受贿约1.11亿元。

三是职务犯罪涉及的领域众多。例如，最高人民法院原副院长、党组成员奚晓明利用职务便利，在民事诉讼等方面为他人谋取利益，收受巨额财物，被最高人民检察院立案侦查。全国检察机关1年来立案查处涉及生

---

[1] 王治国、戴佳、肖凤珍：《前5个月检察机关立查职务罪案18512件24187人》，《检察日报》2015年7月8日，第2版。

[2] 潘芳芳：《今年已发布职务犯罪案件信息四四五条》，《检察日报》2015年12月8日，第6版。

[3] 参见《查账式审计将逐步变成大数据审计》，《中国青年报》2015年12月29日，第11版。

产安全事故职务犯罪共有1278件①。天津港"8·12"特别重大火灾爆炸事故发生后,检察机关对涉嫌职务犯罪的25人立案侦查并采取强制措施。2015年12月20日在深圳光明新区的渣土受纳场发生特别重大滑坡事故,最高人民检察院已于2015年12月26日派员介入调查。2015年1~10月,全国检察机关共查办惠农扶贫领域职务犯罪10769人,其中扶贫开发领域827人,涉农领域9942人②;查办食品安全领域贪污贿赂犯罪和渎职犯罪、金融领域职务犯罪和环境保护领域职务犯罪约2000人③。2015年也是央企反腐年,至少已有20多名央企的高管被查,涉及十余家央企。2015年,高校腐败的群体性现象非常突出,根据中纪委监察部网站公布的数据,2015年,全国共有23个省份42所高校的66名高校领导被通报,47名已经被查处。

四是境外追逃职务犯罪嫌疑人的工作力度加强。2015年,检察机关开展职务犯罪国际追逃追赃专项行动,1~5月,抓获潜逃境外职务犯罪嫌疑人14人,李华波、戴学民、孙新等重大嫌犯被遣返回国④。截至2015年底,共抓获逃往境外的职务犯罪嫌疑人近30人。

三 危害生产安全、环境安全和食品药品安全的犯罪突出

1. 危害生产安全犯罪

2015年,中国危害生产安全犯罪高发,且一些重特大生产安全责任事故时有发生,给人民群众生命财产造成重大损失。2015年11月份,全国范围内共发生了较大以上事故50起,死亡和下落不明217人。其中:

---

① 薛应军:《全国检察机关1年立查涉生产安全事故职务犯罪1278件》,《民主与法制时报》2015年12月17日,第1版。
② 戴佳:《惠农资金发到哪里 检察监督就跟到哪里》,《检察日报》2015年12月18日,第1版。
③ 参见最高人民检察院2015年8月6日和9月23日召开的新闻发布会通报。
④ 王治国、戴佳、徐盈雁:《检察机关前5个月抓获在逃职务犯罪嫌疑人254人》,《检察日报》2015年7月9日,第2版。

较大事故 48 起，死亡和下落不明 185 人；重大事故 2 起，死亡 32 人[①]。2015 年 8 月 12 日晚，位于天津滨海新区塘沽开发区的天津东疆保税港区瑞海国际物流有限公司所属的危险品仓库连续发生了多次剧烈的爆炸，事故总共造成 165 人遇难，798 人受伤。直接经济损失 68.66 亿元[②]。2015 年 12 月 20 日，在深圳光明新区渣土受纳场发生的重大滑坡事故，造成 7 人死亡，75 人失联，33 栋建筑物被掩埋，受影响人数达 4630 名[③]。可见，2015 年中国危害生产安全犯罪的态势非常严峻。

为了依法惩治危害生产安全的各种犯罪行为，最高人民法院、最高人民检察院联合颁布了《关于办理危害生产安全刑事案件适用法律若干问题的解释》，自 2015 年 12 月 16 日起施行，进一步明确规定：依法惩处安全生产事故中有责任的公职人员，对故意阻挠开展事故抢救、遗弃事故受害人等行为以故意杀人罪或者故意伤害罪定罪处罚，等等。这些措施，有利于依法严惩危害生产安全的各种犯罪行为，并从源头上遏制和减少安全生产事故。

2. 污染环境犯罪

随着经济快速增长，中国的生态环境也遭到了严重破坏，各类污染环境的事件频频发生，严重危及人民群众的身体健康和生命安全。最高人民检察院的统计数据显示，2015 年 3~8 月，全国检察机关监督行政执法机关移送涉嫌犯罪案件共 2060 件 2491 人，其中，破坏环境资源类案件 1216 件 1518 人；监督公安机关立案侦查的案件共 1638 件 2026 人，其中，破坏环境资源类案件 1159 件 1408 人[④]。继 2014 年内蒙古腾格尔工业园区的严重污染犯罪之后，2015 年天津、辽宁、江苏、浙江、甘肃、福建、广东、重庆等地也发生了严重的污染环境犯罪。

为了有效防范和惩治污染环境犯罪，中国的环境保护部门与司法部门积极推进两法衔接，密切配合形成合力，严厉打击环境污染的犯罪活动。

---

① 引自《国家安全监管总局发布 2015 年 11 月份安全生产情况及形势分析》。
② 详见《天津港"8·12"瑞海公司危险品仓库特别重大火灾爆炸事故调查报告》，http://www.gov.cn/foot/2016-02/05/content_5039788.htm，最后访问日期：2016 年 2 月 16 日。
③ 戴佳：《最高检介入深圳滑坡事故调查》，《检察日报》2015 年 12 月 27 日，第 1 版。
④ 彭波：《严惩污染黑手 捍卫舌尖安全》，《人民日报》2015 年 10 月 16 日，第 11 版。

例如，2015年12月份，环境保护部、公安部和最高人民检察院联合挂牌督办了"江苏省靖江市原侯河石油化工厂填埋疑似危险废物案件"和"广东省东莞市长安镇锦厦三洲水质净化有限公司环境违法案件"①。另外，从2015年11月开始，中国的环保部门打破地方保护主义，实行省以下环保机构监测监察执法垂直管理制度，加大执法力度。同时，环保部门还开始将环境污染情况列入领导干部的绩效考核之中，加大了对环境保护的关注力度。

3. 危害食品药品安全犯罪

2015年1~8月，全国检察机关监督行政执法机关移送涉嫌危害食品药品安全犯罪的案件共844件973人，监督公安机关立案侦查涉嫌危害食品药品安全犯罪的案件共479件618人②。

药品安全与人的生命健康密切相关，众多个案已经让人们触目惊心。例如，2015年6月29日，在公安部主办的"2015食品药品安全刑事保护论坛"上披露了多项大案要案，其中，在浙江义乌查获的"8·16"跨国制售假药案名列榜首。2015年5月，在公安部的统一指挥下，浙江、广东等地公安机关抓获了58名主要犯罪嫌疑人，其中4名为外籍人员；捣毁了13个制假窝点，查获了5条假药生产线，50余吨的涉案药品、食品的案值约10亿元③。又如，2015年，济南警方破获了"5·20"特大生产销售人用、兽用假药案，警方抓获以张某某为首的犯罪团伙嫌疑人12人，查扣库存的涉假兽药7000余公斤、各类会计账目300余册和涉案现金29万余元，涉案金额超过了1.5亿元④。此外，天津、河北、山西、内蒙古、辽宁、吉林、江苏、浙江、安徽、福建、山东、湖北、湖南、广东、广西、重庆、贵州、陕西等地也发生了生产、销售假药的重大案件。可见，生产、销售假药犯罪在中国十分猖獗，且已经造成了严重的社会危害后果。

---

① 徐盈雁：《最高检环保部公安部首次联合挂牌督办两起环境违法案》，《检察日报》2015年12月25日，第1版。
② 彭波：《严惩污染黑手 捍卫舌尖安全》，《人民日报》2015年10月16日，第11版。
③ 参见一润《跨国假药案》，《现代世界警察》2015年第12期。
④ 参见《特大制售假药案告破》，《济南日报》2015年8月24日，第C01版。

2015 年，严重危害食品安全的犯罪频繁发生。在国家食品药品监督管理总局门户网站的《数据查询》一栏中，"国家食品安全监督抽检（不合格产品）"的内容列表中共有 2498 条记录，其中包括 2015 年的 2442 种不合格产品（2015 年 12 月 15 日查询）。当前，危害食品安全犯罪作案手段隐蔽，方式多样，保密性强，还形成了封闭产业链，且具有较强的反侦查能力，难以侦破。山西、广东、吉林、福建、安徽等多地都出现了涉嫌病死猪肉的食品犯罪大案。2015 年 3 月到 11 月下旬，全国各级检察机关依法监督行政执法机关移送涉嫌危害食品药品安全犯罪的案件共 844 件 973 人；监督公安机关立案侦查 479 件 618 人。其中，湖北、河南、广东、四川、福建、河南、湖北、贵州、云南、广西位居前列[1]。统计数据显示，危害食品安全犯罪严重的省份包括上海、安徽、山西、吉林、江苏、浙江、福建、江西、山东、广东、河南、四川、湖北、湖南、河北、广西、重庆、辽宁、贵州、陕西、甘肃等，犯罪危害后果覆盖的区域非常广。

四 毒品犯罪不断攀升且次生犯罪形势严峻

虽然中国一直对涉毒犯罪保持高压态势，但是，从现实情况看，吸毒、贩毒屡禁不止，涉毒犯罪的形势依然十分严峻。2015 年，中国的毒品犯罪呈上升趋势，且网上涉毒违法犯罪活动令人触目惊心，全国公安机关的禁毒部门在 2015 年 4~6 月三个月内破获互联网涉毒案件 14878 起，抓获犯罪嫌疑人 32871 名，取缔涉毒网站 832 家，缴获各类毒品 3.37 吨，易制毒化学品 9.51 吨，查获枪支 225 支、子弹 1184 发[2]。

2015 年的毒品犯罪案件有以下几个突出特点。一是毒品犯罪呈上升趋势。例如，2015 年 1~5 月，乌鲁木齐中级人民法院一审新收毒品案件占比

---

[1] 王丽丽：《强化监督严打食药犯罪漏网之鱼》，《检察日报》2015 年 11 月 23 日，第 1 版。
[2] 张年亮：《网络扫毒掀风暴——破获涉网毒品案 14878 起 缴获毒品 3.37 吨》，《人民公安报》2015 年 6 月 30 日，第 4 版。

已猛增至62.9%，突破了前两年的比值①。二是案件数量和涉案人数不断增加，涉案的毒品数量也越来越大。例如，2015年1~11月，广东省侦破毒品案件2.6万起，同比上升0.3%，刑拘犯罪嫌疑人3.2万名，同比上升15.4%，查处贩毒团伙1708个，同比上升57.9%，缴获各类毒品34.8吨，同比上升67.5%，查处吸毒17.1万人，同比上升19.2%，实行强制隔离戒毒7.3万人，同比上升10.8%②。三是犯罪手段具有较强的隐蔽性，利用学生、孕妇、残障人士运输毒品和少量零星贩毒增多，"小包散卖"的毒品交易使得侦破难度更大。例如，2015年上半年，甘肃省共破获毒品犯罪案件1461起，其中，毒品千克以上的案件有27起，零包毒品案件1335起，缴获海洛因240.485千克、合成毒品21.525千克、鸦片8.6千克，抓获犯罪嫌疑人1442名③。

从司法实践来看，毒品犯罪造成了严重的次生犯罪，为了获取毒资而实施抢劫、盗窃、抢夺等侵犯财产的犯罪高居不下，且常常还带有暴力性质，严重危害了社会稳定。调研显示，2015年，内蒙古某市将吸毒人员予以强制隔离戒毒，该市的侵财性犯罪同比降低了60%。可见，毒品犯罪的次生犯罪率是相当高的。

五 非法集资类金融犯罪剧增，电信网络犯罪暴涨

1. 非法集资类犯罪

2015年在金融犯罪领域影响最大的应该是非法集资类案件。在中国《刑法》中，涉及非法集资的犯罪有两项，一是非法吸收公众存款罪，二是集资诈骗罪。随着经济的发展，非法集资类犯罪的手段不断翻新，主要表现为以下几种方式：以P2P网贷平台的名义进行非法集资；虚构投资并许诺高额回报，吸收公众的资金；以签合同的形式骗取公众"投资人

---

① 魏红萍、张俊：《新型毒品特大案件上升迅猛》，《新疆都市报》2015年6月25日，第A07版。
② 李栋、曾祥龙、黄桂林：《广东登记在册吸毒者57万人》，《广州日报》2015年12月21日，第A6版。
③ 陈志刚：《甘肃上半年破获毒品案件1461起》，《人民公安报》2015年8月5日，第2版。

股";虚构投资项目,以资金周转的名义,承诺在一定期限内还本付息,诱骗借款;非法设立储金会、互助会、基金会等进行非法集资;假借"投资理财"进行非法集资等①。这些犯罪手段具有非常强的欺骗性和隐蔽性。

从2015年的非法集资类犯罪情况来看,数额越来越大、受害人数越来越多。例如,2015年1~8月,安徽省各级公安机关共破获187起非法集资犯罪案件,抓获271名犯罪嫌疑人,涉及集资群众6530人,涉案金额23亿余元②。又如,2015年12月爆发的"e租宝"事件,用户近497万人,累计成交额已达740亿元,警方已经对责任人采取了强制措施③。之后,深圳市公安局发布消息称已经对"e租宝"网络金融平台及其关联公司涉嫌非法吸收公众存款案件立案侦查。

2. 电信网络犯罪

随着网络、电信的快速发展,电信网络犯罪呈迅猛发展态势,电信、网络逐渐融合,结合越来越紧密,以前的电信犯罪和网络犯罪逐渐演变为电信网络犯罪。在2015年10月9日召开的"国务院打击治理电信网络新型违法犯罪工作部际联席会议"第一次会议上公布,2015年1~8月,全国立案的电信诈骗犯罪案件有31.7万起,同比上升了31.5%;2015年1~9月,涉嫌网络诈骗犯罪的立案数量为11416件,同比增长18%。该类案件同比增长幅度远远高于其他类型的案件,甚至在有些地方这类犯罪案件以每年20%~30%的速度快速增长④。

犯罪分子利用网上银行、手机银行、通信等手段,将犯罪窝点藏匿在不同的国家和地区,在空间上非常容易地实现了跨国、跨境、跨地区的大跨度大范围犯罪。例如,2015年11月10日,254名犯罪嫌疑人被中国警方从印度尼西亚雅加达、柬埔寨金边押解回国,涉及内地20多个省、自治区、直辖市以及香港的4000余起特大跨国跨境电信诈骗案成功告破⑤。

---

① 引自《安徽8个月破非法集资案187起》,《法制日报》2015年11月19日,第5版。
② 引自《安徽8个月破非法集资案187起》,《法制日报》2015年11月19日,第5版。
③ 苏曼丽:《e租宝涉嫌违法经营遭查》,《新京报》2015年12月9日,第B1版。
④ 周斌:《高压严打难遏网络犯罪高发多发态势,几乎所有传统犯罪均"触网"》,《法制日报》2015年10月14日,第5版。
⑤ 《254名电信诈骗罪嫌犯被押解回国》,《经济参考报》2015年11月11日,第4版。

电信网络犯罪具有犯罪手法的多变性和犯罪形式的多样性,针对不同群体步步设套,量体裁衣。例如:冒充银行、社保、电信等工作人员,以银行卡、社保卡、消费等为名,欺骗受害人将资金汇入指定账户;以冒充公检法人员、邮递人员,谎称法院有传票、涉嫌犯罪、邮包内有毒品等,引诱受害人将资金汇入指定账户;以谎称有廉价的飞机票、火车票或在节假日机票或火车票紧张时谎称自己有票等为诱饵进行诈骗;以航班取消全额退款但须支付手续费为名,远程盗取受害人银行资金;冒充领导或朋友向受害人借钱并告知汇款账户;利用无抵押贷款但须预付利息等名义、虚假广告信息诈骗他人钱物;利用高薪招聘进行诈骗;利用汇款信息进行诈骗;QQ聊天冒充好友借款诈骗;等等。这些犯罪无孔不入,令人防不胜防。

六 未成年人犯罪和传统暴力犯罪呈下降态势

1. 未成年人犯罪

近年来,在全社会的共同努力下,防治未成年人犯罪工作取得了明显成绩,未成年人犯罪总体呈下降趋势。从犯罪特点来看,未成年人犯罪案件呈现犯罪年龄趋于低龄化、文化程度较低、外来未成年人所占比重较高、共同犯罪多、犯罪手段智能化暴力化凶残化、犯罪后果非常严重等特点。例如,2015年12月4日,湖南邵阳邵东县邵东创新实验学校高三班主任滕某,在办公室约谈学生龙某及其家长时,被龙某持水果刀连捅两刀杀害[1]。

随着经济社会的发展,未成年人犯罪呈现多元化趋势,贩毒、绑架、诈骗、介绍卖淫、暴力恐怖犯罪、邪教犯罪、民族分裂犯罪等,也常有未成年人参加,并且有逐年上升态势。在犯罪性质上,故意杀人、强奸、故意伤害(重伤)、抢劫等恶性犯罪逐年增多,且犯罪手段残忍、不计后果。随着社会人员流动性增大,外来未成年人犯罪率居高不下。

---

[1] 杨锋、赵吉翔、王丹:《湖南一学生捅死班主任 母亲在场》,《新京报》2015年12月5日,第A10版。

2. 传统暴力犯罪

2015年12月18日，公安部在电视电话会议上指出，2015年1~11月，全国命案现案破案率达96.46%，杀人、爆炸、强奸、抢劫等八类严重暴力犯罪案件连续11年下降，破案率明显上升。虽然严重的暴力犯罪连续11年持续下降，但由于暴力犯罪具有极为严重的社会危害性，所以丝毫不能放松警惕，情势并不乐观。例如，2015年广东警方共侦破放火、爆炸、劫持、杀人、伤害、强奸、绑架、抢劫等八类严重暴力犯罪案件1.5万起[①]。从全国范围来看，暴力伤医案件形势也十分严峻，医患冲突问题已经成了突出的社会问题，"闹医""伤医""杀医"等事件已经严重影响了社会的和谐和稳定。

七 2016年犯罪形势预测与展望

2016年犯罪的态势变化与中国在发展过程中出现的社会问题、经济问题与法律问题分不开。2015年颁布的《刑法修正案（九）》和《反恐怖主义法》从总体上会对2016年犯罪态势产生较大影响，一些犯罪问题的治理也需要多管齐下、综合治理。2016年中国主要犯罪类型的态势有以下几个方面。

第一，严重危及中国政权安全和人民群众生命安全的暴力恐怖犯罪会得到一定的控制，但情势依然非常严峻。严厉打击暴力恐怖犯罪已经不再属于某一个国家或者某一个区域的内部事务了，应该着力于"国际国内两个反恐领域""疆内疆外两个反恐战场"和"网上网下两个反恐战线"，全方位加强对暴力恐怖犯罪的打击和预防。在国内，从立法完善来看，2015年12月27日，第十二届全国人民代表大会常务委员会第十八次会议通过了《反恐怖主义法》（自2016年1月1日起施行）。在司法实践中，有关部门深入开展严厉打击暴力恐怖犯罪的专项行动，加强协调配合，形成整体合力，对暴力恐怖活动始终保持高压震慑态势；提高情报的分析研判能力和

---

① 洪奕宜:《粤严打八类严重暴力犯罪，发案数同比下降21% 破案1.5万起 命案破案率93%》，《南方日报》2015年9月30日，第A12版。

预警能力，有效预防、及时发现并快速反应，将暴恐活动消灭在萌芽状态、摧毁在行动之前。世界各国越来越重视打击网络恐怖主义活动，中国的《反恐怖主义法》也规定了网络反恐的内容。上述措施将形成国际国内、疆内疆外、网上网下全面打击暴力恐怖犯罪的局面，会使暴力恐怖犯罪在2016年得到一定程度的控制。但是，由于国际社会目前仍然处于恐怖主义活动的高发期，境内境外恐怖分子会继续相互勾结，且高科技、网络等现代化手段也会越来越多地被恐怖分子用作组织、策划和实施恐怖犯罪活动的主要工具。所以，2016年的暴力恐怖犯罪情势依然非常严峻。

第二，与人民群众日常生活息息相关的危害食品药品安全犯罪、环境犯罪的数量会得到有效遏制，但电信网络犯罪会继续全面爆发。基于对危害食品药品安全犯罪和环境犯罪的严重社会危害性的充分认识，现阶段，食品药品安全和环境保护的政府监管部门与司法机关的大力配合、相互协调，加大打击力度，一案双查，既惩罚危害食品药品安全和破坏环境的犯罪人，也惩罚监管部门的职务犯罪行为，织密法网以防漏网之鱼。食品和药品安全是关系国计民生的大事，加快建立科学完善的食品药品安全治理体系、严把每一道防线已经迫在眉睫。只有用"最严谨的标准、最严格的监管、最严厉的处罚、最严肃的问责"切实加强对食品和药品的安全监管，才能让人民群众吃得安全放心。面对危害食品药品安全犯罪的高发态势，必须坚持法治化和现代化的道路，规范市场、打击犯罪。法治化和现代化的结合点，是行政执法和刑事司法的无缝衔接。具体措施如下：①依法行政，构建市场经济秩序，规范市场经济主体及其行为，完善食品药品安全监管机制，为食品药品安全筑起一道道防线；②明确职责，行政执法机关发现涉嫌食品药品安全犯罪的，固定证据，并及时移送司法机关，人民检察院依法行使侦查监督职责；③将"两法衔接"纳入政府目标考核，建立联席会议制度和信息交流共享机制，完善保障措施；④严密刑事法网，充分发挥刑罚的及时性、必定性和不可避免性，使得犯罪分子无处可逃①。这一系列措施将会在2016年初见成效。但是，从电信网络

---

① 参见黄芳《行政执法与刑事司法衔接机制研究——以有效防范"危害食品安全犯罪"为视角》，《人民论坛》2015年第9期。

犯罪来看，情况并不乐观，虽然国务院 2015 年 6 月批准建立了"打击治理电信网络新型违法犯罪工作部际联席会议"制度，由 23 个部门和单位组成，旨在坚决遏制新型电信网络犯罪的发展蔓延势头。中国还加强与他国合作，共同打击网络犯罪[1]，这些举措有望能够起到一定的效果。但是，因这些犯罪基数太大，且犯罪成本低，经济收益高，反侦查能力强，要想在 2016 年遏制其增长势头非常困难。电信网络犯罪如此猖獗，要遏制其暴涨的势头，必须加大严厉打击电信网络犯罪的力度，这就需要完善相应的立法，提高司法机关的执法能力，统一执法标准。同时，还必须严格电信、网络服务部门的责任，从源头上把好第一道防线。电信、网络服务部门对电信网络犯罪不作为的放任态度甚至相互支持的行为只会使这类犯罪更加猖狂。

第三，多方努力，有效防范毒品犯罪。首先，需要切实提高禁毒的专业化水平，加强机构和队伍力量建设，保障经费，推进基础设施建设；其次，需要全面推进禁毒工作的社会化，动员社会力量，解决难点问题；再次，需要严格执法，实现禁毒工作的法制化，规范并完善吸毒人员隔离戒毒的规则；最后，加强国际合作，从源头上遏制毒品犯罪猖獗蔓延。

第四，影响经济安全的非法集资类犯罪、侵犯知识产权犯罪等还会持续增长。在金融犯罪方面，非法集资类犯罪、证券犯罪、利用银行卡或金融凭证等进行诈骗犯罪依然会持续高发，从犯罪规模、参与人数、受害人数、危害后果来看，尤其以非法集资类犯罪为甚。有效防止非法集资类犯罪案件蔓延，首先要加强监管，把这类犯罪消灭在萌芽状态；其次要加强法制宣传，使老百姓能够将这类犯罪与经济发展过程中合法的融资行为区别开来，以免上当受骗，造成不可挽回的损失。侵犯知识产权的犯罪案件会随着中国政府倡导的"大众创业""草根创业""万众创新""人人创新"的推进而有所上升，因为"创新""创业"离不开知识产权的保护，现阶段中国还缺乏知识产权保护的法治思维，在创业、创新浪潮来临之际，可能将会伴随着知识产权犯罪案件的上升。要切实保护创业和创新，

---

[1] 参见《首次中美打击网络犯罪及相关事项高级别联合对话成果声明》，《检察日报》2015 年 12 月 4 日，第 1 版。

还需要法制先行。

第五，职务犯罪会随着中国反腐败的深入而增量明显下降、存量有所减少，大案要案总数也会降低。中央对腐败犯罪实行"零容忍"的高压态势，对于新的职务犯罪起到了很大的遏制作用。由于职务犯罪涉及面广，犯罪存量较大，以前已经实施但尚未发现的犯罪会随着反腐进程而陆续暴露出来，所以，2016年的职务犯罪数量并不会大幅度减少。关于省部级以上干部的职务犯罪，到2015年11月11日，中央"打虎"实现31个省份全覆盖，其中，有部分人员尚未进入司法程序，如上海的艾宝俊、北京的吕锡文等。可见，2016年查办职务犯罪中的大案要案仍然是反腐工作的重中之重。打击腐败犯罪是一场关系党和国家生死存亡的政治斗争，必须进一步严密刑事法网，完善刑事立法，加大侦查力度，加强国际合作，对腐败犯罪形成国际国内、全面立体的包围态势，建立起不敢腐、不能腐、不想腐的防范、监督和惩罚的有效机制。

第六，未成年人犯罪总数及再犯率会有所下降。对于未成年人的保护、教育，中国已有比较完善的法律法规。2015年12月，最高人民检察院设立了未成年人检察工作办公室，专门负责关于未成年人犯罪的审查逮捕和审查起诉及相关工作，最大限度预防矫治未成年人违法犯罪，这些都有利于犯罪的未成年人尽快回归社会，降低再犯率。

（参见法治蓝皮书《中国法治发展报告No.14（2016）》）

第十三章 2016年中国犯罪形势分析及预测

摘　要：2016年，中国的犯罪态势总体情况较2015年有所缓解，严厉打击暴力恐怖犯罪成效明显，非法集资类犯罪、电信网络犯罪受到严厉打击和有效控制，职务犯罪大要案增量下降，传统暴力犯罪继续呈下降态势，但是危害生产安全、环境安全和食品药品安全的犯罪仍然十分突出，毒品犯罪继续处于高位。2017年，暴力恐怖犯罪、危害生产安全和食品药品安全犯罪、破坏环境犯罪、实施非法集资类犯罪、电信网络犯罪将进一步得到控制，但仍不能放松警惕；职务犯罪会随着中国反腐败的深入推进出现增量明显下降、存量相对减少、陆续进入司法程序的案件数量有所增加的态势。

一　严厉打击暴力恐怖犯罪成效明显，但形势依然严峻

严厉打击暴力恐怖犯罪，对于保障国家安全和人民生命、财产安全，维护社会秩序具有非常重要的意义。2016年，中国政府有关部门和司法部门对该类犯罪继续高度重视并采取措施重点打击。经过中国执法司法机关坚持不懈地坚决打击，近年来暴恐犯罪高发态势得到遏制，总体形势稳定可控[1]。2016年4月，新疆维吾尔自治区发布《新疆维吾尔自治区群众

---

[1] 王治国、徐盈雁：《坚持各方联动形成打击合力　共同铲除恐怖主义滋生土壤》，《检察日报》2016年12月1日，第1版。

举报涉暴恐犯罪线索奖励办法》，举报实施袭击、劫持、暗杀、投毒、爆炸等涉暴恐犯罪核心层线索的，奖励20万～500万元，群众可拨打110或通过新疆公安厅门户网站举报。

2016年，中国的暴力恐怖犯罪有的呈下降趋势，如涉嫌组织、领导、参加恐怖组织犯罪；有的呈上升趋势，如涉嫌帮助恐怖活动犯罪，涉嫌编造或故意传播虚假恐怖信息犯罪；还有的是根据《刑法修正案（九）》新增加的犯罪，如涉嫌准备实施恐怖活动犯罪，涉嫌宣扬恐怖主义、极端主义，煽动实施恐怖活动犯罪，涉嫌利用极端主义破坏法律实施犯罪，涉嫌强制穿戴宣扬恐怖主义、极端主义服饰、标示犯罪，涉嫌非法持有宣扬恐怖主义、极端主义物品犯罪等。

2016年，中国的暴力恐怖犯罪主要有以下特点。一是宗教极端思想和非法宗教活动成为暴力恐怖案件多发频发的源头。受宗教极端思想影响，参与者对实施暴力恐怖行为极为狂热。二是国际国内暴恐活动关联性不断增强，境内外暴恐势力勾连程度正逐步加深。恐怖组织在全球范围内传播恐怖主义思想、招募人员、募集资金、煽动民族歧视和民族仇恨、传授犯罪方法、派遣受训人员入境、动员部署暴力恐怖活动，都成为暴力恐怖犯罪多发的重要诱因。三是内地与边疆地区暴力恐怖犯罪势力联系密切。民族边疆地区是中国打击暴恐犯罪的"主战场"，为了躲避打击，暴恐犯罪出现向内地转移、蔓延的趋势。四是在参加暴恐犯罪的人员中，犯罪低龄化、家族化趋势明显，80后、90后占暴恐分子的相当数量，暴恐分子往往通过家庭、宗族、亲戚等渠道组织非法宗教活动，逐步形成暴恐团伙。

严厉打击暴力恐怖犯罪活动是一个长期而艰巨的任务，不能有丝毫的疏忽和松懈。中国应该持续着力于"国际国内两个反恐领域""疆内疆外两个反恐战场"和"网上网下两个反恐战线"的建设，全方位加强对暴力恐怖犯罪的打击和预防。

二 职务犯罪的增量明显下降，但审判数量剧增，涉及的领域广泛

随着中国反腐败的不断深入开展，形成了反腐败的高压态势，并且打

击腐败的力度有增无减。

　　第一，职务犯罪的增量明显下降。2015年11月1日生效实施的《刑法修正案（九）》对贪污贿赂犯罪的定罪及量刑作了重大调整，取消了贪污罪、受贿罪定罪及量刑的具体数额标准，增设死刑缓期二年执行减为无期徒刑后终身监禁，增设罚金刑等。为正确理解和适用这些规定，最高人民法院、最高人民检察院于2016年4月18日联合发布了《关于办理贪污贿赂刑事案件适用法律若干问题的解释》，将贪污罪、受贿罪起点数额提高到三万元，明确贪污罪、受贿罪死刑、死缓及终身监禁的适用原则等。由于该司法解释大幅度提高了贪污贿赂犯罪的定罪数额，全国的职务犯罪数量同比普遍下降了10%左右[1]。但由于职务犯罪的存量较大，一些地区的职务犯罪仍然很严重。2016年1~11月，江苏全省检察机关共立案侦查贪污贿赂案件1114件1416人，立案侦查渎职侵权犯罪案件308件445人，通过办案挽回直接经济损失6.23亿元[2]；广东全省检察机关职务犯罪侦查部门共受理职务犯罪案件线索3843件4869人，初查1693件2139人，立案侦查2140件2692人，其中立案侦查贪污贿赂犯罪案件1697件2145人，立案侦查渎职侵权犯罪案件443件547人。侦查终结职务犯罪案件1797件2248人，其中移送起诉1703件2138人，共挽回经济损失8亿元[3]。有些地方的职务犯罪仍呈上升趋势。例如，2016年1~11月，河南全省检察机关共立案侦查职务犯罪案件3032件4196人，其中，贪污贿赂案件立案人数同比上升1.6%，渎职侵权案件立案人数同比上升7.2%[4]。

　　第二，职务犯罪的审判数量剧增。2016年新增立案侦查的省部级以上官员20余人，与2015年的40人相比下降了50%。但是，2016年是大案要案审判最密集的一年，全国共有35名省部级及以上官员接受审判获刑，且无一例外全部被指受贿。

---

[1]《河南立案侦查职务犯罪4196人》，《法制日报》2016年12月16日，第3版。
[2] 人民网，http://js.people.com.cn/n2/2016/1209/c360305-29442720.html，最后访问日期：2016年12月28日。
[3] 2016年12月23日广东省检察院新闻发布会。
[4]《河南立案侦查职务犯罪4196人》，《法制日报》2016年12月16日，第3版。

第三,职务犯罪涉及的领域众多。从司法实践情况看,重点领域主要有以下几类。①工程建设领域。在该领域,除物资采购、资金拨付、招投标等关键环节外,项目的立项审批、土地出让、征地补偿、移民拆迁等也都是滋生贪污贿赂犯罪的高风险点。②涉农惠民领域。2016年1~5月,全国检察机关共立案侦查扶贫开发领域职务犯罪案件658人,同比上升53.7%[①]。1~10月,全国检察机关查办扶贫领域职务犯罪1623人,同比上升94.6%,其中,立案侦查贪污贿赂犯罪1351人,同比上升94.9%,立案侦查渎职侵权犯罪267人,同比上升102.3%[②]。③国企管理领域。例如,江西丰城发电厂发生的"11·24"特别重大坍塌事故,是新中国成立以来电力建设行业发生的最为严重的事故,检察机关依法对邓勇超等9人以玩忽职守罪立案侦查,对1名涉嫌行贿犯罪人员立案侦查[③]。④行政审批和执法监管方面。例如,在山东疫苗案中,有100人涉职务犯罪被立案侦查[④]。再如,到2016年10月,在全国检察机关开展为期两年的"破坏环境资源犯罪专项立案监督活动"中,移送涉嫌职务犯罪线索140件197人,已立案133件223人;共查办生态环境领域贪污贿赂犯罪案件833人,查办渎职犯罪1124人[⑤]。

第四,境外追逃职务犯罪嫌疑人的工作力度加强。继续加大力度打击腐败犯罪,需要进一步严密刑事法网,完善刑事立法,加强国际合作,对腐败犯罪形成国际国内、全面立体的包围态势,建立有效的防范、监督和惩罚机制。检察机关积极开展境外追逃追赃工作,2016年1月至11月,共从18个国家和地区引渡、遣返职务犯罪嫌疑人41人,追回涉案财产人民币5.16亿元。在归案人员案件中,已判决40件,正审查起诉13件,法院已开庭审理7件,不起诉11件[⑥]。从2016年1月1日"百名红通人

---

① 最高人民检察院2016年6月23日新闻发布会。
② 《前10月查办扶贫职务犯罪1623人》,《法制日报》2016年12月15日,第3版。
③ 戴佳:《江西丰城发电厂"11·24"特别重大事故10名职务犯罪嫌疑人被立案侦查》,《检察日报》2016年12月20日,第1版。
④ 最高人民检察院2016年10月21日新闻发布会。
⑤ 徐日丹:《检察机关监督立案环境污染案件394件527人》,《检察日报》2016年12月27日,第1版。
⑥ 数据来源:2017年1月5日最高人民法院、最高人民检察院联合召开的新闻发布会。

员"之一裴建强被抓获归案以来，截至2016年12月6日，中国已经追回19名"百名红通人员"。2016年11月16日，"百名红通人员"头号在逃犯罪嫌疑人杨秀珠（已被查清的涉案金额为2.532亿元）从美国回到中国投案自首，此前她已潜逃海外13年之久①。2016年9月，二十国集团（G20）杭州峰会召开，各国领导人一致批准通过《二十国集团反腐败追逃追赃高级原则》《二十国集团2017~2018年反腐败行动计划》等重要反腐败成果。除了"百名红通人员"，2016年1~11月，"天网"行动共从70多个国家和地区追回908人，其中外逃国家工作人员122人，追回赃款23.12亿元②。2016年9月23日，二十国集团反腐败追逃追赃研究中心在北京正式揭牌，这是第一个面向G20成员国开展反腐败追逃追赃研究的机构，将为中国海外追逃追赃提供理论支持③。

三 危害环境安全犯罪、危害食品药品安全的犯罪突出，治理和打击力度加大

1. 污染环境犯罪

近些年来，中国的生态环境遭到了严重破坏，各类污染环境的事件频频发生。为了让监测数据好看一些，一些地方弄虚作假。例如，河南某地在监测站点周围三公里内采取"精准治理"措施；又如，河北一些城市，在监测点周围实施车辆禁限行、清扫车重点洒扫；更有甚者，2016年2月份，陕西西安市长安区环境监测站相关工作人员多次进入国控监测站内，用棉纱堵塞采样器，造成自动监测数据多次出现异常，5名相关工作人员因涉嫌"环境监测数据造假"等行为，被警方立案侦查，案件正在进一步调查中④。

为有效防范和惩治污染环境的犯罪，中国的环境保护部门与司法部

---

① 黎史翔：《追逃杨秀珠 中方提供关键证据》，《法制晚报》2016年11月17日，第A18版。
② 陈磊：《二〇一六年中国反腐败呈现三大亮点》，《法制日报》2016年12月17日，第1版。
③ 《中国3年来追回外逃人员2442人 追赃85.42亿》，《京华时报》2016年12月10日，第4版。
④ 寇江泽：《有周密的质量控制体系严打监测数据弄虚作假》，《人民日报》2016年12月10日，第9版。

门积极推进两法衔接,密切配合形成合力,严厉打击环境污染的犯罪活动。现在,环境保护部着手建立环保与公检法联动机制,对监测数据造假"零容忍",发现一起,查处一起,依法移交有关部门处理,提高对监测数据弄虚作假行为的震慑力[1]。最高人民检察院、公安部对环境保护部移交的"西安环保数据造假案件"多次派员现场指导办案。2016年6月、7月,最高人民检察院会同环境保护部环境监察局、公安部治安管理局共同对江苏靖江原侯河石油化工厂填埋疑似危险废物案件(即靖江"9·11"污染环境案)和广东省东莞市长安镇锦厦三洲水质净化有限公司环境违法案件进行现场督办。2016年1月,最高人民检察院、最高人民法院与司法部联合发布《关于将环境损害司法鉴定纳入统一登记管理范围的通知》。2016年12月23日,最高人民法院、最高人民检察院联合发布了《关于办理环境污染刑事案件适用法律若干问题的解释》,明确规定,重点排污单位篡改、伪造自动监测数据或者干扰自动监测设施,排放化学需氧量、氨氮、二氧化硫等污染物的,应当认定为"严重污染环境"。上述措施加大了对生态环境的行政保护和司法保护。

环境保护与人民群众的日常生活息息相关,所以,必须继续加大预防和打击力度,对污染环境的犯罪行为严惩不贷,绝不姑息。

2. 危害食品药品安全犯罪

药品安全与人民群众的生命健康密切相关,众多个案已经让人们触目惊心,生产销售假药犯罪在中国十分猖獗,且已经造成了严重的社会危害后果。2016年3月,山东警方破获案值5.7亿元的非法经营人用疫苗案引起关注。自2011年以来,在未获取任何药品经营许可的情况下,犯罪嫌疑人通过网上QQ交流群和物流快递,联系国内十余个省(市)的100余名医药公司业务员或疫苗非法经营人员,购入防治乙脑、狂犬、流感等病毒的25种人用二类疫苗或生物制品,加价销售给全国18个省的300余名疫苗非法经营人员和个别疾控部门基层站点。作为特殊药品的疫苗,竟然在未经冷藏的情况下通过各种渠道流入市场,范围涉及24个省、自治

---

[1] 寇江泽:《有周密的质量控制体系严打监测数据弄虚作假》,《人民日报》2016年12月10日,第9版。

区、直辖市①。到11月,对涉嫌非法经营疫苗的犯罪,全国已批捕324人②。12月9日,济南市中级人民法院以被告人庞红卫、孙琪涉嫌非法经营罪开庭审理了此案。

2016年,严重危害食品安全的犯罪频繁发生。当前的危害食品安全犯罪作案手段隐蔽、方式多样、保密性强,还形成了封闭产业链,犯罪嫌疑人具有较强的反侦查能力,案件往往难以侦破。山西、广东、吉林、福建、安徽等多地都出现了涉嫌出售病死猪肉、有毒狗肉、老鼠肉充当鸡肉、农残超标食品、不合格婴儿奶粉、假蜂蜜、地沟油火锅等食品犯罪案件。

食品药品安全是关系国计民生的大事,加快建立科学完善的食品药品安全治理体系、严把每一道防线已迫在眉睫。

四 非法集资类犯罪、传销类犯罪依然猖獗

1. 非法集资类犯罪

经过司法机关对非法集资类犯罪的持续重点打击,该类犯罪在2016年从总体上看比上年有所减少,但比例仍然很大。数据显示,截至2016年11月底,P2P平台数量达5879家(含停业及问题平台),正常运营的P2P平台共有2534家,累计停业及问题平台达到3345家,仅11月就有98家停业及问题平台,其中问题平台22家(跑路13家、提现困难9家)、停业平台76家③。

非法集资类犯罪被害人数众多,涉及范围广、涉案金额巨大。由于犯罪嫌疑人以高额回报为诱饵,在官方媒体上进行虚假宣传,从过去的"口口相传"转变为利用互联网技术,通过微信群、QQ群等新的作案方

---

① 《山东食药监局公布300条上下线线索购进疫苗人员信息涉及24个省区市》,《人民日报》2016年3月20日,第4版。
② 孟亚旭:《检察机关11个月批捕电信诈骗犯罪嫌疑人13247人》,《北京青年报》2016年11月6日,第A04版。
③ 《2016年P2P问题平台超3000家频"踩"哪根"红线"?》,法制网,http://www.legaldaily.com.cn/legal_ case/content/2016-12/23/content_ 6929516.htm? node = 81780,最后访问日期:2016年12月28日。

式，极易骗取社会公众的信任，从而使案件涉及地域更广，涉案数额巨大。

目前，非法集资类犯罪，依法严厉打击需要加强风险防控，广泛宣传，提高群众防范意识，形成源头治理、综合治理、系统治理的合力。

2. 传销类犯罪

新型网络传销不仅具备传统传销的危害性，而且蔓延速度快、涉及地域广、涉及人员多，具有更大的社会危害性。随着互联网的广泛应用以及微博、微信、QQ等网络社交平台的迅速发展，依托网络实施传销违法犯罪活动多发。这类犯罪主要呈现四个特点。一是蔓延迅速，大要案高发。传销信息依托互联网以及微博、微信、QQ等社交平台，在网络空间广泛扩散，传销活动得以快速蔓延，短时间内裹挟巨额资金、涉及众多参与人员，波及全国，社会危害严重。二是名目繁多，迷惑性强。不法分子打着"虚拟货币""金融互助""微商""爱心慈善"等幌子从事网络传销犯罪。三是利诱性、欺骗性强。多以"动态收益""静态收益""推广返利"等名目，许以高额回报。四是"职业化"特征显现。出现职业"操盘手"，大肆发展人员，疯狂敛财。

针对当前传销犯罪活动蔓延的势头，公安部部署全国公安机关开展了打击新型网络传销专项工作。据统计，2016年全国公安机关共立案侦办传销犯罪案件2826起，同比上升19.1%，成功破获了"网络黄金积分""克拉币""恒星币""买卖宝"等一批重大案件[1]。到2016年12月，"网络黄金"共计发展会员50余万人，涉及资金109亿元，"万福币"的参与会员账号达12万个，涉及资金12亿元，两个骗局共聚敛121亿元，江苏徐州警方先后共计抓获犯罪嫌疑人77名[2]。

与传统传销相比，新型网络传销的隐蔽性更强、危害性更大，而且往往蔓延速度快、涉及地域广、涉案人员多，需要工商、公安、银监等部门加强协作，加大打击力度，切断网络传销的资金流，净化互联网金融的生态环境，进行源头遏制。

---

[1] 《今年警方立案侦办传销犯罪案2826起》，《法制日报》2016年12月15日，第3版。
[2] 《徐州警方连破两大新型网络传销案："网络黄金""万福币"骗局聚敛121亿元》，《法制日报》2016年12月15日，第3版。

五 重拳出击，严惩电信网络犯罪

利用通信工具、互联网等技术手段实施的电信网络诈骗犯罪活动持续高发，侵犯公民个人信息，扰乱无线电通信管理秩序，严重侵害人民群众财产安全和其他合法权益，社会危害性大。各地均发生多起诈骗案件，有的案件造成了极为严重的后果，如山东省临沂市徐某某被骗致死。2016年上半年，中国网购用户规模达4.8亿人，中国互联网协会发布的《中国网民权益保护调查报告2016》指出，网民在网络购物的过程中，遭到"个人信息泄露"的占51%，84%的网购用户因信息泄露受到骚扰、金钱损失等不良影响，一年因个人信息泄露等遭受的经济损失高达915亿元①。

2016年，最高人民检察院会同公安部开展了多次联合行动，打击电信网络诈骗犯罪效果明显。这些联合行动主要包括：召开典型电信网络诈骗案件剖析会、召开电信网络犯罪重点整治地区联合督导会联合挂牌督办了两批共60余件重大电信网络诈骗犯罪案件、共同开展专题国际刑事司法合作。这些措施卓有成效，对于打击电信网络诈骗犯罪作出了重大贡献。2016年1～11月，全国共破获各类电信网络诈骗案件9.3万起，查处违法犯罪人员5.2万人；全国检察机关共批捕电信诈骗犯罪嫌疑人1.5万余人②。

2016年12月19日，最高人民法院、最高人民检察院、公安部联合发布了《关于办理电信网络诈骗等刑事案件适用法律若干问题的意见》，通过司法解释的形式，重拳出击电信网络诈骗犯罪。该意见具有以下亮点，一是严格规定了入罪的条件，如符合入罪条件"拨打诈骗电话五百人次以上"，包括拨出诈骗电话和接听被害人回拨电话；反复拨打、接听同一电话号码，以及反复向同一被害人发送诈骗信息的，拨打、接听电话次数、发送信息条数累计计算。二是适用较为严厉的刑罚措施。规定

---

① 《网购用户过半遭信息泄露 一年遭受经济损失高达915亿元》，《温州商报》2016年12月21日，第2版。
② 徐日丹：《织密打击电信网络诈骗犯罪法网》，《检察日报》2016年12月21日，第3版。

"电信网络诈骗既有既遂,又有未遂,分别达到不同量刑幅度的,依照处罚较重的规定处罚;达到同一量刑幅度的,以诈骗罪既遂处罚"。对实施电信网络诈骗犯罪的被告人,应当严格控制适用缓刑的范围,严格掌握适用缓刑的条件。三是在实施电信网络诈骗活动中,非法使用"伪基站""黑广播",干扰无线电通信秩序,符合《刑法》第288条规定的,以扰乱无线电通信管理秩序罪追究刑事责任。同时构成诈骗罪的,依照处罚较重的规定定罪处罚。四是严厉打击关联犯罪,如"违反国家有关规定,向他人出售或者提供公民个人信息,窃取或者以其他方法非法获取公民个人信息,符合刑法第二百五十三条之一规定的,以侵犯公民个人信息罪追究刑事责任。使用非法获取的公民个人信息,实施电信网络诈骗犯罪行为,构成数罪的,应当依法予以并罚"。五是金融机构、网络服务提供者、电信业务经营者等在经营活动中,违反国家有关规定,被电信网络诈骗犯罪分子利用,使他人遭受财产损失的,依法承担相应责任。构成犯罪的,依法追究刑事责任。六是严格规定了共同犯罪的法律责任。多人共同实施电信网络诈骗,犯罪嫌疑人、被告人应对其参与期间该诈骗团伙实施的全部诈骗行为承担责任。在其所参与的犯罪环节中起主要作用的,可以认定为主犯;起次要作用的,可以认定为从犯。该意见对于有效遏制电信网络诈骗犯罪将会起到非常重要的作用。

由于实施电信网络犯罪成本极低,再犯率很高。对于这类犯罪不能放松警惕,必须持续保持高压态势予以打击。

六 传统暴力犯罪整体呈下降态势,盗窃醉驾案件仍在上升

2016年,传统暴力犯罪具有以下主要特点。

一是社会治安面总体向好,暴力犯罪总量明显下降。八种传统暴力犯罪受案数同比均不同程度下降,超过总体刑事案件降幅,部分罪名降幅明显。受案数同比降幅较大的罪名是绑架罪、爆炸罪、抢劫罪。

二是以报复社会为目的的危害公共安全犯罪危害严重。2016年以来,宁夏、海南、河南等地连续发生多起以报复社会为目的的危害公共安全恶

性案件，犯罪手段包括放火焚烧公交车、持刀砍杀小学生、驾车撞人等，造成群死群伤的严重后果。例如：宁夏马永平放火案共造成18人死亡，32人受伤；海南李四军故意伤害案共造成10名小学生受伤。

三是暴力伤医案件时有发生。湖南邵东杨海垒、河北衡水李刚、山东莱芜陈建利等暴力伤医案造成医护人员死亡等严重后果，引发社会舆论高度关注。

四是因毒品引发的次生暴力恶性刑事案件多发。近年来，随着毒品相关违法犯罪的数量增多，因吸食毒品致幻产生妄想等精神症状引发的故意杀人、放火等刑事案件也呈多发态势，部分案件作案手法残忍，破坏家庭伦理，造成严重后果，被害人甚至为犯罪嫌疑人的父母、妻儿等近亲，社会危害性和负面影响极大。

五是校园欺凌和暴力犯罪突出。2016年1~11月，全国检察机关共受理提请批准逮捕的校园涉嫌欺凌和暴力犯罪案件1881人，经审查，批准逮捕1114人，不批准逮捕759人；受理移送审查起诉3697人，经审查，起诉2337人，不起诉650人[①]。

值得注意的是，当前中国犯罪规模占比较大的是盗窃、毒品、醉驾、赌博等案件，特别是随着醉驾入刑，由于各地掌握的执法尺度较严，加之不正确的考核指标导向影响，醉驾案件不断攀升，轻罪入刑化倾向十分明显，其负面效果也不断显现，值得立法、司法和刑事政策制定者认真检讨和反思。

七 2017年犯罪态势预测

2017年，暴力恐怖犯罪会进一步得到一定的控制，但由于其隐蔽性极强、危害性极大，严厉打击暴力恐怖犯罪仍然是2017年的重点工作。与人民群众日常生活息息相关的危害食品药品安全犯罪、环境犯罪虽然得到一定遏制，但还远远不够，仍然需要继续加大预防和打击力度，对于这

---

① 最高人民检察院2016年12月28日召开"最高检通报检察机关参与防治中小学生欺凌和暴力工作情况"新闻发布会。

类犯罪必须严惩不贷,绝不姑息。电信网络犯罪、非法集资类犯罪会继续被有效控制,但不能放松警惕,因为实施这类犯罪非常容易,再犯率很高。职务犯罪会随着中国反腐败的深入出现增量明显下降、存量有所减少的态势。

2017年中国主要犯罪类型的态势有以下几个方面。

第一,严重危及中国政权安全和人民群众生命安全的暴力恐怖犯罪会得到进一步控制,但形势依然非常严峻。由于国际恐怖活动猖獗,犯罪活动从未停止,并且通过各种途径向国内渗透,新疆的暴力恐怖活动大有向内地蔓延的态势。暴力恐怖犯罪具有极高的隐蔽性,极大的危害性,极强的破坏性。所以,严厉打击暴力恐怖犯罪仍然是中国2017年的重点工作。

第二,危害生产安全的犯罪、危害食品药品安全犯罪和破坏环境犯罪会进一步得到遏制。由于上述犯罪具有严重的社会危害性,有关政府监管部门与司法机关有必要大力配合、相互协调,加大打击力度,一案双查,即既惩罚危害生产安全、食品药品安全和破坏环境的犯罪人,也惩罚监管部门的职务犯罪行为,织密法网防止漏网之鱼。这一系列措施在2016年已经初见成效,在2017年将继续发挥作用。由于这类犯罪关乎国计民生,是现在多种疾病的源头,虽然有关部门采取了相应措施对其进行了一定的遏制,但还远远不够,仍然需要继续加大预防和打击力度,特别是环保部门绝对不能对严重的环境污染不作为,对实施这类犯罪及相应的职务犯罪必须严惩不贷,绝不姑息。最高人民法院、最高人民检察院《关于办理环境污染刑事案件适用法律若干问题的解释》自2017年1月1日起施行,将为严惩破坏环境的犯罪提供法律支撑。

第三,电信网络犯罪的数量会得到有效遏制。2016年,中国加大了对电信网络犯罪的打击力度,这一系列举措在2017年必定会发挥重要作用,将会推进专项打击行动,切断电信网络犯罪的通信和转款渠道,加大对电信网络监管部门的监督,加大对个人信息的保护力度,落实责任综合治理。可以预见的是,随着中国对电信网络犯罪的重拳出击,电信网络犯罪在2017年将进一步得到遏制。

第四,打击非法集资类犯罪取得重大进展。随着"e租宝"和"云南泛亚"等案件的刑事司法程序的进行,越来越多的非法集资案件浮出水面，越来越多的人民群众已经认识到非法集资类犯罪的本质，上当受骗的人数逐渐减少。自《国务院关于进一步做好防范和处置非法集资工作的意见》（国发〔2015〕59号）下发以来，非法集资部际联席会议各成员单位各司其职、各负其责，严厉打击非法集资案件，通过各种渠道提高公众对非法集资风险的防范意识和识别能力，取得了较好成效。

第五，职务犯罪会随着中国反腐败的深入存量有所减少。目前，中国反腐持续发力，多数官员"不敢腐""不能腐""不想腐"。但由于多年积累下来的问题很多，随着中央巡视组的一轮轮巡视，一次次回头看发现的问题和线索，还会有不少职务犯罪将会被立案侦查。所以，新增的立案数量以及进入审判阶段的案件数量并不会大幅度减少。

（参见法治蓝皮书《中国法治发展报告 No.15（2017）》）

专题三

刑事诉讼发展报告

第十四章　中国刑事辩护状况调研报告

摘　要：自1996年中国《刑事诉讼法》修改以来，刑事辩护一直是法律界和法学界极为关注的一个热点问题，"绝境说""困境说""倒退说""曲折进步说"，众说纷纭。通过实证调查分析发现，中国的刑事辩护既没有严重倒退，也没有达到"与法治国家不相上下、与国际规则基本适应的仙境"。

保障被追诉人的权利是人权保护的重要方面，而辩护权的实现则是其核心内容。1996年《刑事诉讼法》的修改曾经一度被称为中国刑事诉讼历史上具有里程碑意义的立法变动，特别是关于刑事辩护制度的变革曾是最受褒扬的"精彩之笔"。但是，正是这一"精彩之笔"，很快引起了律师界和法学界的批评，以致《刑事诉讼法》之再修改被纳入全国人民代表大会立法规划时，辩护制度的立法变动再次成为讨论焦点。在本次《刑事诉讼法》的再修改中，以辩护制度改革为主要内容的控、辩、审三方权力（利）与义务关系的重构是核心问题。

十多年来，对于如何完善中国的刑事辩护制度，学术界与实务界人士多是从辩护权利的扩张和控诉权力的规制等方面献计献策，广大执业律师对于刑事辩护制度改革诉求的表达，也多是对律师执业环境恶化的忧虑和对执业权利扩张的呼吁。那么，中国刑事辩护的真实境况到底怎样？2010年上半年，中国社会科学院法学研究所法治国情调研组（以下简称"调研组"）就相关问题，分别深入北京、辽宁沈阳、河北石家庄、河北秦皇岛、河北廊坊、河北宣化、山东泰安、山东烟台、河南郑州、福建福州以及新疆维吾尔自治区库尔勒市等，在当地公安局、检察院、法院、律师事务所、监狱、看守所、城镇街道办事处、学校等不同单位，对警察、检察官、法官、律师、被追诉人以及可以代表一般社会公众的社会各阶层人员进行了问卷调查和访谈，并调取了某县人民检察院1997~2009年的全部刑事案件卷宗，对这些卷宗仔细地进行了数据统计分析。在数据信息统计分析和问卷调查基础之上完成了本调研报告。

一 管窥刑事辩护的发展趋势

（一）刑事辩护的主体是律师，非律师辩护人比例仅为十分之一

被追诉人是否有辩护人，是委托辩护还是指定辩护，这些事项在法院的判决书上都会清楚载明。为获得1996年《刑事诉讼法》修改后刑事案件辩护率的真实情况，调研组选取某县人民检察院，对其修改后的《刑事诉讼法》实施以来13年（1997~2009）已经归档的全部刑事卷宗进行了数据信息统计分析。

1997年以来，该县行政区域委托律师辩护、指定法律援助律师辩护、非律师辩护以及刑事案件总辩护率见表1。

表1 某县1997年以来刑事案件辩护情况

单位：%

比率\年份	1997	1998	1999	2000	2001	2002	2003	2004	2005	2006	2007	2008	2009	平均
委托律师辩护	38.8	33.6	33.1	27.8	16.2	14.8	19.9	16.0	16.6	15.1	23.9	25.1	27.0	23.7
法援律师辩护	0	0.9	6.5	11.5	8.2	9.4	7.1	9.7	3.3	3.1	1.3	5.0	6.0	5.5
非律师辩护	0	0	0.6	0.5	0.6	2.1	6.2	5.2	13.1	4.2	2.9	1.3	0.3	2.7
总辩护率	38.8	34.5	40.2	39.8	25.0	26.3	33.2	30.9	33.0	22.4	28.1	31.4	33.3	31.9

注：根据该县刑事案件数量统计计算所得。

从表1可以看出，刑事辩护的主体主要是律师，在平均31.9%的辩护

率中，辩护人为律师的占 29.2%，占辩护人的 91.4%；辩护人系非律师的占 2.7%，占辩护人的 8.6%。

（二）1997 年始律师辩护率整体呈下降趋势，2007 年始逐步上升

被调查的县自 1997 年修改后的《刑事诉讼法》实施后，被追诉人委托律师辩护的比例持续下降，这种情况一直持续到 2006 年，从 1997 年的 38.8%下降到 2006 年的 15.1%，在 2002 年降至历史最低的 14.8%。自 2007 年开始，委托律师辩护的比例逐渐上升，2007 年上升到 23.9%，2008 年上升到 25.1%，均超过了 1997~2009 年被追诉人委托律师辩护的平均值 23.7%（见图 1）。

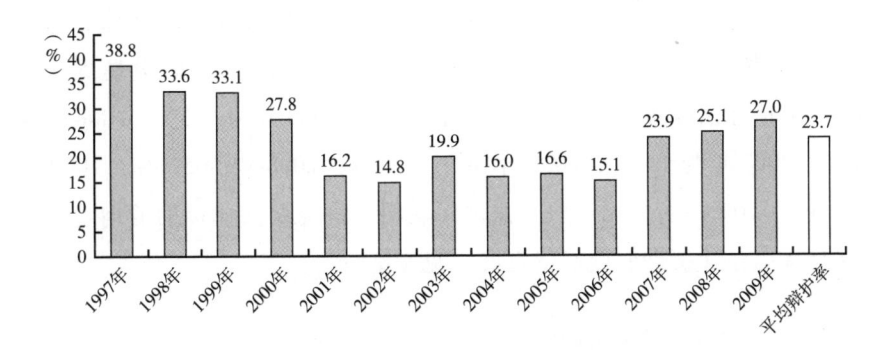

图 1 某县 1997~2009 年被追诉人委托律师辩护率

修改后的《刑事诉讼法》将律师介入刑事诉讼的时间提前，扩大了指定辩护的范围、律师的权利等，一方面使得辩护律师看到了"刑事辩护的春天"，提高了律师参与刑事诉讼的积极性；另一方面，《刑事诉讼法》的修改也让被追诉人对律师辩护充满了期待，提高了被追诉人聘请律师的主动性。从调研数据看，在 1997 年《刑事诉讼法》刚刚施行的第一年，被追诉人聘请律师的比例处于相对高位。但是，随着司法实践中辩护律师执业风险的加大和对辩护律师执业权利的限制，律师参与刑事诉讼的积极性和被追诉人聘请律师的主动性都受到一定程度的影响。因此，从 1998 年到 2006 年，被追诉人聘请律师的比例总体呈下降趋势。

2007 年、2008 年和 2009 年被追诉人聘请律师的比例出现了明显的上升趋势，调研组认为这与立法机关 2007 年重新修订《律师法》和新《律

师法》在 2008 年正式实施有关。新《律师法》针对"刑事辩护三难"（会见难、阅卷难和调查取证难）等问题，不仅加强了对律师执业权利的保护，还扩展了律师的执业权利。例如，律师在会见当事人时只凭律师执业证书、律师事务所证明和委托书或法律援助公函即可，无须再经过批准，并且在会见过程中不再被监听；律师的自行调查取证无须申请司法机关批准；律师在法庭上发表的代理、辩护意见不受法律追究。上述立法变动提高了律师进行刑事辩护和被追诉人委托律师辩护的积极性，律师参与刑事诉讼和被追诉人委托律师的比例再次提升。

（三）法律援助比例超低，多数案件无辩护人

从 1997~2009 年法律援助案件和无辩护人案件来看，13 年来，法律援助案件占全年刑事案件的比例基本上在 10% 以下，平均是 5.5%；2005~2007 年法律援助的比例更是一路走低，2005 年为 3.3%，2006 年为 3.1%，2007 年为 1.3%，2008 年始稍有提高，2008 年为 5.0%，2009 年为 6.0%。70% 左右的无辩护人案件，说明中国需要法律援助的刑事案件数量巨大，法律援助制度亟待发展（见图 2）。

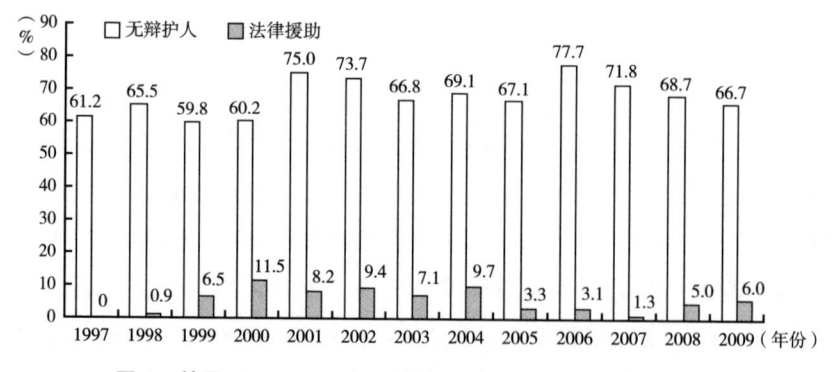

图 2 某县 1997~2009 年无辩护人案件与法律援助案件对比

（四）辩护率总体下降，近三年有所提升

调研组调查了该县行政区 1997~2009 年刑事案件的总辩护率，即被追诉人聘请律师辩护、指定法律援助律师辩护和非律师辩护比例的总和。

1997~2000年即修改后的《刑事诉讼法》实施4年内该县的刑事辩护率处于最高时期，在34.5%~40.2%；2001年后，刑事辩护率下降到22.4%~33.2%。修改后的《刑事诉讼法》实施13年来，刑事案件辩护率在22.4%~40.2%波动（见图3）。这一调查结果可以说明两个问题：第一，所谓中国刑事辩护率不足20%甚至不足10%的观点值得商榷，至少与一些基层法院的现状不符；第二，67.9%的案件没有辩护人参与，意味着在一些地方还需要加强人权保障理念和加快刑事法治建设。

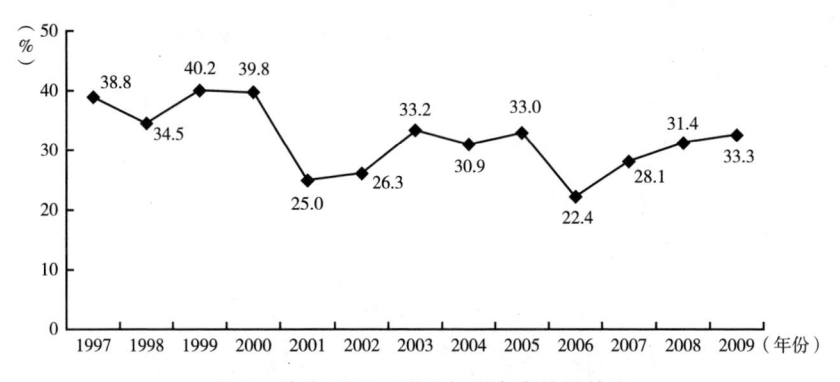

图3　某县1997~2009年刑事案件辩护率

（五）辩护意见采纳率虚高

辩护人辩护意见被法院判决采纳的状况能直接反映其在刑事诉讼活动中所发挥的作用。调研组在调研中专门对判决书中辩护意见的采纳情况进行了统计分析。

1. 聘请律师辩护意见的采纳情况

1997~2009年，被追诉人聘请律师的辩护意见中，全部采纳率最高为50.9%，部分采纳率最高为70.7%。就总体情况来看，采纳率相对平稳，全部采纳率呈下降趋势，部分采纳率呈上升趋势（见图4）。

2. 法律援助律师辩护意见的采纳情况

1997~2009年，法律援助律师的辩护意见被法院判决采纳率中，全部采纳率最高达77.8%，部分采纳率最高达99.7%（见图5）。就总体情况来看，全部采纳率呈下降趋势，部分采纳率呈上升趋势。

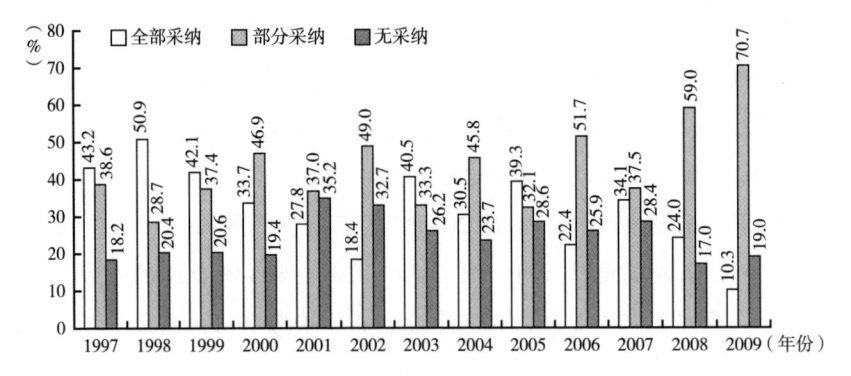

图 4　某县 1997~2009 聘请律师辩护意见采纳情况

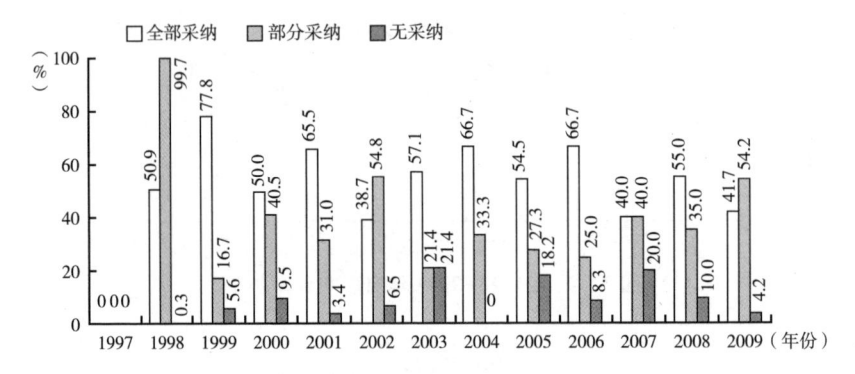

图 5　某县 1997~2009 年法律援助律师辩护意见的采纳情况

由上可知，律师辩护意见被法院判决采纳率是比较高的，但是刑事辩护意见的高采纳率并不意味着刑事辩护的高质量。在如此高的辩护意见采纳率状况下，法律职业共同体、被追诉人、社会公众对刑事辩护仍然有诸多不满。调研发现，隐藏在辩护意见高采纳率之下的是刑事辩护的低质量——刑事辩护律师业务不精，辩护方式古板、方法陈旧，"初犯""偶犯""认罪态度好"的"三段论辩护法"被广泛运用，辩护律师只要提出上述任何一种情况，如果该情况符合事实，法院便会采信，这是中国刑事辩护意见高采纳率的主要原因。

调研发现，法律援助律师辩护意见采纳率高于委托律师辩护意见采纳率，这似乎有悖于一般人的认知判断。调研组通过认真阅读辩护词发现，法律援助律师提出的辩护意见集中于"初犯""偶犯""过失犯""积极退赔""认罪态度好"等一般辩护观点，很少提出其他具有实质性的辩护意见。

由于法律援助经费不足，律师承办法律援助案件的经费捉襟见肘。法律援助律师代理案件，不仅办案经费不足，而且还可能倒贴。为了减少支出，一些责任心不强的辩护律师在承办法律援助案件时，该会见犯罪嫌疑人的不会见，该调查取证的不调查取证，只在开庭前才翻阅案卷材料。由于庭前准备成本较低，法律援助律师仅仅需要花费极少的办案经费，同时耗费的办案时间也很少。如果仅看法律援助律师的办案成本收益比例，其收益率还是较高的，但是这种高收益率是以牺牲被追诉人应享有的诉讼权益为代价的。

二 社会各界对辩护律师的评价

近年来，媒体鲜有对辩护律师的正面宣传，相反，负面的报道却不胜枚举。辩护律师的身影在那些敏感度高的贪腐案件、黑社会性质的案件中时常出现。这些案件经过媒体的层层渲染，引起社会公众对辩护律师的极大不满。当然，不可否认的是，律师队伍良莠不齐，一些辩护律师的执业行为不端，还有少数的"害群之马"，他们在一定程度上影响着人们对辩护律师的评价。为了解律师群体的生存状态，调研组围绕中国辩护律师执业水平、职业道德、辩护环境、司法从业人员和被追诉人及社会公众对律师的评价、律师对自身的评价、被告人和辩护人之间的信赖关系等问题作了调研。

本次调研在北京、河北廊坊、河北秦皇岛、河北宣化、河北石家庄、山东泰安、山东烟台、河南郑州、福建福州、辽宁沈阳、新疆库尔勒11个城市，对警察、检察官、法官、律师、社会公众和被追诉人发放了问卷2611份，收回有效问卷2547份，占发放问卷的97.5%。其中，收回针对被追诉人的有效问卷266份。

（一）辩护律师的专业知识水平

对中国辩护律师专业知识水平评价的调查，调研组在调查问卷选项中设计了很好、一般、差、很差四个选项。警察、检察官、法官、律师、社会公众五类调查对象2281人中，除无效回答（拒答或多选）6人外，其余2275人对各个问题作了回答。

在2275位被调查者中，认为当前中国辩护律师的专业知识水平"很好"的有222人，占总人数的9.8%；认为"一般"的有1781人，占总人数的78.3%；认为"差"的有222人，占总人数的9.8%；认为"很差"的有50人，占总人数的2.2%（见图6）。

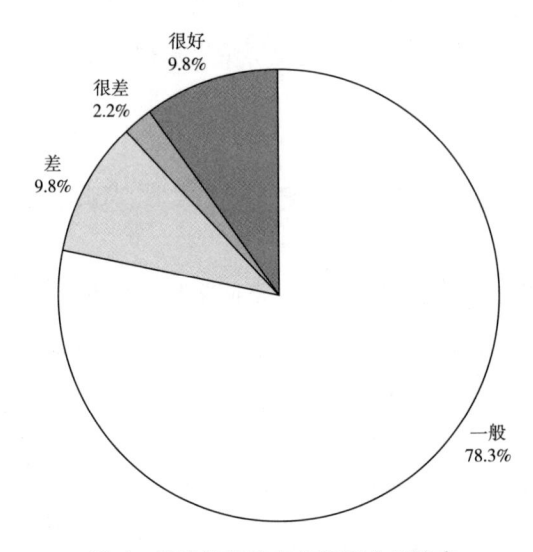

图6 辩护律师的专业知识水平调查

调研发现，80.2%的法官、78.3%的检察官、69.9%的警察和76.7%的社会公众认为当前中国辩护律师的专业知识水平"一般"，11.2%的法官、15%的检察官、16.1%的警察和11.4%的社会公众认为当前中国辩护律师的专业知识水平"差"或者"很差"，81.8%的律师认为自身专业知识水平"一般"，8.6%的律师认为自身专业知识水平"差"或者"很差"（见图7）。

律师作为精通法律知识的专门人员，不仅能为当事人答疑解惑，更能通过参与诉讼程序维护当事人的合法权益，这是当事人聘请律师参与诉讼程序的原因。"一般""差"和"很差"在辩护律师专业知识水平评价中

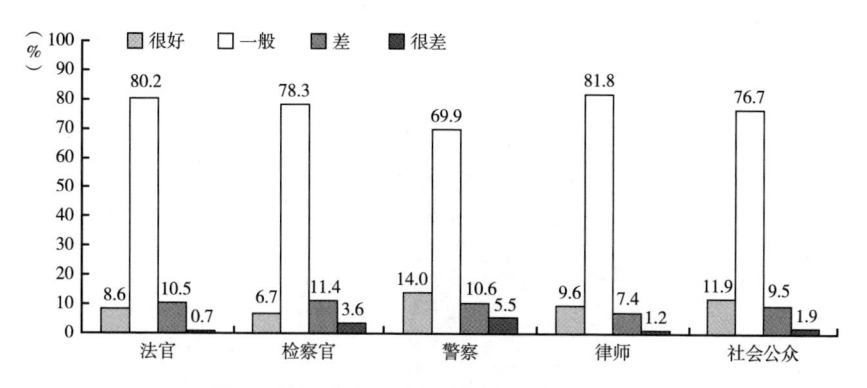

图 7 被调查者对辩护律师专业水平的态度

占据如此大的比例，足以说明在中国法律职业群体内部和社会公众对于辩护律师的专业知识水平的不满程度。调研组认为，在共同的法律职业"法曹"中，中国律师的专业素质已退出了改革开放初期"老大"的排位，排到了法官、检察官之后。

（二）辩护律师的辩护技巧

在对中国辩护律师辩护技巧评价的调查方面，调研组在调查问卷选项中同样设计了很好、一般、差、很差四个选项。警察、检察官、法官、律师、社会公众五类调查对象2281人，其中无效回答（拒答或多选）10人，其余2271人对各选项的回答结果见图8。

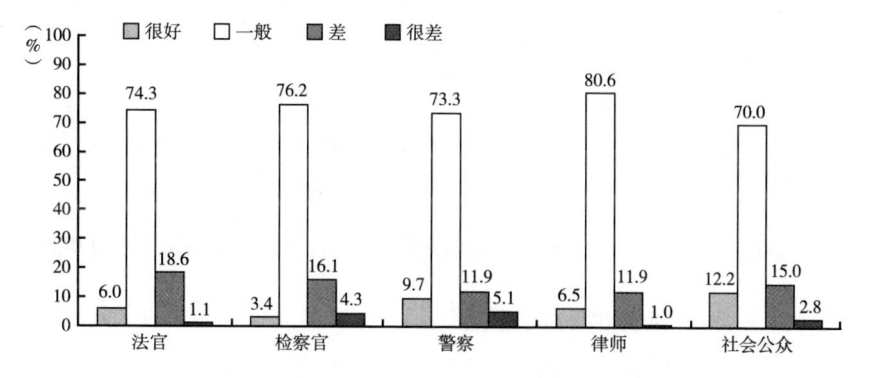

图 8 被调查者关于辩护律师辩护技巧的态度

在列入统计分析范围的2271人当中，认为当前中国辩护律师的辩护技巧"很好"的有 168 人，占 7.4%；认为"一般"的有 1703 人，占 75.0%；认为"差"的有 342 人，占 15.1%；认为很差的有 58 人，占 2.6%（见图 9）。

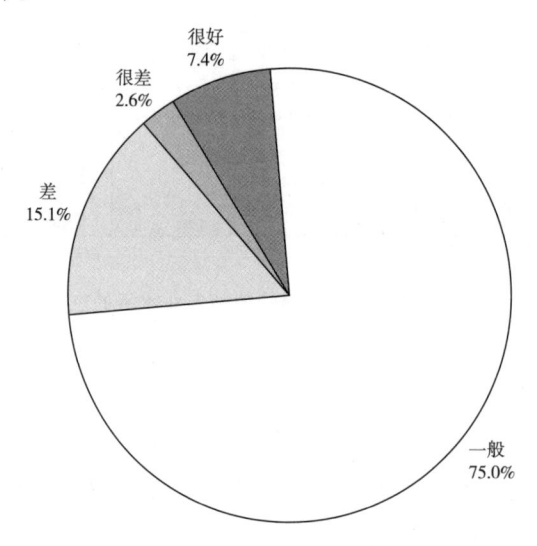

图 9　被调查者关于辩护律师辩护技巧的态度

调研发现，调查对象当中回答"一般"的人数占压倒性多数，其中，超过 73% 的法官、检察官、律师认为当前中国辩护律师的辩护技巧"一般"，在法律职业群体中，律师的比率最高，达到 80.6%；社会公众的比例最低，但亦达到了 70%。同时调查结果显示，调查对象中选择"差"的人数较"辩护律师专业知识水平"调查明显增多，而且在对该问题的调查中，选择"差"的人数远远超过了选择"很好"的人数。

较之于民事诉讼和行政诉讼，刑事辩护对律师执业技巧提出了更高的要求。这必然要求刑事辩护走向专业化。在实践中，不少律师和律师事务所提供的是"万金油式"的服务，样样通，样样松，缺乏自己的"看家本领"。而且，刑事辩护往往是"万金油"律师的最后选择，其辩护技巧可想而知。

（三）辩护律师的职业道德

对中国辩护律师职业道德的调查，调研组在调查问卷选项中同样设计了很好、一般、差、很差四个选项。警察、检察官、法官、律师、社会公众五类调查对象 2281 人中,无效回答(拒答或多选)8 人,其余 2273 人对各选项作了回答。

在列入统计分析范围的 2273 人当中,认为当前中国辩护律师的职业道德状况"很好"的有 197 人,占 8.7%;认为"一般"的有 1476 人,占 64.9%;认为"差"的有 476 人,占 20.9%;认为"很差"的有 124 人,占 5.5%(见图 10)。由此可以看出,认为当前中国辩护律师职业道德状况"很差"的人数比例较之前两个问题当中选择此项的比例多了近三倍,选择"差"或"很差"的人数占总数的 26.4%,超过了选择"很好"人数的三倍。这深刻地反映了包括律师在内的有关社会阶层对中国辩护律师职业道德状况的认识。

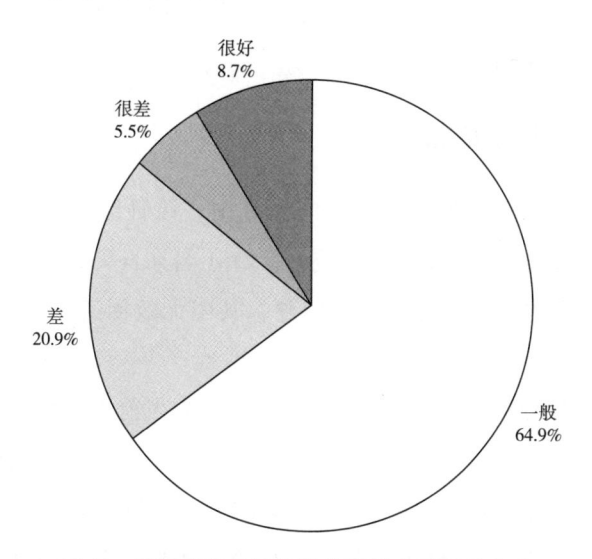

图 10 被调查者关于辩护律师职业道德的态度

调研发现,72% 的法官、59.4% 的检察官、48.9% 的警察和 62.5% 的社会公众认为当前中国辩护律师的职业道德状况"一般",24.1% 的法官、36.5% 的检察官、37.6% 的警察和 26.5% 的社会公众认为当前中国辩护律师的职业道德状况"差"或者"很差",72.5% 的律师认为本行业职业道德"一般",14.3% 的律师认为本行业职业道德状况"差"或者"很差"(见图 11)。

值得注意的是,除律师以外,法官、检察官、警察、社会公众认为律

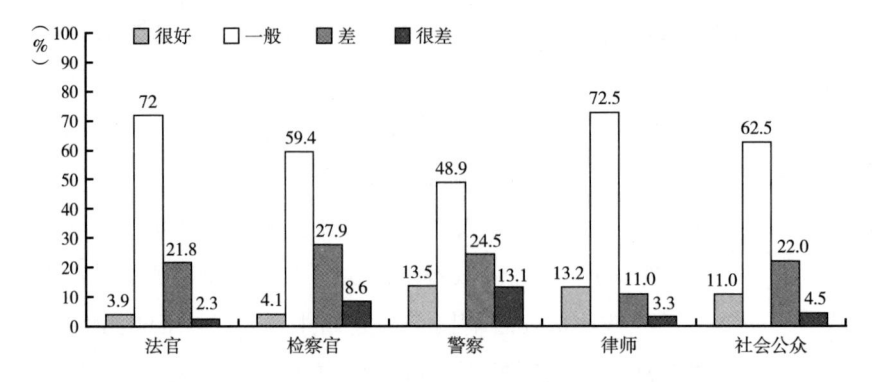

图 11 被调查者关于辩护律师职业道德的态度

师职业道德"差"的人数远远超过了"很好"的人数。可见律师的职业道德备受人们的诟病。

(四) 刑事辩护的总体质量

在关于中国刑事辩护总体质量的调查中，调研组仍然以很好、一般、差、很差四个选项为评价指标。据统计，2281 名来自警察、检察官、法官、律师、社会公众的被调查者回答了问卷，其中无效回答（拒答或多选）3 人，有效回答 2278 人。

在列入统计分析范围的 2278 人当中，认为当前中国刑事辩护的总体质量"很好"的有 144 人，仅占 6.3%；认为"一般"的有 1580 人，占 69.4%；认为"差"的有 477 人，占 20.9%；认为"很差"的有 77 人，占 3.4%（见图 12）。由此可以看出，调查对象中认为中国刑事辩护质量"一般"、"差"或"很差"的人数比例占到 93.7%，认为辩护总体质量"很好"的仅占 6.3%，而认为"差"或"很差"的人数比例约是"很好"的四倍（24.3%）。这充分说明，随着依法治国和人权保障观念在中国的树立与发展，人们对于提高刑事辩护的质量、有效地保护被追诉人的合法权益提出了更高的要求，刑事辩护的总体质量也正是辩护律师的专业知识水平、辩护技巧、职业道德素质等在当前法制环境下的综合体现。

调研发现，76.3% 的法官、69.5% 的检察官、68.6% 的警察和 63.5% 的社会公众认为当前中国刑事辩护质量状况"一般"，20.6% 的

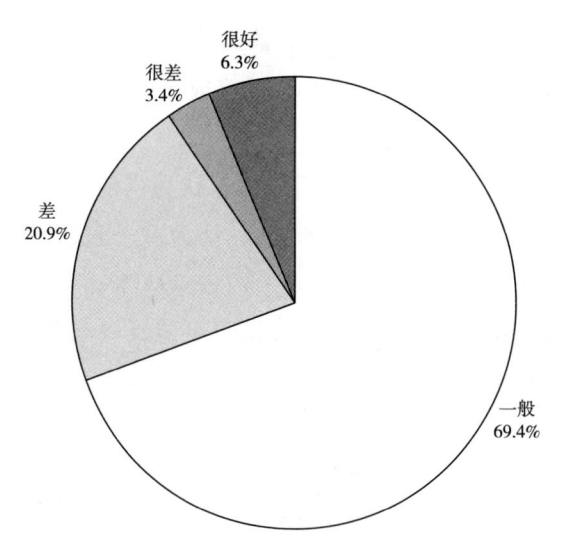

图 12 被调查者关于刑事辩护质量的态度

法官、27.3%的检察官、17.4%的警察和26.5%的社会公众认为当前中国刑事辩护质量状况"差"或者"很差",68.4%的律师认为中国刑事辩护质量状况"一般",26.5%的律师认为中国刑事辩护质量状况"差"或者"很差"(见图13)。

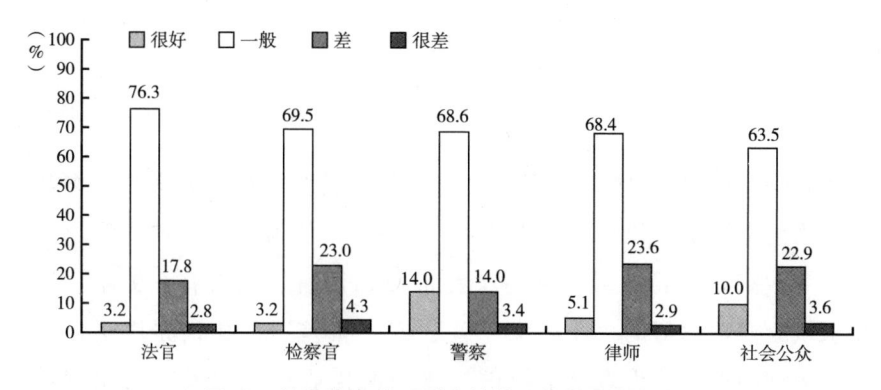

图 13 被调查者关于刑事辩护总体质量的态度

(五)辩护律师的执业环境

对中国辩护律师执业环境的调查,调研组在调查问卷选项中同样设计了很好、一般、差、很差四个选项。被调查的2281名警察、检察官、法官、律师、社会公众中，无效回答（拒答或多选）5人，其余2276人对各选项作了回答。

在列入统计分析范围的2276人当中，认为当前中国辩护律师的执业环境"很好"的有191人，约占8.4%；认为"一般"的有1247人，约占54.8%；认为"差"的有662人，约占29.1%；认为"很差"的有176人，约占7.7%（见图14）。这一结果更能反映当前中国辩护律师的执业环境不容乐观的现状。

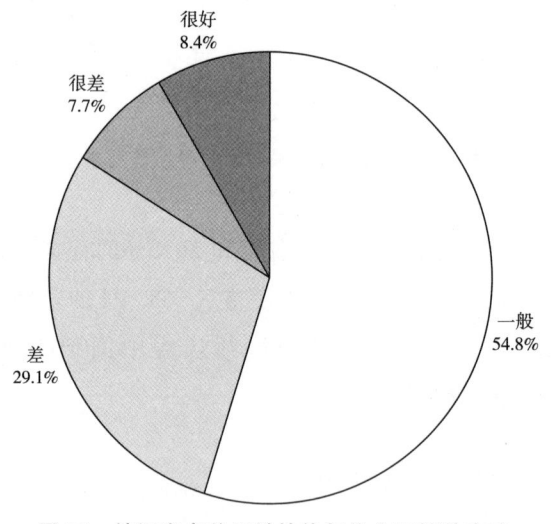

图14 被调查者关于辩护律师执业环境的态度

调研发现，除律师外，法官、检察官、警察、社会公众中的多数皆认为当前中国辩护律师的执业环境"一般"，认为"差"的人数远远超过认为"很好"的人数。值得关注的是，法官、检察官、警察、社会公众认为辩护律师的执业环境"差"或"很差"的比例亦均在23%以上，而律师群体认为当前中国辩护律师的执业环境"差"的比例远远超过了认为其"一般"的比例，律师认为"一般"的比例仅占31.6%，而其认为执业环境"差"或"很差"的比例高达64.6%。毕竟"春江水暖鸭先知"，这一调查结果反映了律师对当前执业环境的强烈不满（见图15）。

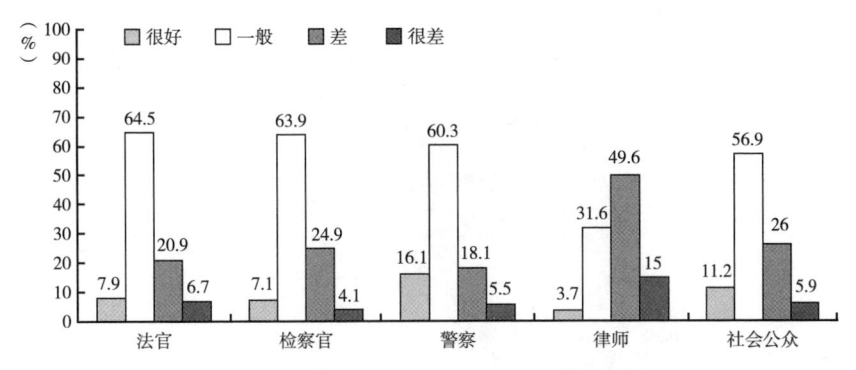

图 15 被调查者关于辩护律师的执业环境的态度

（六）被追诉人对辩护律师的评价

被追诉人是律师辩护效果的直接承受者，所以其对辩护律师的评价应当是最真实的。调研组对被追诉人的调查主要包括其对律师辩护的满意程度和是否信赖辩护律师两个方面。

1. 被追诉人对律师辩护的满意程度

调研组选择了 266 名被追诉人为调查对象，对此问题，调研组设计了很满意、满意、基本满意与不满意四个选项，调查了其对辩护律师的满意度，有 263 人作了有效回答。调研结果显示，认为"很满意"的被追诉人有 40 人，占 15.2%；认为"满意"和"基本满意"的分别是 65 人与 103 人，共占 63.9%；选择"不满意"的有 55 人，占 20.9%（见图 16）。

从以上数据可以看出，被追诉人对辩护律师的总体满意程度在满意与基本满意之间，这说明刑事辩护的表现基本上得到了认可；但是，还有超过 20% 的被追诉人对辩护律师的表现不满意；另外，"很满意"与"不满意"相比较，不满意较很满意所占比例高出 5.7 个百分点。

2. 被追诉人是否信赖辩护律师

调研发现，在涉及是否信任辩护律师这一问题时，被追诉人的态度十分明确：一种是信任辩护律师，选择此项的有 99 人，占调查对象的 37.2%；第二种是比较中庸的态度，认为有辩护律师比没有好，但关键要靠自己和亲属，有 111 人选择此项，占 41.7%；第三种认为辩护没用的人

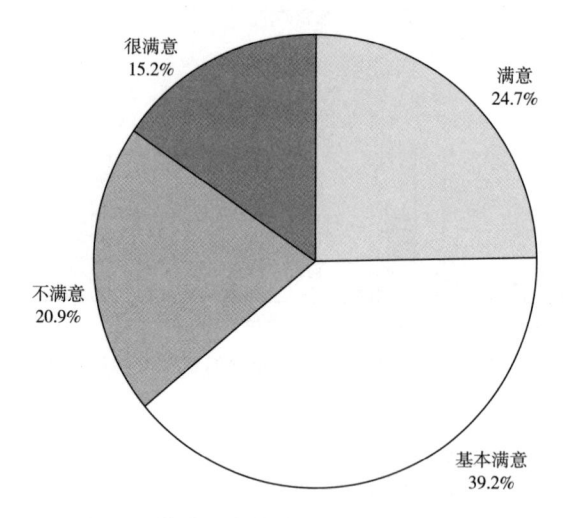

图 16　被追诉人对律师辩护的满意程度

还是少数，只有18.0%。除此之外，调查对象中，有8人对此问题没有回答。

在被调查的266人中，有37.2%的被追诉人信任辩护律师，一方面说明了多年来中国律师制度的发展与进步，另一方面也代表着刑事案件当事人对律师的期待。41.7%的人认为有辩护律师比没有好，但关键要靠自己和亲属，这其实是一种很复杂的心态：一方面，当事人在面对刑事诉讼和强大公权力的时候还是希望能有一个专业的辩护律师来为自己辩护，仅靠自己的力量无法解决所有的问题；另一方面，这也反映出当事人对辩护律师并不满意、并不信任，但是又别无选择——在面对强大的公权力时，他们多数处于一种"人为刀俎，我为鱼肉"的困境状态，只好退而求其次，不管有用无用，先抓住"一根救命稻草"。18.0%的人认为"辩护没有用"，这也是一个不容忽视的比例。

三　结论与思考

通过对中国刑事辩护制度状况的实证调研分析，调研组发现，中国的刑事辩护既没有进入"病入膏肓的绝境"，也没有达到"与法治发达国家不相上下、与国际规则基本适应的仙境"。

从1997年修改后的《刑事诉讼法》实施13年来某县刑事案件年平均辩护率、辩护律师意见采纳率看,并不能断言中国刑事辩护在实质上没有长足的进步,或者说,至少也没有出现严重的倒退。但也应该看到,不断加强人权保障理念,加快刑事法治建设,进一步改革发展法律援助制度,并不断改善律师执业环境,这也是不可忽视的课题。

当然,不论"法曹"同仁如何认知,仅看81.8%的律师认为同行专业知识水平"一般",甚至有8.6%的律师认为自身专业知识水平差或者很差;75.0%的调查对象认为中国律师的辩护技巧"一般",17.7%的人认为"差"或"很差";24.1%的法官、36.5%的检察官、37.6%的警察和26.5%的社会公众认为当前中国辩护律师的职业道德状况"差"或"很差";93.7%的调查对象认为中国刑事辩护质量"一般""差"或"很差";约20.9%的被追诉人对辩护律师的表现不满意,41.7%的人认为有辩护律师比没有好,但关键要靠自己和亲属,18.0%的被追诉人认为"辩护没有用",就足以说明中国的律师不要动辄就"诉苦",满是对律师执业环境恶劣的声讨和对执业权利扩张的呼吁,而应当同时躬身自省,从自身找原因。

一个国家稳定和发展最不可或缺的制度莫过于法律制度,法律制度中最不可或缺的制度当是刑事司法制度,而一个国家的刑事司法制度又依赖于刑事辩护制度,特别是辩护律师能否真正履行好辩护职责以及辩护律师能否建立起公众的信赖。当下辩护律师如何才能履行好辩护职责呢?这个看似简单的问题却着实值得我们深思。

(参见法治蓝皮书《中国法治发展报告 No.9(2011)》)

第十五章　中国刑事诉讼法治的新进展

摘　要：《刑事诉讼法修正案（草案）》的内容，涉及《刑事诉讼法》的基本制度和几乎所有程序。本文通过介绍修正案对刑事诉讼中的辩护制度、强制措施制度、证据制度、侦查程序的修改以及增设的特别程序等，对此次修正案促进中国刑事诉讼法治的发展以及《刑事诉讼法》在权利保障和职权规范方面的进步给予总体肯定的同时，说明并分析修正案（草案）中需要进一步思考的问题，以期促进人们对这次《刑事诉讼法》修改的全面理解。

中国现行《刑事诉讼法》于1979年制定，1996年第八届全国人民代表大会第四次会议修正。经过两届全国人民代表大会期间的酝酿，《刑事诉讼法》修改的长途跋涉终于到了临界点：2011年8月底，第十一届全国人民代表大会常务委员会第二十二次会议初次审议了《刑事诉讼法修正案（草案）》[以下简称《修正案（草案）》]，并向社会公开征集意见。《修正案（草案）》共计99条，《刑事诉讼法》的条文由原来的225条增加至285条。《修正案（草案）》涉及内容广泛，包括辩护、强制措施、证据等基本制度，侦查、起诉、审判、执行等程序，且增加规定了未成年人刑事诉讼、刑事和解、违法所得没收、精神病人强制医疗等特别程序的规定。总的来看，此次《修正案（草案）》反映了中国刑事诉讼法治的发展方向，促进了《刑事诉讼法》在权利保障和职权规范方面的进步，为《刑事诉讼法》进一步适应中国社会改革开放的现实需要和法治进一步发展的需要做出了积极努力。然而，除对《修正案（草案）》作总体肯定外，也应当看到此次《刑事诉讼法》修改存在的问题，说明、分析这些问题，对于全面理解《修正案（草案）》的规定具有积极意义。限于篇幅，本文主要分析《修正案（草案）》对辩护制度、强制措施制度、证据制度、侦查程序以及特别程序制度方面所作的修正。

一　辩护制度的修改及其分析

辩护制度是被追诉人权利的基本保障制度。现行刑事辩护制度需要完善是理论界和实务界的共识。继 1996 年《刑事诉讼法》修订后，解决辩护律师"会见难、阅卷难、调查取证难"的"三难"问题始终是《刑事诉讼法》修改的着力点。尤其是在 2007 年 10 月《律师法》修订以后，《刑事诉讼法》与《律师法》衔接以使被追诉人的辩护权在刑事诉讼中真正得到保障的问题进一步凸显。此次的《修正案（草案）》从维护被追诉人的辩护权利、保障律师执业权利、强化法律援助等方面推动了辩护制度的完善。

（一）《修正案（草案）》关于辩护制度的修改

1. 部分实现与新《律师法》的衔接，维护被追诉人的辩护权利

2007 年修订的《律师法》第 33 条明确规定，犯罪嫌疑人在被侦查机关第一次讯问或者采取强制措施之日起，受委托的律师有权会见犯罪嫌疑人、被告人。《修正案（草案）》吸收了《律师法》的相关规定，也将被追诉人有权委托辩护人的时间提前至侦查阶段，即规定犯罪嫌疑人在被侦查机关第一次讯问后或者采取强制措施之日起，有权委托辩护人；侦查期间的辩护人只能是律师。《修正案（草案）》明确规定此时的律师为辩护人，对于其行使辩护权具有积极意义。同时，《修正案（草案）》在现行《刑事诉讼法》第 33 条的基础上明确了侦查机关、人民检察院、人民法院对于犯罪嫌疑人、被告人享有委托辩护权的告知义务。这样的修改有利于维护被追诉人在刑事诉讼所有阶段均享有辩护权利。

2. 保障辩护律师的执业权利

第一，强化了辩护律师会见在押的犯罪嫌疑人、被告人的规定。与《律师法》的有关规定相衔接，《修正案（草案）》规定辩护律师持律师执业证书、律师事务所证明和委托书或者法律援助公函要求会见在押的犯罪嫌疑人、被告人的，看守所应当及时安排会见，至迟不得超过48小时。同时，规定对于危害国家安全犯罪案件、恐怖活动犯罪案件、重大贿赂犯罪的共同犯罪案件，在侦查期间辩护律师会见犯罪嫌疑人，应当经侦查机关许可。律师会见犯罪嫌疑人、被告人，不被监听。《修正案（草案）》这一规定的进步之处在于，通过设定看守所安排会见的期限，从立法上消除了其可能拒绝安排会见的问题。

第二，加强了辩护律师阅卷权的相关规定。现行《刑事诉讼法》第36条规定，辩护律师在审查起诉阶段可以查阅、摘抄、复制本案的诉讼文书、技术性鉴定材料，在审判阶段可以查阅、摘抄、复制本案所指控的犯罪事实的材料。《修正案（草案）》扩大了辩护律师在审查起诉阶段阅卷的范围，规定辩护律师在审查起诉和审判阶段均可以查阅、摘抄、复制本案所指控的犯罪事实材料。

第三，强化了辩护律师调查取证权的规定。《修正案（草案）》在现行法的基础上增加了第39条，规定辩护人认为在侦查、审查起诉期间公安机关、人民检察院收集的证明犯罪嫌疑人、被告人无罪或者罪轻的证据材料未提交的，可以申请人民检察院、人民法院调取有关证据。强化辩护律师的调查取证权，有助于促进刑事诉讼实体公正和程序公正。

3. 进一步完善法律援助制度的规定

首先，《修正案（草案）》第34条明确规定了被追诉人以及近亲属由于经济困难等原因有申请法律援助的权利，以及法律援助机构相对应的提供帮助的义务。

其次，在现行《刑事诉讼法》规定被告人享有人民法院为其指派法律援助律师为其辩护的权利基础上，《修正案（草案）》明确了犯罪嫌疑人享有同样的权利；同时规定对于具备获得法律援助条件的被追诉人，不仅人民法院承担通知法律援助机构指派律师的义务，公安机关、人民检察院在不同的诉讼阶段也承担相应的通知义务，保障被追诉人在包括侦查阶段在内的刑事诉讼各个阶段中获得辩护的权利。

再次,《修正案(草案)》增加规定对可能被判处无期徒刑而没有委托辩护人的,也应当提供法律援助。这样的修改首次强化了法律援助在刑事诉讼中的适用,有助于进一步保障犯罪嫌疑人、被告人的辩护权利。

(二)《修正案(草案)》存在的问题分析

首先,《修正案(草案)》虽然就辩护律师对在押的被追诉人的会见权作了进一步规定,但是并没有规定对看守所不履行安排会见职责的救济措施,也没有规定这种行为的程序性法律后果,这可能使实践中看守所不及时安排会见的问题难以有效解决。同时,辩护律师会见权保障的不仅仅是律师会见"在押"被追诉人的权利,当犯罪嫌疑人第一次接受讯问或者被采取强制措施时,很可能并未被羁押在看守所,《修正案(草案)》忽略了对此种情况下犯罪嫌疑人人权保障机制的确立,只有像《律师法》规定的保障辩护律师在第一时间享有会见权,才能从根本上体现刑事诉讼之保障人权的目的和价值。

其次,《修正案(草案)》第10条将现行法规定的"伪证罪"主体修正为"辩护人和其他任何人",仍对辩护律师的执业行为存在歧视之嫌。为此,需要对按照《刑法》第306条规定的"律师伪证罪"追诉辩护律师的,设置两个程序上的限制条件:一是应在该辩护律师所经办的案件判决其所辩护的被告人有罪裁判生效之后,二是应由异地的公检法机关办理。

再次,虽然《修正案(草案)》增加第39条规定了辩护人对被追诉人无罪、罪轻证据的调取权,但在实践中,其能够调查得到的证据很有限,而由于未规定辩护律师的"先悉权",那么,控诉方隐瞒相关证据的,辩护方有权在开庭前知悉控方所掌握的所有事实和证据的权利如何予以保障,就是个需要解决的问题。为此,需要设定相应的程序性后果。例如,对隐瞒有利于被告人的证据等情况,应规定延期审理、发回重审或者提起再审等程序性后果。

最后,《修正案(草案)》第48条依旧保留了现行《刑事诉讼法》第93条"犯罪嫌疑人对侦查人员的提问,应当如实回答"的规定。从实践情况来看,"应当如实回答"同《修正案(草案)》第 14 条"不得强迫任何人证实自己有罪"的规定是有矛盾的,并且易于导致侦查机关将侦查的重心放在审讯上。为此,应当删除"应当如实回答"的规定,避免法律规范之间的冲突。这也有助于促进改变侦查依赖审讯的传统方法,以更好地遏制刑讯逼供。

二 强制措施制度的修改和分析

强制措施既是保障刑事诉讼顺利进行的必要手段,又是对公民人身自由权利的限制与剥夺。强制措施制度在赋予职权机关依法采取强制措施的同时,需要注重对被刑事追诉人权利的保障。《修正案(草案)》公布以前,理论界和实务界对一些强制措施,如监视居住、逮捕条件的完善等问题存在诸多争议。《修正案(草案)》对监视居住、逮捕条件等方面的刑事强制措施进行了修订。《修正案(草案)》公布后,其中关于强制措施制度的规定引起广泛的关注。

(一)《修正案(草案)》关于强制措施制度的修改

1. 对监视居住的修改

首先,增加了指定居所的监视居住,并规定,指定居所监视居住的,除无法通知,或者涉嫌危害国家安全犯罪、恐怖活动犯罪,通知可能有碍侦查的情形以外,应当把监视居住的原因和执行的处所,在执行监视居住后 24 小时以内,通知被监视居住人的家属。指定居所监视居住的,被监视居住的犯罪嫌疑人、被告人委托辩护人,适用本法第 33 条的规定。人民检察院对指定居所监视居住的决定和执行是否合法实行监督。

其次,规定对被监视居住人可以采取电子监控等监视方法。明确规定指定居所监视居住的期限应当折抵刑期。

2. 对逮捕条件和审查逮捕程序的修改

首先,为解决司法实践中对逮捕条件理解不一致的问题,《修正案(草案)》将现行《刑事诉讼法》中"发生社会危险性,而有逮捕必要"的规定具体为下列几种特别情形:可能实施新的犯罪;有危害国家安全、公共安全或者社会秩序的现实危险；可能毁灭、伪造、隐匿证据，干扰证人作证或者串供；可能对被害人、举报人、控告人实施打击报复；可能自杀或者逃跑。修正案还明确规定，对有证据证明有犯罪事实，可能判处10年有期徒刑以上刑罚的，或者可能判处徒刑以上刑罚，曾经故意犯罪或者身份不明的犯罪嫌疑人、被告人，应当予以逮捕。

其次，为准确适用逮捕措施和强化人民检察院对羁押措施的监督，防止超期羁押和不必要的关押，规定检察院在审查批准逮捕时需要讯问犯罪嫌疑人和听取辩护人的意见。《修正案（草案）》第38条规定，人民检察院审查批准逮捕，可以讯问犯罪嫌疑人。有下列情形之一的，应当讯问犯罪嫌疑人：对是否符合逮捕条件有疑问的，犯罪嫌疑人要求向检察人员当面陈述的，侦查活动可能有重大违法行为的。人民检察院审查批准逮捕，可以询问证人等诉讼参与人，听取辩护律师的意见；辩护律师提出要求的，应当听取辩护律师的意见。

再次，《修正案（草案）》规定逮捕后检察院还应对羁押的必要性进行审查。

《修正案（草案）》对监视居住措施进行了重新定位，将这一措施定位于减少羁押的替代措施，既有利于发挥这一措施保证诉讼正常进行的作用，也体现了人道主义原则和对公民人身权利的维护和保障。对逮捕的相关规定的修改有利于执法机关准确掌握逮捕条件，发挥逮捕措施在刑事诉讼中的作用，有利于防止错误逮捕，促进对公民人身权利的切实保护。

（二）强制措施制度修改存在的问题

目前中国刑事强制措施存在的主要问题是羁押率较高、羁押期较长。从最高人民检察院工作报告的数据来看，2007~2009年全国检察机关的刑事案件批准逮捕率在90%左右；自2010年1月至2011年6月，全国各级检察机关侦查监督部门共批捕各类刑事案件90余万件135万余人，批准逮捕率高达86.14%。相比较而言，同样可以较长时间约束犯罪嫌疑人、被告人人身自由的取保候审、监视居住等强制措施实践中却适用得较少。

尽管《修正案（草案）》细化了逮捕的条件，但其能否解决目前存在的高羁押率问题，能否改变实践中"可捕可不捕的一般都逮捕"的普遍做法；对逮捕条件的具体化、明确化，能否进一步缩小逮捕的范围；对于审查制度的完善，能否防止错误逮捕、超期羁押和不必要的关押；针对监视居住进行的修改思路，能否提高监视居住的适用率，从而降低逮捕率，还有待实践的检验。

《修正案（草案）》关于强制措施的规定，也有一些内容受到质疑。为此，需要考虑予以相应的完善。

第一，指定居所的监视居住缺乏司法审查程序。指定居所的监视居住实际已经是一种较为严厉的限制人身自由的强制措施，因此，需要为此设置相应的司法审查程序。另外，鉴于指定居所的监视居住可能引发的问题较多，如果不予严格限制，《修正案（草案）》所规定的诸如"审讯应当在拘留所进行"，其可能产生的积极意义，将会受到影响。为此，应当设置必要且完善的监督措施。

第二，被羁押人被采取强制措施后，"通知家属"不仅是职权机关的责任，也是被羁押人的权利。因此，对被采取强制措施的人，建议增加规定"保障其自己通知家属的权利"。这也是避免发生负责侦查的人员借口"无法通知"而不通知的情况。

第三，羁押而不通知家属，会被视为"秘密逮捕"，十分不利于人权保障，因此，"有碍侦查"不应成为职权机关不通知被羁押人家属的理由。一方面，即使是在危害国家安全等刑事案件中，因为通知了家属而"有碍侦查"这种情况也十分罕见，因此，不应为罕见的例外而规定为普遍性的规定。另一方面，即使"有碍侦查"，也不能在通知问题上规定无时间限制。即使是危害国家安全等刑事案件，如果确实存在"有碍侦查"的情况，也应当规定24小时之后通知家属。

第四，拘传期限不应改为24小时，这样长的时间不符合拘传（强制到案接受讯问）的本意，而且，会为刑讯逼供提供机会——一方面被追诉人不被羁押在看守所内，另一方面被追诉人因此可能受到长时间持续审讯。将拘传期限改为24小时，对侦查无实际意义，却表现出了对人权保障十分不利的态势。

三 证据制度的修订和分析

刑事诉讼的过程是收集、审查、运用证据认定案件事实的过程，因此证据制度在《刑事诉讼法》中处于核心地位。尽管 2010 年 5 月 30 日最高人民法院、最高人民检察院、公安部、国家安全部和司法部联合发布的《关于办理死刑案件审查判断证据若干问题的规定》和《关于办理刑事案件排除非法证据若干问题的规定》，对于刑事证据制度的完善具有积极意义，但现行《刑事诉讼法》关于证据的规定仍然存在许多不足。对此，《修正案（草案）》吸收了上述两个规定的内容并对证据制度进行了相应的补充和修改。

（一）增加证据种类

现行《刑事诉讼法》第 42 条将证据定义为"证明案件真实情况的一切事实"，并规定了物证、书证等七种证据形式。《修正案（草案）》第 12 条规定："可以用于证明案件事实的材料，都是证据。"其目的在于对证据的内涵进行重新界定，将原来的"事实说"改为"材料说"。此外，该条还在证据种类第 7 项中增加规定了电子数据这种新的证据形式。这一规定是由于：随着科技和经济的发展，出现了电子数据等新型证据。如果不对其进行补充规定，将难以应对刑事诉讼中出现的新情况。

然而，《修正案（草案）》第 12 条虽然加入了电子证据等新的证据形式，但是这种封闭式列举证据形式的做法仍然不能满足司法实践的需要。封闭式规定证据形式是中国现行《刑事诉讼法》独特的做法，但对证据形式进行再详细的列举也总会有遗漏。而且，证据形式发展变化较快，不及时跟进难以适应需要，而及时跟进又需要频频增加新的证据形式。这是其他国家一般都不以列举的方式，而以概括的方式规定证据形式的重要原因。

（二）明确举证责任

《修正案（草案）》第 13 条规定："公诉案件中被告人有罪的举证责

任由公诉机关承担，自诉案件中被告人有罪的举证责任由自诉人承担。但是，法律另有规定的除外。"增加该条的目的在于明确刑事诉讼过程中举证责任的分配，尤其是明确了"公诉案件中证明被告人有罪的责任由公诉机关承担"，这可视为"无罪推定"原则的精神和内容在举证环节的落实。需要明确的是，《修正案（草案）》规定，在刑事诉讼中规定控方负举证责任可以有例外，这应当十分慎重。严格而言，公诉案件中被告人有罪的举证责任应永远由控方承担，对此，不应有任何例外。

（三）规定非法证据排除

《修正案（草案）》第14条在严禁刑讯逼供的规定后，增加了"不得强迫任何人证实自己有罪"的规定。第17条规定："采用刑讯逼供等非法方法收集的犯罪嫌疑人、被告人供述和采用暴力、威胁等非法方法收集的证人证言、被害人陈述，应当予以排除。违反法律规定收集物证、书证，严重影响司法公正的，对该证据应当予以排除。在侦查、审查起诉、审判时发现有应当排除的证据的，应当依法予以排除，不得作为起诉意见、起诉决定和判决的依据。"第18~21条还规定了人民法院、人民检察院和公安机关有排除非法证据的义务，并规定了法庭审理过程中对非法证据排除的调查程序。这一系列规定构建了中国的非法证据排除制度，将有效地遏制刑讯逼供和其他非法搜集证据的行为，维护司法公正和诉讼参与人的合法权利。

（四）细化证明标准

现行《刑事诉讼法》第129条、第141条、第162条对侦查终结、提起公诉和作出有罪判决均规定了"事实清楚，证据确实、充分"的证明标准。《修正案（草案）》第16条进一步规定了认定"证据确实、充分"的三个条件，即定罪量刑的事实都有证据证明；据以定案的证据均经法定程序查证属实；综合全案证据，对所认定事实已排除合理怀疑。这一新规定的目的在于细化证明标准，使得侦查机关、检察机关和法院能够更加准确地适用这一标准。

（五）完善证人、鉴定人出庭制度

证人出庭作证对于证人证言的审查以及案情事实的认定具有重要意义。但司法实践中，证人应当出庭而不出庭的情况屡见不鲜。《修正案（草案）》第 67 条、第 68 条进一步完善了证人、鉴定人出庭作证制度。第 67 条确立了重要证人、鉴定人出庭作证制度。第 68 条则规定了强制证人出庭作证制度以及近亲属有权拒绝出庭作证。证人、鉴定人没有正当理由不出庭作证的，人民法院可以强制其到庭，对于情节严重的，可处以 10 日以下的拘留。考虑到强制配偶、父母、子女在法庭上对被告人进行指证，不利于家庭关系的维系，因此，规定被告人的配偶、父母、子女出庭作证的除外。

然而，《修正案（草案）》第 68 条仅规定了近亲属可以拒绝出庭作证，而未规定可以拒绝作证。这显然仍保留了强制其作证的义务，虽然有利于侦查破案，但这种依赖最亲近之人的指证而破案的做法，严重损害家庭关系。为此，亲属拒绝作证的权利应予以进一步保障，不应仅限于可以拒绝出庭作证。

（六）完善证人保护制度

现行《刑事诉讼法》第 49 条规定了证人及其近亲属的保护制度。《修正案（草案）》第 23 条对此作了补充规定，对于危害国家安全犯罪、恐怖活动犯罪、黑社会性质的组织犯罪、毒品犯罪等案件的证人、被害人，还可以根据案件需要，采取"不公开真实姓名、住址和工作单位等个人信息，不暴露外貌、真实声音等出庭作证，对其人身和住宅进行专门保护"等措施。该条主要是对部分严重犯罪案件的证人进行有针对性的保护。

四 侦查程序的修改和分析

侦查程序是刑事诉讼中具有基础意义的程序。侦查程序不仅与立案、起诉、审判程序密切相连，而且与刑事诉讼的基本原则、目的与价值、辩护制度、强制措施制度、证据制度等密切相关,为了查明和控制犯罪嫌疑人、收集犯罪证据,侦查程序中被追诉人的权利极易遭到忽视、侵犯,因此,《修正案(草案)》对侦查程序作了进一步的修改完善。

(一)《修正案(草案)》关于侦查程序的修改

1. 赋予侦查人员法定的技术侦查、秘密侦查手段

《修正案(草案)》第 56 条对技术侦查、秘密侦查规定了以下几个方面的内容。首先,规定侦查机关对危害国家安全犯罪、恐怖活动犯罪、黑社会性质的组织犯罪、重大毒品犯罪或者其他严重危害社会的犯罪案件以及重大的贪污、贿赂犯罪案件,利用职权实施的严重侵犯公民人身权利的重大犯罪案件,根据侦查犯罪的需要,经过严格的批准手续,可以采取技术侦查措施。其次,规定公安机关可以决定由特定人员实施秘密侦查,依照规定实施控制下交付。最后,明确了技术侦查、秘密侦查、控制下交付措施所收集的材料可以作为证据使用。

随着技术侦查作为一项现代刑事侦查措施越来越多地采用,对诸如监听、监视等技术侦查假若不加以规制,将使公民的基本权利时刻处于被侵犯的边缘。虽然《国家安全法》《警察法》对技术侦查已有明确的规定,然而,对其在《刑事诉讼法》中加以明文规定是十分必要的。将技术侦查纳入《刑事诉讼法》的范围,将为进一步规范侦查程序奠定基础。

2. 强化侦查监督

为进一步加强对侦查措施的监督,《修正案(草案)》第 45 条规定了当事人、利害关系人认为司法机关及其工作人员不依法解除、变更强制措施,不依法退还取保候审保证金,违法采取搜查、查封、扣押、冻结,不依法解除查封、扣押、冻结,阻碍辩护人、诉讼代理人依法履行职责,侵害其合法权益时的申诉、控告及处理程序。

(二)侦查程序修改需要分析的问题

1. 技术侦查的司法审查问题

《修正案(草案)》仅规定"经过严格的批准手续,可以采取技术侦查措施",缺乏对此的司法审查。应当规定技术侦查的司法审查,以便将

技术侦查的执行和批准机关分离，预防滥用技术侦查的情况。可以考虑由检察机关进行审查。这样规定符合检察机关作为国家法律监督机关的职能定位。

2. 技术侦查的期限问题

《修正案（草案）》第148条规定的技术侦查期限不仅长达三个月，而且，可以申请延长；每次延长均为三个月，且无申请延长的次数限制。为保障人权，需要严格限制申请延长的次数，应以申请一次为限。

3. 秘密侦查的规定问题

秘密侦查是否需要在《刑事诉讼法》中规定以及如何规定，值得再研究。由于技术侦查与秘密侦查的性质及相关程序设置并不相同，其是否适宜与技术侦查规定在一起有疑问。

五　特别程序的设立和分析

《修正案（草案）》针对未成年人犯罪案件等特定案件和一些特殊情况，增加一编"特别程序"，包括以下四个方面。

（一）设置未成年人犯罪案件诉讼程序

《修正案（草案）》第95条增加一章，规定了"未成年人犯罪案件诉讼程序"。针对未成年人犯罪案件的特点，该条对办理未成年人犯罪案件的方针、原则、各个诉讼环节的特别程序作出规定。该条规定有以下几项特色：一是规定了附条件不起诉制度，规定"对于未成年人涉嫌刑法分则第四章、第五章、第六章规定的犯罪，可能判处一年有期徒刑以下刑罚，符合起诉条件，但有悔罪表现的，人民检察院可以作出附条件不起诉的决定"；二是规定了特别的权利保护措施，如完善了强制辩护制度和合适成年人在场制度；三是设置了犯罪记录封存制度，规定"犯罪的时候不满十八岁，被判处五年有期徒刑以下刑罚的，司法机关和有关部门应当对相关犯罪记录予以封存。犯罪记录被封存的，不得向任何单位和个人提供，但司法机关为办案需要或者有关单位根据法律法规规定进行查询的除外。依法进行查询的单位，应当对被封存的犯罪记录的情况予以保密"。

值得讨论的是，该章的名称"未成年人犯罪案件诉讼程序"是否宜改为"未成年人刑事诉讼程序"。而《修正案（草案）》只规定了未成年人犯罪的实体法原则，并未系统规定适用于未成年人的程序法原则，也是需要质疑的问题。

（二）规定特定范围公诉案件的和解程序

《修正案（草案）》第96条规定了部分公诉案件可以和解的程序，并将公诉案件适用和解程序的范围限定为两类，即"因民间纠纷引起，涉嫌刑法分则第四章、第五章规定的犯罪案件，可能判处三年有期徒刑以下刑罚的"；"除渎职犯罪以外的可能判处七年有期徒刑以下刑罚的过失犯罪案件"，并规定"犯罪嫌疑人、被告人在五年以内曾经故意犯罪的，不适用这一程序"。

（三）规定犯罪嫌疑人、被告人逃匿、死亡案件违法所得的没收程序

《修正案（草案）》第97条规定："对于贪污贿赂犯罪、恐怖活动犯罪等重大犯罪案件，犯罪嫌疑人、被告人潜逃，在通缉一年后不能到案，或者犯罪嫌疑人、被告人死亡，依照刑法规定应当追缴其违法所得及其他涉案财产的，人民检察院可以向人民法院提出没收违法所得的申请"，并设置了具体的审理程序。该特别程序的规定有助于与中国所参加的《联合国反腐败公约》及有关反恐怖问题的决议的要求相衔接。

（四）规定对实施暴力行为的精神病人的强制医疗程序

《修正案（草案）》第98条将强制医疗审理程序的启动分为人民法院依申请而决定或依职权直接决定两种模式。该特别程序的规定既有助于解决实施暴力行为的精神病人继续危害社会的问题，也有利于保障精神病人的合法权益。

（参见法治蓝皮书《中国法治发展报告 No.10（2012）》）

专题四

反腐法治建设

第十六章　中国追逃贪官的国际刑事合作评析

摘　要：本文主要论述了中国在追逃贪官方面的国际刑事合作情况。在国际刑事合作背景介绍的基础上，针对双边引渡、司法协助条约，中美执法合作和《联合国反腐败公约》分别进行了系统论述。最后，本文对追逃贪官方面的国际刑事合作进行了展望并提出建议。

背景简介

近年来，中国贪官外逃的现象成为一个突出的社会问题，它一方面阻碍了中国司法工作的有效展开，增加了刑事办案的难度；另一方面，由于贪官外逃通常都将在国内腐败所得巨额资金转移至国外，贪官外逃往往导致国内资产的流失，对国家财政、金融秩序造成冲击。据中国商务部研究院的《离岸金融中心成为中国资本外逃"中转站"》报告，中国自改革开放以来，大约有4000名腐败官员或其他人员逃往国外，带走了500多亿美元的资金[①]。鉴于此现象的严重性，中国政府相继对此采取了多方面的措施予以监管预防和打击，如2003年1月14日，中央组织部、中央金融工

[①] 郑飞：《4000贪官卷走500亿美元　离岸公司提供洗钱便利》，《法制晚报》2004年8月16日。

委、中央企业工委、公安部、人事部印发了《关于加强国家工作人员因私事出国（境）管理的暂行规定》的通知；同年8月，中共中央、国务院又下发了《关于党政机关、司法公安部门人员出境、出国通行证、护照管理措施》的紧急通知，堵截了一些官员外逃的通道；2005年初，中共中央发布了《建立健全教育、制度、监督并重的惩治和预防腐败体系实施纲要》。此外，中国还加强了与其他国家在反腐败上的司法合作，通过多种方式成功追回了部分外逃贪官并对其予以起诉、审判，起到了一定的遏制和威慑作用。中国政府还先后加入了《联合国打击跨国有组织犯罪公约》和《联合国反腐败公约》。不过，应当正视的是，每年成功追逃回国的贪官仍只是少数，与贪官外逃的数量相比几乎不成比例。

从以往的实践看，追逃外逃贪官主要存在以下三种途径。一是通过引渡或者相关司法协助程序。根据引渡法及与相关国家签订的双边或者多边的引渡、司法协助条约，由中国外交部向当事人所在国家提出引渡、遣返请求。二是通过国际刑警组织的缉捕程序。依据国际刑警组织的红色通报，即"红色通缉令"，相关成员在接到该通缉令后，根据国际刑警组织的章程和规则等有关规定及双边有关的司法协助或执法协作条约，依法对犯罪嫌疑人实施拘捕。三是通过外交途径进行个案合作。即与尚未签订引渡条约的国家，在对等互惠的基础上通过外交途径与外国开展司法合作。2005年，《联合国反腐败公约》在全球正式生效以及我国全国人大常委会批准加入该公约后，中国可以要求其他缔约国在特定事务上进行适当的协作，这给我们的追逃工作又提供了一种新途径。

一 双边引渡、司法协助条约：
亟须提升的合作平台

随着国家之间经济往来日益频繁、人员流动相当普遍、跨国犯罪活动日渐增多，将潜逃至他国的犯罪嫌疑人、被告人或被判刑人引渡、遣返回国，使其接受国内法院的审判，成为当前各国政府的一个重要任务。而国家之间签订双边、多边引渡条约、司法协助条约或者协定则有助于一国在其他国家的协作下顺利开展司法工作。引渡条约和双边刑事司法协助条约的签订对于外逃贪官的引渡、遣返以及资产的收回都能够起到积极的推动作用。仅以与中国签订第一个双边引渡条约的泰国为例，自 1994 年以来就成功引渡了数名重要犯罪嫌疑人，近来最引人关注的莫过于对陈满雄、陈秋园夫妇实施的引渡。2002 年 12 月 26 日，陈满雄、陈秋园被成功引渡回国。2004 年 12 月 23 日，广东省中山市中级人民法院对陈满雄、陈秋园挪用公款一案进行宣判，以挪用公款罪判处陈满雄无期徒刑，剥夺政治权利终身，判处陈秋园有期徒刑 14 年[①]。2005 年 11 月 15 日，广东省高级人民法院作出维持一审判决的终审裁决。在整个办案过程中，除了中国政府的坚定决心和不懈努力外，之所以能够从泰国成功引渡陈满雄夫妇，关键还在于中泰双方签订的双边引渡条约发挥了重要作用。

据报道，贪官出逃主要有以下四个去向：其一，涉案金额相对小、身份级别相对低的腐败分子，大多就近逃到周边国家，如泰国、缅甸、马来西亚、蒙古、俄罗斯等；其二，涉案金额较大、身份较高的贪官大多逃往西方发达国家，如美国、加拿大、澳大利亚、荷兰等；其三，弄不到直接去西方大国证件的贪官，索性先龟缩在非洲、拉美、东欧不起眼、法制不太健全的小国，暂时作为跳板，伺机过渡；其四，另有相当多的外逃腐败分子会通过中国香港中转，利用香港世界航空中心的区位以及港民前往原英联邦所属国家可以实行"落地签"的便利，再逃到其他国家[②]。然而，由于政治、法律以及文化等方面存在的差异，目前与中国签订双边引渡、刑事司法协助条约的国家为数并不多。中国至今仅与 25 个国家签订了引渡条约、与 37 个国家签署了刑事司法协助条约或者协定[③]。这一数字相

[①] 林沛瑜、洪文：《高扬利剑惩巨贪秉公执法树形象——陈满雄、陈秋园挪用公款案审判纪实》，中国法院网，http：//www.chinacourt.org/public/detail.php？id=146273。
[②] 王永前、周清印：《透视贪官外逃现象》，新华网转引《半月谈》稿，http：//news.xinhuanet.com/newscenter/2002-09/28/content_ 578629.htm。
[③] 截至 2006 年与中国签订双边引渡条约的 25 个国家分别是：泰国、白俄罗斯、俄罗斯、保加利亚、罗马尼亚、哈萨克斯坦、蒙古、吉尔吉斯、乌克兰、柬埔寨、乌兹别克斯坦、韩国、菲律宾、秘鲁、突尼斯、南非、老挝、阿联酋、立陶宛、巴基斯坦、莱索托、巴西、阿塞拜疆、西班牙、纳米比亚。与中国签订双边刑事司法协助条约或者协定的 37 个国家分别是：波兰、蒙古、罗马尼亚、俄罗斯、土耳其、乌克兰、古巴、白俄罗斯、哈萨克斯坦、埃及、加拿大、希腊、保加利亚、塞浦路斯、吉尔吉斯、塔吉克斯坦、乌兹别克斯坦、越南、韩国、老挝、哥伦比亚、突尼斯、立陶宛、美国、印度尼西亚、菲律宾、爱沙尼亚、南非、泰国、朝鲜、拉脱维亚、巴西、墨西哥、秘鲁、法国、西班牙、葡萄牙。上述数据截止于 2006 年 2 月 7 日。参见中国外交部网站，http：//www.fmprc.gov.cn/chn/wjb/zzjg/tyfls/wjzdtyflgz/zgywgdsfxzyflhz/t122296.htm。

对于世界上近 200 个国家来说，显属少数，远远不能满足实践中针对潜逃至世界各地的贪官进行追逃的需要；而且从适用范围看，在地域上大多仅限于周边的东亚、东南亚国家和苏联、东欧国家，以及少数南美洲、非洲小国，现实中贪官常选择外逃的西欧、北美洲等发达国家却无一与中国签订双边引渡条约。

上文提到的政治、法律以及文化等方面的差异具体体现在对待死刑的态度、"双重犯罪"和"政治犯罪"、赃款分割等问题上。例如，死刑问题，现行《刑法》第 383 条、第 386 条在贪污罪、受贿罪的法定刑上均设置了死刑，对于个人贪污、受贿数额在 10 万元以上、情节特别严重的犯罪人，应当判处死刑，并处没收财产。外逃贪官往往将其在国内贪污、受贿所得数以百万计，甚至上亿元的财产转移至国外，一旦被引渡、遣返回国，他们均有可能被判处死刑。而国际上通行的"死刑犯不引渡"原则，出于人道主义的考虑，被请求国应拒绝对于可能被判死刑的人进行引渡。无疑，死刑问题成为中国与其他国家在签订双边引渡条约时以及在具体引渡过程中一个不可避免的问题。因此，要解决这一难题，根本问题还在于取消刑法关于贪污贿赂犯罪乃至所有经济犯罪的死刑，而不是在每一具体案件中承诺对该犯罪嫌疑人不判处死刑，这样便大大提高了办案的效率，也易于改善中国的国际形象，同时也避免了对犯此类罪的国内罪犯判处死刑时所产生的不平等现象。而取消经济犯罪的死刑，不仅在刑法理论上能够站得住脚，也具有国际法上的根据①。又如，根据"双重犯罪"引渡原则，只有根据引渡请求国和被请求国双方的国内法，被请求引渡人的行为均构成犯罪，才能引渡逃犯；根据"政治犯不引渡"原则，被请求引渡国可以被请求引渡人所犯之罪属于政治犯罪为由拒绝将其引渡至请求国。以上原则均为当前国际社会所公认的原则，然而由于意识形态、法律制度等差异，中国与西方主要发达国家之间并未就双重犯罪的认定、政治犯罪的范围等问题达成一致。从而，这对于中国与其签订引渡条约以及展开国际刑事合作等事宜产生不利影响。再如，在追回外逃贪官的赃款问题上，如何处理他国提出的赃款分割要求也

---

① 屈学武：《从个案辩护到废弃经济犯罪死刑的法律思考》，《公法》2004 年第 5 卷。

是当前存在的重大障碍之一。

二 "红色通缉令": 有用却非万能

2003年4月20日中午,浙江省建设厅原副厅长、时年58岁的杨秀珠,偕同女儿、女婿、外孙女等从上海浦东国际机场仓皇出逃国外。经过侦查,浙江省检察院已经获取潜逃国外的杨秀珠的犯罪证据,并通过国际刑警组织发出"红色通缉令",追缉杨秀珠。杨秀珠于2005年5月中旬在荷兰被国际刑警组织抓获[①]。

在此有必要了解国际刑警组织以及"红色通缉令"的一些基本情况。国际刑警组织(International Criminal Police Organization)正式成立于1923年,当时的名称为国际刑警委员会,1956年该组织更名为国际刑事警察组织,简称国际刑警组织。其总部所在地由起初的维也纳,后辗转迁至柏林、巴黎,1989年又迁至法国里昂。截至2005年9月19日,国际刑警组织的成员国已增至184个。国际刑警组织的宗旨是保证和促进各成员国刑事警察部门在预防和打击刑事犯罪方面的合作。它的主要任务之一,便是通报重要案犯线索、通缉追捕重要罪犯和引渡重要犯罪分子。

国际刑警组织所发布的国际通报,主要有红色通报、蓝色通报、绿色通报、黄色通报、黑色通报等类型,它们都以通报的左上角国际刑警徽的颜色而得名。其中,红色通报(Red Notice),也就是通常所说的"红色通缉令",是该组织在打击国际犯罪活动中使用的一种紧急快速通缉令,由经办国国际刑警中心局局长和国际刑警组织总秘书处秘书长共同签发,各国国家中心局可据此通报对被通缉人员进行立即逮捕。因此,"红色通缉令"被公认为是一种可以进行临时拘留的国际证书,无论哪个成员国接到该通缉令,应立即布置本国警力予以查证,如发现被通缉人员的下落,就迅速组织逮捕行动,将其缉拿归案。"红色通缉令"上面有被通缉者的姓名、照片、指纹、犯罪事实等内容,其有效期是5年,期满之后没

[①] 何春中:《外逃女贪官杨秀珠在荷兰被国际刑警组织抓获》,《中国青年报》2005年5月31日。

有抓到犯罪嫌疑人，可以再续5年，直到抓住为止。

中国于1984年加入国际刑警组织，同年组建国际刑警组织中国国家中心局。20多年以来，中国始终与国际刑警组织保持着密切的合作关系，1995年北京还承办了国际刑警组织第64届大会。据了解，中国国家中心局至今已通过国际刑警组织发出了800余份"红色通缉令"，从1993年至今，通过国际刑警组织的配合，中国已经先后从30多个国家和地区，将230多名外逃疑犯缉捕回国。1998年5月17日，中国银行南海支行丹灶办事处原储蓄员麦容辉和原信贷员谢炳峰携部分贪污所得赃款出逃，经香港潜逃至泰国。2000年8月，麦容辉被"红色通缉令"逼迫得走投无路，不得不向中国驻泰国大使馆自首，之后被引渡回国。随后，谢炳峰也于同年11月8日被泰国警方抓获，三日后也被引渡回国。此外，1993年4月在中国农业银行河北衡水中心支行发生的100亿美元备用现汇信用证诈骗案中，中国国家中心局仅用了20多个小时，就向全球签发了"红色通缉令"，立即冻结了流出境外的巨额资金。当时每张现汇支票的数额为5000万美元，共有约200张，分别流到英国、美国、加拿大和澳大利亚。各有关国家一接到"红色通缉令"，立即对这批巨款实施了冻结。此案得到了英、美、加、澳四国警方的积极配合，现汇信用证被悉数追回。

尽管如此，由于其自身性质的限制以及其他现实因素的影响，国际刑警组织在追逃贪官方面的作用也存在一定的局限。一方面，国际刑警组织并不具有强制国家执行的权力。"事实上，国际刑警组织并非凌驾于各国警察部门之上的'超级警察'，相反，它是以'协调'为主要职责的政府间机构，其实际运作，主要依靠设于各成员国的中心局。刑警组织本身并无搜查、逮捕之权。所以，准确的说法，应该是荷兰警方在国际刑警组织荷兰中心局的协调下，依国内法对杨秀珠采取了临时强制措施。"① 其所发布的"红色通缉令"，只是让各成员国所发出的逮捕令能在世界范围内施行，但其自身却不具有强制执行的法律效力。成员国并没有强制缉拿的义务，国际刑警组织仅仅要求各国协助缉查，是否缉拿则仍需由该成员国自行决定。通常情况下，国际刑警组织的成员国接到"红色通缉令"后，

---

① 《杨秀珠落网离受审尚有多远？》，《新京报》2005年6月1日。

最先考虑的是缉拿该人是否符合本国的法律。另一方面，两个国家在法律制度上的差异以及政治外交关系、经济文化关系的好坏也在很大程度上影响着"红色通缉令"所能发挥作用的大小。以下案例就很能说明这一问题。1994年，出逃的钱宏持伪造的A国护照逃往B国。应中国国家中心局的要求，国际刑警组织对全球发出"红色通缉令"，要求各成员刑警组织配合追捕钱宏。① 同年7月，B国警方称钱宏持伪造护照潜入当地时被扣押。中国警方立即致电B国警方，请求将钱宏扣留，并先后两次派出警官小组，远赴B国谈判相关事宜。最终由于多方干涉，B国司法当局于1996年8月将钱宏释放。缉捕钱宏的工作一度陷入僵局。2000年11月20日，钱宏因涉嫌开办地下钱庄、非法敛财，被当局逮捕，在美国移民法庭接受审判。因钱宏持有巴拿马的护照，美国对其判处有期徒刑后，于2001年2月26日将其驱逐到巴拿马。巴拿马司法当局于5月最终同意将钱宏驱逐并移交中国。在整个追捕钱宏的过程中，虽然两次被所在国警方抓获，但两次都未能成功将其遣返回中国，第一次被无罪开释，第二次则被驱逐出境到其他国家。尽管国际刑警组织的"红色通缉令"在整个追捕过程中起到了一定作用，而案件最终的处理却往往依赖于当事国的态度以及双方关系的好坏。

三 中美执法合作：国与国之间合作的个案考查

2005年8月16日，中国银行广东开平支行原行长余振东涉嫌贪污、挪用公款案在江门市中级人民法院公开开庭审理。据公诉机关指控：自1992年开始，被告人余振东与原开平支行行长许超凡、经理许国俊合谋，利用中国银行联行资金管理上的漏洞占用、侵吞巨额联行资金，然后将侵吞资金汇至其与许超凡、许国俊等人在境外设立的私营公司，主要用于公司的经营运作、炒卖股票、买卖外汇以及生活消费挥霍、赌博等，合计贪污公款8247万美元，挪用巨额资金1.32亿美元、人民币2.73亿元、港元2000万元。余振东对上述指控供认不讳。

---

① 钱宏在1993年诈骗了国内48家公司和企业总计5亿元人民币。

余振东与许超凡、许国俊于 2001 年 10 月 12 日经香港逃往加拿大、美国。在香港停留期间，余振东通过变卖股票等方式，套取现金，并将侵吞、挪用所得的资金转移到美国、加拿大其亲属的账户以及赌场账户中，以供外逃之用。同年 11 月，中国公安部通过国际刑警组织向全球发出"红色通缉令"，并通过国际执法合作方式，迅速冻结了三人在中国香港、美国和加拿大的资产。由于 2000 年 6 月 19 日签订的《中美关于刑事司法协助的协定》已于 2001 年 3 月 8 日正式生效，中国政府遂请求美国政府就此案提供刑事司法协助，追查逃往美国的犯罪嫌疑人以及被转移到美国的巨额赃款。2002 年 12 月 19 日，余振东在美国洛杉矶因被控非法入境而被逮捕，2003 年 9 月，美方将所没收的 355 万美元赃款全部返还给中国。2004 年 2 月，余振东在美国拉斯维加斯联邦法院受审，因非法入境、非法移民及洗钱三项罪名被判处 144 个月监禁。根据事先与当地司法机关达成的辩诉交易协议，余振东自动放弃了在宣判后举行听证会和上诉的权利，也没有提出诉讼之外的其他请求。同年 4 月 16 日，根据中美司法机关先前达成的协议，美国司法机关派员将余振东驱逐出境并押送至中国。至此，余振东在外逃两年之后最终还是被遣返回国并接受中国法院的审判。

余振东遣返一案的意义对于中美执法合作来说是标志性的，余振东成为中美建交 25 年来第一例经过美国严格法律程序，并由美方押送至中国的重大经济嫌疑犯。这也是中美签订双边刑事司法协助协定和《联合国反腐败条约》以来从美国遣返贪官回国的第一案。此外，在整个执法合作过程中，中美双方所采取的一系列举措对于类似案件的处理均具有典范、参照作用。2006 年 1 月 31 日，美国司法部门以签证欺诈、洗钱、非法入境等 15 项罪名，对"中行开平案"的其他两名主要犯罪嫌疑人许超凡、许国俊及其亲属共五人提起诉讼。同年 2 月 27 日，内华达州联邦法院决定开庭审理。尽管目前尚无法断定最终处理结果，但普遍认为，许超凡、许国俊二人很可能会接受类似余振东遣返回国的方式——与美国司法机关达成辩诉交易，并在中国承诺不对其判处死刑的前提下，自愿被遣返回国。对此，有学者分析认为，根据美国移民法的规定，如果外国人在任何情况下被判定犯有严重罪行，将一律被驱逐出境。尽管美国法律赋予可能被驱逐出境的外国人以某些法律救济手段,如申请避难的权利,但对于那些因在美国的严重罪行而被判处 5 年以上监禁刑的外国人,美国司法部长有权决定剥夺其这样的权利。这便意味着,即使二位被告人不愿回国受审或者拒绝余振东遣返模式,仍可能在审判后被美国驱逐出境①。

近年来,中美双方在执法合作方面取得一系列重大进展。这主要有赖于以下四个方面的积极因素。其一,中美双方签订刑事司法协助协定。这一协定为中美两国在刑事司法领域加强合作提供了法律基础,其内容主要包括在刑事诉讼中相互协助送达文书、调查取证以及冻结、扣押、没收等程序中的协助等。近五年来的事实证明,该协定的正式签署进一步推动了中美双方在开展刑事司法协助、促进了双方打击严重犯罪方面的互信合作。其二,中国、美国政府均于 2003 年 11 月在《联合国反腐败公约》上签字。尽管时至今日美国尚未正式批准加入,但是国际社会要求在预防和惩治腐败方面进行有效协作的呼声极高,各国对于反腐败的共同意愿和决心是相当坚定、强烈的,这是美国政府在处理相关问题时不得不考虑的一个重要方面。其三,美国国内政策的影响。美国总统布什 2004 年 1 月 12 日在美洲 34 国特别首脑会议期间颁布了一项法令,该法令规定美国将停止审批那些在公共职位上犯有贪污罪、参与过贪污行为或是从中受益的移民或非移民进入美国。具体来说,它规定禁止以下四类人入境:收受任何钱财或是其他利益并利用自己在公共事务部门的职务之便为对方提供便利;向上述官员行贿以换取利益;盗用公共基金,干涉司法、选举和其他公共事务进程的官员;上述三类人的配偶、子女及家庭成员。这一法令对于有效打击潜逃至美国的外国贪官来说,无疑是一个重要的推动因素。其四,中国在追逃罪犯、打击跨国犯罪以及国际"反恐"活动等其他方面给予了美国重大协作。例如,2001 年 11 月,美籍犯罪嫌疑人顾文桢因共谋、贿赂公务官员和向美国走私货物被美国执法部门逮捕。在保释期间,顾文桢逃离美国藏匿在上海。2004 年 8 月,美国国土安全部移民海关执法局驻华办公室照会我国警方,请求协助对美国通缉案犯顾文桢开展缉捕、遣返工作。应美国国土安全部的请求,依据国际刑警组织发

---

① 刘炳路等:《"两许"拒绝余振东遣返模式》,《新京报》2006 年 2 月 10 日。

出的"红色通缉令"、美方检察官签发的逮捕令、美方吊销顾文桢护照的公函、司法请求协助书和相关证据材料,中国警方对顾文桢采取了强制措施。2005年6月10日,中国警方将逃匿于中国的顾文桢从上海押解回美国,这标志着中美警方执法合作进入实质阶段,为今后简化遣返犯罪嫌疑人程序,共同打击跨境跨国犯罪,惩治腐败分子打下良好基础。

尽管如此,中美双方之间在打击外逃贪官方面存在的主要障碍并未得到有效清除,当前两国进行的刑事司法合作整体上仍保持在一个较低的层面。虽然美国联邦调查局国际执行局局长托马斯·富恩特斯(Thomas V. Fuentes)于2005年2月23日在访问中国时曾表示:"任何中国的犯罪嫌疑人前往美国,只要中国司法部门向我们提出调查的要求,而且我们也查证其确实在中国实施了犯罪行为,我们就会'来一个,查一个,遣返一个'"①,然而,对于一些较为棘手的实际问题,现有的司法协助关系仍然难以提供有效的解决途径,而往往只能通过两国政府之间借助外交途径予以协商解决。唯有两国政府尽快签订引渡条约,才能更好地为追逃贪官以及开展其他刑事司法合作提供制度保障,那才是中美司法合作的最高平台。

四 《联合国反腐败公约》:外逃贪官头上的又一把利剑

2005年12月14日,《联合国反腐败公约》(United Nations Convention against Corruption,以下简称《公约》)在全球正式生效。这部联合国历史上通过的第一项指导国际反腐败斗争的法律文件,被认为是迄今为止关于治理腐败犯罪最为完整、全面而又具有广泛性、创新性的国际法律文书。《公约》的生效实施,不仅给世界各国治理腐败的科学理念和工作机制提供了先导和范本,而且对于促进国际社会共同打击腐败犯罪营造了良好的国际环境,还对于国家之间在反腐败方面的刑事司法合作提供了行动

---

① 杨亮庆:《美国表示将遣返所有中国外逃贪官》,《北京青年报》2004年2月23日。

准则与法律保障。正如《公约》第 1 条所载明的，其宗旨在于，"促进和加强各项措施，以便更加高效而有力地预防和打击腐败；促进、便利、支持预防和打击腐败方面的国际合作和技术援助，包括在资产追回方面；提倡廉正、问责制和对公共事务和公共财产的妥善管理"。根据《公约》第 68 条规定，自第 30 份批准书、接受书、核准书或者加入书交存之日后第 90 天起生效，《公约》于 2005 年 12 月 14 日在全球生效。随着 2006 年 2 月 15 日尼加拉瓜的加入，已有 140 个国家签署，47 个国家正式加入了《公约》[①]。

一方面，《公约》在强调有效惩治腐败犯罪的同时，也坚持对腐败犯罪进行多方位、多层次的预防；在坚持由政府主导的同时，也号召社会参与反腐败活动；在着力惩治公职人员的腐败犯罪的同时，也投注于打击涉及私营部门的腐败犯罪现象。另一方面，《公约》在主张各国依法独立治理腐败犯罪的同时，也极力呼吁各国在反腐败斗争中加强刑事司法合作，如在人员引渡和司法协助、资产的追回以及在技术上的援助，形成在国际范围内对腐败犯罪及其治理上的认识、评价一致和应对措施的协调。可以说，《公约》所涵括的内容是相当丰富且多有创新的。

另外，关于资产的追回，《公约》创造性地设立了腐败犯罪所得资产的直接追回机制和通过没收的间接追回机制。第 53 条规定，各国可根据具体情况采取如下措施直接追回腐败犯罪所获得的资产：①由请求国在被请求国提起民事诉讼，以获得该财产的产权或者所有权；②财产所在地缔约国的法院，根据财产受害国或有关的财产合法所有人的请求，判令侵犯财产权的被告人向上述受害人支付补偿或损害赔偿；③财产所在地缔约国的法院或主管机关在依法对有关财产作出没收决定时，承认另一缔约国对该财产所主张的合法所有权。第 54 条则规定，各缔约国应当：①根据其本国法律采取必要的措施，使其主管机关能够执行另一缔约国法院发出的没收令；②采取必要的措施，使拥有管辖权的主管机关能够通过对洗钱犯罪或者对可能发生在其管辖范围内的其他犯罪作出判决，或者通过本国法

---

① 关于《公约》的产生背景、制定过程及其主要内容，参见刘仁文、周振杰《2004 年刑事法治状况》，《中国法治发展报告 No.2（2004）》，社会科学文献出版社，2005。

律授权的其他程序,下令没收这类被转移到该国境内的非法所得财产;③考虑采取必要的措施,以便在因为犯罪人死亡、潜逃或者缺席而无法对其起诉的情形或者其他有关情形下,能够不经过刑事定罪而没收这类财产。《公约》第五章把资产的返还确认为本公约的一项基本原则,要求缔约国在这方面相互提供最广泛的合作和协助。这不仅将有效地遏制世界各国频繁发生的贪官携款潜逃现象,也为缔约国之间开展资金追回、返还等问题提供了有效的国际合作方式,为打击国际洗钱犯罪活动提供了有力的保障。

目前,世界主要发达国家如美国、德国、加拿大、新西兰、芬兰、丹麦、挪威等国家均纷纷签署了《公约》,正在等待国内相应机关的正式批准,而澳大利亚、法国、英国等多国已陆续正式加入《公约》。随着《公约》阵营的扩大及其影响的深入,将有越来越多的国家,包括发达国家和发展中国家在内,签署、加入《公约》。全球反腐队伍会越来越大,进而形成一个统一的、全面的国际反腐败联盟。

中国政府对制定和加入《公约》一直持积极的态度。在《公约》的筹备阶段,中国政府便积极参与了谈判的全过程,并为公约的制定提出了很多建设性意见。2003年12月10日,外交部相关负责人代表中国政府在高级别政治签署会议上签署了公约。2004年4月,中共中央纪委会同全国人大外事委、全国人大常委会法工委、最高人民法院、最高人民检察院、外交部、教育部、公安部、安全部、监察部、司法部、财政部、中国人民银行、国务院港澳办、国务院法制办共15个部门组成了研究实施《公约》工作协调小组,研究加入公约的利弊以及与我国法律制度如何相衔接的方案。经过一年多的艰苦努力,形成了《关于批准〈联合国反腐败公约〉并解决相关重要问题的意见》。2005年9月25日,国务院向全国人大常委会提出了批准该公约的议案。同年10月27日,全国人大常委会审议并全票通过决定,批准加入《公约》。由此,中国正式成为《公约》的缔约国。

需要说明的一点是,全国人大常委会在批准加入《公约》的同时声明:中华人民共和国不受《公约》第66条第2款的约束。所谓《公约》第66条第2款,其内容为:"两个或者两个以上缔约国对于本公约的解释或者适用发生任何争端,在合理时间内不能通过谈判解决的,应当按其中一方请求交付仲裁。如果自请求交付仲裁之日起六个月内这些缔约国不能就仲裁安排达成协议，则其中任何一方均可以依照《国际法院规约》请求将争端提交国际法院。"对此，中国政府认为，这一条款的实施将有可能影响或妨害中国的国家主权和安全，因此提出声明对其予以保留，不受该条款的约束。这也是《公约》所允许的，因为根据《公约》第66条第3款规定，缔约国在批准本公约时可以声明不受本条第二款的约束①。

中国正式加入《公约》这一事件具有重要意义。一方面，对于当前建立健全教育、制度、监督并重的惩治和预防腐败体系能起到重要的借鉴作用，值得注意的是，公约所提出的预防与惩治腐败并重的理念与中共中央确定的标本兼治、综合治理、惩防并举、注重预防的反腐方针是基本一致的；另一方面，也对中国有力打击腐败犯罪、加强国际刑事合作具有关键性意义，不仅对外逃贪官设置了一个全球的包围圈，也有助于中国成功追回腐败犯罪所导致的外流资金。

当然，追逃贪官工作不仅需要其他国家的司法合作，更需要国内相关立法的进一步完善。前者仅为治标之方，后者才是治本之道。中国在加入《公约》后，当务之急是要清理现行相关法律制度，一方面，及时对部分亟须修改的法律内容进行修订；另一方面，抓紧制定相关的法律制度，以适应全球反腐败形势的迅猛发展。正如2005年10月22日外交部副部长在全国人大常委会会议上就提请审议批准《公约》的议案作说明时所提到的，公约批准后，有关部门将按照计划抓紧落实中国有关法律制度与公约的衔接工作，如制定反洗钱法、修订刑法中有关行贿和受贿罪的构成要件的规定等。

2005年12月24日，全国人大常委会对《刑法修正案（六）》草案进行首次审议。草案拟对洗钱罪的部分内容进行修订，将"贪污贿赂犯罪、金融犯罪"作为洗钱罪的上游犯罪。1997年《刑法》第191条规定了洗钱罪的上游犯罪为毒品犯罪、黑社会性质的组织犯罪、走私犯罪等三类，在2001年12月29日《刑法修正案（三）》增补恐怖活动犯罪为上游犯罪之后，这将是第二次对该条款进行修订。根据《公约》第2条的

---

① 《公约》第66条第3款："各缔约国在签署、批准、接受、核准或者加入本公约时，均可以声明不受本条第二款的约束。对于作出此种保留的任何缔约国，其他缔约国也不受本条第二款的约束。"

规定，"上游犯罪"系指由其产生的所得可能成为本公约第23条所定义的犯罪的对象的任何犯罪，这里所指的第23条规定，各缔约国均应当寻求将第23条第1款，即关于对犯罪所得的洗钱行为的规定，适用于范围最为广泛的上游犯罪；或者，各缔约国均应当至少将其根据本公约确立的各类犯罪列为上游犯罪。将贪污贿赂犯罪、金融犯罪添加到洗钱罪的上游犯罪之内，是中国加入《公约》以后切实履行国际义务的表现之一，也无疑会对日后的追逃贪官工作产生推动作用。

近年来，随着中国对外开放的进一步扩大和经济全球化的发展，洗钱犯罪现象相当严重，毒品、走私和黑社会性质的有组织犯罪活动往往都产生巨额"黑钱"，腐败犯罪分子也常常利用各种渠道进行洗钱并转移到境外，对国家的财政、金融秩序造成了破坏，也给经济建设和经济安全带来严重危害。根据2005年7月中国人民银行首度公布的反洗钱报告——《中国反洗钱报告2004》，2004年，各金融机构通过中国人民银行各分支行共报送人民币可疑交易3.61万笔，涉及金额495.46亿元。因此，鉴于其严重性，进一步完善金融立法、制定一部单独的"反洗钱法"，从制度上遏制洗钱犯罪的频繁发生，是当前的一项重要立法任务。据悉，2004年以来，为进一步加强反洗钱工作，全国人大、国务院以及反洗钱工作行政管理部门加快了健全中国反洗钱法律制度的步伐，反洗钱立法以及有关的法规和规章的修订工作已经启动并正在紧张有序地进行之中。此外，中国在反洗钱的国际合作上也取得了较大进展。2004年10月6日，中国以创始成员国身份加入反洗钱地区性组织——欧亚反洗钱与反恐融资小组（EAG），成为其重要成员；并与俄罗斯、中国香港、中国澳门等周边国家和地区建立了反洗钱工作双边合作机制。2005年1月21日，中国成为这一反洗钱国际组织的观察员①。

---

① 反洗钱金融行动特别工作组（Finacial Action Task Force on Money Laundering, FATF）是反洗钱领域最具权威性的国际组织之一，其关于反洗钱的《四十加九项建议》已得到国际货币基金组织和世界银行认可，并成为《联合国反腐败公约》的重要内容。自1989年成立以来，FATF通过不懈努力，成功推动了各国以及国际社会在全球反洗钱和反恐融资领域制定法律规则、改革监管制度。截至2005年2月，FATF已发展成为拥有33个成员以及20多名观察员的官方组织。

展望与建议

随着双边引渡、司法协助和被判刑人移交条约的陆续签订，随着国家之间在司法合作问题上的互信、友好发展，特别是《公约》缔约国的日渐增多，国际社会在打击腐败犯罪方面的观念和措施渐趋一致，外逃贪官们将越来越难以藏身。

但是，纵使有前述措施和进展，贪官外逃现象在短期内仍然不会得到根本改善，原因如下。其一，随着全球化进程的加速以及中国改革开放政策的进一步推进，对外贸易交往将日益频繁，跨国犯罪如洗钱活动、非法入境等势必同时增长，各种腐败犯罪分子以及其他犯罪嫌疑人仍将乘经济全球化之机潜逃国外。其二，世界主要发达国家与中国在意识形态、法律制度上所存在的差异在短期内仍将无法消除，这将成为各国之间顺利开展司法合作的主要障碍之一。此外，就目前而言，经国内批准、正式加入《公约》的西方国家尚属少数，《公约》要在全球范围内充分发挥效力仍需一定时日。另外，《公约》本身缺乏有效的监督实施机制也是影响其实际效能的因素之一。其三，当前，中国社会仍处于转型期，一些政治、经济制度仍然存在漏洞。尤其是社会主义市场经济体制尚未完全建立，在一些重要的经济领域仍缺乏完备的制度规范，包括贪污贿赂犯罪在内的经济犯罪短期内仍将难有大幅度减少。

考虑到以上因素，就当前的追逃贪官工作而言，中国应该从以下两方面进行努力：一方面，抓紧与世界各国签订双边引渡、司法协助和被判刑人移交条约，进一步加强与主要发达国家之间的执法合作，在追逃贪官的实践中尽量利用相关国际组织和国际公约如国际刑警组织、《联合国反腐败公约》等所发挥的作用，以促进人员引渡、遣返和资金的追回方面工作的顺利开展；另一方面，更为重要的是，加快对国内相关制度的完善，建立健全教育、制度、监督并重的惩治和预防腐败体系。这方面的主要工作有以下几个方面。

第一，做好国际法与国内法的衔接工作，适当对国内法的部分内容进行修改或者补充。例如，为适应《公约》所确立的相应机制的要求，在中国实体法方面，应将贿赂罪的范围从贿赂本国公职人员扩充到还包括贿赂外国公职人员或者国际组织官员，将贿赂罪的对象从财物扩大到非财产性利益；在程序法方面，可考虑对现行的一些审判制度进行改革，如建立特定情形下的缺席审判制度①、建立独立的民事或行政诉讼程序②，以及令状发布程序③。另外，还须建立财产追回配套制度，包括规范化的赃款赃物确认制度，完善银行制度、申报记录制度、双向的国际合作程序以及财产分享制度等④。

第二，强化对公务员的管理和监督。首先，有必要切实实行政务公开制度，使行政透明化，赋予公民最大限度的知情权；其次，实行真正行之有效的财产申报制度。国家公职人员必须依法对其拥有的以及其配偶、子女所拥有的财产的状况，包括财产的数量、来源、增减等情况定期向指定的部门作出报告，以接受审查和监督。除了对那些拥有财产与其合法收入不相符而又不能说明其正当来源的予以法律惩处，还要对那些即使能说明正当来源但没有按照规定及时如实申报的实行问责，其问责基础就是该官员的不诚实和对财产申报制度的违背。

第三，可考虑制定专门的反腐败法，以明确各反腐防腐职能部门的具体职责、工作程序以及违反职责者的法律责任。一方面，设立强有力的、独立的反腐败机构，在策略上坚持严厉打击与有效预防相结合；另一方面，将目前纪检监察部门的"双规""双指"等反腐措施进一步纳入法制轨道，如成为一种接受司法程序制约的强制措施。

第四，倡导和鼓励社会各界参与反腐活动。应当允许报刊、电视、广播等媒体以新闻报道、调查、评论等方式，将各级政府官员和公共事务置

---

① 当然，考虑到刑事判决的严厉性，刑事缺席判决制度只能作为例外适用，且须采取必要措施保障被告人应有的诉讼权利。
② 为建立《公约》关于"不经过定罪没收腐败财产"的机制，可通过单独民事诉讼的方式而非现行刑事诉讼法中的"刑事附带民事诉讼"程序，在追究当事人刑事责任之前，确认其财产权属，以利于控制和及时追缴。也可通过行政诉讼方式，判决腐败嫌疑人的行为无效，或对其非法性进行确认。
③ 在判决一时无法作出又必须对腐败财产进行控制的情况下，可以查封令、扣押令等程序性令状形式制止其流失，再以赔偿的形式恢复相关权益，最后以没收令的形式对非法财产予以永久剥夺。
④ 左卫民、匡科：《国际反腐败刑事司法合作论要——以资产追回为视角》，《第22届世界法律大会会议论文汇编》，第180~183页。

于社会舆论的监督之下。同时，鼓励广大民众积极参与反腐败活动，政府唯有通过一定方式接受民众反腐，中国的反腐败斗争才能长期取得实效。

（参见法治蓝皮书《中国法治发展报告 No.4（2006）》）

第十七章　中国渎职侵权犯罪立法与司法实践

摘　要：本文以检察机关直接受理立案侦查的渎职侵权犯罪为研究对象，分析了 1979～2010 年中国渎职侵权犯罪的立法发展情况，总结了中国近年来惩治和预防渎职侵权犯罪的司法实践，研究了当前渎职侵权犯罪的特点与发展态势，并对未来完善中国的渎职侵权犯罪立法和司法实践提出了建议。

中国渎职侵权犯罪立法是在不断探索中逐步发展和完善的。有关渎职犯罪的概念、范围经历了相当大的变化。比如，1979 年《刑法》"渎职罪"包含贿赂罪和私自开拆、隐匿、毁弃邮件、电报罪，1997 年修订《刑法》后"渎职罪"则不包括这些内容。有关侵权犯罪的称谓仅指法律规定由检察机关直接受理立案侦查的非法拘禁、非法搜查、刑讯逼供等少数几个罪名，属于概括性称谓，没有准确的法律定义。鉴于渎职侵权犯罪统计和司法管辖的习惯做法，本文拟采用狭义概念，即以检察机关直接受理立案侦查的渎职侵权犯罪为研究对象。

一　渎职侵权犯罪立法发展与完善

新中国成立以后的相当长一段时间里，惩治和预防渎职侵权犯罪一直采用制定政策和单行条例的方式。例如，1950 年 7 月中央人民政府政务院制定的《人民法庭组织通则》对司法人员徇私枉法犯罪作出处罚规定，1954年全国人民代表大会常务委员会（以下简称"全国人大常委会"）颁布的《逮捕拘留条例》和《劳动改造条例》对司法工作人员体罚虐待被监管人员渎职行为作出规定，这些规定为制定较为全面、系统的刑法典积累了经验。中国共产党第十一届中央委员会第三次全体会议总结新中国成立以来特别是十年"文化大革命"的经验教训，提出建立健全社会主义法制的奋斗目标。经过广泛征求意见，1979年7月，第五届全国人民代表大会第二次会议通过了新中国建立以后的第一部刑法典——《中华人民共和国刑法》，该法在分则第八章中对渎职罪作出专门规定，共有7个条文，包含受贿罪、行贿罪、介绍贿赂罪、泄露国家秘密罪、玩忽职守罪、徇私枉法罪、体罚虐待被监管人罪、私放罪犯罪和私自开拆、隐匿、毁弃邮件、电报罪等9个罪名。主要规定了对国家工作人员利用职务上的便利或者玩忽职守、妨害国家机关正常活动，致使国家和人民利益遭受重大损失的行为的处罚。

1979年《刑法》颁布实施后，随着经济社会的快速发展，犯罪现象出现了许多新的变化。为有效遏制渎职犯罪，全国人大常委会陆续颁布了一系列单行法，如1982年《关于严惩严重破坏经济的罪犯的决定》、1991年《关于严禁卖淫嫖娼的决定》和《严惩拐卖、绑架妇女、儿童的犯罪分子的决定》、1993年《关于惩治生产、销售伪劣商品犯罪的决定》、1995年《关于惩治违反公司法的犯罪的决定》等。1980年以来，全国人大常委会还先后颁布了60余部单行法，如1982年《文物保护法》、1984年《森林法》、1987年《海关法》、1992年《税收征收管理法》等，对渎职罪进行了补充完善。最高人民法院和最高人民检察院先后发布了一系列司法解释，如1987年8月31日最高人民检察院《关于正确认定和处理玩忽职守罪的若干意见（试行）》、1989年最高人民检察院《人民检察院直接受理的侵犯公民民主权利、人身权利和渎职案件立案标准的规定》、1991年7月最高人民法院《关于审判人员在审理民事、经济纠纷案件中徇私舞弊枉法裁判构成犯罪的应当依照刑法第一百八十八条规定追究刑事责任的批复》、1996年6月最高人民检察院《关于办理徇私舞弊犯罪案件适用法律若干问题的解释》等，这些规定和司法解释对于弥补1979年

《刑法》渎职罪条文不足、罪状表述笼统、处罚偏轻等问题发挥了重要作用。

1997年，全国人民代表大会在全面总结1979年《刑法》实施以来刑事立法和司法实践取得的成果，吸收借鉴全国人民代表大会及其常务委员会制定的单行法律及最高人民法院、最高人民检察院司法解释，总结改革开放以来司法实践中出现的新情况、新案例的基础上，对1979年《刑法》进行了全面修订。新修订的《刑法》在分则第九章中对渎职罪作了专章规定，共设23个条文33个罪名。

1997年《刑法》对1979年《刑法》及有关渎职罪立法的修改主要体现在以下方面。一是将贿赂罪从渎职罪中分离出来，单立一章"贪污贿赂罪"。二是吸收借鉴了1979年《刑法》及其后有关部门颁布的单行法律法规、司法解释涉及渎职罪的相关规定，使渎职罪的规定更加统一、完整、协调。三是分解、细化了玩忽职守罪，将实践中多发、行为特征和行业特征比较明显的玩忽职守行为从玩忽职守罪中分离出来，单独规定为一种罪名，如1997年《刑法》第400条规定的"失职致使在押人员脱逃罪"，第408条"环境监管失职罪"、第409条"传染病防治失职罪"等。同时，为加强对未列举的其他类型失职造成严重危害后果的行为追究刑事责任，1997年《刑法》第397条仍然保留了玩忽职守罪的概括性规定。四是将滥用职权罪从玩忽职守罪中分离出来，将带有行业特点的滥用职权行为从普通滥用职权罪中剥离出来，单独规定了具体罪状和处刑，如1997年《刑法》第403条"滥用管理公司、证券职责罪"、第410条"非法批准征用、占用土地罪"和"低价出让国有土地使用权罪"等。五是将渎职罪的主体由国家工作人员修改为国家机关工作人员或者特定机关工作人员。六是增设了多种徇私舞弊罪名，如1997年《刑法》第401条"徇私舞弊减刑、假释、暂予监外执行罪"、第402条"徇私舞弊不移交刑事案件罪"等。七是将1979年《刑法》规定的某些渎职犯罪行为，按其侵犯的具体客体，分别归入其他章中，如将1979年《刑法》第189条"体罚虐待被监管人员罪"和第191条"妨害邮电通讯罪"放到侵犯公民人身权利和民主权利罪一章中。八是对玩忽职守的法定刑作了修改，根据造成危害后果的严重程度，分别规定了"3年以下有期徒刑或者拘役"

"3 年以上 7 年以下有期徒刑"，对徇私舞弊、徇私枉法，情节特别严重的，规定最高法定刑为 15 年，加大了处罚力度。

1997 年《刑法》实施不久，新的法律适用问题就接踵而至。比如，对渎职罪主体的法律认定问题，1997 年《刑法》第 93 条对"国家工作人员"作了解释，但没有对"国家机关工作人员"进行解释，实践中许多不在国家机关工作或者虽然在国家机关工作但不具有国家机关工作人员身份，或者受委托临时从事政府公共管理工作的人员，能不能视为国家机关工作人员，亟待明确。为此，2002 年 12 月 28 日，第九届全国人民代表大会常务委员会第三十一次会议通过的《关于〈刑法〉第九章渎职罪主体适用问题的解释》规定，在依照法律、法规规定行使国家行政管理职权的组织中从事公务的人员，或者在受国家机关委托代表国家机关行使职权的组织中从事公务的人员，或者虽未列入国家机关人员编制但在国家机关中从事公务的人员，在代表国家机关行使职权时，有渎职行为，构成犯罪的，依照刑法关于渎职罪的规定追究刑事责任。在同一次会议上通过的《刑法修正案（四）》第 8 条将 1997 年《刑法》第 399 条修改为："司法工作人员徇私枉法、徇情枉法，对明知是无罪的人而使他受追诉、对明知是有罪的人而故意包庇不使他受追诉，或者在刑事审判活动中故意违背事实和法律作枉法裁判的，处 5 年以下有期徒刑或者拘役；情节严重的，处 5 年以上 10 年以下有期徒刑；情节特别严重的，处 10 年以上有期徒刑。""在民事、行政审判活动中故意违背事实和法律作枉法裁判，情节严重的，处 5 年以下有期徒刑或者拘役；情节特别严重的，处 5 年以上 10 年以下有期徒刑。""在执行判决、裁定活动中，严重不负责任或者滥用职权，不依法采取诉讼保全措施、不履行法定执行职责，或者违法采取诉讼保全措施、强制执行措施，致使当事人或者其他人的利益遭受重大损失的，处 5 年以下有期徒刑或者拘役；致使当事人或者其他人的利益遭受特别重大损失的，处 5 年以上 10 年以下有期徒刑。""司法工作人员收受贿赂，有前三款行为的，同时又构成本法第 385 条规定之罪的，依照处罚较重的规定定罪处罚。"增加规定了"执行判决、裁定失职罪"和"执行判决、裁定滥用职权罪"两个罪名。2006 年 6 月 29 日，第十届全国人民代表大会常务委员会第二十二次会议通过的《刑法修正案（六）》增加了一个"枉法仲裁罪",规定在刑法第 399 条后增加一条,作为第 399 条之一:依法承担仲裁职责的人员,在仲裁活动中故意违背事实和法律作枉法裁决,情节严重的,处 3 年以下有期徒刑或者拘役;情节特别严重的,处 3 年以上 7 年以下有期徒刑。至此,渎职罪共有 36 个罪名。最高人民法院、最高人民检察院就 1997 年《刑法》适用问题先后制定了多个司法解释,如 2000 年 10 月最高人民检察院《关于合同制民警能否成为玩忽职守主体问题的批复》、2006 年 7 月 26 日最高人民检察院《关于渎职侵权犯罪案件立案标准的规定》等。

二 惩治和预防渎职侵权犯罪的司法实践

检察机关惩治和预防渎职侵权犯罪的发展历程,大体上可以分为以下几个发展阶段。

(一) 检察机关恢复重建阶段

1978 年 3 月,第五届全国人民代表大会第一次会议决定恢复重建人民检察院。1979 年 1 月,最高人民检察院设置法纪检察厅(反渎职侵权部门的前身),地方各级人民检察院设立相应的机构,专司渎职侵权犯罪案件侦查、公诉工作。恢复重建之初的人民检察院,把查办案件的重点对准侵犯公民人身权利和民主权利的渎职侵权犯罪,着力平反和纠正冤假错案,查办和纠正随意举办"学习班"、变相逮捕关押、刑讯逼供和限制人身自由等侵犯公民人身权利和民主权利的违法犯罪行为,使一批蒙受"文化大革命"冤屈者得到平反,为恢复社会主义法治发挥了重要作用。但是,由于中国传统法律文化中"治民"观念根深蒂固,官员在履行职责过程中的过失行为往往给予宽容、谅解,对官员渎职犯罪的危害性和应受惩罚性认识不够深刻,以至于反渎职侵权工作一波三折,经历了相当艰难的发展过程。1982 年 3 月,全国开展"严厉打击经济犯罪",查办刑讯逼供等渎职犯罪被指责为矛头对内、束缚干部手脚、影响办案效率。1983 年最高人民检察院决定法纪检察厅与经济检察厅(反贪污贿赂总局的前身)合并,设立法纪经济检察厅,全面负责检察机关直接受理的职务犯罪案件侦查和公诉，各地检察机关也相应撤并了法纪检察机构，查办案件的重点由保障公民人身权利、民主权利转向主要查处贪污贿赂、投机倒把、合同诈骗等经济犯罪，对侵犯公民人身权利和民主权利犯罪案件查处的力度减弱，侵犯公民人身权利和民主权利犯罪抬头。1985年，最高人民检察院在总结工作中指出："在过去的一段时间里，高检院对这项工作重视不够，安排得不好，抓得不紧，需要改进。也希望各级检察机关对这项工作认真领导，按照党和国家赋予检察机关的职责，把法纪检察工作加强和开展起来。"由于最高人民检察院及时纠正了忽视法纪检察工作的错误做法，这一时期的反渎职侵权工作仍然取得了较好的成绩。1979~1984年6年间，全国检察机关法纪检察部门共立案查办各类渎职侵权犯罪案件23472件，其中侵犯公民民主权利和人身权利的犯罪案件10729件，占45.7%。

（二）集中查办经济领域的渎职犯罪阶段

1985年1月，最高人民检察院在北京召开法纪检察工作会议，要求各级检察机关切实加强对法纪检察工作的领导，排除干扰，秉公办案，积极抓好侵犯公民民主权利和人身权利案、玩忽职守案和重大责任事故"三类"案件的查处工作。1988年7月，最高人民检察院恢复法纪检察厅，加强对全国检察机关法纪检察的指导，各项工作呈现快速发展态势。1986~1996年，最高人民检察院连续召开四次全国法纪检察工作会议、三次侦查工作会议，研究部署查办渎职侵权犯罪案件工作，强调各级检察机关要把法纪检察工作摆在重要位置，切实担负起保护社会主义民主的职责，同国家工作人员玩忽职守犯罪作斗争。特别是1993年，时任最高人民检察院检察长的张思卿提出"严格执法，狠抓办案"的检察工作方针，强调必须紧紧围绕经济建设这个中心，"突出查办发生在领导机关、领导干部以及经济管理和执法监督部门工作人员的犯罪案件，集中力量查办大案要案"。1996年第十次全国检察长工作会议提出：紧紧围绕深入开展反腐败斗争，把国家工作人员渎职、侵权犯罪减少和遏制到最低限度。这一时期检察机关反渎职侵权部门查办案件的数量规模始终保持较高水平，成为历史上查办案件最多的时期。据统计，1985~1996年，全国检察机关立案查办各类渎职侵权犯罪 177566 件，较为典型的有：江西省原省长倪献策徇私枉法案、收受贿赂案；中国农业银行衡水支行赵金荣、徐志国玩忽职守出具信用证案；天津大邱庄原党委书记禹作敏非法拘禁、非法管制案；北京市原市委书记陈希同贪污、玩忽职守案；光大银行信贷部原经理王亚克等人玩忽职守案；等等。

（三）反渎职侵权工作调整和转轨阶段

1996 年修订《刑事诉讼法》和 1997 年修订《刑法》对渎职罪主体和入罪范围作了较大调整。将渎职罪主体由"国家工作人员"修订为"国家机关工作人员"，将发生在国有公司、企业事业单位以及人民团体中的渎职犯罪、重大责任事故犯罪和劳动安全事故犯罪划归公安机关管辖。将修订前的玩忽职守罪进一步细化为玩忽职守、滥用职权、徇私舞弊和发生在特殊行业、部门的渎职罪。尽管这时检察机关直接受理立案侦查的渎职侵权犯罪案件由《刑法》修订前的 13 个罪名增加到修订后的 42 个罪名（不含其后《刑法修正案》新增的 4 个罪名），但由于犯罪主体大幅度缩小，相当多的地方检察机关法纪检察部门和法纪检察干部陷入迷茫状态，案件线索减少，有的地方人民检察院无案可办，有的再次将法纪检察部门与反贪污贿赂部门合并或者撤销，办案规模由 1997 年的 16943 件下降到 1998 年的 4414 件、1999 年的 5471 件，检察机关反渎职侵权工作进入重新思考发展方向和转变侦查方式、提高侦查办案能力的沉思与酝酿阶段。

（四）反渎职侵权工作规范化、科学化发展阶段

适应修改后的《刑事诉讼法》和《刑法》的需要，特别是针对新世纪、新阶段人民群众对反渎职侵权工作的新需要，为增强反渎职侵权工作的号召力，使之区别于纪检监察机关的党纪政纪监察，方便群众举报，2000 年 2 月，最高人民检察院决定将法纪检察厅更名为渎职侵权检察厅。针对《刑法》《刑事诉讼法》修订实施以来，反渎职侵权工作出现的办案数量规模下降、个别地方无案可办、查办渎职侵权犯罪案件难度加大等现实问题，2000 年 4 月最高人民检察院在北京召开全国检察机关第六次渎职侵权检察工作会议，讨论通过了最高人民检察院《关于加强渎职侵权

检察工作的决定》，要求全国检察机关反渎职侵权工作要本着"开拓、加强、规范、发展"的工作思路，把依法积极查办案件作为加强渎职侵权工作的中心任务，切实做到把查办渎职侵权犯罪工作摆在突出位置，绝不动摇；办案力度进一步加大，绝不放松；依法从重从快的方针长期坚持，绝不手软。该决定极大地激发了反渎职侵权检察干部依法办案的积极性，当年全国检察机关立案侦查渎职侵权犯罪案件达到 7930 件 9407 人，一举扭转了 1997 年以来的被动局面。与此同时，最高人民检察院把建立健全一体化侦查办案机制、加强机构队伍建设和能力建设、加大反渎职侵权宣传力度、探索组织开展专项工作、以专项工作带动整体工作的新路子，作为解决制约反渎职侵权查办案件工作重点难点的实现途径。2004 年以来，先后组织开展了严肃查办国家机关工作人员利用职权侵犯人权犯罪专项工作、集中查办破坏社会主义市场经济秩序渎职犯罪专项工作、深入查办危害能源资源和生态环境渎职犯罪专项工作、查办涉农渎职侵权犯罪工作和查办工程建设领域渎职犯罪专项工作，重点查办国家机关工作人员充当黑恶势力保护伞渎职犯罪和重大生产安全事故背后的国家机关工作人员渎职犯罪，取得了显著成效。2005 年 5 月，最高人民检察院决定将省级以下人民检察院渎职侵权检察机构更名为反渎职侵权局，2006 年 6 月制定下发《关于渎职侵权犯罪立案标准的规定》，2007 年召开全国检察机关第四次反渎职侵权侦查工作会议，制定下发《最高人民检察院关于加强反渎职侵权能力建设的决定》，把提高检察干部的侦查办案能力作为反渎职侵权机构队伍建设和提升办案水平的重点来抓。2010 年 7 月召开全国检察机关查办和预防职务犯罪工作会议，重点研究惩治和预防渎职侵权犯罪工作，会议讨论《最高人民检察院关于加强和改进新形势下惩治和预防渎职侵权犯罪工作若干问题的决定》，并于 2010 年 9 月下发这个文件；2010 年 10 月，最高人民检察院与中共中央纪委、中共中央政法委员会、中共中央组织部、最高人民法院、监察部、公安部、司法部、国务院法制办公室等九部门共同会签《关于加大惩治和预防渎职侵权违法犯罪工作力度若干问题的意见》。以上重大举措和制度陆续出台并实施，标志着中国对失职渎职、侵犯人权犯罪行为的法律监督步入了专门化、制度化、规范化的轨道。这一时期，检察机关查办渎职侵权犯罪案件的重点更加突出，力度进一步加大，效果更加明显。据统计，2000~2010年10月，全国检察机关共立案侦查各类渎职侵权犯罪149772件99514人，其中典型案件有：浙江省委原常委、宁波市委原书记许运鸿滥用职权案，重庆市人大常委会原副主任秦昌典玩忽职守案，中国农业信托投资公司原总经理翟新华玩忽职守案，公安部原副部长李纪周滥用职权、受贿案，四川省原副省长李达昌滥用职权案，国家药品管理局原局长郑筱萸玩忽职守、受贿案，天津市委原常委、滨海经济开发区管委会原主任皮黔生滥用职权、受贿案等。

三 当前渎职侵权犯罪的特点

当前中国正处于经济社会发展的关键时期，同时也是矛盾的凸显期，渎职侵权犯罪呈现新的特点。

一是呈易发多发、逐年上升态势。随着反贪污贿赂等"占有型"腐败的力度不断加大，利用职权贪污受贿的风险成本增加，社会各界对贪污贿赂犯罪的认知度提高、评价趋于一致，利用职权为他人谋取利益、放纵他人违法犯罪、为自己和亲友谋取优越条件等"机会性"腐败增加，这类腐败主要表现为国家机关工作人员滥用职权、玩忽职守、徇私舞弊、枉法裁判等（见图1、图2）。

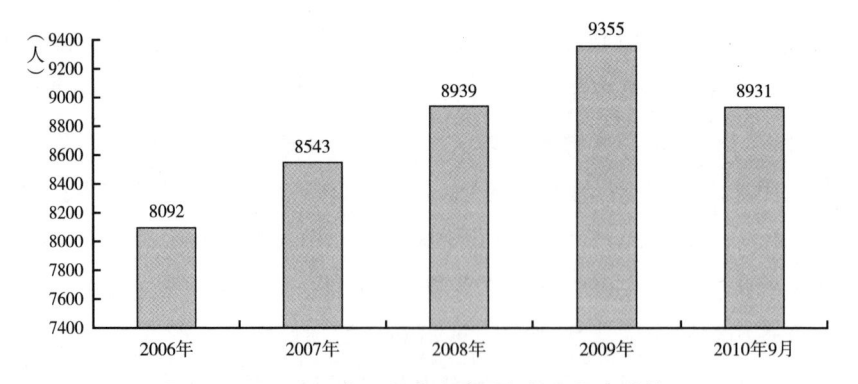

图1 2006~2010年9月查办渎职侵权犯罪案件情况

年份	人数
2006年	8092
2007年	8543
2008年	8939
2009年	9355
2010年9月	8931

注：数据来自2010年9月最高人民检察院举办的"法治与责任——全国检察机关惩治和预防渎职侵权犯罪展览"。以下同。

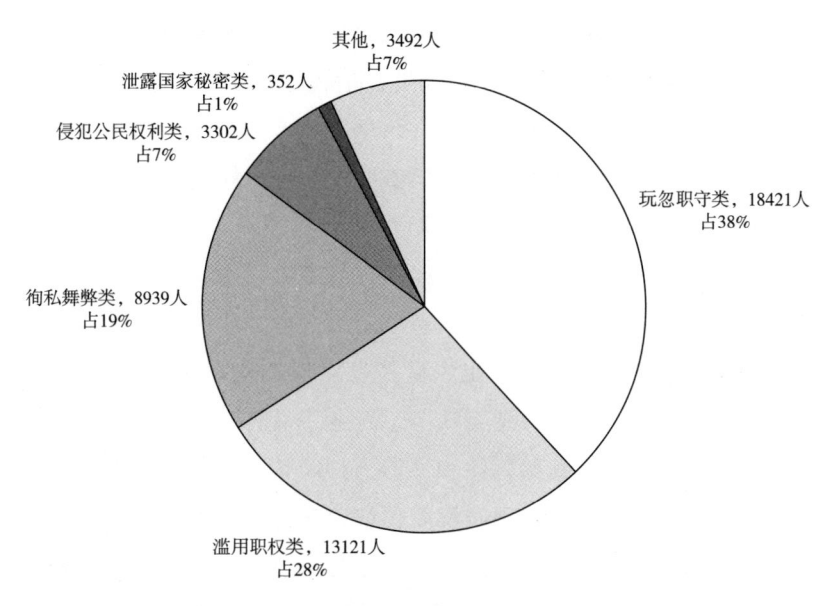

第十七章 中国渎职侵权犯罪立法与司法实践 325

图2 2006~2010年9月查办案件罪名分类情况

（饼图数据：玩忽职守类，18421人，占38%；滥用职权类，13121人，占28%；徇私舞弊类，8939人，占19%；侵犯公民权利类，3302人，占7%；泄露国家秘密类，352人，占1%；其他，3492人，占7%）

二是渎职侵权犯罪多发生在行政管理、行政执法和司法等掌握行政审批、执法执罚、资源配置、纠纷裁决等领域（见图3）。

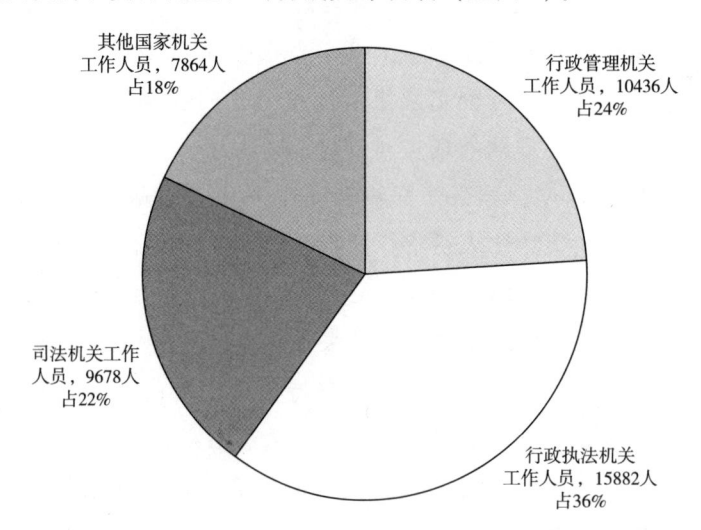

图3 2006~2010年9月查办案件犯罪嫌疑人身份情况

（饼图数据：行政管理机关工作人员，10436人，占24%；行政执法机关工作人员，15882人，占36%；司法机关工作人员，9678人，占22%；其他国家机关工作人员，7864人，占18%）

三是渎职侵权犯罪多发生在执行环节，科级以下人员占96.5%。

四是渎职侵权犯罪与贪污贿赂、黑恶势力有组织犯罪以及重大责任事故等犯罪相互交织，目的性增强。例如，放纵非法违法拆迁、放纵制假售假、放纵非法违法生产、非法违法开采、非法违法排污，等等。

五是渎职侵权犯罪造成的损失大，危害后果越来越严重。2006年1月至2010年9月，全国检察机关立案查办的34106件渎职侵权犯罪案件，共造成直接经济损失518亿余元，是贪污贿赂案件案均损失25万元的5.64倍。不仅如此，这些渎职侵权案件还导致2万余人死亡和2千多人重伤。

导致渎职侵权犯罪边打边犯、呈易发多发态势的原因是多方面的，主要原因如下。①一些地方党委政府、行业主管部门和党员领导干部对渎职侵权违法犯罪的严重危害性和惩治、预防渎职侵权违法犯罪的极端重要性认识不够，对惩治和预防渎职侵权违法犯罪思想上不重视、工作上不支持，姑息、宽容，有的甚至干预、阻挠依法查办渎职侵权犯罪。②一些国家机关工作人员为人民服务的宗旨意识淡漠，党性不强，对"为谁执政、执政为了谁"等重大问题认识模糊，不了解群众的诉求和愿望，自觉不自觉地把执政与服务、对组织负责与对群众负责对立起来，特权思想、官本位思想严重，在处理与群众切身利益相关的问题时方法简单、粗暴，侵犯群众利益。③一些国家机关工作人员科学发展、依法发展的理念缺失，片面追求眼前政绩，有的甚至以牺牲资源能源、生态环境，牺牲人民群众的现实利益和长远利益、牺牲精神文明为代价谋取所谓的发展速度，导致矛盾激化，引发生态事故、安全事故，等等。④一些国家机关工作人员责任意识、忠于职守的意识不强，不愿做事、不会做事、做不成事。对纠正违法乱纪、解决社会治安、征地拆迁、环境污染和破坏能源资源私挖乱采等热点问题能回避的则回避，大事化小、小事化了。当老好人，不敢坚持原则，有的利用职权为亲友、为单位谋取利益。⑤一些国家机关工作人员法治意识、人权保障意识不强，随意动用法律强制手段处理人民内部矛盾，推行所谓的改革措施，侵犯公民人身权利和民主权利。⑥有效惩治和预防渎职侵权违法犯罪的工作机制没有建立起来，相关行政执法执纪部门与司法部门协调配合不够，发现渎职侵权犯罪线索遭遇信息壁垒、机制制度壁垒，有案发现不了，有案不移交，有案不让查、有案不能查问题严重，有的以党委政府和行业主管部门名义阻止检察机关查办渎职侵权犯罪案件,有的利用行业主管和技术主管优势,拒不提供证据和技术鉴定,导致一些案件难以结案、处理不下去。⑦法律制度不完善,对权力行使的监督制约机制不健全;责任追究制度不落实;渎职侵权犯罪立法体系和价值目标混乱,《刑法》关于渎职罪的规定主体涵盖面小、罪状表述不具体、不明确;对渎职侵权犯罪的处理轻刑化,违法成本低廉。据最高人民检察院向全国人大常委会的报告,2005 年以来全国检察机关起诉到法院的渎职侵权犯罪案件 85%以上被判决缓刑和免予刑事处罚。

四 预防和减少渎职侵权犯罪的对策

当前,渎职侵权犯罪易发多发,具有典型的发展阶段特征。预防和减少渎职侵权犯罪是当前党风廉政建设和反腐败斗争面临的一项重大政治任务。

(一)进一步提高全社会特别是各级领导干部对渎职侵权犯罪严重社会危害性的认识,深化对惩治和预防渎职侵权犯罪极端重要性和紧迫性的认识

在全社会特别是各级领导机关和领导干部中营造对渎职侵权犯罪"零容忍"的社会氛围。大力弘扬社会主义核心价值观,树立忠诚爱国、勤勉敬业、依法依纪、公正廉洁和尊重保障人权的执政理念和作风。

(二)坚持打防并举、标本兼治、预防为主、综合治理方针

坚持把查办案件作为服务科学发展、推进和谐稳定、保障和改善民生的重要途径,始终保持对渎职侵权犯罪的高压态势,突出查办重点,严肃查办国家机关和国家机关工作人员滥用职权、失职渎职、利用职权侵犯公民人身权利和民主权利的犯罪,严肃查办群体事件和重大事故背后的腐败案件,在坚决惩治腐败的同时,更加注重治本,更加注重预防,更加注重制度建设,做到惩治和预防两手抓、两手都要硬。坚持统筹推进,综合治理,把改革的推动力、教育的说服力、制度的约束力、监督的制衡力、惩治的威慑力结合起来，增强惩治和预防腐败体系建设的科学性、系统性、前瞻性。

（三）贯彻落实科学发展观，用发展的眼光和改革的办法解决反渎职侵权工作中的问题

从根本上来说，当前渎职侵权犯罪易发多发和危害大的状况，与发展不到位、改革不到位、法律制度不健全和对反渎职侵权工作的认识不到位、措施不落实有关，解决这些问题，必须以改革的精神状态，着力加强惩治和预防渎职侵权犯罪的各项制度建设、体制机制建设，着力解决诱发渎职侵权犯罪易发多发的制度性、根本性和源头性问题，总结新经验、研究新情况、创新工作思路、完善工作机制，破解工作难题，通过深化改革，铲除渎职侵权犯罪滋生的土壤和条件，使反渎职侵权工作更加适应经济社会的发展变化，更加富有成效。

（四）积极开展预防工作，注重发挥查办案件的治本功能

要结合查办案件，深入分析个案形成原因，积极开展警示教育和预防工作；深入分析某一时期某一类渎职侵权多发的原因，加强调查研究，总结特点规律，提出防治对策；针对带有明显行业特点的渎职侵权犯罪，深入调研分析该行业发案原因、特点和规律，开展制度预防，促进从源头上遏制和减少职务犯罪。加强预防宣传工作，通过经常开展惩治和预防渎职侵权犯罪法律法规、制度和典型案件宣传，警钟长鸣，强化全社会特别是国家机关工作人员对惩治和预防渎职侵权犯罪的价值认同、行为认同、制度认同，筑牢拒腐防变的思想道德防线，推动建立惩治和预防渎职侵权犯罪的自律机制。

（参见法治蓝皮书《中国法治发展报告 No.9（2011）》）

第十八章　2013年中国反腐败路径及预测

摘　要：反腐败是一个世界性的难题，也是当前中国共产党和国家的一项重要工作。十八大后，特别是十八届三中全会以来，中央对反腐倡廉有一些新的思路，出台了一些新的举措。本文结合中央反腐倡廉的精神，通过梳理2013年中国的反腐败实践，归纳2013年反腐败的特点，分析了2013年中国反腐败的路径、反腐传统的群众路线方式和反腐倡廉法律制度建设，并预判了2014年中国反腐败的形势。

中国共产党第十八次全国代表大会以来，新的中央领导集体倡导政治"三清"，即干部清正、政府清廉、政治清明。经过一年的实践，中国在依法执政、依法行政、反腐败方面呈现崭新气象，获得了民众的赞许。本文分析了中国一年来的反腐败状况，使用广义的腐败概念，既包括狭义的公职人员个体的贪污受贿腐败，也包括机构的作风建设，如铺张浪费、形式主义等问题。后者，是在过往的反腐败斗争中并不为重视的内容。

一　2013年中国反腐败路径

2013年，中国反腐败路径按照党中央部署的2013年党风廉政建设和反腐败工作要求，加大预防腐败工作力度，加强反腐倡廉教育，强化对权力运行的制约和监督，推进反腐倡廉法规制度建设；加强基层党风廉政建设，深入开展纠风和专项治理，认真解决发生在群众身边的不正之风和腐败问题①。

(一) 群众路线教育是 2013 年反腐败的重要路径

群众路线是中国共产党的三大法宝之一,在中国共产党夺取政权和巩固政权、建设社会主义的过程中发挥了积极作用。它也是以毛泽东为核心的中国共产党第一代领导集体所采取的反腐措施的重要特点。其具体做法是,组织上成立专门机构,采用群众运动的方式,把反腐作为一项专门工作,从思想上开展教育和批评与自我批评,革除腐败的思想根源,建立覆盖广泛的监督体制。不过,这种方式在毛泽东的晚年出现了偏差,走向了极端。因此,此后的领导集体特别注意反腐措施的合法性,提出依法治国,把制度建设的重要性提到一个很高的高度,并强调抓大案要案的示范作用。

十八大以来,中央经过总结反腐败的历史经验和不断创新,探索出一条在发展社会主义市场经济的条件下,围绕经济建设中心,把反腐败同法治、改革、发展、稳定有机结合起来,依靠党的自身力量和人民群众的参与,有效开创反腐败斗争的新路线。这条新路线重提群众路线,进行群众路线教育,发扬了党依靠群众、发动群众的光荣传统。长期以来,一些党政公职人员脱离群众、高高在上,不知民间疾苦,使曾经的干群鱼水之情受到较大损害,一些民众甚至产生了"仇官"心理。为了改变这种疏离现象,2013 年,中共中央政治局决定从 2013 年下半年开始,用一年左右时间,在全党自上而下分批开展党的群众路线教育实践活动。教育的主要内容是要求党政干部"为民、务实、清廉";教育的主要任务是引导党员干部树立群众观点,转变干部作风,密切干群关系;教育的重点对象是县处级以上领导机关、领导班子、领导干部;教育的切入点是贯彻落实中央八项规定精神;教育的总要求是"照镜子、正衣冠、洗洗澡、治治病"。中国共产党希望以这种方式改变公职人员的工作作风,拉近官民关系,巩固执政基础。

---

① 《中央部署 2013 年反腐败工作 提出"加大预防腐败工作力度"》,《法制日报》2013 年 1 月 4 日。

特别需要指出的是，群众路线教育与传统群众路线不同的是，其强调在法治的框架下，用法治的思维和法治的手段推进反腐败斗争。

（二）规范公职人员行为是 2013 年反腐败的突出内容

一般而言，反腐败斗争主要关注的是公职人员的贪污受贿和渎职问题，公职人员行为规范并未纳入反腐败工作的范围。2013 年，中共中央将规范公职人员的行为作为党风政风建设的重要内容，扩大了反腐败的范围，升华了廉政建设的内涵。从 2012 年 12 月到 2013 年 12 月，中共中央发布了一系列规范公职人员的文件，其中最主要的是"八项规定"和"反四风"相关规定。"八项规定"是 2012 年 12 月中共中央政治局审议通过的，事关改进工作作风、密切联系群众，具体内容为：改进调查研究，精简会议活动，精简文件简报，规范出访活动，改进警卫工作，改进新闻报道，严格文稿发表，厉行勤俭节约。八项规定特别强调，各级党政机关干部改进工作作风，加强调查研究，"切忌走过场、搞形式主义"，"开短会、讲短话，力戒空话、套话"，"没有实质内容、可发可不发的文件、简报一律不发"，等等。这些规定不仅具体详细，而且具有很强的可操作性，便于实施和群众监督。

"反四风"的"四风"是指"形式主义、官僚主义、享乐主义和奢靡主义"。随着中国市场经济改革的成功和深化，中国人民的生活水平得到了极大的改善，随之而来的是，党政机关讲排场、讲形式，享乐之风也逐渐盛行。2013 年 6 月 18 日，中国共产党提出进行群众路线教育实践活动，其主要任务是改进作风，集中解决形式主义、官僚主义、享乐主义和奢靡主义"四风"问题，要求党政机关针对群众反映突出的"四风"问题，全面开展专项整治行动，整治文山会海、检查评比泛滥，整治"门难进、脸难看、事难办"，整治公款送礼、公款吃喝、奢侈浪费，整治超标配备公车、多占办公用房、滥建楼堂馆所，整治"三公"经费开支过大，整治"形象工程"和"政绩工程"，整治侵害群众利益的行为等现象。

"八项规定"和"四风"都是对公职人员行为的基本界定，与传统的腐败定义具有明显的差异。中共中央之所以将公职人员行为规范纳入反腐败的范围，是因为从本质上说，此类行为也是权力异化行为，同样损害了公共利益，同属于应当禁止并旗帜鲜明反对的行为。

（三）制度化反腐的路径

1. 派驻制度进入党内机构

在党政机关和国有企业设置纪检监察部门和派驻人员开展反腐败工作，是中国特色反腐倡廉体系的重要组成部分，也是一种特殊的制度安排。长期以来，派驻制度并未充分发挥其作用，主要是因为工作方式和机制存在问题，如管辖范围不明确、办案经费不足、调查权限不明、预防主体不清晰、缺乏有效的腐败风险管理能力等①。《中共中央关于全面深化改革若干重大问题的决定》（以下简称《决定》）提出了改革派驻制度的要求："全面落实中央纪委向中央一级党和国家机关派驻纪检机构，实行统一名称、统一管理。派驻机构对派出机关负责，履行监督职责。"这是党内监督体制的重大改革。改革涉及以下几个方面。一是全面派驻。中央纪委原来主要在政府部门设置派驻机构，除个别情况以外不在党内部门设立派驻机构。2013年开始，中纪委将派驻工作扩大到中央一级党和国家机关，即中组部、中宣部、统战部、中央办公厅都将派驻纪检人员。二是派驻机构对派出机关负责。派驻纪检组长不从驻在部门产生，但应担任驻在部门党组成员，只履行监督职责，不参与驻在部门的业务活动。三是各项工作保障由驻在部门负责，工作经费应列入驻在部门预算。

派驻制度的改革意味着党的系统全面进入了反腐败的视野，使中国的反腐败斗争达到了一个新的高度。

2. 巡视制度实现全覆盖

巡视制度是指中央和省、自治区、直辖市党委建立专门巡视机构，对下级党组织领导班子及其成员进行巡视监督的制度。《中国共产党党内监督条例（试行）》（2003）把巡视制度确定为党内监督的十项制度之一。为了更好地发挥巡视制度的作用，《决定》对巡视制度也提出了具体的改

---

① 《过勇：中国纪检监察派驻制度研究》，中央纪委监察部网站，http://www.mos.gov.cn/lzlt/lzbk/gy/201310/t20131012_11557_1.html，最后访问时间：2013年10月12日。

革要求："改进中央和省区市巡视制度，做到对地方、部门、企事业单位全覆盖。"这是党内监督体制的重大改革。改革的主要内容包括以下几个方面。一是全面覆盖。对所有地方、部门、企事业单位都开展巡视工作，以形成震慑。二是抓好重点。巡视组的任务是，无论是谁，即使是中央政治局委员兼任的地方党委书记都在巡视监督的范围之内。三是快速发现和解决问题。例如，领导干部是否存在违纪违法、违反八项规定、违反政治纪律、选人用人不正之风等问题，真正做到问题早发现、早报告、早解决。2013年12月，中央第二轮巡视已在进行，10个中央巡视组已全部进驻被巡视单位、地区开展巡视工作。

3. 反腐败协调小组切实履责

1996年，中央纪委第六次全会报告提出，各省、自治区、直辖市要在党委领导下成立有纪检、法院、检察、监察、审计等单位主要领导参加的反腐败协调小组。之后，全国县级以上各级党委基本上都建立了反腐败协调小组，主要承担查办腐败案件的协调工作。但在实践中，反腐败协调小组工作存在诸多滞碍，如协调会议的召集不定期、会议形成的意见缺乏约束力和执行力，大多只是情况沟通，组织协调反腐败的作用发挥得很不够。2013年，借十八届三中全会《决定》的春风，改革和完善各级反腐败协调小组职能提上议事日程。改革的原则是使党能更充分地发挥领导作用，纪委能更充分地发挥组织协调作用，有效地整合各方面的反腐败力量，充实与反腐败工作紧密相关的部门作为成员单位，进一步明确应当履行的具体职责，形成健全、规范、有序的工作模式。

（四）2013年反腐败的制度创新

1. 纪检双重领导制度程序化

纪检双重领导体制是指中国共产党的地方各级纪律检查委员会和基层纪律检查委员会在同级党的委员会和上级纪律检查委员会的双重领导下开展工作。实践中，这一体制暴露出不少缺陷，地方纪委如果发现本地重大案件线索或者查办重大腐败案件，必须向同级党委主要领导报告，得到同级党委的首肯后才能进行初核或继续查处，这样就给压案不报和瞒案不查提供了可能和机会。

为了切实解决这个问题,《决定》把党的纪律检查工作双重领导体制予以程序化和制度化,并将其作为深化改革的重要内容,具体内容如下。一是强化上级纪委对下级纪委的领导。"查办腐败案件以上级纪委领导为主,线索处置和案件查办在向同级党委报告的同时必须向上级纪委报告。"掌握案件线索和查办腐败案件是反腐败工作的核心内容。如果案件线索处置和查办必须同时向上级纪委报告,那么就对同级党委主要领导形成了有效制约,有利于更深入地开展反腐败斗争,打击腐败犯罪。二是加大监督力度。《决定》明确规定,"各级纪委书记、副书记的提名和考察以上级纪委会同组织部门为主"。这是加强反腐败体制机制创新、强化上级纪委对下级纪委领导的重要举措。纪委书记、副书记是一级纪委的主要领导,承担着一个单位纪律检查工作的主要领导责任,其提名和考察以上级纪委会同组织部门为主,有利于强化其同上级纪委的沟通和联系,有利于他们更加负责地发挥职能作用,为各级纪委协助党委加强党风建设和组织协调反腐败工作、更好地行使党内监督权,提供了有力的体制保障。

2. 禁止领导干部违规兼职

少数党政领导干部在企业兼职任职是公众舆论关注、关乎党风政风的重大问题。2013年,中共中央组织部印发《关于进一步规范党政领导干部在企业兼职(任职)问题的意见》,在以往相关规定的基础上,对党政领导干部在企业兼职任职作出了更加明确、严格的规定:党政领导干部不得在企业兼职任职,工作需要兼职的必须要有严格的限制。该意见划出了公职人员兼职制度"高压线",目的就是要消除隐患,堵塞漏洞,切断灰色利益链,防止公权力异化成为少数人谋取私利的工具。一些经验丰富、有专业特长的党政领导干部在离职或退(离)休后,以适当方式发挥作用或余热虽有积极作用,但必须合规合法,不允许其脱离监督和约束,用特殊身份干扰市场秩序,在机关和企业两头得利。该意见的实施,就是要将权力关进制度笼子,以防止公权私用,从严管理干部,规范领导干部廉洁从政行为,改进干部作风形象,营造公平竞争的市场环境。

3. "厉行节约、反对浪费"制度化

成由节俭败由奢，奢侈浪费是败家败国的祸根。节约是一种美德，节约是一种智慧，节约更应该成为一种习惯和风气，更是中国共产党的优良作风。中共中央、国务院印发的《党政机关厉行节约反对浪费条例》要求，党员干部身体力行，杜绝浪费；《党政机关国内公务接待管理规定》要求，党政机关国内公务接待管理要厉行勤俭节约，反对铺张浪费，加强党风廉政建设。按照上述规定，各级领导干部，都要率先垂范，严格执行公务接待制度，严格落实各项节约措施，坚决杜绝公款浪费现象；同时要加强监督检查，鼓励节约，整治浪费。上述文件规定改变了以往浪费没有具体标准、处罚没有依据的状况。"厉行节约、反对浪费"，并不是中国共产党今天才提出来的，但重申这项制度并推动"厉行节约、反对浪费"制度化，使"厉行节约、反对浪费"相关规定成为干部心中的戒尺，无疑是希望广大党员干部铭记传统的重要性。

4. 推动新提拔公职人员财产公开

提拔公职人员时，考察公职人员的思想、能力，以及征求群众的意见至关重要，但对公职人员财产的公开也不能忽略。从某种程度上说，公职人员的财产状况可以反映其工作作风和生活状况。财产公开在干部提拔过程中的作用在于：一是公示财产增加了社会了解公职人员品行的渠道；二是公示财产可以体现公职人员的作风和工作状况，便于群众和社会的监督；三是通过公示财产可以严密提拔程序，增强选拔程序的严谨性和全面性，保证提拔的严肃性。公职人员财产公开提了很多年，但并未真正"落地"。一些地区自行对公职人员财产公示进行了试点，大多是"蜻蜓点水"式的公开，效果也都不明显，从内容和形式上都难以满足群众和社会的要求。《决定》指出，要推行新提任领导干部有关事项的公开的制度试点，这可以说是制度建设顶层设计的一个重大创新。

5. 探索官邸制度

官邸制在中国古代就实行过，世界上很多国家也在实行官邸制。官邸制是指公职人员在职期间由国家为其提供居住场所的一种制度，该场所只可由其在任时使用，离任后须交出。实行官邸制有其合理性与可行性。公职人员任职期间的住所由国家提供，是工作需要，这样的安排摆在明处，合乎情理，民众多半不会说三道四。配偶及未成年子女可与公职人员同住官邸，也很人性化，但公职人员离任后仍然居住在由国家提供的住宅里，显然缺乏法律依据且违背常理。因此，《决定》提出，探索实行官邸制。此观点一经提出便成为社会讨论的热点，但以中国现状而言，新中国成立60余年来，退休的国家级副职以上领导人数较多，在现有制度下，如何配置其退休后的住房值得研讨。官邸制要顺利推行，有多重障碍。别的且不说，何种级别干部配备官邸，如何合理配备官邸，如何退出官邸，制度安排和操作将颇费周折。

二 2013年反腐败的特征

（一）一改对腐败问题遮掩的暧昧态度

中国共产党的十八大鲜明指出："要坚定不移反对腐败，永葆共产党人清正廉洁的政治本色。"要求全党"始终保持惩治腐败高压态势，坚决查处大案要案，着力解决发生在群众身边的腐败问题。不管涉及什么人，不论权力大小、职位高低，只要触犯党纪国法，都要严惩不贷"。习近平总书记在多次重要讲话中提出，要加大反腐倡廉力度，中央纪委书记主要领导同志在全国政协十二届一次会议上再次强调，"反腐败既要坚持打持久战，也要打好歼灭战"。这充分表明中国共产党反腐败斗争的旗帜更加鲜明，对反腐败的态度更加坚决，采取的措施更加有力。在这里没有对腐败问题的回避，没有对党风问题的粉饰，更没有强调"腐败分子只是极少数"，而是坦诚地指出了腐败在党内是客观存在的。

（二）注重反腐倡廉理论和制度创新

首先，明确了反腐倡廉走什么路的问题。十八大报告指出，"要坚持走中国特色反腐倡廉道路"，走符合中国国情的路。中央政治局通过"八项规定"，率先垂范，带头从中央政治局做起，要求别人做到的自己先要做到，要求别人不做的自己坚决不做，以良好党风带动政风民风；全党上下，从自身做起，改进作风，抵制腐败，形成了一股简、实、勤、廉的清风。此外，中央把开展群众路线教育作为反腐败的重要途径，中纪委和省级市区纪委都推出了自己的网站，接受群众的投诉举报，进一步畅通了群众参与支持反腐败的渠道；纪检监察机关与群众的互动增强，让群众明了监督的途径，有序发挥好群众的监督作用。

其次，反腐倡廉理论创新。十八大报告将过去的"反腐倡廉工作"变为"反腐倡廉建设"，虽然只有两字之差，但更具科学性、全面性和稳定性，符合反腐败斗争长期性、艰巨性和重要性的特点，意味着中国共产党把反腐倡廉当作一项常态化工作不断推进。同时，十八大报告明确地界定了反腐倡廉建设与经济建设、政治建设、文化建设、社会建设、党的建设之间的辩证关系，为其制度化、法制化奠定了理论基础，为进一步探索反腐倡廉新方式新措施指明了方向。

最后，中央有关部门加强了反腐败制度建设，颁布了一系列规范文件，如《建立健全惩治和预防腐败体系2013～2017年工作规划》《关于进一步规范党政领导干部在企业兼职（任职）问题的意见》《党政机关厉行节约反对浪费条例》《关于严禁中央和国家机关使用"特供"、"专供"等标识的通知》《关于严禁公款购买印制寄送贺年卡等物品的通知》《党政机关国内公务接待管理规定》《中央党内法规制定工作五年规划》等。这些规定为反腐败工作提供了明确的党内法规依据。

（三）"四个一起打"，查腐速度明显加快

以前的反腐败斗争往往是：打"苍蝇"多，打"老虎"少；打下头的多，打上头的少；打贪贿的多，打其他犯罪的少；打现职的多，打退位的少。2013年的反腐败斗争则是坚持"四个一起打"，"老虎""苍蝇"一起打、上头下头一起打、贪贿腐败分子与作风败坏的腐败分子一起打、在职的与退位的一起打。这种反腐败斗争是一种立体式的、全方位的，目的是绝不允许腐败分子有藏身之地，绝不让腐败现象有再生之虞。

反腐案件查处明显增速。重庆市北碚区区委书记雷政富从不雅照曝光到立案调查只用了 63 个小时。中共中央纪委对内蒙古自治区党委原常委、统战部原部长王素毅从立案检查到最高人民检察院立案侦查并采取强制措施只用了 7 天。薄熙来涉嫌受贿、贪污、滥用职权犯罪一案，一审公开宣判到二审宣判只有 32 天。其他公职人员犯罪从发现到立案、移交司法机关和启动司法程序所用的时间都有所缩短，彰显了一个"快"字。

三 2013 年中国反腐败实践成效

（一）"八项规定""反四风"成效显著

从 2013 年 9 月起，中纪委建立了月报制度，每月发布各省份查处违反八项规定问题汇总表，并对楼堂馆所建设违规、公款大吃大喝问题、公车问题、公款国内与出国（境）旅游问题、大操大办婚丧喜庆 6 个具体问题的查处情况向社会通报，另外单列了"其他"一项，主要是指收送节礼、接受或用公款参与高消费娱乐活动和健身活动、违反工作纪律、庸懒散等方面的问题。2014 年 1 月，中纪委监察部官方网站公布了全国查处违反中央八项规定精神问题汇总表（截至 2013 年 12 月 31 日）（见表 1）。该表显示，自八项规定实施以来，全国共查处问题 24521 起，处理 30420 人，其中给予党政纪处分人数为 7692 人。居违规"榜首"即"发案量"最高的，是"车轮上的腐败"，即违反公车使用规定案件，共计 6352 起，处理 6208 人，其中受党政纪处分的有 1155 人。其次是"大操大办婚丧喜庆"，有 1369 起，处理人数为 1701 人，受党政纪处分的有 834 人；"公款大吃大喝" 1134 起，处理 1206 人，受党政纪处分的有 440 人。根据汇总表，截至 2013 年 12 月 31 日，在给予党政纪处分的 7692 人中，省部级干部 1 人，地厅级干部 41 人，县处级干部 485 人，乡科级干部所占比例最大，7165 人，占被处理人数的 93%。"其他"一项的处理情况则为：查处 14903 起，处理 20337 人，其中受党政纪处分的 4802 人。目前，对八项规定问题的查处仍处于高压态势。

表1 全国查处违反中央八项规定精神问题汇总表(截至2013年12月31日)

单位:起,人

内容	项目	数量				
		总计	省部级	地厅级	县处级	乡科级
2013年12月份查处违反八项规定问题情况	查处问题数	3387	0	25	183	3179
	处理人数	3847	0	26	211	3610
	给予党政纪处分人数	1269	0	11	79	1179
八项规定实施以来查处问题情况	查处问题数	24521	1	110	1369	23041
	处理人数	30420	1	107	1510	28802
	给予党政纪处分人数	7692	1	41	485	7165

内容	项目	类型						
		楼堂馆所违规问题	公款大吃大喝问题	违反公务用车管理使用有关规定问题	公款旅游问题(国内)	公款出国(境)旅游问题	大操大办婚丧喜庆问题	其他*
2013年12月份查处违反八项规定问题情况	查处问题数	13	117	403	92	8	226	2528
	处理人数	20	151	435	127	4	258	2852
	给予党政纪处分人数	8	50	141	66	4	134	866
八项规定实施以来查处问题情况	查处问题数	108	1134	6352	564	91	1369	14903
	处理人数	120	1206	6208	699	149	1701	20337
	给予党政纪处分人数	44	440	1155	322	77	834	4802

* 注:"其他",指其他违反中央八项规定精神的问题,主要包括收送节礼、接受或用公款参与高消费娱乐活动和健身活动、违反工作纪律、慵懒散等方面的问题。

资料来源:中央纪委监察部网站,http://www.ccdi.gov.cn/,最后访问时间:2014年1月8日。

"反四风"立竿见影。国务院办公厅停发每日、每周、每旬经济指标类信息刊物。以国务院部门为例，审计署取消一年一度的年中全国审计工作座谈会；民政部、气象局下发简报降幅分别达 94.3%、67.8%。水利部转变文风会风，以部名义召开的全国性业务会议同比减少 32%，公文数量同比减少 20%。

（二）腐败案件查处情况分析

根据中纪委公开的数据，截至 2013 年 12 月，其 2013 年查处的公职人员中，共披露了 123 人的详细信息，以下据此简要分析腐败案件的基本特点。这 123 人中，有 31 名涉嫌违纪违法的中管干部（即中央管理的干部）已结案处理和正在立案检查，其中，周镇宏、刘铁男、倪发科、王素毅、李达球、童名谦、杨琨、齐平景等 8 人涉嫌犯罪已被移送司法机关依法处理；正在立案调查的有蒋洁敏、李东生、李崇禧、李春城、郭永祥、季建业、廖少华、陈柏槐、郭有明、陈安众、杨刚、王永春、许杰、戴春宁等①。

1. "59 岁现象"依然显著

"59 岁现象"是指公职人员在临近退休年龄之际，利用手中的权力大肆贪腐的现象。根据中纪委监察部公布的案件数据，被查处公职人员年龄最大的 64 岁，最小的 39 岁；其中，51~60 岁年龄段人数最多，占总人数的 53.7%，"59 岁现象"明显（见图 1）。

2. 文化程度呈高学历化倾向

被查处公职人员的最低学历为大专，最高学历为博士。其中，文化程度为大学（含大专）的有 36 人，占总数的 29.3%；研究生及以上的有 60 人，占 48.8%；另有 27 人学历不详，占 22.0%（见图 2）。

3. 被查处的腐败公职人员中司局级占多数

被查处的 123 名腐败公职人员中，省部级（含副职）27 人，占 22.0%；厅局级（含副职）人数最多，为 70 人，占 56.9%；县处级（含副职）26 人，占 21.1%（见图 3）。

---

① 《中央纪委监察部通报 2013 年度党风廉政建设和反腐败工作情况》，中央纪委监察部网站，http：//www.ccdi.gov.cn/xwtt/201401/t20140110_16784.html，最后访问时间：2014 年 1 月 8 日。

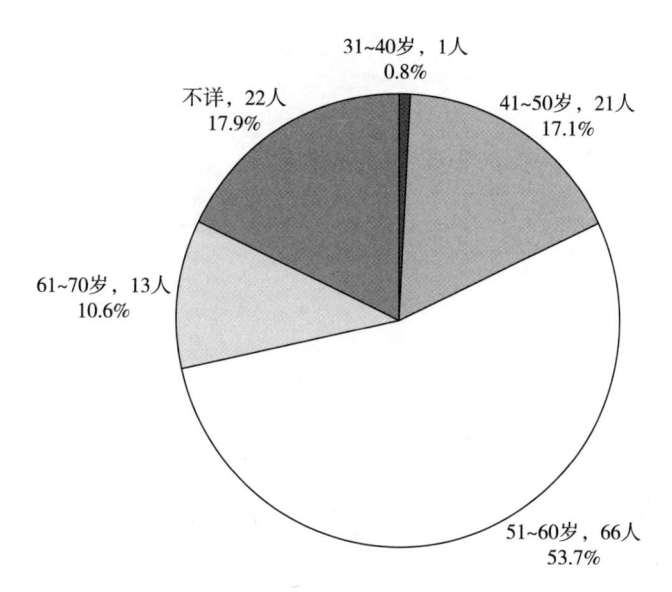

图1　2013年被查处腐败公职人员的年龄分布

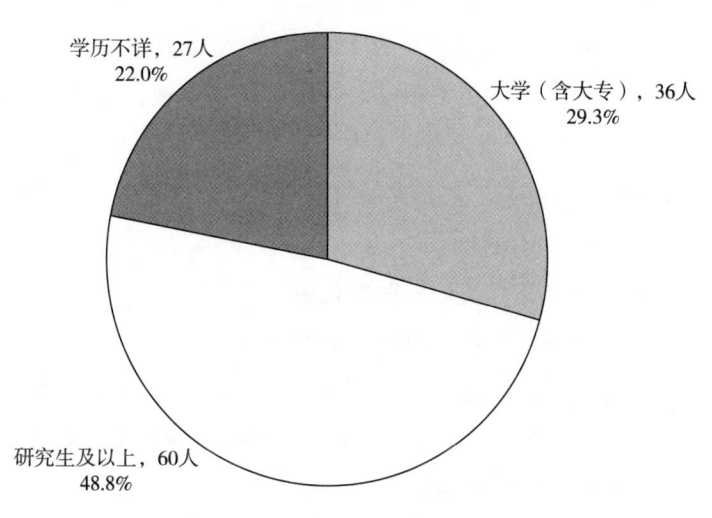

图2　2013年被查处腐败公职人员的文化程度

4. 党政机关仍是重灾区，但其他领域也呈蔓延之势

从2013年查处的腐败公职人员所属单位情况看，党政机关的公职人

县处级（含副职），
26人
21.1%

省部级（含副职），
27人
22.0%

厅局级（含副职），
70人
56.9%

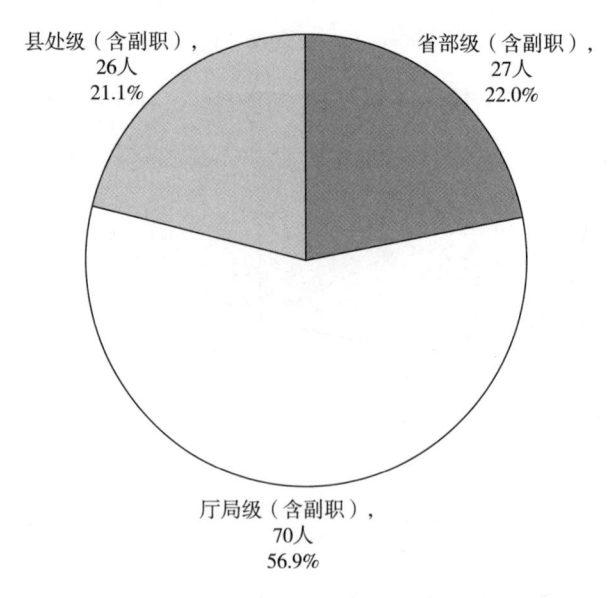

图3　2013年被查处腐败公职人员的行政级别

员所占比例较高，其中，党委机构犯罪公职人员占21.1%，政府机构为39.0%，人大为4.9%，司法机关为1.6%，人民团体为8.9%，国有企业为12.2%，事业单位（主要是学校、医院、广播电视台）为12.2%（见图4）。这说明，2013年查处腐败风暴的旋涡仍然在党政部门，但正势头迅猛地逐渐移向其他部门，特别是事业单位、国有企业、人民团体中涉案人员比例不低，应引起关注。

5. 被查处腐败公职人员涉嫌案由复杂

从公开披露的信息来看，2013年查处的腐败案件往往是一人具有多种违纪违法行为，贪污受贿、渎职、生活腐化交织。2013年被处理完毕和正在被处理的123名公职人员中，尚未定案的既涉嫌违法也违纪的，占62.6%，仅涉嫌违纪的为37.4%。

从违法腐败公职人员涉嫌的罪名看，涉嫌受贿的公职人员最多，占63.9%，随后分别是滥用职权罪（9.7%）、贪污罪（5.6%）、挪用公款罪（5.6%）、巨额财产来源不明罪（4.2%）等（见图5）。应当注意的是，一个腐败公职人员涉嫌多个罪名的情况较为普遍。

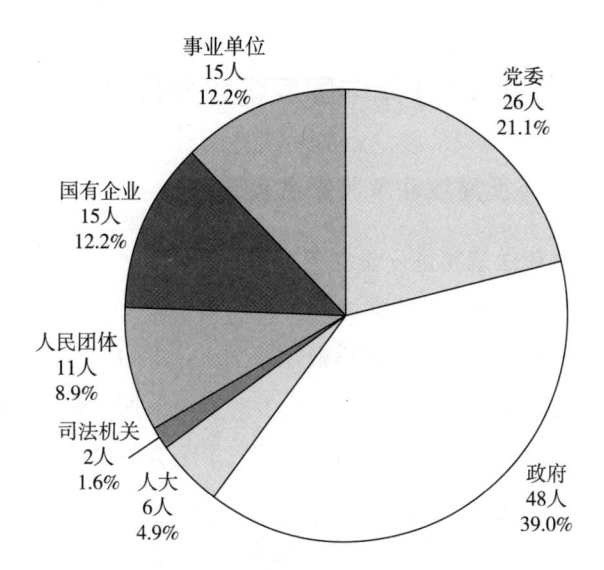

图 4 2013 年查处腐败公职人员的单位性质

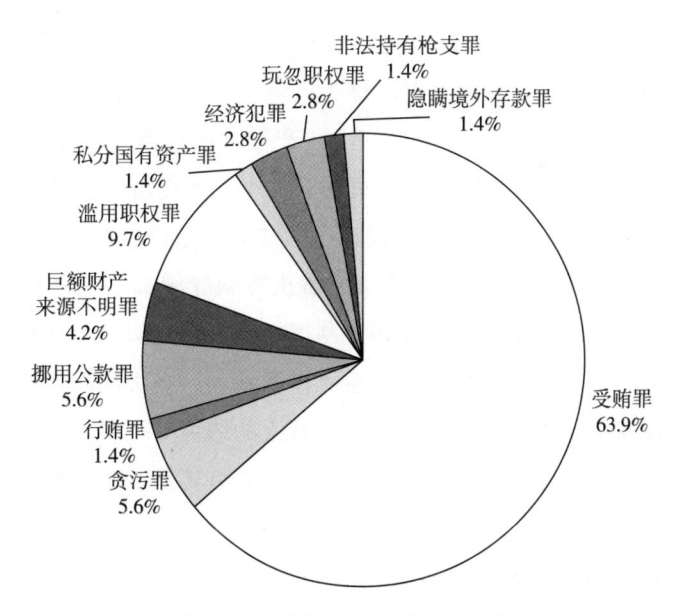

图 5 2013 年被查处腐败公职人员涉嫌罪名

有关部门在制定反腐败政策时，应充分注意腐败犯罪的上述几个特点，真正做到有的放矢，稳、准、狠地打击腐败犯罪。

四 2014年中国反腐败形势预测

（一）2014年反腐败斗争将乘胜前进

1. 反腐败法律法规将进一步完善并落实

2013~2017年反腐败规划将进一步得到落实。2013年12月，中共中央印发了《建立健全惩治和预防腐败体系2013~2017年工作规划》，这是指导今后5年党风廉政建设和反腐败斗争的重要依据。全面推进惩治和预防腐败体系建设，是党的十八大和十八届三中全会的重要部署，是全党的重大政治任务和全社会的共同责任，对于实现"两个一百年"奋斗目标和中华民族伟大复兴的中国梦，具有重大意义。2014年国家将继续落实好该工作规划，加强调查研究和科学论证，注重顶层设计和总体规划，推进反腐败国家立法。例如，相关部门从2013年7月中旬开始到2014年5月结束的《关于实行党风廉政建设责任制的规定》立法评估等。又如，2013年5月，《中国共产党党内法规制定条例》和《中国共产党党内法规和规范性文件备案规定》发布，中国共产党首次拥有正式的党内"立法法"。因此，2014年落实规划就要贯彻党的十八大提出的"运用法治思维和法治方式"反腐败和"拓展人民有序参与立法途径"的要求。

2014年，依照《决定》完善并严格执行领导干部亲属经商、担任公职和社会组织职务、出国定居等相关制度规定，防止领导干部利用公共权力或自身影响为亲属和其他特定关系人谋取私利，坚决反对特权思想和作风。有关领导干部的亲属管理、特定关系人的约束等一系列的规章制度相继出台。反腐败制度将进一步完善，实现行为有规范、违纪有追究、违法有制裁、犯罪有刑罚。

2. 党风政风将大幅度好转

近年来，一些党政机关讲排场、比阔气、大手大脚、奢侈浪费现象时有发生，广大干部群众对此反映强烈。党的十八大以来，中央提出"八项规定"，党的群众路线教育实践活动中，采取有效措施狠刹"四风"，取得明显成效。从"光盘行动"、晚会节日"瘦身"到现在，中央印发

《党政机关厉行节约反对浪费条例》，厉行节约、反对浪费工作使"三公"经费大幅度减少，民生支出越来越多。2013年中秋节期间，由于中央制定了"月饼禁令"，机关团体消费大幅度下降；贺卡生产销售也因"贺卡禁令"大幅下降，党风政风好转已初见成效。2014年，随着制度的完善健全，有关规章制度的全面实施，党风政风将进一步大幅度好转。

3. 查处贪腐行为力度将进一步加大

面对腐败问题，在顶层制度设计方面，新一届中央领导集体提出，在制度层面、机制层面、立法层面采取全方位行动，规范约束权力，强化监督。无论是"老虎苍蝇一起打"的反腐广度，还是标本兼治、治标为先的反腐策略，种种迹象显示，遏制腐败蔓延势头成为中央的重要任务和工作目标。在具体操作层面，中纪委、监察部内设27个职能部门，与原来相比增加了2个负责案件工作的纪检监察室。10个纪检监察室的职能分工明确，4个室负责中央国家机关和国有大型企业的纪检监察，6个室分别负责华北、东北、华东、中南、西南、西北等地方的纪检监察。随着中央惩治腐败力度的不断加大，不敢腐的惩戒机制、不能腐的防范机制、不易腐的保障机制将加快形成。

4. 财产公开制度有望取得突破

公职人员财产公开作为新提任领导干部有关事项的公开制度试点内容在2014年将有所突破。一是新任公职人员公开财产，相对已任职的公职人员，其涵盖的范围较小，涉及的利益关系相对简单，比较容易推进。二是从新任公职人员单轨制试点，再过渡到所有公职人员的双规制。因此，预计有关新任公职人员的财产公开制度将于2014年在部分地区率先试点。三是相关部门将出台财产公开制度，对财产公开的具体内容，即哪些应该公开、哪些不公开有所规定。四是明确财产公开接受社会监督的途径。有关部门在2013年底就出台了申报海外资产的规定，将对贪官隐匿财产、规避制裁是一个沉重的打击。

5. 网络仍是反腐败的重要渠道

近年来，网民参与网络反腐的热情很高，从被"天价烟""天价表"拉下马的公职人员，到因"艳照视频"落马的公职人员，再到被调查乃至拘捕的"房叔""房姐"，网络反腐的巨大威力令人鼓舞。以中纪委、监察部为代表设立的网络举报，一方面加强了对网络反腐的正确引导，以有效地监测、搜集和研判网络舆情；另一方面建立完善了网络反腐的处理与反馈机制，使得网络反腐信息受理及时便捷、处理公开公正、反馈及时公开，发挥了网络反腐的最大威力。因此，2014年在不断完善网络举报制度的过程中，网络将继续成为反腐败的重要渠道。但也应当看到，网络在将一些贪腐公职人员拉下马的同时，也存在网络谣言猖獗、网络暴力等负面现象。在网络反腐的时候，应及时甄别相关信息，尽量做到不冤枉一个好人，也绝不放过一个坏人。

（二）2014年反腐败将面临新的挑战

在高压态势下，2013年反腐败斗争取得的成效空前。这场斗争对公职人员形成了极大的震慑，对官场风气起到了明显的改善作用。但也应当认识到，反腐败绝不是一蹴而就的事，2014年，反腐败仍然会遇到诸多障碍，出现诸多问题。

1. 公职人员的贪腐行为将更加隐蔽

毫无疑问，面对如此全方位的反腐败行动，腐败行为将更加隐蔽。随着反腐败制度的日益完善和反腐败工作的不断推进，公职人员腐败行为受到越来越严厉的监督和制裁，为了规避腐败风险，一些公职人员策略性地"翻新"腐败行为。例如：采取期权腐败，降低查处概率；实行家庭利益输送，减少金钱交易；利用中介组织出具假证明文书，掩饰其贪污腐败行为；等等。在作风方面，一些反腐败措施如清理办公用房、领导干部住房限制会遇到消极抵制，公车、公款消费等奢靡之风将转入地下、进入会所，以躲避监管。因此，需要继续巩固2013年的反腐败成果，使腐败成为不能、不敢、不愿的行为。

2. 反腐败的领域需要进一步拓展

司法、国企、医疗、教育科研、公用事业单位等领域的反腐败工作还存在漏洞，还需要更深入地推进，尤其应关注相关领域的官商勾结问题。这些领域的腐败程度事关社会风气的好坏、事关人民群众的根本利益，任重道远，绝不可等闲视之。2013年暴露的湖南衡阳贿选事件说明，腐败的领域、腐败的内容和腐败形式翻新的情况可能会超出人们的想象。

3. 腐败公职人员外逃现象可能加剧

中国相关的法规和管理体制不完善，加之中国与西方一些发达国家在引渡、罪赃移交等方面存在制度差异，如双重犯罪原则、死刑不引渡原则、政治犯不引渡原则等等，使得腐败公职人员外逃后能够得到某种庇护。2013年，反腐倡廉工作全面深入开展，在各个领域都取得瞩目成就。在高压之下，腐败公职人员在国内的生存空间越来越小。因此，2014年腐败公职人员外逃现象可能加剧，特别是前期已经有关系人和资金在国外境外的公职人员外逃风险增大，有关部门应当密切关注这一现象，加大对"裸官"及其他可能外逃公职人员的监管。此外，经过多年的调查研究，2014年有关部门是否会公开"裸官"的数量也很值得期待。

4. 警惕腐败公职人员联手反弹

2013年的高压反腐对官场造成了巨大震动和威慑，一部分公职人员因利益受到挑战，心理失衡难免会形成反弹。在2014年的反腐败斗争中，一方面应注意可能会出现腐败公职人员联手或默契抵制中央政策、阳奉阴违、消极怠工，形成"旋转门"现象，要及早发现、及早处理。另一方面，在高压的反腐败形势下，还应注意方式方法，甄别腐败犯罪和违纪的界限，体现打击少数人、教育团结大多数的政策，避免干部队伍出现大的动荡，从而使社会出现大的动荡，以保证改革能够顺利推进。

5. 公职人员任免应当成为反腐败的重点

综观2013年的反腐败斗争和历年来的反腐败历程，不难发现，不少贪腐公职人员被"带病"提拔或任命，他们甚至在政治成长关键时期一路春风得意，这说明公职人员的任命提拔存在较大问题。从公职人员任免制度规定来看，各项约束性规定合法合理合情，但实际操作中却存在诸多障碍。在现实政治中，这些制度规定在具体的情境下，往往会演变成一种形式，甚至助长逆向淘汰，即最坏的人未必得不到升迁，最好的人也未必能得到任用。在2014年的反腐败斗争中，应加大对公职人员任免中各种负面现象的监督，力求避免"金钱政治""秘书政治""裙带政治"的危害，因为这些现象实际上已经影响到干部队伍的整体素质，不仅易形成"官官相护"的氛围，而且易成为滋生"窝案""大案"的土壤。

6. 群众路线教育成效需要评估

2013年群众路线教育是党风廉政建设的重要内容，也是预防腐败发生的必要的前置措施。通过群众路线教育以及公职人员行为规范，如推进八项规定和反"四风"，党风出现明显好转。但是，群众路线教育的效果如何，需要在2014年给予评估。首先，要分析群众路线教育在各部门、各地方、各单位落实过程中是否存在形式主义的倾向，对端正党风是否真正有效，各级党政干部是否都能"正衣冠""照镜子"。其次，还必须考虑群众路线教育效果的可持续性。运动式的教育往往会存在一阵风问题，运动到来时不正之风可能会得到遏制，但运动过后就会出现回潮。巩固群众路线教育的成效还需要制度化机制化的保障。

总之，反腐败是党和人民共同的心声，反腐败任重道远，齐心协力反腐败，党政清廉，公权规范，中国未来才会更美好。

（参见法治蓝皮书《中国法治发展报告 No.12（2014）》）

专题五

刑事法治热点问题

第十九章　中国宽严相济的刑事司法政策

　　摘　要：刑事政策是刑事立法和刑事司法的灵魂，对刑事法制具有重要的指导意义。中国正在实施的宽严相济刑事司法政策，要求司法机关在查处刑事案件工作中，针对犯罪案件的具体情况，区别对待，做到当宽则宽，该严则严，宽以济严，严以济宽，宽严有度，依法进行。实施宽严相济的刑事司法政策，有利于遏制、预防和减少犯罪，有利于化解社会矛盾，减少社会对立面，促进社会主义和谐社会建设。宽严相济的刑事司法政策是当前司法工作应当贯彻的基本政策，对于刑事立法、司法工作和深化司法体制改革，都将产生积极的影响。

　　刑事政策是国家和政党对犯罪作出的集中反应，是刑事法制的灵魂。刑事政策对刑事立法、司法和树立刑事法的理念都有重要的指导意义。刑事政策既超乎于刑事法之上，又体现在刑事法之中。刑事司法既要严格执行法律的规定，做到有法必依，执法必严，又要落实和体现刑事政策。在法治实践中，既要信守法治理念，也要贯彻落实刑事政策。刑事政策在刑事法制建设和刑事司法工作以及社会法治生活中的地位和作用十分重要。一个国家的刑事政策是否适时适度、科学合理，直接影响对犯罪的惩罚和预防的效果，影响社会和谐和国家的长治久安。宽严相济的刑事司法政策是当前刑事司法工作的基本政策。

一 宽严相济刑事司法政策的提出

（一）惩办与宽大相结合的刑事政策蕴含着宽严相济的思想

宽严相济政策与中国实行已久的惩办与宽大相结合政策有一定的继承关系。《中国刑事政策和策略问题》一书认为，惩办与宽大相结合政策的精神实质，概括起来有四条：第一，区别对待；第二，宽严相济；第三，分化瓦解；第四，打击少数，教育改造多数。并在阐述"宽严相济"时指出："宽严相济是惩办与宽大相结合政策强调的中心内容。宽和严密切结合，有宽有严，是对立统一不可分割的两个方面。"[①]

2004年12月22日，中央有关领导同志在中央政法工作会议上的讲话中提出："正确适用宽严相济的刑事政策，对严重危害社会治安的犯罪活动严厉打击，绝不手软；同时，要坚持惩办与宽大相结合，才能取得更好的法律和社会效果。"

（二）构建社会主义和谐社会需要实施宽严相济的刑事司法政策

2005年2月19日，中央主要领导同志在中共中央党校"省部级主要领导干部提高构建社会主义和谐社会能力专题研讨班上的讲话"中指出，"我们所要建设的社会主义和谐社会，应当是民主法治、公平正义、诚信友爱、充满活力、安定有序、人与自然和谐相处的社会"。[②] 根据构建社会主义和谐社会的要求，最高人民检察院在2005年9月制发了《关于进一步深化检察改革的三年实施意见》，其中第21条提出："在检察工作中进一步完善贯彻'宽严相济'刑事政策的工作机制和工作制度。"2005年12月5日，中央有关领导同志在全国政法工作会议上的讲话指

[①] 肖扬主编《中国刑事政策和策略问题》，法律出版社，1996，第73~74页。
[②] 见中共中央宣传部理论局编《社会主义社会建设理论的丰富和发展》，学习出版社，2005，第11页。

出,"更加注重贯彻宽严相济的刑事政策,突出打击重点,最大限度减少社会对立面,以取得更好的社会效果。宽严相济是我们在维护社会治安的长期实践中形成的基本刑事政策。在和谐社会建设中,这一政策更具现实意义"。

2006 年 3 月,最高人民法院、最高人民检察院在第十届全国人民代表大会第四次会议作的工作报告中,均提出并强调了贯彻宽严相济刑事政策。最高人民法院主要领导在介绍 2005 年刑事审判和执行工作情况时指出:人民法院"贯彻宽严相济的刑事政策,对罪当判处死刑但具有法定从轻、减轻处罚情节或者不是必须立即执行的,依法判处死缓或无期徒刑"。在讲到 2006 年工作时提出,"坚持宽严相济的刑事政策,对犯罪情节轻微或具有从轻、减轻、免除处罚情节的,依法从宽处罚"。最高人民检察院主要领导在报告中指出:"全国检察机关在过去的一年里,认真贯彻宽严相济的刑事政策,坚持区别对待,对严重的刑事犯罪坚决严厉打击,对主观恶性较小、犯罪情节轻微的未成年人,初犯、偶犯和过失犯,则慎重逮捕和起诉,可捕可不捕的不捕,可诉可不诉的不诉。"2006 年 10 月,中共十六届六中全会作出的《关于构建社会主义和谐社会若干重大问题的决定》中指出,要"实施宽严相济的刑事司法政策"。2006 年 11 月 27 日,中央有关领导同志在全国政法工作会议上的讲话中指出:要"善于运用宽严相济的刑事司法政策遏制、预防和减少犯罪"。并指出:"在社会主义和谐社会建设中,这一政策更具有现实意义,政法机关要充分用好,最大限度地遏制、预防和减少犯罪。贯彻这一政策,要求宽严都要真正落实,宽严都要依法进行。"

以往的刑事司法,往往过于强调对犯罪的惩治打击,存在犯罪化、刑法化比例偏高,重刑化趋势明显的倾向。某些情况下,刑事司法不仅没有能够化解社会矛盾,反而使社会矛盾趋于紧张[1]。因此,中国以建设社会主义和谐社会的理念为指导,提出了实施宽严相济的刑事司法政策。实施宽严相济的刑事司法政策是 2007 年和今后一个时期全国政法工作和法治

---

[1] 高铭暄:《宽严相济刑事政策与酌定量刑情节的适用》,《法学杂志》2007 年第 1 期,第 2 页。

建设的一项重点工作。实施宽严相济的刑事司法政策，是构建社会主义和谐社会的需要。

二 宽严相济刑事司法政策的基本要求

一般认为，实施宽严相济的刑事司法政策，就是针对犯罪的不同情况，区别对待，坚持当宽则宽，该严则严，宽以济严，严以济宽，宽严有度，宽严审时，依法查处刑事案件的政策、策略思想和原则。宽严相济的刑事司法政策，对"宽""严""相济"都有基本要求，"宽"不是法外施恩，"严"也不是无限加重，而是要严格按照《刑法》《刑事诉讼法》和有关法律的规定，根据案件的具体情况，处罚犯罪，做到宽严相济、罚当其罪。

（一）关于宽严相济刑事司法政策中"宽"的基本要求

2006年11月27日，中央有关领导同志在全国政法工作会议上作重要讲话，其中讲到"善于运用宽严相济的刑事司法政策遏制、预防和减少犯罪"时，对"宽"提出了具体要求："宽，就是要坚持区别对待，应依法从宽的就要从宽处理。对情节轻微、主观恶性不大的犯罪人员，尽可能给他们改过自新的机会，依法从轻减轻处罚。对未成年犯罪人，可依法判处缓刑、运用减刑或假释等措施，进行教育、感化、挽救。积极探索因民事纠纷激化形成的刑事案件的处理方法，尽可能依法减少刑事处罚数量。"

（二）关于宽严相济刑事司法政策中"严"的基本要求

2006年11月27日，中央有关领导同志在中央政法工作会议上讲到"严"的要求时指出，"严"，就是要毫不动摇地坚持"严打"方针，集中力量依法严厉打击严重刑事犯罪。对危害国家安全犯罪、黑社会性质组织犯罪、严重暴力犯罪以及严重影响人民群众安全感的多发性犯罪必须从严打击，绝不手软。

三 宽严相济刑事司法政策同惩办与宽大相结合政策的关系

（一）惩办与宽大相结合的刑事政策是长期坚持的基本刑事政策

惩办与宽大相结合的刑事政策作为一项基本刑事政策，是同犯罪长期作斗争的过程中形成的，并随着形势的发展变化和历史的进程，逐步完善。1950年6月6日，毛泽东主席在中国共产党七届三中全会的报告中指出："必须坚决地肃清一切危害人民的土匪、特务、恶霸及其他反革命分子。在这个问题上，必须实行镇压与宽大相结合的政策，即首恶者必办，胁从者不问，立功者受奖的政策，不可偏废。"① 1956年9月，在中共八大会议上，刘少奇同志在总结新中国成立以来各方面工作经验时，首次正式明确提出了"惩办与宽大相结合的刑事政策"，并指出："一贯地实行惩办与宽大相结合的政策，凡是坦白的、悔过的、立功的，一律给予宽大的处置。"② 随后，时任公安部长罗瑞卿在《我国肃反斗争的主要情况和若干经验》的报告中指出："惩办与宽大相结合的政策，它的具体内容就是：首恶必办，胁从不问，坦白从宽，抗拒从严，立功折罪，立大功受奖。惩办与宽大，两者是密切结合不可偏废的。"③ 1979年7月，第五届全国人民代表大会第二次会议制定颁布了《刑法》，其第1条明确规定，依照惩办与宽大相结合的政策制定《刑法》；《刑法》在总则和分则中，贯彻了惩办与宽大相结合的政策，使这一政策具体化、条文化和制度化、法律化。在随后的刑事立法、司法实践中，这一政策得到进一步贯彻实施。例如，1982年3月，五届全国人大常委会第二十二次会议通过的《关于严惩严重破坏经济的罪犯的决定》，在对一些严重破坏经济的犯罪规定提高法定刑的同时，还规定，"凡在本决定实施之日以前犯罪，而在1982年5月1日以前投案自首，或者已被逮捕而如实地坦白承认全部罪行，并如实地检

---

① 见《毛泽东选集》第五卷，人民出版社，1977，第20页。
② 见《刘少奇选集》（下），人民出版社，1985，第254页。
③ 见罗瑞卿《我国肃反斗争的主要情况和若干经验》，法律出版社，1956，第7页。

举其他犯罪人员的犯罪事实的,一律按本决定施行以前的有关法律规定处理。凡在1982年5月1日以前对所犯罪行继续隐瞒拒不投案自首,或者拒不坦白承认本人的全部罪行,亦不检举其他犯罪人员的犯罪事实的,作为继续犯罪,一律按本决定处理。"这是刑法典颁布实施后,出台的关于惩治经济犯罪体现惩办与宽大相结合政策的法规。1989年8月,根据中共中央政治局的建议,最高人民法院、最高人民检察院发布了《关于贪污、受贿、投机倒把等犯罪分子必须在限期内自首坦白的通告》,规定"坚决贯彻惩办与宽大相结合,坦白从宽、抗拒从严的政策。凡触犯刑律,构成犯罪的,均应予以追究;凡在限期内投案自首、坦白、立功的,均应予以从宽处理""凡在规定期限内,拒不投案自首,坦白交代问题的;销毁证据,转移赃款赃物的;互相串通,订立攻守同盟的;或者畏罪潜逃,拒不归案的,坚决依法从严惩处。"这是最高人民法院、最高人民检察院根据当时的贪污、贿赂等犯罪案件具体情况和中共中央政治局的建议,依法作出的司法解释性规定,对当时的刑事司法工作具有重要的指导作用。上述规定鲜明地体现了惩办与宽大相结合的刑事政策。

(二) 宽严相济刑事司法政策同惩办与宽大相结合刑事政策的关系

宽严相济作为刑事司法政策出台后,引起了司法机关和学界的高度重视。对宽严相济刑事司法政策同惩办与宽大相结合刑事政策的关系,有一些不同的看法和评论。一种观点认为,宽严相济刑事政策同惩办与宽大相结合刑事政策二者之间一脉相承,宽严相济本身并非一种新的政策。另一种观点认为,宽严相济的刑事政策同惩办与宽大相结合的刑事政策之间形似而神不似,属于新的刑事政策。还有一种观点认为,宽严相济的刑事政策是中国基本刑事政策的调整与发展,这一观点具有两层含义:第一层,宽严相济刑事政策是新世纪、新阶段国家提出的新的基本刑事政策;第二层,宽严相济刑事政策是对惩办与宽大相结合刑事政策的调整和修正[①]。

比较宽严相济刑事司法政策、惩办与宽大相结合政策,二者既有联

---

① 见刘华《宽严相济刑事政策的科学定位与司法适用》,《法学》2007年第2期,第21页。

系，也有区别。如前所述，《中国刑事政策和策略问题》一书认为，惩办与宽大相结合的刑事政策中包含宽严相济的内容。2004年12月，中央有关领导同志在全国政法工作会议上的讲话中提出，"正确适用宽严相济的刑事政策；同时，要坚持惩办与宽大相结合"，把两个政策相提并论。2005年12月，中央有关领导同志在中央政法工作会议上的讲话中指出，"宽严相济是我们在维护社会治安的长期实践中形成的基本刑事政策"。他强调，要"更加注重贯彻宽严相济的刑事政策，突出打击重点，最大限度减少社会对立面，以取得更好的社会效果"。这表明，宽严相济刑事司法政策是在维护社会治安长期实践中形成的政策，是构建社会主义和谐社会语境下的基本刑事政策。

四　宽严相济刑事司法政策与"严打"刑事政策的关系

（一）"严打"刑事政策的基本内容

"严打"是在中国社会转型、犯罪率大幅度增加这样一个特定的历史环境下出台的一项刑事政策。这项政策对于惩治严重刑事犯罪、维护社会治安发挥了重要作用。"严打"是依法从重从快从严打击严重刑事犯罪的简称。从重从快从严是"严打"的基本要求，依法是"严打"必须遵循的重要原则，严重刑事犯罪是"严打"的主要对象。

1983年9月2日，第六届全国人民代表大会常务委员会第二次会议作出两项决定，一是《关于严惩严重危害社会治安的犯罪分子的决定》，明确规定，对严重危害社会治安的犯罪分子，可以在刑法规定的最高刑以上处刑，直至判处死刑；严重刑事犯罪主要是指杀人、放火、爆炸、投毒、强奸、抢劫犯罪和流氓集团、拐卖妇女儿童犯罪、重大盗窃犯罪。二是《关于迅速审判严重危害社会治安的犯罪分子的程序的决定》，该决定要求，对主要犯罪事实清楚、证据确凿、民愤极大的严重刑事犯罪案件，要求迅速及时进行审判，并对有关法律文书送达期限和上诉、抗诉期限，作了新规定。这两项"决定"，为严打提供了新的法律根据。同一天，时任全国人民代表大会常务委员会委员长彭真同志在六届全国人大常委会二次会议上指出,"严惩严重危害社会治安的犯罪分子,必须依照法律,在法律规定的范围内进行"。

(二)"严打"刑事政策的实施情况

一般认为,专项"严打"和局部地区针对突出的刑事犯罪进行的"严打",在近二十年间基本上没有停止过。全国范围的集中"严打"行动有三次。

第一次是1983年开始的"严打"。自1983年8月开始部署,到1987年1月结束,历时3年5个月。这次"严打"主要是针对改革开放初期出现的严重破坏社会治安、危害人民的生命财产安全的刑事犯罪进行的。历时三年半的第一次"严打",其效果是显著的,共查获强奸、盗窃、流氓等团伙19.7万个,破获刑事案件164.7万余起。这次"严打"扭转了80年代初期的社会治安非正常状况,使人民群众获得了广泛的安全感①。

第二次是1996年进行的"严打"。20世纪90年代中期,国家经济发展进入一个新的转型期,国家开始建立社会主义市场经济体制。而刑事发案率一直居高不下,1995年达到高峰,全国公安机关立案的数量超过150万,比1980年立案75万起多一倍。据统计,1996年一季度,全国公安机关立案侦查抢劫案件3万起,其中大案2.3万起,持枪抢劫金融机构案件比上一年同期上升一倍多。人们对社会治安状况明显不满。为此,自1996年4~7月,进行了全国范围的"严打"行动,取得了重大成果,一大批性质恶劣、影响重大的大案要案被侦破,一大批严重危害社会的犯罪团伙和恶势力被铲除,一大批罪大恶极的犯罪分子被从严惩处。

第三次是2001年进行的"严打"。世纪之交,中国的社会治安再一次面临严峻的形势。2000年,全国公安机关立案侦查的刑事案件总数比1999年增长50%,法院判处的黑社会性质组织犯罪比1999年上升了6倍。爆炸、杀人、抢劫、绑架等严重犯罪活动猖獗,一些地方黑社会性质犯罪团伙横行霸道,入室盗窃、盗窃机动车案件等多发性案件居高不下。2001年4月2~3日,全国治安工作会议在北京召开,针对全国当时的治

---

① 汪明亮:《"严打"的理性评价》,北京大学出版社,2004,第35~36页。下2段同。

安形势,部署了全国范围的"严打"整治斗争,重点打击三类犯罪:一是有组织犯罪、带黑社会性质的团伙犯罪和流氓恶势力犯罪;二是爆炸、杀人、抢劫、绑架等严重暴力犯罪;三是盗窃等严重影响群众安全的多发性犯罪[①]。一年多的"严打"整治,效果显著。据统计,2001年全国法院共审理黑社会性质组织犯罪350件1953人,比2000年增加了6.3倍和6.8倍;共审结涉枪涉爆案件11045件,判处犯罪分子12005人,比2000年上升81.6%,对这些严重危害人民生命财产安全的犯罪分子依法严惩,维护了社会安宁。

(三) 宽严相济刑事司法政策与"严打"刑事政策的关系

20世纪80年代以来实行的"严打"政策,对国家的刑事立法、刑事司法和社会治安管理产生了重大影响。将宽严相济刑事司法政策与"严打"政策进行比较,涉及这两项刑事政策的基本内涵。宽严相济刑事司法政策,对刑事司法的要求是当宽则宽,该严则严,宽严相济,依法进行;而"严打"刑事政策的基本要求是依法从重从快严惩严重的刑事犯罪。这两项刑事政策的共同之处在于,一是都要求依法进行,二是都要求严厉惩治严重刑事犯罪,三是都作为刑事司法的政策性要求。所不同的,一是宽严相济的刑事司法政策要求注重依法从宽的问题,"严打"政策没有这样的要求;二是宽严相济的刑事司法政策要求"宽""严"要"相济","严打"政策没有这样的要求;三是"严打"政策要求依法从重从快,而宽严相济刑事司法政策没有明确提出这样的要求。总体上说,宽严相济的刑事司法政策包含了"严打"的内容,符合构建社会主义和谐社会的要求,是新时期提出的新的刑事司法政策。

五 宽严相济刑事司法政策的实施

宽严相济刑事司法政策作为基本刑事政策,在指导刑事司法方面具有特别重要的作用。中共中央政法委员会、最高人民法院、最高人民检察院

---

① 见《全国社会治安工作会议在京举行》,《人民日报》2001年4月4日。

都提出了落实宽严相济刑事司法政策的举措。

中共中央政法委员会在2006年11月召开的全国政法工作会议上提出要求："要注意统一政法机关在刑事诉讼活动中贯彻宽严相济刑事司法政策的具体标准,切实把这一政策落实到具体案件上,落实到侦查破案、批捕起诉、定罪量刑、监管改造等各个执法环节,形成工作机制。认真研究依法正确适用减刑、假释、保外就医等措施,减少关押数量,促进罪犯改造。进一步做好劳教工作,提高教育挽救质量。积极推进社区矫正试点工作,确保取得良好效果。探索建立刑事自诉案件的和解、调解制度,节省司法资源,以争取最好的法律效果和社会效果。要把贯彻落实宽严相济的刑事政策与推进司法体制机制改革、加强执法规范化建设结合起来,使之更加有助于促进社会和谐。"

2006年10月31日,全国人民代表大会常务委员会作出关于修改《人民法院组织法》的决定,从2007年1月1日起,由最高人民法院统一行使死刑核准权。这有利于严格控制和慎重适用死刑,有利于落实宽严相济的刑事司法政策。为保证2007年1月1日起统一行使死刑案件核准权,最高人民法院从思想、制度、组织和物资装备等方面作了充分准备。进一步完善了死刑案件一审、二审和核准工作制度;会同最高人民检察院制定了《关于死刑第二审案件开庭审理程序若干问题的规定》,实现了死刑第二审案件全面开庭审理。

2007年3月13日,最高人民法院主要领导在向第十届全国人民代表大会第五次会议作工作报告时指出:"要把维护社会稳定作为刑事审判工作的重要任务,依法严厉惩罚各种严重危害社会治安的刑事犯罪。""同时,严格控制和慎重适用死刑,完善死刑案件核准程序和裁判标准,确保统一行使死刑案件核准权工作依法顺利实施。""认真执行宽严相济的刑事政策,最大限度地减少社会对立面。"

据统计,全国各级法院2007年上半年共审理刑事一审、二审、再审案件401484件,比上年同期上升3.29%;其中,严重危害社会治安案件121284件,同比上升5.6%;但故意杀人案件下降9.39%,绑架案件下降5.17%,故意重伤案件下降4.99%,抢劫案件下降3.04%;而重大盗窃案件、聚众斗殴案件、寻衅滋事案件等,同比有一定的上升;在审理的未成年人犯罪案件中，满 14 周岁不满 16 周岁的案件，同比下降 15.97%。2007 年上半年，全国法院共判处 5 年以上有期徒刑至死刑的罪犯 68737 人，同比上升 1.97%，占生效判决总人数的 16.46%，同比下降 0.95%；判处 5 年以下有期徒刑的罪犯 192968 人，占全部有罪判决人数的 46.26%，判处缓刑罪犯 101573 人，占 24.32%，拘役、管制、免刑罪犯 53803 人，占 12.86%；宣告无罪 558 人，占 0.13%[①]。

为贯彻实施宽严相济的刑事司法政策，最高人民检察院在 2007 年 1 月 29 日印发了《关于在检察工作中贯彻宽严相济刑事司法政策的若干意见》，共 26 条，对检察机关贯彻宽严相济刑事司法政策的指导思想和原则，在履行法律监督职能中全面贯彻宽严相济刑事司法政策问题，建立健全贯彻宽严相济刑事司法政策的检察工作机制和办案方式，转变观念、加强指导、保障正确贯彻落实宽严相济刑事司法政策等问题，提出了明确要求。1 月 29 日，最高人民检察院还印发了《人民检察院办理未成年人刑事案件的规定》，共 49 条，对未成年人案件审查批捕、审查起诉和出庭公诉、办理未成年人案件的法律监督及申诉检察等工作提出了要求，有利于在办理未成年人案件中落实宽严相济的刑事司法政策。1 月 30 日，最高人民检察院还印发了《关于依法快速办理轻微刑事案件的意见》，共 12 条，要求各级人民检察院，全面贯彻落实宽严相济的刑事司法政策，提高诉讼效率，节约司法资源，及时化解社会矛盾，实现办案的法律效果和社会效果的有机统一，为构建社会主义和谐社会服务。

2007 年 3 月 13 日，最高人民检察院贾春旺检察长在向第十届全国人民代表大会第五次会议作工作报告时提出，要"贯彻宽严相济的刑事司法政策，最大限度地增加和谐因素"，要求检察机关在批捕、起诉、查办职务犯罪等各项工作中，都要根据案件具体情况，做到当严则严、当宽则宽、宽严适度，使执法办案活动既有利于震慑犯罪、维护社会稳定，又有利于化解矛盾、促进社会和谐。在依法严厉打击严重犯罪的同时，对情节轻微、主观恶性不大的涉嫌犯罪人员，可从宽的依法从宽，能挽救的尽量挽救，给予改过自新的机会；对涉嫌犯罪的未成年人，坚持"教育、感

---

① 见胡云腾《2007 年上半年一审案件统计分析》，《法制资讯》2007 年第 8 期。

化、挽救"的方针，采取适合其身心特点的办案方式，配合家长、学校加强帮教。积极推行有利于贯彻宽严相济刑事司法政策的工作机制，实行依法快速办理轻微刑事案件的工作机制，完善业务工作考评体系。加强调查研究和宏观指导，把握好政策界限和执法尺度，保证宽严相济刑事司法政策的正确运用。

据统计，2007年1~9月，全国检察机关共受理审查逮捕案件503606件791529人，同比上升4%和4.2%；批准和决定逮捕453004件702434人，同比上升4%和4.5%；不批捕和决定不捕75068人，同比上升5.5%。全国检察机关共受理侦查终结、移送审查起诉案件590378件940296人，同比上升6.56%和7.93%；其中，移送审查不起诉案件939件1088人，同比上升41.63%和36.68%；经审查，决定起诉496842件770653人，同比上升7%和9.26%；决定不起诉13703件20546人，同比上升46.74%和41.68%。

当前，构建社会主义和谐社会已经成为战略任务。和谐社会不是没有矛盾、纠纷的社会，也不是没有犯罪的社会；而是能够使矛盾、纠纷及时化解，使犯罪得到有效控制。法律是各种社会关系的调节器，各种社会矛盾的化解器。用法律的手段，化解社会矛盾，疏通社会怨愤，能够获得社会的长治久安。刑事政策是控制犯罪的有效方式。实施宽严相济的刑事政策，能使轻罪与重罪分别得到妥善处理，使应当减轻、从轻和应当从重、从严的犯罪案件，依法处理，体现刑罚的法律效果和社会效果，促进社会主义和谐社会建设。实施宽严相济的刑事司法政策，对刑事立法也将产生积极的影响。

（参见法治蓝皮书《中国法治发展报告 No.6（2008）》）

第二十章　中国刑罚执行体制改革发展报告

摘　要：中国原有刑罚执行体制已不能适应新形势新任务的要求，必须加以改革。因此，中国刑罚执行主管机关推进了以监狱体制改革试点、监狱布局调整、社区矫正试点以及贯彻落实宽严相济刑事司法政策为重点的改革工作。本文分别介绍了监狱体制改革的斐然成就、监狱布局调整工作的显著成效和社区矫正试点工作的顺利开展，最后对中国刑罚执行体制发展进行了展望。

刑罚执行制度是国家司法制度的重要组成部分。根据中国现行法律规定，中国刑罚执行机关包括司法行政机关、公安机关和人民法院。司法行政机关负责的监狱和社区矫正工作承担着一百多万罪犯的惩罚与教育改造工作，是中国最主要的刑罚执行机关。公安机关和人民法院的刑罚执行工作，在中国刑事法治中也发挥着独特的重要作用。中国刑罚执行机关在预防和减少违法犯罪，维护社会和谐稳定，促进社会公平正义中肩负着重大职责，发挥着不可替代的重要作用。但随着中国全面建设小康社会和构建社会主义和谐社会重大战略目标的提出，原有刑罚执行体制已不能适应新形势新任务的要求，必须加以改革。为积极推进建设公正高效权威的社会主义司法制度，中国刑罚执行主管机关与时俱进，因时制宜，推进了以监狱体制改革试点、监狱布局调整、社区矫正试点以及贯彻落实宽严相济刑事司法政策为重点的改革工作，取得了辉煌的成就。

一 监狱体制改革成就斐然

由于历史原因,中国监狱在相当长时间内一直实行监狱、企业、社会一体的运行管理模式,即"监企社合一"模式,这种模式与当时的计划经济体制是基本相适应的。随着社会主义市场经济体制的不断完善和社会主义法治国家建设进程的加快,这一体制的弊端开始显现。由于监狱生产收入与监狱经费直接挂钩,监狱承担大量的办企业、办社会职能,使得监狱在运行过程中过分强调生产经营活动,相应地淡化了刑罚执行功能,造成监狱教育改造职能没有得到充分发挥,远远无法适应中国构建社会主义和谐社会的需要,有必要进行监狱体制改革。

按照中央的统一部署,2003年,司法部在黑龙江等14省份开始开展监狱体制改革试点工作。5年来,根据中央关于"全额保障、监企分开、收支分开、规范运行"的目标要求,有关方面积极推进监狱体制改革试点,取得了积极成效。试点省份初步建立了监狱经费全额保障制度,监狱经费列入了财政预算,初步实现了由财政按标准拨款;基本形成了新的监狱管理体制,监狱管理局和监狱将负责生产经营管理的机构分离出去,分别组建了监狱企业集团公司及其分公司或子公司,改变了监企合一的管理模式;实行收支分开管理,实现了监狱经费与监狱企业收入脱钩;分离监狱办社会职能,逐步解决了监狱办社会问题;落实了配套政策,监狱企业解困取得积极进展,绝大多数工人参加了基本养老保险,其他问题也正在逐步得到解决。监狱体制改革试点的主要任务已基本完成,工作目标已基本实现。

通过监狱体制改革,监狱工作指导思想进一步端正,刑罚执行职能得到更好发挥,"惩罚与改造相结合,以改造人为宗旨"的方针得到进一步贯彻落实;监狱对罪犯的教育改造工作得到切实加强,重生产、轻改造,重监管、轻教育的倾向逐步扭转,教育改造的针对性、有效性、适用性不断增强,罪犯改造质量不断提高;监狱执法条件得到明显改善,监管改造工作的力量得到显著加强,监狱管理更加规范,监狱执法水平明显提高;监狱安全稳定的长效机制开始形成,监狱安全防范能力明显提高,保持了监狱持续安全稳定；监狱与监狱企业的关系初步理顺；罪犯生活条件得到相应的改善，改造积极性进一步提高，罪犯教育改造质量不断提高；监狱警察的执法环境和待遇得到改善。

2008年，中国开始全面推行监狱体制改革。根据2007年11月《国务院批转司法部关于全面实行监狱体制改革指导意见的通知》，司法部制定下发了贯彻落实的实施意见，指导未进行监狱体制改革试点的17个省份和新疆生产建设兵团制定了监狱体制改革方案。目前，绝大多数改革方案已经监狱体制改革部际联席会议成员单位审核、司法部批复，全面实行监狱体制改革的各项准备工作已经基本就绪。

二　监狱布局调整工作成效显著

由于历史的原因，监狱多处于远离城市、交通不便、信息闭塞、经济落后的偏远山区和荒漠地区，规模小、分布散。但是，在新的社会历史时期，监狱的这种布局越来越不适应罪犯改造和监狱发展的需要，制约了监狱工作的全面协调可持续发展，影响了罪犯教育改造质量的提高。

根据2007年司法部《关于进一步推进监狱布局调整工作的意见》，监狱布局调整要达到"布局合理、规模适度、分类科学、功能完善、投资结构合理、管理信息化"的要求，目前监狱布局调整工作进展顺利，中央已累计投入布局调整资金100多亿元，地方也投入了相应的配套资金，共实施了300多个布局调整项目。青海、四川、湖南、广西、河北、辽宁6个第一批重点省份的监狱布局调整任务多数已基本完成。河南7个第二批重点省份的监狱布局调整正在有序展开，其他省份的监狱布局调整工作也在积极稳步进行。经过布局调整，监狱执法环境得到改善，刑罚执行的物质基础得到增强；家属探视和社会帮教更加便捷，行刑社会化程度和教育改造水平进一步提高；监管条件得到改善，关押能力明显提高，监狱安全稳定显著加强；等等。

根据监狱布局调整规划，到2010年监狱布局的调整任务将逐步完成，全国监狱数量调整为600所左右，基本实现"布局合理、规模适度、分类科学、功能完善"的目标。

三 社区矫正试点工作进展顺利

行刑多元化和行刑社会化,是世界刑事司法发展的基本趋向。为顺应行刑非监禁化和行刑社会化的发展潮流,2003年7月,最高人民法院、最高人民检察院、公安部、司法部联合下发了《关于开展社区矫正试点工作的通知》,决定由司法行政机关牵头组织有关单位和社区基层组织开展社区矫正试点工作,会同公安机关搞好对社区服刑人员的监督考察,组织协调对社区服刑人员的教育改造和帮助工作。街道、乡镇司法所具体承担社区矫正的日常管理工作。社区矫正试点工作正式在中国启动。

社区矫正是与监禁矫正相对的行刑方式,它是指将符合社区矫正条件的罪犯置于社区内,在判决、裁定或决定确定的期限内,矫正其犯罪心理和行为恶习,促进其顺利回归社会的非监禁刑罚执行活动。社区矫正试点工作是中国政府顺应行刑非监禁化和行刑社会化发展潮流而作出的重大举措。目前,社区矫正的对象主要是被判处管制、缓刑、剥夺政治权利以及暂予监外执行、假释的5类犯罪人。将对罪犯的监禁矫正和非监禁矫正统一交由司法行政部门负责,进一步完善了刑罚执行制度,使刑罚执行制度更加科学化、现代化。

自开展社区矫正试点工作以来,社区矫正试点范围不断扩大,社区矫正工作体系和保障机制、协调配合机制基本建立,矫正措施和工作方法日趋完善和规范,取得良好的社会效果和法律效果。

一是社区矫正试点范围逐步扩大和不断深入,教育矫正质量明显提高。截至2008年8月,全国已有25个省的157个地(市)、840个县(区、市)、8430个街道(乡镇)开展了社区矫正试点工作,分别占全国省、市、县、乡四级建制数的78.1%、47.1%、29.3%和20.5%。其中,北京、上海、江苏已经在全辖区推开社区矫正工作,天津、浙江、山东、安徽、湖北也于2008年底在全辖区推开。试点地区累计接收社区服刑人员22.8万余人,解除矫正10.1万余人,现有社区服刑人员12.7万余人。试点以来,社区服刑人员重新犯罪率不足1%,河北、黑龙江、海南和重庆等地社区服刑人员无重新犯罪情况,有力地维护了刑罚执行的严肃性和社区秩序的稳定。

二是形成了较为健全的社区矫正刑罚执行工作体制和机制。在试点中，普遍成立了由党政领导任组长，有关部门负责人参加的社区矫正试点工作领导小组或工作委员会。各地市、区县、乡镇街道也分别建立了相应的组织机构，加大了对社会力量的整合与运用，运用"政府购买服务"等方式聘请社会工作者和社区矫正志愿者，建立起专群结合的社区矫正工作队伍。同时，还形成了相应的协作机制。

三是非监禁刑执行工作进一步加强。进一步加大了对社区服刑人员的监督管理力度，成立了由公安派出所、基层司法所、村（居）委会、社会志愿者等构成的监管网络，制定了各项管理制度和考核奖惩制度，维护了刑罚执行的严肃性和社区秩序的稳定。进一步强化了教育矫正措施，普遍采取社区公益劳动、个案矫正和心理矫正的方法，提高了矫正的针对性、科学性和有效性。落实各项帮困扶贫措施，帮助解决生活、就业、就学方面的难题，得到了社区服刑人员的积极配合，取得了良好的工作效果。

四是创立了非监禁刑刑罚执行的具体工作制度。探索建立了审前社会调查制度，使非监禁刑的适用更加准确合理，同时也有利于社区矫正机构提前介入，加强衔接，提高矫正工作的针对性。规范了文书送达、罪犯交接等部门衔接配合制度，社区矫正试点地区的5类罪犯脱管、漏管现象大大减少。建立了对社区服刑人员的考核奖惩制度，充分调动了社区服刑人员的改造积极性。

四　中国刑罚执行体制发展展望

改革和完善中国刑罚执行制度是构建社会主义和谐社会的内在要求，是建立和完善中国特色社会主义司法制度的客观需要。但现行刑罚执行制度已不适应新形势新任务的需要，在未来相当长的一个时期内，应从以下几个方面对其加以改革和完善。

（一）建立统一的刑罚执行体制

刑罚执行权作为刑事司法权中的一项重要权能，与侦查权、检察权和审判权一道构成了完整的刑事司法权。中国现行刑罚执行由司法行政机关、侦查机关和审判机关分别行使的做法，不符合刑事司法活动分工负责、相互制约、相互配合原则的根本要求，使得刑罚执行在某些部门中的职能作用要么被边缘化，要么因为刑罚执行而拖累了主要职能的行使，损害了司法保障职能的有效发挥。

十七大报告明确提出，要建立健全决策权、执行权、监督权既相互制约又相互协调的权力结构和运行机制。这种既相互制约又相互协调的权力结构和运行机制，使不同性质的权力分由不同部门相对独立行使，形成不同性质的权力既相互制约、相互把关，又分工负责、相互协调，从而完善权力结构、规范权力运行，最大限度地防止权力滥用现象的发生①。刑事司法权作为国家权力的重要组成部分，当然也要根据权力性质的不同，实行相互分工、相互配合、相互制约的权力结构和运行机制。因此，要根据十七大报告提出的"优化司法职权配置"的要求，健全刑事司法各部门权力的合理配置，严格划分不同权力的使用边界，加强对权力使用的规范和限制，形成刑事司法系统的权力制约与协调机制。因此，要健全刑事司法组织法制和程序规则，把不同权力的行使通过法律和规章确定下来，纳入法制化、程序化轨道，确保分工负责、各司其职、各负其责，按照法定权限和程序行使权力、履行职责②。

刑罚执行作为一项专门的刑事司法活动，应当由一个统一的国家机关来负责。审判机关、侦查机关在履行审判、侦查职能的同时，又充当刑罚执行机关，是不科学的。因此，要切实改变中国刑罚执行主体多元化、分散化的状态，建立起专门、统一的刑事执行工作体系。这既是纯化侦查职能和审判职能，充分发挥侦查和审判的职能作用的现实需要，也是科学、合理行使刑罚权，有效发挥刑罚惩罚犯罪、预防和减少违法犯罪的内在要求和必然趋势。

---

① 参见《十七大报告学习辅导百问》，学习出版社、党建读物出版社，2007，第135~136页。

② 参见《十七大报告学习辅导百问》，学习出版社、党建读物出版社，2007，第137~138页。

（二）落实宽严相济刑事政策

宽严相济的实质，就是对刑事犯罪区别对待，做到既有力打击和震慑犯罪，维护法制的严肃性，又尽可能减少社会对抗，最大限度地化消极因素为积极因素，最大限度地减少社会不和谐因素。

"宽严相济"刑事政策中的"宽"，在刑罚执行制度方面，更多体现为对那些对社会稳定影响较小、主观恶性较小、确有悔改表现的罪犯以及青少年罪犯采取轻缓的刑事政策，包括适用缓刑、假释、非犯罪化、轻刑化和非监禁化等，相信大多数罪犯能够被改造好，能顺利回归社会，体现社会主义人道主义精神，以利于在刑罚中发挥人权保障功能。对于在监狱中服刑的罪犯，要对其实施危险评估后落实分级处理制度，认真贯彻计分考核制度，在依法适用减刑、假释等刑罚措施时，要严格区别对待。"严"的方面表现在：在刑事立法上要构建严密的刑事法网，对有组织犯罪、恐怖活动犯罪、严重暴力犯罪以及累犯、惯犯等严重影响社会稳定的严重刑事犯罪以及无法矫治的罪犯设置相对较重的刑罚，在适用减刑、假释、暂予监外执行时要严格控制；同时，要建造足够的监管改造场所，将那些严重影响社会稳定和直接影响人民群众生活安宁的犯罪分子予以隔离，保障公众的安全。

（三）把重新违法犯罪率作为衡量刑罚执行工作的首要标准

刑罚执行机关是专门改造罪犯的部门，提高罪犯教育改造质量始终是刑罚执行工作的中心任务。惩罚与改造相结合，以改造人为宗旨，始终是刑罚执行工作的基本方针。对罪犯立足于改造，是中国刑罚执行工作最基本的指导性政策。历史经验表明，什么时候坚持改造人这一宗旨，刑罚执行工作就会向前发展；什么时候背离这一宗旨，刑罚执行工作就会停滞甚至倒退。在新的历史条件下，刑罚执行工作要继承和发扬优良传统，以降低刑释人员重新违法犯罪率为目标，坚持以全面提高罪犯教育改造和教育矫正质量为中心，进一步丰富教育改造和教育矫正工作内容，创新教育改造和教育矫正工作方法，大力推进教育改造、教育矫正罪犯工作的法制化、科学化、社会化，不断提高教育改造和教育矫正工作的实效性，努力把罪犯改造成为守法公民。

(四) 不断提高行刑社会化水平

刑罚理念的转变是提高行刑社会化水平的前提条件。从普遍使用身体刑、肉刑发展为监禁刑、非监禁刑；从追求一般预防效果的公开行刑到追求特殊预防的狱内行刑、社区服刑；从强迫罪犯从事无任何社会经济意义的苦役发展成为强调罪犯劳动的矫治性和习艺性，反映了人类行刑方式和行刑文明的不断进步。由于刑罚理念的这一变化，对罪犯适用刑罚不再强调对抗，而是通过教育改造等手段促使其顺利回归社会，从而达致社会的合作与和谐。

与国外多元化的刑罚执行方式相比较，中国的刑罚执行仍是以监禁刑为主。因此，要积极探索更为安全、更为有效的多元化非监禁刑的刑罚替代措施，如禁止执业、强制戒毒、强制医疗、社区劳役等；扩大减刑、假释的适用比例，特别是假释的适用比例，从而改变现实中"重监禁刑、轻非监禁刑"的状况，不断扩大行刑的社会化水平，促进犯罪人顺利回归社会。

刑罚实践表明，一年以下短期自由刑在减少重新违法犯罪和施以有效惩罚方面的效果要比社区矫正差得多。考虑到短期自由刑存在既收不到教育效果也容易使犯罪人交叉感染等弊端，应避免适用一年以下短期自由刑。对于实践中应判处一年以下有期徒刑的罪犯，尽量适用社会化行刑措施或其他替代措施，从而促进其顺利回归社会。随着中国在试点省份全面铺开社区矫正工作以及更多适应于社区矫正的刑种的设置，中国接受社区矫正的服刑人员数量将大幅度增加，刑罚执行的社会化水平也将不断提高。

(五) 不断完善刑罚执行立法工作

中国《刑法》《刑事诉讼法》和《监狱法》等法律法规的修改、制定进程将进一步加快。《刑法》的修改可以考虑设立社区矫正刑，将社区矫正刑纳入刑罚体系，同时改变现行刑法重刑主义的刑罚结构，为促进刑罚执行的多元化、社会化提供制度保障；《刑事诉讼法》的修改应吸收最新的有关执行工作方面的理论研究成果，明确规定社区矫正的监督管理机关，改变现行社区矫正试点工作无法可依而只能依据"两高两部"规定的尴尬局面；《监狱法》的修改和配套规定的制定要明确规定对监狱经费的全额保障，明确规范监狱企业的性质和严格规范监狱与监狱企业的关系，明确规定减刑、假释和暂予监外执行的条件和程序，等等。在条件成熟的情况下，可以考虑制定统一的刑事执行法典，将所有的刑罚执行工作纳入统一的、规范的刑事执行法中。

（参见法治蓝皮书《中国法治发展报告 No. 7（2009）》）

第二十一章　中国刑事赔偿工作与制度完善

摘　要：2007年刑事赔偿申请数继续呈现下降趋势，但刑事赔偿确认率和决定赔偿率继续大幅度上升；赔偿案件主要集中于人身羁押赔偿；赔偿决定多数由赔偿义务机关自己作出。刑事赔偿制度存在的主要问题是：赔偿范围和标准已不完全适应形势发展变化；赔偿义务机关制度不够合理；赔偿程序不够完善；赔偿经费得不到保障。当前，刑事赔偿制度修改完善的重点应当是通过理顺体制、畅通机制、消除障碍，着力解决实践中存在的突出问题，保障赔偿请求人依法及时获得赔偿，同时根据现实国情，适当扩大赔偿范围和提高赔偿标准。

2007年，司法机关认真贯彻《国家赔偿法》，依法办理刑事赔偿案件，刑事赔偿工作取得新进展，赔偿请求人的合法权益进一步得到保障和实现。另外，现行国家赔偿法越来越暴露出不适应时代发展的缺陷和不足，迫切需要修改完善。

一　2007年刑事赔偿工作情况与特点

（一）刑事赔偿确认率和决定赔偿率继续呈大幅度上升态势，赔偿申请数继续呈现下降趋势

近年来，各地司法机关不断更新执法观念，逐步将依法保障赔偿请求

人合法权益作为办理刑事赔偿案件的出发点和落脚点，怕赔、不愿赔的思想逐步得到克服，该赔即赔，确认率（予以确认的案件数与进入确认程序的案件数之比）、决定赔偿率（决定赔偿的案件数与立案办理的案件数之比）连续几年呈现上升趋势。华东某地检察机关 2007 年 1～10 月份的确认率为 78.2%，比 2006 年同期上升 7.7 个百分点，决定赔偿率为 92.7%，同比上升 11.2 个百分点。另外，赔偿申请数呈下降趋势，除个别省份外，大部分地区刑事赔偿申请数呈下降态势，且幅度较大，一般在 20%以上，有些甚至达到 30%以上。这与近年来司法机关不断提高办案质量，严格控制适用逮捕措施有直接关系。另外，日羁押赔偿金标准由 2006 年的 73.3 元上升到 2007 年的 83.66 元。

（二）赔偿案件主要集中于人身羁押赔偿

在检察机关赔偿的案件中，大部分赔偿案件属于对曾经被拘留、逮捕而后被作出无罪处理的人的赔偿，即错误拘留、错误逮捕赔偿；其次是涉财赔偿，即对违法查封、扣押、冻结、追缴财产的赔偿。2007 年 1～10 月份，中部某地检察机关赔偿 74 件，其中错误逮捕赔偿 54 件，占 72.97%，错误拘留赔偿 6 件，占 8.1%，违法查封、扣押、冻结、追缴财产 9 件，占 12.16%，其他 1 件，占 1.35%。

造成错误逮捕、错误拘留赔偿的原因是多方面的，但主要是拘留、逮捕以后证据发生变化，如犯罪嫌疑人、被告人在逮捕以后翻供，鉴定结论发生变化等。也有些案件是因为审查逮捕时把关不严造成的。中部某地检察机关赔偿的 60 件错误逮捕、错误拘留案件中，因犯罪嫌疑人翻供等原因作存疑无罪处理的 28 件，占 46.7%；因法医鉴定结论改变的 8 件，占 13.3%。

造成违法查封、扣押、冻结、追缴财产赔偿案件的主要原因是证据收集和采信问题，导致侦查机关查封、扣押、冻结、追缴的财产多于定罪认定的财产，办案部门认为属于违法所得，未及时退还，或者是已发还给发案单位或者被害人，当事人要求退赔的。

（三）赔偿决定多数由赔偿义务机关自己作出

在已作出的赔偿决定中，大部分是由赔偿义务机关自己作出的。例如，中部某地检察机关2007年1~10月赔偿74件，其中由承担赔偿义务的检察机关自己作出赔偿决定的60件，占81.1%；上级检察机关复议决定赔偿9件，占12.2%；法院赔偿委员会决定检察机关赔偿5件，占6.8%。

（四）大部分赔偿案件集中在基层司法机关，执行难度较大

据统计，中部某地检察机关2007年1~10月赔偿74件，其中县区院赔偿56件，占75.7%；分市院赔偿18件，占24.3%；省院赔偿案件为0。赔偿案件集中在基层司法机关的主要原因是大部分案件都由基层司法机关办理，按照"谁侵权、谁赔偿"的原则，大部分赔偿责任也是由它们承担。根据现行赔偿费用负担体制和支付方式，赔偿案件由赔偿义务机关先行垫付，然后再向同级财政申请核拨。由于中国各地经济发展差别大，基层财力相对薄弱，一些基层司法机关对数额较大的赔偿案件难以执行，出现作出赔偿决定却难以落实的"法律白条"现象。

二 刑事赔偿制度存在的主要问题

实践证明，《国家赔偿法》实施12年来，刑事赔偿工作从无到有、从小到大，工作力度不断加大，刑事赔偿执法水平和办案质量不断提高，维护了当事人的合法权益，促进了司法机关规范执法，为加强社会主义民主法治建设，构建社会主义和谐社会，发挥了积极作用。实践证明，现行刑事赔偿法律制度是一项大力保障人权、充分体现社会主义法治精神、符合中国国情和现实需要的重要法律，总体上是值得肯定的。

近年来，中国社会、经济迅速发展，民主法治建设不断推进，当时制定刑事赔偿制度所依据的社会条件发生很大变化，《刑法》《刑事诉讼法》也相继修改，刑事赔偿制度与相关法律规定出现不协调，刑事赔偿工作正面临许多新情况、新问题，主要是：赔偿范围和标准已不完全适应形势发展变化，赔偿义务机关制度不够合理，赔偿程序不够完善，赔偿经费得不到保障，赔偿决定执行难等。

（一）赔偿范围偏窄

《国家赔偿法》实行违法归责原则，即只对国家机关及其工作人员违法行使职权造成的损害进行赔偿，而且对赔偿范围采取具体列举方式，赔偿范围有限，导致一些合法权益受到严重损害的权利人得不到应有的赔偿。

一是对错误拘留、错误逮捕以外的非法羁押、变相羁押，不予赔偿；对凡是有罪处理的，不论其实际羁押时间是否超过刑期，都一律不予赔偿。例如，赔偿请求人郑某因涉嫌故意伤害罪被某市公安局刑事拘留，后被该市检察院批准逮捕，侦查过程中两次退回补充侦查，起诉后被判处有期徒刑8个月，实际羁押386天，超过判决确定的刑期140天。郑某以其在故意伤害一案中被超期羁押140天为由要求赔偿，但因于法无据，未能获得赔偿。

二是对错误羁押导致精神病或者其他疾病的，也不予赔偿。实践中，一些当事人完全无辜，被错拘、错捕、错判，在羁押期间因精神痛苦而患精神病，当事人家属要求赔偿，但因于法无据，不能作出赔偿决定。一些地方为息诉罢访，只得采取法外补偿。例如，某市检察院办理的王某赔偿案，王某被检察机关决定逮捕，羁押127天，后来作无罪处理，在羁押期间患精神病。检察机关同意根据《国家赔偿法》对王某的人身自由给予赔偿，但对错误羁押导致精神病，不同意赔偿。当事人家属因此长期申诉上访，检察机关考虑到王某患精神病确实是因错误羁押造成的，最后决定补偿16万余元，当事人家属才息诉罢访。

在赔偿的损失范围方面，现行《国家赔偿法》也只赔偿直接损失，对间接损失不予赔偿。实践中，当事人普遍提出要求赔偿利息损失、利润损失和因参与诉讼和请求赔偿支付的诉讼费、交通费、鉴定费、律师费等费用。

（二）免责条款难以把握

《国家赔偿法》第17条列举了国家不承担赔偿责任的六种情形，其中有的免责条款过于宽泛，有的规定不够明确，难以把握，大大限制了实际赔偿范围。

1. 关于"故意作虚伪供述"

《国家赔偿法》第 17 条第 1 项规定,因公民自己故意作虚伪供述,或者伪造其他有罪证据被羁押或者被判处刑罚的,国家不承担赔偿责任。公民作虚伪供述的,往往与司法人员的刑讯逼供、诱供或其他违法行为有关,其责任往往不在公民自己,但公民个人很难证明司法人员存在违法情形,因此,一些曾作过有罪供述的当事人往往因该免责条款而得不到赔偿。这在因证据不足而撤案、不起诉、判无罪的案件中尤为突出。

2. 关于"情节显著轻微、危害不大,不认为是犯罪"

根据《国家赔偿法》第 17 条第 3 项规定,情节显著轻微、危害不大,不认为是犯罪的人被羁押的,国家不承担赔偿责任。实践中,一些司法机关对此存在掌握过宽或过严两种倾向,有的认为只要有违法行为,或者有其他过错,都适用该条款作出不予赔偿决定;有的对因鉴定结论由重伤或轻伤改为轻微伤而作无罪处理的,也予以赔偿。

(三)赔偿标准过于绝对,缺乏灵活性

《国家赔偿法》第 26 条规定,侵犯公民人身自由的,每日的赔偿金按照国家上年度职工日平均工资计算。自《国家赔偿法》实施以来,国家职工日平均工资已经从 1995 年的每天 23.33 元增加到 2006 年的 83.66 元。实践中,不同地区司法机关对该标准有不同认识,经济发达地区的司法机关普遍认为该标准过于绝对,而且偏低,未考虑到各地经济发展的差异和当事人的不同情况。他们反映,当事人往往对赔偿要求过高,但实际得到的赔偿有限,造成一些案件久诉不息,案结事不了。一些赔偿决定作出后,当事人因对赔偿结果不满意,拒绝领取赔偿款。但是,个别西部地区司法机关则认为该标准偏高,难以承受。

(四)赔偿义务机关规定不尽合理

《国家赔偿法》规定,国家赔偿由实施侵权的国家机关履行赔偿义务,这些机关称为赔偿义务机关。设置赔偿义务机关的目的在于促进司法机关严格执法。但调研中发现,刑事赔偿义务机关制度存在较大缺陷。

第一，义务机关确定原则不统一，容易引发认识分歧。如有些情形采取"谁侵权、谁赔偿"原则，即由单一的侵权机关进行赔偿；有些情形采取"共同赔偿原则"。由于义务机关确定原则不统一，实践中容易发生认识分歧。例如，对公安机关拘留后检察机关决定逮捕的，应由哪个机关对拘留进行赔偿，《国家赔偿法》没有明确规定。又如，对于在再审程序中检察机关撤回起诉的，原判决执行的刑罚应由谁赔偿，也没有明确规定，引发认识分歧，导致一些当事人难以及时获得赔偿。

第二，共同赔偿容易引发推诿扯皮，费时费力。按照规定，赔偿申请人可以向共同赔偿义务机关中的任何一个机关提出申请，先收到申请的机关为赔偿案件的办理机关。办理机关审查决定赔偿的，拟制共同赔偿决定书，并开具共同赔偿金额分割单，送另一赔偿义务机关认同。另一赔偿义务机关再予审查。实践中，共同赔偿义务机关往往在是否给予赔偿、赔偿的范围、方式以及计算标准等问题上出现认识分歧，导致赔偿决定难以及时作出。

第三，将原办案机关作为赔偿义务机关，导致一些司法机关过于考虑自身利益，对该作无罪处理的不及时作出无罪决定，有些甚至要求当事人以放弃国家赔偿作为无罪处理的条件。

（五）赔偿程序不够完善

刑事赔偿包括确认、义务机关先行处理、上级机关复议、赔偿委员会决定、执行等程序，但《国家赔偿法》对这些程序规定过于简单，影响刑事赔偿制度的贯彻实施。

1. 关于确认问题

《国家赔偿法》规定，赔偿义务机关对依法确认有该法第15条、第16条规定的情形之一的，应当给予赔偿。赔偿请求人对不予确认不服的，有权申诉。但对确认的主体、方式、标准、效力、程序等，《国家赔偿法》并未作出规定，从而导致实践中出现认识分歧，影响规范执法。主要是对存疑案件以及法院判决中未认定为犯罪所得的财产或者法院判无罪的涉案财产，是否还需要单独确认，存在分歧。法院认为，对于这两类案件，无罪处理决定、法院判决本身就是确认，不需要再行确认，应当赔偿。检察机关认为，由于逮捕的证明标准不同于定罪的证明标准，对于存疑案件，只有确认为错误逮捕的，才予以赔偿。对于法院判决中未认定为犯罪所得的财产或者法院判无罪的涉案财产，检察机关认为，按照《刑事诉讼法》的规定，这部分财产存在属于违法所得或被害人合法财产的情形，应当由检察机关对查封、扣押、追缴行为是否存在侵犯当事人财产权的情形依法进行审查确认。实践中，对于上述两类案件，检察机关作出不予确认的，一些法院赔偿委员会也予以受理，并作出赔偿决定。

2. 关于赔偿委员会的设置和工作程序

《国家赔偿法》规定，赔偿请求人不服刑事赔偿复议决定的，可以向复议机关所在地的同级法院赔偿委员会申请作出赔偿决定。中级以上法院设立赔偿委员会，由三至七名审判员组成。赔偿委员会作出的赔偿决定，是发生法律效力的决定，必须执行。

由赔偿委员会对刑事赔偿案件作出终局决定，而非由法院通过诉讼程序解决刑事赔偿问题，是由刑事赔偿义务机关为司法机关这一前提所决定的。但是，从近年来的实践看，赔偿委员会制度存在一些问题：一是赔偿委员会设置在法院，当法院作为赔偿义务机关时，就出现既当"运动员"又当"裁判员"的问题，不利于保障赔偿请求人的合法权益。二是一些法院赔偿委员会将赔偿决定按照民事、行政诉讼程序处理，违背法律规定，不利于高效快捷地处理案件。三是《国家赔偿法》对法院赔偿委员会没有规定监督制约机制，法院赔偿委员会一旦作出错误赔偿决定，难以得到纠正。

（六）赔偿经费管理体制和支付方式不合理，赔偿决定执行难

根据《国家赔偿法》和国务院《国家赔偿费用管理办法》的规定，国家赔偿费用列入各级财政预算，由各级财政分级负担。国家赔偿费用由赔偿义务机关先从本单位预算经费和留归本单位使用的资金中垫付，垫付后再向同级财政机关申请核拨。各级政府财政部门应当根据本地区实际情况，确定一定数额的国家赔偿费用，列入本级财政预算。各地司法机关普遍反映，该制度存在很大弊端，是导致赔偿难的根本症结。

一是中央和省级财政有财力每年将赔偿经费列入预算，市县两级财政基本上未列入预算。中部某地人民检察院反映，该省有184个检察机关，但只有4个县、14个市将赔偿费用列入财政预算，其他县市基本上没有设立专门的赔偿经费。由于实行赔偿经费分级负担体制，中央和省级财政的赔偿经费不能下拨给市县使用，而赔偿案件又多发生在市县司法机关，造成中央和省级赔偿经费花不出去而市县两级又无钱可赔的局面。

二是赔偿义务机关垫付、核拨难。一些地方司法机关反映，财政制度改革以后，司法机关没有预算外资金，一旦遇到国家赔偿案件，只能占用业务经费，一些中西部地区司法机关甚至通过扣发工资、干警集资、个人名义借款等方式筹措赔偿经费。司法机关向财政部门申请核拨时，一些财政部门以没有预算或者财政困难为由不予给付。一些财政部门虽然原则上同意核拨，但审批手续繁杂，时间太长，导致当事人往返奔波，有些甚至求助新闻舆论，造成很大社会影响。赔偿决定执行难已成为制约刑事赔偿工作依法开展的重要因素。

三　完善刑事赔偿制度的几点建议

刑事赔偿制度是调整国家司法权力与公民合法权益关系的一项重要法律制度。刑事赔偿制度的修改完善，应当与国家打击犯罪和保护人权的能力相适应，与国家经济发展水平和财力状况相适应，与《刑法》《刑事诉讼法》等相关法律规定相协调。刑事赔偿制度既要有利于保障犯罪嫌疑人、被告人的合法权益，又要有利于保障司法机关依法行使职权和保障被害人合法权益。刑事赔偿制度的修改完善，需要根据现实国情，逐步推进。当前，重点是要通过理顺体制、畅通机制、消除障碍，着力解决实际存在的突出问题，保障赔偿请求人依法及时获得赔偿，同时根据现实国情，适当提高赔偿水平。

（一）适度扩大刑事赔偿范围

第一，建议将拘留、逮捕以外的非法羁押，变相羁押和实际羁押时间超过所判刑期的纳入赔偿范围。拘留、逮捕以外的非法羁押、变相羁押，比错误拘留、错误逮捕更恶劣，更应该予以赔偿。实际羁押时间超过所判刑期，超出的这部分羁押对当事人是完全无辜的，也应当予以赔偿。

第二，对因司法工作人员暴力殴打、违法使用武器警械以外的其他违法行为造成公民身体伤害或者死亡的，建议规定予以赔偿。现行《国家赔偿法》对此类行政违法行为也明确规定予以赔偿。

第三，建议对存疑案件引入补偿机制，即对曾经被羁押的犯罪嫌疑人、被告人，因证据不足作出无罪处理的，予以适当补偿，补偿的程序参照赔偿程序，标准可略低于赔偿标准。这样更加符合刑事诉讼规律，有利于正确评价司法行为，也有利于保障公民合法权益。如确属对无罪的人错误羁押的，予以赔偿。

第四，建议对查封扣押冻结追缴财产造成的利息损失，明确规定予以赔偿，这部分损失是直接的、确定的。对因参与诉讼和请求赔偿支付的律师费、交通费、鉴定费等，不宜单独赔偿，因为这些费用难以确定，而且单独赔偿可能会助长滥用诉讼权利和缠访闹访现象。建议在决定具体赔偿数额时，把这方面的费用作为适当考虑的因素。

（二）完善免责条款规定

首先，为限制"故意作虚伪供述"条款的滥用，建议将该条款修改为："为干扰刑事诉讼活动而故意作有罪供述，或者伪造其他有罪证据被羁押或者被判处刑罚的"，国家不承担赔偿责任。将"干扰刑事诉讼活动"规定为"故意作虚伪供述"条款的目的要件，有助于明确赔偿义务机关的举证责任，避免因赔偿请求人无力证明存在刑讯逼供等违法办案情形而不能获得国家赔偿。

其次，建议对"情节显著轻微、危害不大，不认为是犯罪的"作出明确解释，同时将现有的"一律不予赔偿"，修改为"可以不予赔偿"，由司法机关根据具体案情，全面衡量，决定是否赔偿，如对违法行为危害很小同时又存在严重超期羁押的，予以适当赔偿。

（三）适当提高刑事赔偿标准

现行国家赔偿法以国家上年度职工日平均工资计算日羁押赔偿标准，这种计算方法是基本合理的，否则又会产生新的不平衡现象，如城乡不同、贫富不同等情况。但是该计算标准过于绝对化，缺少灵活性。建议以国家上年度职工日平均工资为基数，规定每日的赔偿标准为国家上年度职工日平均工资的 1~2 倍，在该幅度之内，由司法机关综合考虑司法人员过错程度、当事人是否完全无辜、财产损失大小、羁押时间长短、精神痛苦程度等情形，作出决定。

（四）修改完善赔偿义务机关制度

为便于当事人及时取得赔偿，建议取消共同赔偿，将羁押赔偿中的义务机关制度修改为管辖机关制度，即由最后作出无罪处理决定的机关或者最后作出导致赔偿或补偿决定的机关对拘留、逮捕、刑罚执行等人身自由赔偿一并管辖，审查决定；当事人不服的，申请上一级法院赔偿委员会作出决定。将义务机关修改为管辖机关，便于赔偿主体跨部门开展刑事赔偿工作，有助于赔偿请求人及时便捷地获得国家赔偿，也有助于对赔偿主体的赔偿行为进行正确评价。对于侵犯公民生命健康权、财产权的赔偿，仍然维持现有的谁侵权、谁赔偿原则。

如果保留共同赔偿制度，则应坚持"谁侵权、谁赔偿"原则，对赔偿结果负有责任的机关均为赔偿义务机关，共同赔偿，以促进各司法机关严格执法。如对错误逮捕的，由提请逮捕的机关和批准逮捕的机关为共同赔偿义务机关，拘留后又逮捕的，由作出拘留决定的机关对错误拘留进行赔偿。存在超期羁押的，对超期羁押负有直接责任的机关也是共同赔偿义务机关。

（五）完善赔偿程序

1. 建议对确认问题作出更为明确具体的规定

为从根本上解决实践中对确认问题的认识分歧，建议《国家赔偿法》对确认的前提、主体、内容、程序、法律效力等作出规定，包括对哪些案件以确认论,哪些案件应当经过专门确认,进行明确规定。

2. 完善赔偿委员会设置、工作程序、监督制约机制等规定

赔偿委员会对刑事赔偿案件具有终局决定权。对于赔偿委员会的设置、工作程序及监督制约机制应当予以修改完善。

从有利于保障当事人合法权益出发,如果仍然维持现有的司法机关作为赔偿义务机关模式,宜设立一个独立于司法机关之外的赔偿委员会,对赔偿案件行使终局决定权。该赔偿委员会直接向国家权力机关负责,以保障委员会客观公正地行使职权,避免司法机关在赔偿案件中既当运动员又当裁判员的冲突。如果赔偿委员会仍然设在法院,应进一步完善工作程序和相应的监督制约机制。可以规定:赔偿委员会应当调查核实案件情况;对赔偿请求人和被请求的赔偿义务机关、复议机关调查取证,应当分别进行;对主要证据存在疑问,无法通过单独询问予以核实的,可以召集有关证人进行质证。赔偿委员会作出的赔偿决定确有错误的,赔偿请求人可以申诉,检察机关也可以提出监督意见,要求上级赔偿委员会重新审查决定。

(六)改革赔偿费用负担体制和支付方式

鉴于中国各地经济发展差异大,赔偿案件大部分集中在基层,为保障赔偿经费和赔偿决定的及时执行,建议刑事赔偿经费由中央、省、市、县分担,省财政负责统筹管理,或者建立对中西部地区国家赔偿费用的转移支付制度,同时改革赔偿费用的支付方式,废除先行垫付制度,由赔偿请求人持生效的赔偿决定文书,直接到财政部门领取赔偿款。对于查封、扣押、冻结财产,能够返还的,及时返还,不能返还的,由财政赔偿,并对有关机关和个人进行追偿。

(参见法治蓝皮书《中国法治发展报告 No.6(2008)》)

第二十二章　中国刑事被害人国家补偿制度

摘　要：近年来，刑事被害人群体的权益保护问题受到社会各界包括党政机关、司法机关的高度关注。实行刑事被害人国家补偿制度，是完善国家救济制度的迫切需要，是实现人权保障普遍性、平等性的迫切需要。这一制度对构建社会主义和谐社会具有重要意义。本文运用综合、比较、实证的方法，在深入分析刑事被害人保护现状的基础上，论证了在中国建立刑事被害人国家补偿制度的必要性和可行性，并就如何构建中国特色的刑事被害人国家补偿制度提出了具体建议。

人权是一个基于最低道德标准、作为人必须具备的一些最基本的权利。《宪法》明确规定了"国家尊重和保障人权"。在刑事诉讼领域，不论是犯罪嫌疑人、刑事被告人还是刑事被害人，他们的人权都应当平等地受到国家的充分尊重和保障。

20世纪90年代以来，中国开始对刑事诉讼中的人权保障问题予以高度重视。近年来，中国在刑事诉讼领域对犯罪嫌疑人和刑事被告人的权益保护方面取得了有目共睹的进步。但是也应该看到，当前中国刑事诉讼程序在人权保障方面还存在一些制度性缺陷和失之偏颇的问题，与犯罪嫌疑人、刑事被告人的人权保障相比，刑事被害人的权益保护没有得到平衡发展。不论是刑事被害人的实体性权利还是程序性权利，在理论研究以及司法实践中，尚没有得到应有的关注，尤其是刑事被害人国家补偿制度的缺失，导致刑事被害人往往出现生存状态危机,成为影响社会稳定的因素。为切实保障公民合法权益,构建社会主义和谐社会,完善适合中国国情和社会主义法治理念的人权司法保障体系,建立刑事被害人国家补偿制度刻不容缓。

一 刑事被害人保护现状

犯罪案件发生以后,被害人的生命权、自由权、财产权、隐私权和其他一些基本权利受到侵害,成为最需要保护的社会弱势群体。但是,长期以来这个弱势群体的权益被严重忽视了,无论是理论研究还是司法实践,对这一群体的保护都没有给予足够的重视。

(一) 刑事犯罪破案率不高,被害人求偿无门

当前,中国正处于刑事犯罪案件高发期,由于种种原因无法破案,或者因证据问题无法起诉的刑事犯罪案件大量存在,刑事犯罪案件破案率不高、犯罪黑数大,导致许多案件的被害人连加害人都找不到,刑事被害人求偿无门的现象突出。据统计,自2001年以来,中国每年刑事犯罪立案均在400万起以上,破案率均为40%~50%,除了那些经济条件相对较好的受害人外,每年可能至少有上百万被害人因为得不到加害人的赔偿而身陷绝境[1]。例如:2004年,中国公安机关立案的刑事犯罪案件共4718122件,其中,杀人案件24711件,伤害案件148623件,抢劫案件341908件,强奸案件36175件,共破获2004141起,破案率为42.5%[2]。50%以下的破案率,意味着有一半以上的案件进入不了刑事诉讼程序,这部分案件的被害人无法从加害方那里得到任何补偿。这些严重刑事犯罪给被害方造成惨痛损失,且由于相当部分的被害人是其家庭的主要经济来源,许多刑事被害人及其家庭因此陷入生活困境。

(二) "法律白条"现象严重,刑事被害人难以获得实质正义

根据《刑事诉讼法》第77条规定,被害人由于被告人的犯罪行为而

---

[1] 参见赵晓秋《国家救助无法解决所有问题》,《法律与生活》(下),2007年2月。
[2] 《中国法律年鉴》,中国法律年鉴出版社,2005,第195页。

遭受物质损失的，在刑事犯罪案件被起诉到法院后，被害人可以刑事附带民事诉讼的方式要求犯罪人赔偿。但是，在司法实践中，由于大多数暴力犯罪人的经济状况差，赔偿能力非常薄弱，有80%以上的被害人实际上无法得到赔偿，特别是在一个案件中有众多被害人时，更是无法得到赔偿，法院的刑事附带民事判决成了"法律白条"。例如，在北京王府井艾绪强劫车撞人案件中，3名死者的家属和6名伤者本人共提出了150万元刑事附带民事诉讼赔偿要求，但艾绪强根本无力赔偿，庭审时他说："我确实没有能力赔偿，我希望国家能给他们补偿。""法律白条"问题既使法院的判决有失严肃性，又使被害人遭受第二次伤害，旧伤未愈，又添新伤，极易导致被害人采取不正当或过激的报复手段，从而引发新的社会矛盾。

（三）救济失衡，刑事被害人权利保护薄弱

近年来，中国在犯罪嫌疑人、刑事被告人的权益保护方面做了大量富有成效的工作。在立法上，1996年修改的《刑事诉讼法》在保护犯罪嫌疑人和刑事被告人的权益方面，比较充分地体现了人权保障的立法理念。1994年颁布的《国家赔偿法》规定，对错拘、错捕、错判者，国家应当提供经济赔偿等。在司法实践中，中央政法委和中央政法各部门在全国先后组织开展了"规范执法行为，促进执法公正"专项整改、社会主义法治理念教育等活动，并采取错案责任追究、案件质量监控等机制，以不断提高执法文明程度和执法水平，避免侵犯犯罪嫌疑人和刑事被告人的合法权益。

然而，司法实践中，当案件无法侦破找不到犯罪人或者被告人没有赔偿能力时，刑事被害人往往独自承受犯罪带来的侵害后果。例如，2006年7月16日，陕西省汉阴县平梁镇发生一起特大杀人案，农民邱兴华因怀疑妻子与他人有染，在平梁镇凤凰山顶的铁瓦殿道观内用刀斧砍死10人。被害者家属因此生活陷入困境长期无人问津。因邱兴华无赔偿能力，法院最终作出"免予赔偿"的决定，只有部分被害人家属在反复上访后，才获得了每年二三百元的"低保"补助。此种情形在其他众多刑事案件中也广泛存在，如杨新海案、马加爵案等。

(四) 立法缺失，现行国家补偿随意性大

当前，中国在立法中对刑事被害人的补偿几乎是一片空白，刑事被害人获得补偿的权利没有法律与制度保障。司法实践中，有的地方政府或有关单位虽然也对被害人进行补偿，但由于不为法律所调整，存在随意性和很大的差别性。对被害人是否进行补偿、补偿多少，在无法律明文规定的情况下，国家有关机关一般本着"花钱买平安"的思想，只对缠访、闹访的刑事被害人特事特办给予补偿。但是，这种补偿由于不具有常态性、规范性和公平性，往往造成上访人"不闹不补偿""一闹就补偿""大闹多补偿，小闹少补偿"等错误认识，甚至引发攀比行为，增加社会不稳定因素。

二 建立刑事被害人国家补偿制度的重要性和必要性

刑事被害人国家补偿制度是司法文明和司法和谐的体现和要求，这一制度的建立对于完善刑事司法制度，实现刑事司法价值，促进社会公平正义和构建和谐社会，具有十分重要的意义。

(一) 建立刑事被害人国家补偿制度是贯彻落实党的十六届六中全会精神和宪法规定，全面推进小康社会建设的现实需要

中国共产党十六届六中全会通过的《中共中央关于构建社会主义和谐社会若干重大问题的决定》明确指出：要完善社会保障制度，保障群众基本生活；加强对困难群众的救助；加强司法救助。《宪法》第45条第1款明确规定：中华人民共和国公民在年老、疾病或者丧失劳动能力的情况下，有从国家和社会获得物质帮助的权利。建立刑事被害人国家补偿制度，对那些因遭受刑事不法行为侵害而重伤的人员以及死亡人员的家属实行经济救助，正是贯彻落实十六届六中全会精神和宪法规定的具体体现，也是全面推进中国社会主义小康社会建设的现实需要。

中国目前正处于社会转型时期，各种社会矛盾凸显，暴力犯罪处于高

发态势，恶性犯罪相继发生，往往给被害人及其家庭造成惨痛损失。对于被害人所受损失，理应由加害人赔偿，但大多数加害人经济状况差，赔偿很难实现，那些造成群死群伤的案件以及犯罪分子被判处重刑的案件更是如此，不少被害人从此家破人亡，妻离子散，生活陷入严重困境，引发一系列相关问题。特别是在广大农村，很多被害人是家庭的主要劳动力，一旦被害，家庭就失去了主要的经济来源，生活难以保障。在全面建设小康社会的今天，绝大部分人的温饱问题得到解决的情况下，保障刑事被害人及其家庭的基本生活就显得尤为迫切。

（二）建立刑事被害人国家补偿制度是履行宪法关于国家尊重和保障人权责任，建设责任型国家的现实需要

在有德行的政治制度和宪政实践中，每个人都应享有被尊重和被保护的权利。中国对于人权的研究经历了一个比较曲折的历程。2004年《宪法修正案》增设"国家尊重和保障人权"，这在规范意义上明确宣告了作为一项概括性条款的人权保障原则在中国的确立。国家尊重和保障人权，意味着国家对社会关系的调整要更加注重确立权力和权利的平衡、权力和责任的平衡、权利和义务的平衡。尊重人权就要在观念上树立尊重人权的宪法意识；保障人权就要把落实宪法人权保障原则具体体现在执法、司法实践活动之中。因此，落实宪法保障人权原则，一是要依据宪法规定创立保障人权的各种具体法律制度，包括建立刑事被害人国家补偿制度；二是要使保障人权原则在社会中得到普遍、合理、平等的享有，保障任何人的权利都不受到非法侵害；三是建立完善的人权救济机制，确保一旦权利受到侵害，便能平等、及时地得到相应的救济。所以，对公民因犯罪遭受侵害，并导致被害人不能从被告人那里得到赔偿时，由国家予以补偿是应当引起充分关注的问题。

建立刑事被害人国家补偿制度的理论根据在于，由于国家集中了使用暴力镇压和惩治犯罪的权力，因此国家应当负责保护公民的人身和财产，如果国家行使权力不当，或者没有尽到保护公民人身财产安全的义务，就有责任对受到侵害的公民进行补偿和救助。从历史发展看，最初是公民之间或者社会团体的救济，后来国家的公力救济取代了市民的私力救济，国家便承担起了打击犯罪、保护被害人的责任。任何一个国家都有维持良好的社会秩序、为公民提供安全的生存和生活环境的职责，都有保护和救助弱者的义务。在公民的安全、合法权益受到不法侵害而导致生活困难时，对他们进行救助和补偿，国家责无旁贷。中国要在全球塑造负责任大国的形象，建立此项制度十分必要。

（三）建立刑事被害人国家补偿制度是促进社会和谐稳定、从源头上解决涉法涉诉上访问题的现实需要

当前，中国涉法涉诉上访形势严峻，其中被害人上访所占比例较大，特别是在案件未破，或者因证据不足而对犯罪嫌疑人、被告人无罪释放的案件中，被害人申诉上访的较多，且呈逐年上升趋势。以检察机关受理的涉法涉诉上访为例，2004年，全国检察机关受理本院管辖的不服法院生效刑事裁判申诉案件4233件，其中属于被害人申诉的1410件，占33.3%；2005年，受理此类案件3769件，其中属于被害人申诉的1243件，占33.0%；2006年，受理此类案件4740件，其中属于被害人申诉的1772件，占37.4%。在这些刑事被害人申诉上访的人员中，虽然有些人的诉求并非直接表现为要求落实民事赔偿或经济救助，而是要求严惩加害人，但是被害人经济状况因刑事犯罪行为恶化往往是其长期申诉上访、缠访闹访的深层原因。如果能够对他们实行国家补偿，有效改善其生存条件，则可以促使其安居乐业，达到经济救助和精神安抚的双重作用，减少申诉上访，促进社会和谐稳定。

此外，被害人与犯罪人角色转化的原理告诉我们，被害人遭受犯罪侵害后若不能获得公正的待遇，如未追究犯罪人的责任、被害人没有得到应得的经济补偿等，会产生对加害人的仇恨和对有关机关不满的怨恨心理，此种心理往往会推动被害人采取报复行为来实现自我与他人的再一次"平等"[①]。被害人国家补偿制度的建立能进一步完善社会控制系统，通过对被害人进行适当的经济补偿，恢复被侵害的合法权益，防止其心理失衡

---

① 董士昙：《我国刑事损害补偿制度的价值追问》，载《中共济南市委党校学报》2005年第1期。

向犯罪人转化，从而达到消除矛盾和冲突、控制犯罪、维护社会稳定的目的。

（四）建立刑事被害人国家补偿制度是减少死刑适用、实现轻刑化的现实需要

减少死刑适用，实现刑罚的轻刑化，是刑事司法的重要趋势，也是与中国构建和谐社会目标完全一致的重大刑事政策。但在司法实践中，这一政策的实现却面临十分强硬的障碍——被害人的抵制。对于从轻、减轻、免除处罚以及无罪判决，特别是对那些被害人认为应该判处死刑而法院并没有判处死刑的案件，被害人的反应往往是强烈的，使司法时常受到"袒护""徇私"的质疑，并将由于犯罪造成的痛苦转化为对司法的不满。如果设置科学合理的国家补偿制度，可以减轻被害人的损失、痛苦和怨恨，使受害人感觉到找回或在一定程度上找回了失去的公平，这会大大提高减少死刑判决和轻刑化的可接受度。这对于平和受害人心态、逐步实现轻刑化具有前提性意义，对于促进社会和谐，化消极为积极，化对立为配合，都具有很高的法律价值和社会价值。

（五）建立刑事被害人国家补偿制度是协调平衡犯罪嫌疑人、被告人权益与被害人权益，进一步在全社会实现社会公平正义的现实需要

刑事案件涉及三个方面的利益，即国家利益，被害人利益，犯罪嫌疑人、被告人利益。忽视哪一方面，都违背《刑事诉讼法》的宗旨。以往，在公共利益至上的观念下，过于强调国家利益的保护，个人利益往往容易被忽视。随着中国改革开放的日渐深入和社会主义民主法制建设的不断加强，犯罪嫌疑人、被告人的权利越来越得到重视，无论是刑法中的罪刑法定原则，还是《刑事诉讼法》中的无罪推定原则、辩护制度、法律援助制度等，都体现出对犯罪嫌疑人、被告人权利的保护和重视。1995年开始实施的《国家赔偿法》，为错拘、错捕、错判者提供经济赔偿，造成精神损害的，为其消除影响、恢复名誉、赔礼道歉。这些制度的制定和实施，为维护犯罪嫌疑人、被告人的权利提供了有效的救济，也是国家尊重和保障人权的具体体现，体现了中国民主法治建设的巨大进步。但是，追求控辩双方的平衡，不仅仅要强调被告方与国家专门机关的平衡，还应寻求被告人与被害人之间的平衡。被害人的利益与国家的利益虽然有一致之处，但作为被害人，其利益是具体的，不能用被害人与国家利益的一致性抹杀被害人利益的独立性。犯罪是一种社会冲突，它涵盖了国家、被害人和被告人三方面的利益，公正的刑事诉讼制度实际上是一项能调和各主体间利益冲突的制度，是一项寻求各主体间利益均衡并全面保障人权的制度。建立刑事被害人国家补偿制度，正确处理被害人和犯罪嫌疑人、被告人各方面的关系，均衡保障各方的合法权益，也是在全社会进一步实现公平正义的具体体现。

三 建立刑事被害人国家补偿制度的现实可行性

随着中国社会主义法治的发展，司法改革的逐步深化，诉讼价值观念的日渐转型，对被害人权利的重视以及综合国力的进一步增强，目前，建立刑事被害人国家补偿制度的条件已成熟。

（一）实践证明在中国建立刑事被害人国家补偿制度是可行的

从域外的经验来看，国家对被害人进行补偿早在3700多年前就已经出现了。自20世纪中叶以来，越来越多的国家和地区制定了刑事被害人国家补偿制度，新西兰于1963年颁布了世界上第一部《刑事被害人补偿法》，英国于1964年颁布了《刑事被害人补偿计划》，美国加利福尼亚州于1965年颁布了《暴力犯罪被害人补偿法》，芬兰于1973年通过了《被害人赔偿法》，联邦德国于1976年通过了《暴力犯罪被害人补偿法》，法国于1977年在刑事诉讼法中补充了犯罪被害人补偿规定，瑞典于1978年颁布了《刑事损害补偿法》。在亚洲，日本、韩国、泰国、中国台湾、中国香港等国家和地区制定了刑事被害人补偿制度。这些国家和地区的立法和司法实践为中国建立刑事被害人国家补偿制度提供了借鉴。

从中国实践来看，自2004年淄博市中级人民法院推出刑事被害人经济困难救助制度以来，中国已有许多地方推行了对被害人的救助制度。例如，青岛市政法委、青岛市中级人民法院、青岛市财政局于2004年11月联合发布了《青岛市刑事案件受害人生活困难救济金管理办法》及其实施细则，正式建立了刑事受害人救济制度；浙江台州市政法委于2006年8月牵头建立了司法救助工作委员会，制定实施了《台州市司法救助基金管理使用办法（试行）》，对那些因案件未破，或者犯罪嫌疑人、被告人缺乏经济赔偿能力而生活严重困难的受害人家庭进行救助。江西大余县检察院通过积极与基层组织、加害方家属协调的方式探索实施"被害人帮助制度"，促成刑事受害人获得一定的经济救助或补偿。此外，长沙市、苏州市、襄樊市等地方也在试点对刑事被害人进行补偿。例如，河北省石家庄市政府对2000年石家庄市靳如超爆炸案的受害者及遇难者家属发放补助。这样的措施不仅一定程度上缓解了犯罪被害人及其家属的生活困难，同时还稳定了社会情绪，维护了社会正常秩序。这些实践为中国建立刑事被害人国家补偿制度提供了有益的探索，证明实行刑事被害人国家补偿能够取得良好的社会效果[1]。

（二）从中国的经济发展状况看，国家有能力对被害人予以经济补偿

经过20多年的改革发展，中国综合国力大幅度增强，国家财政可支配性收入大量增加，目前，国家已经具备了负担补偿资金的能力。2004年，财政收入2.63万亿元，比上年增长21.4%[2]。2005年财政收入突破3万亿元，比上年又增加5232亿元[3]。因此，国家财力有能力保障对被害人进行一定的经济补偿。同时国家也正在着手改革收入分配制度，包括健全完善再分配制度，建立司法救济机制。而对刑事被害人进行国家补偿就是一项重要的司法救济制度。此外，国家通过刑事追诉，没收犯罪所得和罚金，可作为补偿的资金来源。还有强制罪犯劳动改造获得财产，这些财产来源于罪犯，也应考虑用于弥补因犯罪而造成的损害。

---

[1] 蔡国芹：《论犯罪被害人国家补偿制度的构建》，载《江西社会科学》2002年第5期。
[2] 见温家宝《政府工作报告》，人民出版社，2004。
[3] 见温家宝《政府工作报告》，人民出版社，2005。

（三）从社会的心理接受程度来看，对被害人予以补偿，易为民众心理所接受

刑事被害人遭受犯罪侵害，尤其是遭受重大人身损害，承受着巨大悲痛。给予这类被害人适当的经济补偿，既可以减轻被害人的损失和痛苦，抚慰他们受到创伤的心灵，又顺应了同情弱者的社会心理，容易为人们的心理感情所接受。被害人是一个非常弱势而又非常无辜的群体，对他们予以适当补偿，解决他们的生活困难，体现了社会主义的优越性，符合扶危济困这一中华民族的优良文化传统，容易被社会各界所接受。

四 建立刑事被害人国家补偿制度的构想

如何使刑事司法不仅追究犯罪，并尽可能地使因犯罪导致破坏的社会关系和社会利益得到恢复或补偿，使被害人不被遗忘，这是需要社会认真思考的问题。近年来，随着中国依法治国进程的不断推进，刑事被害人开始受到法学理论界、司法实务界及党政机关等社会各界的关注。2006年7月30日，中国犯罪学研究会、最高人民检察院刑事赔偿工作办公室、江西省人民检察院共同举办了"建立刑事被害人国家补偿制度"研讨会，来自学界、实务界的专家学者们就建立刑事被害人国家补偿制度的法理依据、必要性、可行性及补偿对象、数额等问题展开了深入的研讨，并在此基础上形成了立法建议稿；同年，最高人民法院刑事审判庭组织专家酝酿起草针对刑事被害人救助的相关"司法解释"；2007年3月，笔者向第十届全国人大第五次会议递交了关于制定"中华人民共和国刑事被害人国家补偿法"的议案，呼吁建立刑事被害人国家补偿制度。这些都为中国刑事被害人国家补偿制度的早日出台奠定了坚实的基础，可以说，建立刑事被害人国家补偿制度已是大势所趋。

关于中国刑事被害人国家补偿制度的构建，应当根据联合国《为罪行和滥用权力行为受害者取得公理的基本原则宣言》，借鉴国外实践的成功经验，在坚持取得公理和公平待遇，以犯罪人赔偿为主、国家补偿为辅,国家补偿有条件性,国家补偿程序公正性以及补偿力度与损害程度相适应等原则的基础上,结合中国国情明确以下内容。

(一) 关于接受补偿的主体范围

明确接受补偿的主体范围是建立被害人国家补偿制度的首要问题。接受补偿的主体范围,包括补偿的对象、条件和情形。结合中国的实际来看,受财力所限,中国建立的刑事被害人国家补偿制度应该是一个低标准的制度,国家建立此制度的宗旨在于维护被害方的起码生活。因此,国家补偿对象应该严格限制为具备如下条件者:①因犯罪行为造成重伤残疾的被害人或造成死亡者的遗属、受抚养人;②因犯罪行为导致生存危机或生活陷入困境的犯罪被害人;③因司法机关及其工作人员正当执法行为造成伤亡,如果被害方没有过错或者过错较小的。补偿应当具备以下条件:①补偿以被害人积极寻求补偿途径如提起刑事附带民事诉讼而未能从这些途径得到相应的赔偿为前提;②被害人积极配合司法机关行使职权,如及时报案、积极提供证据和证据线索等;③被害人对自己的被害不存在故意或重大过失。

(二) 关于补偿的对象和限度

国家补偿以被害人通过有关主张赔偿的诉讼活动而无法得到被告人的赔偿为主,以较长时间无法捕获犯罪嫌疑人,对被害人予以预先补偿为补充。刑事被害人国家补偿制度在对被害人合法权益进行保护和救济时,国家在多大程度上向被害人补偿,反映了国家对被害人权利保护的程度。范围越广对被害人的保护力度和程度就越大。但补偿不是无限的,它作为一种事后救济,应如何界定,是这一制度的关键所在。从中国实际情况来看,补偿应该以对人身伤害补偿为原则,财产损害原则上不予补偿,只有在因财产损害而导致生活极为贫困的情形中,才应该予以补偿。人身伤害不应包括精神损失,且以直接损失为准,不包括间接损失。至于补偿的数额标准,可以适当参照《国家赔偿法》中的赔偿数额予以规定。①造成被害人部分丧失劳动能力或全部丧失劳动能力的,支付医疗费、残疾补助费以及其抚养的人的必要生活费。部分丧失劳动能力的最高限额不超过国家上年度职工年平均工资的 10 倍；全部丧失劳动能力的最高限额不超过国家上年度职工年平均工资的 20 倍。②造成被害人死亡的，支付丧葬费、受其抚养的人的必要生活费，最高限额不超过国家上年度职工年平均工资的 20 倍。

（三）关于补偿的决定机关

从国外的相关立法来看，审议被害人国家补偿的机构有三类：一是在法院内建立有关机构，二是在检察机关内建立有关机构，三是在政府建立专门的机构。在国内来讲，目前理论研究中也是众说纷纭。从建立刑事被害人国家补偿制度的宗旨来看，目的是恢复受损的利益，促进司法机关在各个诉讼阶段加强对被害人权益的保护，但刑事案件往往涉及各司法机关，因此，设立一个专门的补偿委员会，挂靠在具有协调各方面功能的相应的国家机关，而不设在某一具体的司法机关，将更有利于协调司法机关、犯罪人、被害人之间的关系，有利于提高国家补偿的公平和效率。况且，补偿金的审核决定对象并非法律争议，不需要司法机关通过司法途径解决。此外，考虑到在补偿案件中的先期给付等问题，在案件尚未侦破的情形中，由独立的专门补偿委员会进行补偿也更有利于问题的解决。

（四）关于补偿程序

国家补偿的程序一般包括权利告知、申请人提出申请、补偿委员会（或相应的机关）审查、裁定等部分组成。①权利告知。司法机关应该告知被害人有提出补偿的权利。②提出申请。申请人应向补偿委员会（或相应的机关）提出书面申请，申请书应写明被害人和加害人的有关情况、损害程度及相应证明，申请补偿的理由及数额。被害人申请补偿应当有一定的时效，超过法律规定的时效，国家应不予补偿。鉴于中国的国情，可考虑被害人申请补偿的时效为发生犯罪后 2 年之内。③进行调查。补偿委员会受理被害人提出的补偿申请后，对被害人的生活状况、过错程度、受损害程度、有无获得其他补偿等方面进行调查，以作为决定依据。④作出决定。补偿委员会应当在受理被害人补偿申请后一定时间内作出是否补偿的决定。决定一经作出，立即生效。作出支付决定时，须同时决定支付的具体金额。⑤进行救济。被害人对决定不服的，可以在收到决定书后一定时间内向上一级补偿委员会申请复议一次。上一级补偿委员会应当在接到复议申请后作出维持或变更决定。⑥先行支付。补偿委员会受理被害人的补偿申请后，如果被害人的生活状况因犯罪而极度恶化或被害人急需抢救需治疗费时，补偿委员会有权在审查核实后作出先行支付的决定，并可采取一次性或数次临时支付的方式先行支付。⑦补偿金的追偿。国家在被害人得到紧急补偿金后，如果其他负有赔偿责任的人或者单位有赔偿能力而没有赔偿的，有权在赔偿金的范围内进行追偿。

综上所述，现代法治国家的建立，对政府权力的规制和公民权利的保障都是非常重要的。中国刑事被害人国家补偿制度的缺失，不仅不利于平衡国家利益与个人利益，而且不利于改革、发展、稳定和和谐社会的建立。因此，完善对被害人的人权保护是中国所面临的一个亟待解决的问题，加强被害人补偿制度的研究，尽快构建好中国的刑事被害人国家补偿制度，早日制定完善的刑事被害人国家补偿法，是国家对受到犯罪侵害而无法得到赔偿的被害人切实承担起义务和责任的必然选择。

（参见法治蓝皮书《中国法治发展报告 No.6（2008）》）

第二十三章　中国死刑核准制度改革与完善

摘　要：本文通过对中国死刑核准制度演进的客观描述，揭示了死刑核准制度改革的必要性。本文还从死刑核准制度改革实施以及核准权收归最高人民法院的实践，探讨了这项制度对死刑案件的数量、质量、审判程序以及对整个刑事案件的审判所产生的影响，并进而探讨了这项制度运行中存在的问题及其完善。

根据十届全国人大常委会第二十四次会议通过的《关于修改〈中华人民共和国人民法院组织法〉的决定》，最高人民法院从2007年1月1日起统一行使死刑案件核准权。这是中国司法体制和工作机制的一项重大改革，是新中国刑事法制发展进程中一件具有重大历史意义的大事，不仅对中国刑事审判工作，而且对国家法治的发展与进步，都将产生深远的影响。

一　中国死刑核准制度的历史演变

（一）新中国成立初期至1966年的死刑核准制度

中华人民共和国成立之初，党中央就提出了保留死刑、少杀慎杀的思想，并将其作为指导中国死刑适用的基本政策。为贯彻少杀慎杀政策，在当时尚无刑事诉讼法和人民法院组织法的情况下，就积极采取多种措施，建立了死刑复核制度。由于中国新生的政权刚刚建立，百废待兴，被推翻的反动政府武装极端仇视新兴的政权，全国到处都有残余匪帮进行暗杀、爆炸等破坏活动。加之当时条件的限制，因此当时的死刑核准制度区别了反革命案件与一般刑事案件，适用不同的复核程序。反革命案件的死刑核准，由省以下的各市县法院判处死刑后，送省法院审核，再送省主席批准执行；但是一般案件的死刑核准制度相对比较严格，需要原判法院报省法院审核后，再送最高人民法院复核。在之后的时期里，死刑案件的核准是由省级法院或者大行政区的法院复核后转请省人民政府主席或者大行政区主席核准执行。到了1954年，这种情况有了变化。根据1954年9月通过的《人民法院组织法》第11条第5款的规定，当时实际上是由最高人民法院和高级人民法院分别行使死刑案件的核准权。这在当时基层人民法院可以判处死刑的情况下要求是相当高的。这一规定符合建国初期的实际情况，对防止错判、错杀起到了积极作用。

1956年党的八大报告提出，除了极少数的罪犯由于罪大恶极，造成人民的公愤，不能不处死刑的以外，对于其余罪犯都应当不处死刑，并且应当在他们服刑期间给予人道主义待遇。凡属需要处死刑的案件，应当一律归最高人民法院判决或者核准。这样可以逐步达到废除死刑的目的，而这是有利于社会主义建设的。据此，1957年第一届全国人民代表大会第四次会议决定，凡判处死刑立即执行的案件，都由最高人民法院判决或核准。1958~1966年，死刑案件由省级法院向最高法院报请复核、核准。

（二）1967~1979年的死刑核准情况

"文化大革命"期间，人民法院组织机构基本瘫痪，死刑核准制度名存实亡。1972~1979年法院逐步恢复，死刑核准制度名义上由最高人民法院行使，但实际上由各地革命委员会保卫组行使死刑核准权力，而保卫组实际上又是由军官小组掌权。这种由军代表核准死刑，死刑复核文书盖军代表印章的状况一直持续到1976年后，革命委员会和保卫组取消，才逐渐恢复了法院审理，死刑案件的核准权转移到由最高人民法院行使。

(三) 1979 年"两法"规定的死刑核准制度

1979 年 7 月，五届全国人大二次会议制定了《刑法》和《刑事诉讼法》这两部刑事基本法，修订了《人民法院组织法》，规定死刑案件除由最高人民法院判决的以外，应当报请最高人民法院核准。《刑事诉讼法》设专章规定了死刑复核程序，具体内容体现在 1979 年《刑事诉讼法》第 144、145、146、147 条当中，《刑法》《刑事诉讼法》规定的死刑案件复核程序，为改革完善死刑核准制度奠定了立法基础。

(四) 部分死刑案件核准权的下放

改革开放之初，重大恶性犯罪频发，正处于重建初期的最高人民法院无力承担全部死刑案件的复核工作。为从重从快严惩严重危害社会治安的刑事犯罪分子，1979 年《刑法》尚未正式施行，五届全国人大常委会第十三次会议即于 1979 年 11 月作出决定：在 1980 年内，对杀人、强奸、抢劫、放火等严重危害社会治安的现行刑事犯罪分子判处死刑案件的核准权，由最高人民法院授权给省、自治区、直辖市高级人民法院行使。据此，最高人民法院于 1980 年 3 月 18 日在《关于对几类现行犯授权高级人民法院核准死刑的若干具体规定的通知》中将人民检察院起诉的现行杀人、抢劫、强奸等犯有严重罪行应当判处死刑的案件，授权各高级人民法院核准。根据 1981 年 6 月 19 日全国人大常委会《关于死刑案件核准问题的决定》第 1 条规定，在两年内，对犯有杀人、抢劫、爆炸、放火、投毒、决水和破坏交通、电力等设备的罪行，由省、自治区、直辖市高级人民法院终审判决死刑的，或者中级人民法院一审判决死刑被告人不上诉，经高级人民法院核准的，以及高级人民法院一审判决死刑，被告人不上诉的，都不必报最高人民法院核准。这样，最高人民法院仅仅对反革命罪和贪污罪等行使死刑核准权。1983 年全国范围开展了"严打"斗争。为了及时严厉打击严重危害社会治安的犯罪，全国人大常委会于 1983 年 9 月 2 日制定了《严惩严重危害社会治安的犯罪分子的决定》和《关于迅速审判严重危害社会治安的犯罪分子的程序的决定》，通过《关于修改〈中华人民共和国人民法院组织法〉的决定》，将原《人民法院组织法》第 13 条作了修改，根据修改后的这一条款，最高人民法院 1983 年 9 月 7 日发出了《关于授权高级人民法院核准部分死刑案件的通知》，规定除由最高人民法院判决的死刑案件外，对反革命案件和贪污等严重经济犯罪案件判处死刑的，仍应由最高人民法院核准外，"对杀人、强奸、抢劫、爆炸以及其他严重危害公共安全和社会治安判处死刑的案件的核准权，本院依法授权由省、自治区、直辖市高级人民法院和解放军军事法院行使"。之后，最高人民法院又依法先后授权云南、四川、广东、广西、甘肃、贵州等省区的高级人民法院行使毒品犯罪案件判处死刑的核准权。授权文件包括：1991 年 6 月 6 日《最高人民法院关于授权云南省高级人民法院核准部分毒品犯罪死刑案件的通知》；1993 年 8 月 18 日《最高人民法院关于授权广东省高级人民法院核准部分毒品犯罪死刑案件的通知》；1996 年 3 月 19 日《最高人民法院关于授权广西壮族自治区、四川省、甘肃省高级人民法院核准部分毒品犯罪死刑案件的通知》；1997 年 6 月 23 日《最高人民法院关于授权贵州省高级人民法院核准部分毒品犯罪死刑案件的通知》。

1996 年 3 月，八届全国人大四次会议通过了《关于修改〈中华人民共和国刑事诉讼法〉的决定》。修改后的《刑事诉讼法》第 199 条规定："死刑由最高人民法院核准。"第 201 条规定："中级人民法院判处死刑缓期二年执行的案件，由高级人民法院核准。"这一规定重申了 1979 年《刑事诉讼法》的规定，死刑立即执行的案件，应当由最高人民法院核准；死刑缓期执行的案件，由高级人民法院核准。1997 年 3 月，八届全国人大五次会议对《刑法》作了修订，修订后的《刑法》第 48 条特别增加了第二款，规定："死刑除依法由最高人民法院判决的以外，都应当报请最高人民法院核准。"

但是，由于当时最高人民法院统一行使死刑案件核准权条件还不成熟，面临较大困难，不得不依据尚未修改的《人民法院组织法》第 13 条的规定，于 1997 年 9 月 26 日下发《关于授权高级人民法院和解放军军事法院核准部分死刑案件的通知》，将部分死刑案件核准权继续授权高级人民法院和解放军军事法院行使。

根据通知，除死刑缓期二年执行的案件由高级人民法院复核外，死刑立即执行案件的核准权分情况按以下规定行使。

其一，除最高人民法院判处的死刑案件外，各地对《刑法》分则第一章规定的危害国家安全罪，第三章规定的破坏社会主义市场经济秩序罪，第八章规定的贪污贿赂罪判处死刑的案件，高级人民法院、解放军军事法院二审或复核同意后，仍应报最高人民法院核准。

其二，对《刑法》分则第二章、第四章、第五章、第六章（毒品犯罪除外）、第七章、第十章规定的犯罪，判处死刑的案件（最高人民法院判决的和涉外的除外）的核准权，最高人民法院依据《人民法院组织法》第13条的规定，仍授权各省、自治区、直辖市高级人民法院和解放军军事法院行使。

其三，对于毒品犯罪死刑案件，除已获得授权的高级人民法院可以行使死刑案件核准权外，其他高级人民法院和解放军军事法院在二审或复核同意后，仍应报最高人民法院核准。

其四，因人民检察院提出抗诉而由人民法院按照第二审程序改判死刑的案件，应当报请最高人民法院核准。

其五，被告人被判处死刑的数罪中，如果有应当由最高人民法院核准的，或者共同犯罪案件部分被告人被判处死刑的罪中有应当由最高人民法院核准的，必须将全案报请最高人民法院核准。

1979年颁布的《刑法》《刑事诉讼法》明确规定死刑由最高人民法院判决或者核准，但实际上最高人民法院一直没有统一行使死刑案件核准权。从1980年1月至2006年12月31日，中国死刑案件实际上长期实行的是"双重核准制"，即死刑案件核准权由最高人民法院直接行使和高级人民法院根据授权行使。但是，这种做法本身也确实存在体制、机制等一些难以克服的矛盾和问题。事实上，在法学理论界和司法实务界，批评这种做法的声音一直没有平息。自20世纪80年代后期开始，学界开始不断有学者针对死刑复核权下放存在的问题提出应当将死刑复核权收归最高人民法院统一行使。特别是1996年、1997年全国人大先后对《刑事诉讼法》和《刑法》修订以后，围绕最高人民法院继续授权高级法院和军事法院行使部分死刑案件核准权问题的讨论成为舆论焦点①。

二 死刑核准制度改革的实施

2003年7月，最高人民法院司法体制改革研究小组《关于推进司法体制改革的建议》提出：死刑案件由最高人民法院统一行使。2005年10月26日，最高人民法院发布的《人民法院第二个五年改革纲要》明确提出，"落实有关法律的规定和中央关于司法体制改革的部署，由最高人民法院统一行使死刑核准权，并制定死刑复核程序的司法解释"。严格按照《刑法》、《刑事诉讼法》和《人民法院组织法》的规定，将死刑案件核准权统一收归最高人民法院行使，主要目的在于严格执行法律，准确惩治刑事犯罪，控制和慎重适用死刑，统一死刑适用的标准，确保死刑案件的审判质量，维护社会稳定，促进社会和谐。为切实做好死刑核准制度改革，最高人民法院积极稳妥地进行大量准备工作。

（一）思想准备工作

对最高人民法院统一收回死刑核准权的重要意义，有一部分人不甚理解。党中央一再强调中央决定实施死刑核准制度改革的重要意义，重申党和国家在死刑问题上的一贯政策。为贯彻落实党中央死刑核准制度改革的决定，2005~2006年，最高人民法院先后召开了重大刑事冤错案件剖析座谈会、死刑案件二审开庭审理工作座谈会、全国刑事审判工作座谈会、第五次全国刑事审判工作会议等会议，要求充分认识死刑核准制度改革的重大意义。这一系列会议的召开，更加有力地统一了全国法院的思想认识，

---

① 参见张仲麟主编《刑事诉讼法新论》，中国人民大学出版社，1993，第492~496页。刘家琛、罗书平：《对健全死刑复核程序之浅见》，载《现代法学》1987年第1期；郭家汉：《论健全我国死刑复核程序》，载《政法论坛》1989年第2期；沈德咏：《关于死刑复核程序的几个问题》，载《中国法学》1991年第3期；崔敏：《论死刑复核的履行》，载《中国人民公安大学学报》1996年第1期；陈卫东、刘计划：《关于死刑复核程序的现状及存废思考》，载《中国法学》1998年第5期；胡云滕等：《论死刑适用兼论死刑复核程序的完善》，载《人民司法》2002年第2期；杨立新：《死刑复核程序的应有功能研究》，载《中国人民公安大学学报》2004年第1期。

极大地促进了刑事司法观念转变,推进了死刑二审案件开庭审理和死刑核准制度改革的各项工作。最高人民法院院领导还分头到各地与当地党委领导交换意见,推动死刑二审案件开庭审理等工作。各高级法院也主动向省委、人大汇报工作,争取支持。经过一年多的工作,各级法院、政法各部门和各地党政领导以及社会各界,对于死刑核准制度改革的认识逐步趋于一致,思想基本统一,最高人民法院统一行使死刑案件核准权工作得到了广泛的理解和支持,国内外舆论对此反应正面积极。2006 年 11 月 6~8 日,最高人民法院在北京京西宾馆召开的第五次全国刑事审判工作会议上正式宣布,最高人民法院将于 2007 年 1 月 1 日起统一行使死刑案件核准权。

为确保死刑案件的质量,最高人民法院、最高人民检察院、公安部、司法部于 2007 年 3 月 9 日联合发布了《关于进一步严格依法办案确保死刑案件质量的意见》。该意见规定了办理死刑案件应当遵循的原则要求,以及各机关办理死刑案件的具体程序与职责等问题,于 2007 年 3 月 11 日公布。该意见的出台,对统一政法各部门的思想认识、确保死刑案件质量起到重要作用,为提高死刑案件的质量提供了制度条件。

(二) 法律准备工作

法律准备工作主要是《人民法院组织法》第 13 条的修改。2006 年 9 月 29 日,最高人民法院向全国人民代表大会常务委员会正式提交了《关于提请审议〈中华人民共和国人民法院组织法〉修正案(草案)的议案》、说明和相关文件,建议修改《人民法院组织法》第 13 条。10 月 31 日,第十届全国人民代表大会常务委员会第二十四次会议通过了《全国人民代表大会常务委员会关于修改〈中华人民共和国人民法院组织法〉的决定》,删除了部分死刑案件授权高级人民法院核准的规定,决定将《人民法院组织法》第 13 条改为:"死刑除依法由最高人民法院判决的以外,应当报请最高人民法院核准。"该决定自 2007 年 1 月 1 日起实施,为最高人民法院统一行使死刑案件核准权提供了法律支持。

2006 年 12 月 28 日,最高人民法院公布了《关于统一行使死刑案件核准权有关问题的决定》,宣布废止 1980 年以来发布的八个授权高级人民法院行使部分死刑案件核准权的通知,并明确规定"自 2007 年 1 月 1 日起,死刑除依法由最高人民法院判决的以外,各高级人民法院和解放军军事法院依法判处和裁定的,应当报请最高人民法院核准",从而结束了长期以来死刑核准制度不统一的历史,引起了国内外的广泛关注和强烈反响,称这是"中国司法体制改革方面迈出的最勇敢的一步"。

(三) 制度规范准备工作

确保死刑案件质量,一审是基础,二审是关键。二审开庭是死刑核准制度改革的重要基础工作之一,直接影响到死刑案件核准权的顺利收回。为此,最高人民法院于 2005 年 12 月 7 日发布了《关于进一步做好死刑第二审案件开庭审理工作的通知》,要求"各高级人民法院在继续坚持对人民检察院抗诉的死刑第二审案件开庭审理的同时,自 2006 年 1 月 1 日起,对案件重要事实和证据问题提出上诉的死刑第二审案件,一律开庭审理,并积极创造条件,在 2006 年下半年对所有死刑第二审案件实行开庭审理"。该通知同时规定,二审开庭应当重点审查上诉、抗诉理由以及法院认为需要查证的与定罪量刑有关的其他问题。在此基础上,严格依照《刑事诉讼法》的规定,对第一审判决认定的事实和适用法律进行全面审查。根据死刑案件第二审开庭的特点,完善第二审程序和开庭审理方式,确保案件质量,提高办案效率。如果控辩双方对证人证言、鉴定结论有异议,该证言、鉴定结论对定罪量刑有重大影响,或具有其他法院认为应当出庭作证的情形时,证人与鉴定人都应当出庭。2006 年 2 月,最高人民法院在郑州召开部分法院"死刑第二审案件开庭审理工作座谈会",专门检查交流和部署死刑二审案件开庭工作。2006 年 5 月,最高人民法院又在广州召开"全国刑事审判工作座谈会",进一步部署死刑案件二审开庭审理。

2006 年 8 月,最高人民法院与最高人民检察院又联合发布了《关于死刑第二审案件开庭审理程序若干问题的规定(试行)》,该规定于 2006 年 9 月 25 日正式实施,要求规范死刑二审案件开庭审理程序,保障死刑被告人及其辩护人充分行使诉讼权利,为确保死刑案件的质量又增加了一道法律屏障。经过不懈努力,自 2006 年 7 月 1 日起全国各高院全部死刑二审案件开庭审理的目标已经实现。

（四）加强审判管理，完善复核程序，确保死刑核准工作质量和效率

死刑复核工作人命关天，必须慎之又慎，任何一个环节都不能出现纰漏。为此，最高人民法院研究制定了《关于审理死刑核准案件流程管理的规定》《关于复核死刑案件若干问题的规定》等一系列司法解释和规章制度，已经审判委员会讨论通过实行，以严格规范死刑核准案件办理工作，确保死刑案件核准工作公正、廉洁、高效进行。

讯问被告人。从确保案件质量、切实防止出现冤错案件考虑，最高人民法院研究决定，合议庭经审查认为应当核准被告人死刑的，原则上讯问被告人，必要时还要到案发地调查核实。同时要认真听取辩护人及各方意见。

审核把关。明确合议庭、审判长、副庭长、庭长、主管副院长以及审判委员会的职责。合议庭成员都要认真细致阅卷，在写出书面审查报告和阅卷报告基础上，对于事实证据、适用法律、定罪量刑和审判程序，认真讨论提出处理意见。所有死刑复核案件，无论是否核准死刑，一律层报主管院领导审核，主管副院长对案件进行审核后，认为有必要的，提交审判委员会讨论决定。

复核案件的处理。对报送核准的死刑案件，将根据案件的不同情况，分别作出核准死刑或者不核准死刑的裁定，不再直接改判。这种做法，符合《刑事诉讼法》的规定。

廉洁办案。最高人民法院采取措施，加强廉政建设，从制度、教育、预防等方面下功夫，坚决、有效抵挡外界说情风的干扰和影响，警惕可能发生的"以钱买命"情况，防止审判权被滥用，筑牢防线，廉洁办案，切实维护司法公正。

三 死刑案件核准权收回一年来的基本运行情况

死刑案件核准权自2007年1月1日开始收归最高人民法院统一行使，

标志着死刑核准制度重大改革如期实施到位。从 2007 年的情况看，有以下一些明显变化。

（一）死刑案件的数量逐步减少

"保留死刑，严格控制死刑"是中国的一贯政策。十几年来，人民法院一直坚持严格控制和慎重适用死刑，死刑案件数量持续保持下降趋势。最高人民法院统一行使死刑案件核准权后，加强了司法领域的人权保障，可杀可不杀的一律不杀，可不立即执行的一律不立即执行，确保死刑立即执行只适用于罪行极其严重、性质极其恶劣、社会危害性极大的刑事犯罪分子，使死刑立即执行的刑事被告人人数逐步减少。2007 年判决死缓的罪犯人数，多年来首次高于死刑立即执行的罪犯人数。出现这一状况，从根本上说是中国经济社会发展良好，人民群众安居乐业，人心思定、人心思安的结果，是政法机关特别是公安机关加大打击犯罪力度，保持社会治安形势总体良好的结果。

（二）死刑案件的质量更加扎实可靠

死刑复核程序实质上就是在两审终审基础上专门为死刑案件设置的特别审核程序。以前把死刑核准权下放给高级法院行使，实际上使死刑案件的复核程序与二审程序"合二为一"，不利于保证死刑案件质量。最高人民法院统一行使死刑核准权，在对"罪行极其严重"的死刑标准把握上，在对"可杀可不杀"的政策权衡上，在对"证据确实充分"的证明判断上，以及诉讼程序的正当合法上，要求更加严格，标准更加统一，质量更有保障。从 2007 年以来的死刑复核工作来看，不少案件需要下级法院甚至公诉、侦查机关补充相关材料，要求公安机关查证被告人检举、揭发他人犯罪的情况也比较普遍。这些措施的目的，就是要把死刑案件办成"铁案"，防止出现错案，做到"疑者不杀，杀者不疑"，经得起历史的检验。

（三）死刑复核程序逐步规范和完善

《刑法》和《刑事诉讼法》对于死刑复核程序的规定非常原则，

只有几个条文，尽管有司法解释，但很不完善。2006年以来，最高人民法院探索和完善与死刑复核相关的程序规范和工作机制，已相继出台了《关于复核死刑案件若干问题的规定》《关于死刑复核流程管理的规定（试行）》《关于做好死刑复核案件报送衔接工作的通知》等一系列规范性文件。最高人民法院对死刑复核案件实行了以核准或者不予核准为原则的新的裁判模式，同时，从实际出发，对一人犯两个以上死罪和一案判处两人以上被告人死刑的案件，保留了核准前提下部分改判的做法。

（四）对整个刑事审判工作发展产生重要影响

首先，促进了死刑案件一审和二审质量的提高。最高人民法院主要领导曾多次指出："办理死刑案件，一审是基础，二审是关键。"因此，最高人民法院以收回死刑复核权为契机，要求从2006年下半年起，死刑二审案件全部实行开庭审理。同时，强化对下级法院刑事审判工作特别是死刑案件审判的监督指导，通过提讯被告人、补充查证证据、发函指出问题以及座谈讨论等多种渠道，有针对性地加强对高、中级法院的业务指导。此举不仅使死刑案件二审质量更加牢靠、扎实，死刑案件一审的质量也相应提高。其次，带动了侦查、起诉和辩护工作水平的提高。最高人民法院会同最高人民检察院、公安部、司法部制定了《关于进一步严格依法办案 确保办理死刑案件质量的意见》，对于死刑案件的侦查、批捕、起诉、辩护、审判、复核等环节提出了新的更高的要求。从这半年多来的执行情况来看，效果是明显的，形成了一种良性互动的工作机制，相互配合、协调一致，共同保证死刑案件的审判和复核工作依法、公正、高效、有序向前发展。再次，推动了相关的刑事诉讼制度的改革和完善。无论死刑案件还是其他刑事案件，要想做到在事实认定上不出错，案件最终都办成铁案，证据的充分、可靠是关键，而做到这一点，建立和完善有关的证据规则势在必行，如非法证据排除规则、实物证据优先规则等。除此之外，进一步规范侦查取证行为，完善司法鉴定制度，完善庭审过程中的举证质证制度、证人出庭作证制度以及案件审限制度等，都显得更为紧迫。目前立法机关已经着手开展相关调研和论证，死刑案件审判和复核过程中遇到的问题，将会通过修改和完善法律得到解决。

四 完善死刑核准制度的几个问题

死刑案件核准权回收后，死刑核准制度的改革已基本完成，但死刑复核程序尚需进一步完善，还需要对有关制度进行修改或调整。从死刑复核程序运转的现状，以及理论、实务界存在的争议来看，当前有以下几个重大问题亟待解决。

（一）复核制还是三审制的问题

关于死刑复核程序的性质，在最高人民法院收回死刑案件核准权之前就存争议。对该性质的不同认识，导致出现究竟是该维持或调整现行的复核程序，还是将其改造为死刑案件第三审的争议。

有代表性的观点，主要有以下三种。第一种观点认为，死刑核准程序类似行政性审批监督程序，其本质是"核"而不是"审"，"核准"的性质更接近于"批准"，不能按照独立审级的模式来把握核准程序，而应当按照审批的思路设计核准程序。持这种意见者，多赞成保留目前死刑复核程序的运作模式。第二种观点认为，死刑复核程序应定位于一项司法审判程序，在最高人民法院收回死刑案件核准权后，应对死刑复核程序进行司法化改造，即总体上废除现有的死刑复核程序，建立独立的刑事案件三审程序。在改造后的三审程序中，控辩双方都要参与。法院对三审刑事案件，可以采用书面审理的形式，认为有必要的，应当采用开庭的形式，可以传唤证人、鉴定人、侦查人员等出庭作证。第三种观点认为，死刑复核程序是介于行政性审判监督程序与司法性审判程序之间的混合型程序，即死刑核准程序不能等同于一审、二审，也不能把死刑核准程序搞成三审，但是可以在现有审查的基础上，吸收审判程序的合理因素。考虑到死刑复核程序的职权性、封闭性、审批性等特点，可以对死刑复核程序进行适度改造，明确被告人在死刑复核程序中可以委托辩护人，保障被告人有向最高人民法院提出辩护意见的权利，以确保死刑案件的质量，避免出现错判。

死刑复核程序是中国死刑核准制度的重要组成部分，它既是《刑事诉讼法》规定的一、二审程序以外的特殊司法程序，也是弥补一审、二审可能出现差错的特别救济程序，对死刑复核程序性质的认识，可从以下两个角度展开。

首先，死刑复核程序是特殊司法程序。它是人民法院为保证死刑案件质量，而对判处死刑的案件进行审查核准的特殊程序。它不同于一般的行政审批程序，而是一道刑事司法程序，是刑事诉讼整体流程中的重要环节。其特殊之处首先在于其内部性，即在一审、二审之外，由最高人民法院通过书面审查与提讯被告人进行的内部审核。由于缺少控辩双方的介入，死刑复核程序当然不能被片面理解为所谓"三审"的诉讼程序。此外，死刑复核程序不是所有刑事案件的必经程序，而是专门对死刑案件进行审查监督的特别程序，是最高人民法院在审查核准死刑案件时必须遵循的步骤、方式和方法。

其次，死刑复核程序是特别救济程序。死刑复核程序是《刑事诉讼法》专门为一审、二审均被判处死刑者提供的特别救济程序。刑事案件经过一审、二审，经过诉讼双方的质证、辩论，案件事实已经明了、清楚，两审终审已基本可以实现实体与程序公正。但是，死刑是事关人命的大事，设立死刑复核程序，可以给死刑案件的被告人以最后救济的途径，可以充分发挥一、二审程序之外的特别救济渠道作用。不同于其他救济程序的是，死刑复核程序并不以被告人的申请为前提，而是最高人民法院依照法律赋予的职权主动提供的救济渠道，因此，它不具备诉讼程序的特性，并不是依靠被告人上诉以及检察院抗诉才能启动。

结合上述认识，上述第一种观点偏于保守，对死刑复核程序的认识又失之片面。而第二种观点，也就是将死刑复核程序改造为第三审的方案又过于激进，超越了中国的司法现实。三审方案一旦启动，一方面会牵涉对整个刑事诉讼司法体制进行大规模调整；另一方面，由核准期限延长、监管压力增大导致的高昂诉讼成本，也很难保证该程序的顺利运行。作为具有中国特色的刑事诉讼制度，死刑复核程序在制度渊源上具有其特殊地位，其特殊性不仅表现为行使主体的限定性，也表现为裁决结果的最后权威性，若将之完全等同于普通刑事审判程序，或主张对之进行完全等同于普通审判程序的改造，是过于机械的，也是无视诉讼效率要求的表现。对死刑复核程序的完善与构建，应当从实际出发，充分考虑现实中的诸多因素，避免脱离实际构建看似理想、实则很难实施的程序。因此，不能按照独立审级的模式来理解复核程序，而应当按照审核的思路设计复核程序。当务之急，是尽可能在现行法律框架之内，兼顾公平与效率对死刑核准程序加以完善。相比较而言，立足于现有司法资源有限而死刑案件较多的实际情况，对死刑复核程序进行适度改革，更主要是应为律师介入死刑复核程序提供空间，允许被告人在死刑复核程序中委托律师，被告人委托的辩护律师可以提出对被告人有利的辩护意见供合议庭考虑。立足于这一立场，上述第三种观点是比较符合实际的。

（二）死刑复核程序的检察监督问题

近些年，检察机关一直把加强对死刑复核程序的法律监督作为其司法改革的重点，在学术界，要求检察机关介入死刑复核程序监督的呼声也日益强烈。

关于检察机关介入死刑复核程序的方式，主要存在两种意见：一种是由检察机关与辩护律师各自作为诉讼中的一方，以诉辩对抗的方式参与复核程序；一种是由检察机关作为法律监督方，全程介入死刑复核程序，对其进行全程监督。前一种意见由于缺乏法律支持，只停留于修法建议层面。后一种意见则是检察机关与部分学者目前所持的主流观点，其依据主要如下。第一，检察机关有权依照《宪法》和《刑事诉讼法》的相关规定，对整个刑事诉讼程序行使法律监督权。既然死刑复核程序也是刑事诉讼程序的组成部分，故理所当然应当介入。第二，作为法律监督机关，检察机关的职能不仅是指控犯罪，还包括维护司法公正，如果检察机关认为被告人不应当被核准死刑，可以从法律监督者的立场出发，向法院提出不核准死刑的意见。如果发现应当核准死刑的没有被核准死刑，也有权提出不同意见。

检察机关要求以监督者身份全面介入死刑复核程序，并没有足够的法律依据，也缺乏现实可行性。

在法律方面，检察机关介入死刑复核程序的法律依据并不充分。毋庸置疑,《宪法》《刑事诉讼法》《人民检察院组织法》等都明确规定,检察机关是国家的法律监督机关,有权对国家机关、公民是否遵守法律的情况进行监督。体现在刑事诉讼中,就是检察机关有权对整个诉讼活动的合法性进行监督,即检察机关有权对立案、侦查、审判、执行等诉讼活动进行全面监督。就审判而言,检察人员在出庭公诉过程中,如果认为审判活动有违法情形,有权向法庭提出纠正意见。一审判决作出后,如果检察机关认为判决有错误的,可以提起抗诉,启动二审程序。在判决生效后,检察机关如果认为裁判确有错误的,还可以提起抗诉,启动审判监督程序。所以,检察机关对审判机关的法律监督,是有特定内涵的,必须依法定具体程序,在某些特定环节进行,而绝非是随意的、无任何范围限制的监督。从目前《刑事诉讼法》涉及死刑复核程序的规定来看,也没有为检察机关提供介入的"入口"。如果放任检察机关主动、全面参与死刑复核程序,将损害审判权的最终权威性,实质上等同于为其配置了高于最高审判权的权力,既从整体上破坏诉讼构造的合理性,也变相损害了最高审判机关的司法权威。

在现实可行性方面,检察机关介入死刑复核程序也缺乏可操作性。当初最高人民法院之所以下放死刑案件核准权,一个很重要的原因就是,如果全国的死刑案件都报送到最高人民法院复核,最高人民法院没有足够的人力和物力承担该项任务,同时也会令死刑案件的审理时间大大延长,增加看守所的监管压力。死刑案件统一收归最高人民法院核准后,办理死刑案件所需要的期限较过去大为延长,提高办案效率已成为一个新的亟待解决的问题,在这种情形下,如果再经过检察机关阅卷、提审、参与复核程序,将会使死刑案件的办理时间进一步加长,并需要增加更多的人力物力。就目前的治安形势与死刑案件数量而言,再度增加人力物力和大幅延长死刑案件办理时间,显然会遇到来自各方面的压力与阻力。

总之,在当前法律框架和司法体制下,无论从法律依据,还是从合理性与可行性的角度审视,检察机关都不宜介入死刑复核程序。

(三)限制死刑适用,统一适用标准

1997年刑法典将死刑适用的标准从"罪大恶极"修改为"罪行极其

严重",但仍不尽科学。事实上,究竟何谓"罪行极其严重",理论界亦存在很大争议。中国刑法典所规定的死刑适用标准,在具体内容方面还有待完善。

具体到当前的审判实践中,死刑案件中,事实不清、证据不足的只占少数,相反,存在的争议主要集中于何谓"非杀不可",以及"手段残忍""影响恶劣""民愤极大""情节特别严重"等概括性评价,这实际上涉及死刑案件的具体量刑标准。近几年,考虑到死刑观念的变化,最高人民法院在判断是否属于"罪行极其严重"等问题上,在政策把握、标准确定上更为严格,并召开多次刑事审判专业会议,强调要严格把握死刑适用标准,充分运用死缓制度,努力做到可杀可不杀的坚决不杀,对几类多发性的刑事案件,也作出了限制死刑适用的规定。例如,全国法院维护农村稳定刑事审判工作座谈会,全国法院审理毒品犯罪工作座谈会,涉外、涉侨、涉港澳台刑事案件工作座谈会等,都提出了一些有关严格把握死刑适用标准的具体要求。可以说,在立法上的死刑罪名有增无减的情况下,上述标准对在审判工作中有效控制死刑,特别是死刑立即执行发挥了重要作用。

死刑案件核准权回收后,由最高人民法院统一把握政策,适用法律,过去由多个高级人民法院适用不同标准裁判死刑的情况得以扭转,通过半年来的审判实践,"少杀慎杀""宽严相济""疑者不杀,杀者不疑""有罪则判,无罪放人"的刑事政策正逐步得到贯彻,死刑案件数量明显下降。但是,由于历史、地理、司法理念等方面的原因,各地法院在一审、二审中适用死刑的标准仍存在较大差异。即使在最高人民法院内部,也是由五个刑事审判庭分别核准案件,如何防止带来新的司法不平衡,保证法律适用的统一,是需要认真研究并切实加以解决的一个问题。

目前仍有必要采取措施统一死刑的适用标准。统一的标准确立后,一方面可以令中、高级人民法院准确把握死刑立即执行案件的量刑政策、适用标准、证据规格,使大量不必判处死刑立即执行的案件,顺利消化在一审、二审阶段,减轻最高人民法院的复核压力,提高诉讼效率,节约诉讼成本;另一方面,统一的死刑适用标准,有助于树立中国慎用死刑、尊重人权的国际形象。

(四) 制定刑事证据规则

过去出现的死刑冤假错案中，无不存有刑讯逼供的痕迹，许多据以定罪的口供和证据，都是通过对被告人进行刑讯逼供取得，在庭审时，被告人也往往以刑讯逼供为由翻供。另外，《刑事诉讼法》涉及证据的规定十分粗疏，有关刑事证据的收集、保全、固定、审查、判断、采用，以及非法证据的排除等相关规定仍然缺失。对司法机关违法取证的监督机制和程序性制裁，法律没有具体规定。因此，对侦查活动尚无法实现有效监督，非法取证现象很难及时遏止，非法证据一旦"顺利"到达法院审查认证阶段，单纯依靠庭审往往难以查清证据疑点，使得定案证据的严格把关失去效用，被告人的申辩无法确证，判决结论难以避免陷入危险境地，法院不得不吃下"毒树之果"。可以说，缺乏可供遵循的基本证据规则，已成为冤错案件发生的又一制度诱因。

制定完善的证据制度、执行严格的证据标准，对于有效地严格限制死刑适用和防止冤杀错杀，具有十分重要的意义。经过二十多年的司法实践，人民法院在证据认定方面已经积累了丰富的经验，各级人民法院也结合本地实际，做出了许多积极、有益的尝试。例如，上海市高级人民法院起草的《上海法院量刑指南》即提到：对于罪行极其严重的犯罪分子、判处死刑立即执行的，应当"有直接、原始证据与其他证据相印证，证明被告人实施了极其严重的犯罪；否则，如仅有直接证据（如目击证人证言和被告人供述）或间接证据锁链证明被告人实施了故意杀人或者贩卖大量毒品等严重危害行为，但缺少重要原始证据的（如没有找到被害人尸体或毒品等），一般不宜判处死刑立即执行"。四川省高级人民法院 2005 年 5 月会同当地公安、检察机关出台的《关于规范刑事证据工作的若干意见（试行）》，对不符合证据标准的非法证据表明了坚决予以排除的态度，并增强了可操作性，既限制了随意翻供、翻证的行为，又解决了刑讯逼供证明难的问题。

在总结各地先进做法与经验的基础上，有必要由最高人民法院就证据认定的规则、标准，尤其是死刑案件证据认定的规则、标准作出规定，并很好地贯彻非法证据排除规则，从制度上消除违法取证、刑讯逼供的隐患。目前，最高人民法院已成立专门的课题组，着手进行刑事证据规则的起草与制订，并派员到全国各地，就审判实践中运用证据中存在的具体问题、面临的主要困难、各地法院的有益经验与意见建议等方面进行调研，对既有的草案加以完善，在广泛征求意见后，再以司法解释的形式发布。待时机成熟后，推动立法机关将司法解释的部分内容纳入《刑事诉讼法》的修订计划。

（五）建立刑事被害人国家救助制度

近些年，因犯罪行为造成被害人及其家属物质与精神损害的情况引发的上访特别多，甚至成为影响社会稳定的重要因素。尤其是杀人、抢劫、强奸、绑架等严重危害社会治安的暴力犯罪引起被害人死亡的案件，给被害人及其家属造成的物质与精神损害更大，导致被害人家属生活无着。尽管中国目前的刑事附带民事诉讼实行的是"全额赔偿原则"，但受被告人经济条件等各种因素影响，多数民事判决都难以执行，很难弥补被害人的实际损失。尤其是需判处被告人死刑立即执行的案件，被害人及其近亲属受到的损失最大，而这一损失也最不可能得到弥补，在被告人被执行死刑后，刑事附带民事判决绝大多数无法执行。在被害人家属没有获得足额赔偿、法院又没有核准犯罪人死刑的情况下，被害人及其家属上访的压力更大。

因此，在中国建立刑事被害人救助制度，显得尤为必要。建立刑事被害人救助制度，可以在被告人无力赔偿被害人损失的情况下，由国家对被害人及其家属给予适当的补偿，既体现了国家对公民的生命、财产安全的责任，也在一定的程度上避免被害人及其家属上访或者闹访，对严格控制死刑和维护社会稳定具有特别重要的意义。

（参见法治蓝皮书《中国法治发展报告 No.6（2008）》）

第二十四章　吉林省涉黑犯罪与打黑除恶调研报告

摘　要：吉林省涉黑犯罪和打黑除恶专项行动在全国具有一定的代表性，本文用文献调研、个案研究、问卷调查、座谈访谈等方法对吉林省涉黑犯罪和打黑除恶专项行动进行了调研，对吉林省涉黑犯罪的现状、特点和发展趋势进行了分析，并对吉林省打黑除恶专项行动中积累的一些成熟的经验和做法进行了总结和分析，以推动今后打黑除恶专项行动的深入开展。

前言　研究意义和研究方法

吉林省从1998年打黑除恶以来，不断完善打黑除恶的相关制度和工作机制，在常态、理性、依法、专业等理念的指导下，使打黑除恶工作走向了常态化和规范化，并积累了一些较为成熟的工作经验，如异地用警、"一揽子"管辖、"下打一级"深挖保护伞、首犯异地服刑、打黑专业队伍建设等，其中有些经验已经在全国得到了推广和应用。因此，吉林省涉黑犯罪情况和打黑除恶工作在全国具有一定的代表性，对吉林省涉黑犯罪情况和打黑除恶工作进行调查研究具有必要性和重大现实意义。

"吉林省涉黑犯罪与打黑除恶情况调查"课题组（以下简称"调研组"）主要采取文献调研、座谈、访谈、问卷调查、个案研究、定量分析和定性分析等研究方式，先后对吉林省以及全省9个市（州）中的长春市、辽源市、通化市、吉林市政法机关进行了实地调研，并对一审判决的37个黑社会性质组织案件进行了量化和定性分析。

一 吉林省涉黑犯罪的现状和特点

（一）涉黑犯罪处于活跃期

自2006年2月打黑除恶专项斗争以来，吉林省公安机关共侦办涉黑案件48起，打掉恶势力团伙337个，抓获犯罪嫌疑人3089名，其中涉黑884人、涉恶2205人，破获刑事案件3913起；法院一审判决黑社会性质组织案件31起、397人；查处国家机关工作人员充当黑恶势力"保护伞"的渎职侵权犯罪嫌疑人84人。根据对调研的各级政法委、纪委、公安、检察院、法院、司法等机关中与打黑除恶相关工作人员的问卷调查，有51.3%的被调查者认为吉林省涉黑犯罪严重程度"一般"，有24.8%的人认为"不严重"，但是普遍认为所在地市涉黑犯罪的严重程度比全省低，尤其是"不严重"的比例低了近18%（见图1）。虽然多数被调查者认为涉黑犯罪严重程度"一般"，但是关于"涉黑犯罪对当地社会治安形势的影响"的问卷调查表明，黑恶势力犯罪对当地社会治安形势的影响较大，分别有45.54%和41.07%的人认为涉黑犯罪对当地社会治安形势"影响很大"和"有一定影响"（见图2）；具体到对群众影响的内容，其中有35.46%的人认为群众的"社会安全感降低"，28.29%的人认为会"影响工作和生产"，还有21.91%的人认为"影响生活的方方面面"（见图3）。因此，当前吉林省涉黑犯罪正处于活跃期，尽管打黑除恶取得了初步成效，但黑恶势力违法犯罪活动仍是影响全省社会稳定、危害人民群众生命财产安全的主要因素之一，打黑除恶工作任重而道远。

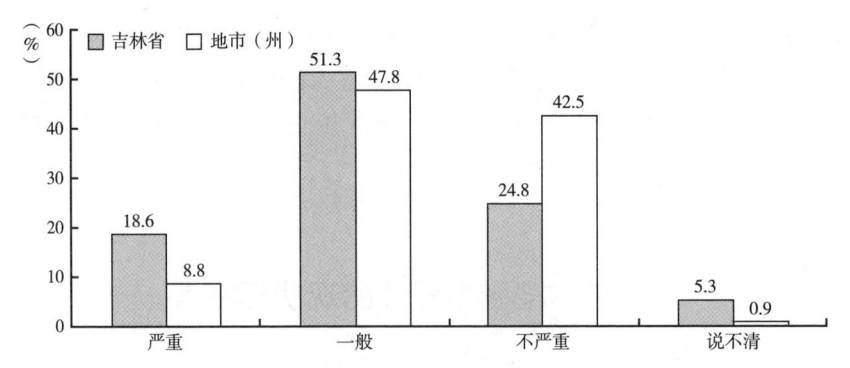

图 1 "当前吉林省和四个市涉黑犯罪现状"问卷调查情况

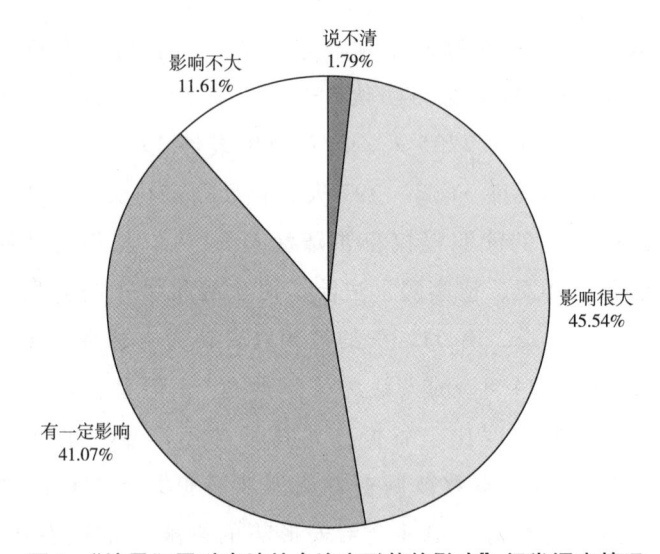

图 2 "涉黑犯罪对当地社会治安形势的影响"问卷调查情况

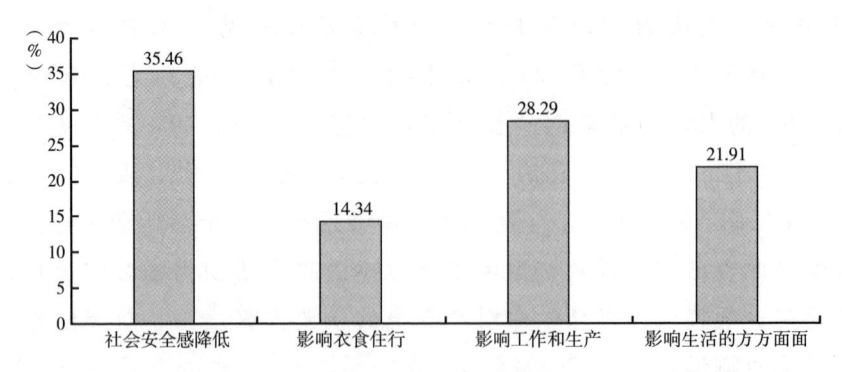

图 3 "涉黑犯罪对当地人民群众生活的影响"问卷调查情况

（二）黑恶势力分布广泛并具有一定的地域特征

根据对全省 1998 年以来一审审结的 51 个黑社会性质组织案件的统计（本报告仅对其中可获取详细资料的 37 个案件进行了统计分析），涉黑犯罪案件数量较多的依次是长春市、吉林市、通化市等地。这一分布状况表明，经济相对发达或有一定经济资源的地区涉黑犯罪相对较为突出，这与黑社会性质组织依托经济行业攫取经济利益的目的密切相关。长春、吉林等大城市以公司、正当行业为"幌子"的黑社会性质组织较为突出；通化、白山、松原等地市侵占矿产资源、林业资源以及盗贩原油的黑恶势力严重；四平、白城、辽源等地危害农村稳定的"村匪屯霸"明显；而边境地区延边朝鲜族自治州则以涉黄、赌、毒和侵害国家森林资源的黑恶势力居多。

黑恶势力活动范围不大，一般以县域、市辖区或地市为主。根据对吉林省一审判决的 37 个案件的统计，以县域或市辖区为活动范围的黑社会性质组织占 56.76%，以地市区域为活动范围的占 29.73%，但是跨县或跨区甚至跨地市活动的黑社会性质犯罪组织也占有一定的比例，跨地市活动的一般是以从事物流、交通运输业为主的组织（见图 4）。

（三）黑恶势力呈现多种类型

在农村地区，黑恶势力的典型表现形式为"村霸"或"乡霸"，还有以放高利贷、销售地下"六合彩"、"设赌抽红"等从事非法地下行业的犯罪组织。"村霸"或"乡霸"型黑恶势力用非法手段攫取或把持基层政权，大肆侵吞集体财产和惠农资金，垄断矿产、林地、建设用地等资源的开发和转让，以故意伤害、非法拘禁、寻衅滋事甚至故意杀人等暴力手段维系其犯罪组织和势力的存在与发展。

在县城和大中城市，黑恶势力的主要表现形式有"垄断特定行业型""商黑一体化型""经营地下行业型""官黑一体化型""村霸型"。其中"官黑一体化型"和"村霸型"是当前对党执政地位和执政基础的最大威胁，他们的存在不仅削弱了党的执政基础，干扰了党和国家政策的贯彻实施，而且会产生一定的社会变色，形成"社会黑"现象。

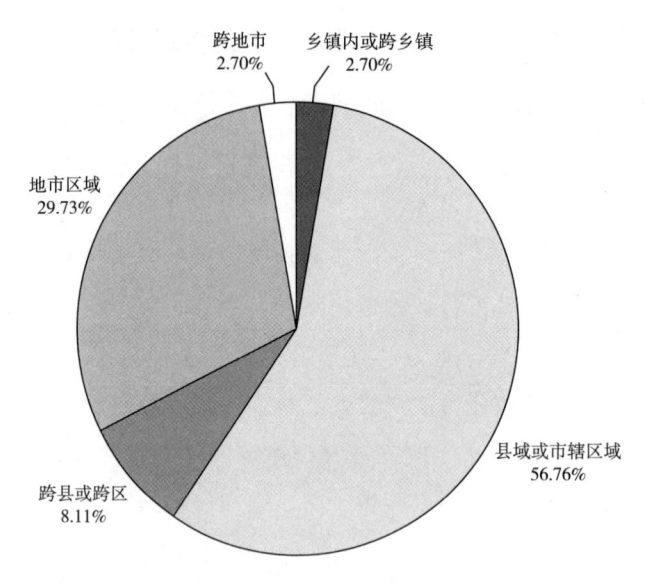

跨地市 2.70%
乡镇内或跨乡镇 2.70%
地市区域 29.73%
县域或市辖区域 56.76%
跨县或跨区 8.11%

图 4 "吉林省黑社会性质组织活动范围特征"调查统计

（四）黑恶势力向政治领域的渗透速度明显加快

案件和问卷调查表明，黑恶势力对政治生活影响日趋明显，已影响到党和国家的基层政权（见图5）。黑恶势力对政治生活影响的途径主要有：①采取暴力、恐吓等手段干扰基层选举，插手甚至控制基层政权；②千方百计拉拢腐蚀党政机关工作人员，寻求"保护伞"，甚至操纵司法；③有的国家工作人员或国家机关工作人员直接组织、领导黑恶势力从事违法犯罪活动，甚至把"公权私有化"作为其实施违法犯罪、攫取非法经济利益的手段。事实证明，黑恶势力对基层政权的侵蚀、对党员干部的腐蚀将会直接危及党的执政根基，动摇党在基层的执政地位。

（五）黑恶势力获利途径多样

黑恶势力坐大成势的过程就是一个通过暴力、威胁、贿赂等手段大肆攫取经济利益的过程。为追求非法的高额利润，他们以各种方式、利用各种机会和手段不断向经济领域渗透。调研表明，黑社会性质组织主要通过以非法手段从事合法行业、垄断行业或霸占市场、经营地下行业、实施违

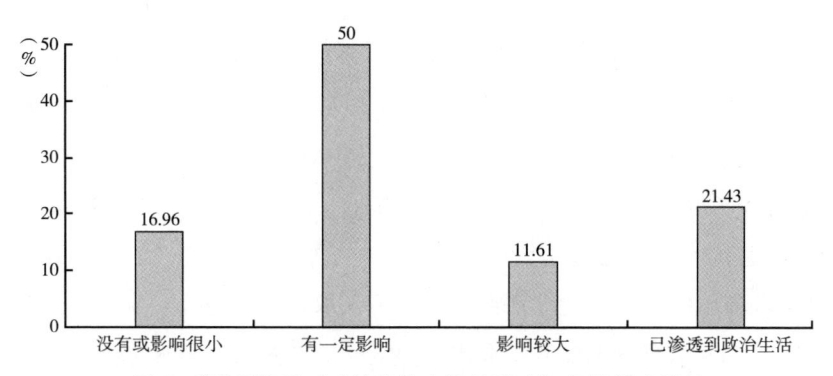

第二十四章 吉林省涉黑犯罪与打黑除恶调研报告 ● 417

图5 "涉黑犯罪对当地政治生活的影响"问卷调查统计

法犯罪等途径获取高额利润。在获利过程中，多种途径并存、合法经营与非法经营并存、非法行业与合法行业交织的现象突出。在各种途径中，通过垄断行业、霸占市场的方式获取经济利益的犯罪组织较多，占51.4%（见表1）。典型的如长春市郝伟成黑社会性质组织，通过暴力手段先后垄断长春市水果批发市场，非法控制温州至长春的鞋业物流运输，霸占新世界、太平洋等多个鞋城。

表1 "黑社会性质组织获利途径"统计

获利途径	黑社会性质犯罪组织数量（个）	此途径在所有途径中的比例（%）	以此途径获利的黑社会性质犯罪组织在所有黑社会性质犯罪组织中所占的比例（%）
实施抢劫、盗窃等违法犯罪	12	14.8	32.4
从事赌博、色情、毒品等地下行业	12	14.8	32.4
高利贷、收取保护费、非法讨债、地下出警、介入纠纷等	17	21.0	45.9
经营合法行业	21	25.9	56.8
垄断一定的行业或霸占一定的市场	19	23.5	51.4
总　计	81	100.0	—

注：因同一组织可以有多种获利途径，获利途径总计数量超过黑社会性质组织数量总数。

在黑社会性质组织侵入的合法行业中,以矿产等资源、建筑、房地产、娱乐、洗浴、物流运输、餐饮等行业为主。根据对37个黑社会性质组织案件的调查,侵蚀矿产等资源的比例最高,占行业总数的30.6%,有48.4%的犯罪组织涉及该行业;介入建筑和房地产业的犯罪组织占22.6%,占行业总数的14.3%;经营娱乐业、洗浴、餐饮业等特种行业的犯罪组织占25.8%,占行业总数的16.3%(见表2)。典型的如长春刘义黑社会性质组织专门通过非法经营采石厂获取经济利益,长春焦万里黑社会性质组织专门从事垄断砂石和水泥市场,长春郝伟成黑社会性质组织则垄断了全市的水果批发和运输市场。

表2 "黑社会性质组织介入合法行业"统计

犯罪组织涉及或经营的合法行业	犯罪组织数量(个)	此行业在所有行业中的比例(%)	从事此行业的犯罪组织在所有犯罪组织中所占的比例(%)
娱乐业、洗浴等特种行业	5	10.2	16.1
矿产等国家资源	15	30.6	48.4
物流或运输	7	14.3	22.6
建筑和房地产	7	14.3	22.6
餐饮业	3	6.1	9.7
屠宰业	1	2.0	3.2
其他行业	11	22.4	35.5

注:该表有效案件为31起,37个黑社会性质犯罪组织案件中有6个组织是以从事非法行业或行为为主的。

(六)黑社会性质组织存在时间较长

37个黑社会性质组织案件中,存在5年以上的黑社会性质组织占大部分,其中存在5~10年的占45.95%,存在10年以上的占32.43%(见图6)。这一方面反映了涉黑犯罪的隐蔽性和逃避打击的能力较强,另一方面也反映了黑恶势力长期得不到打击,逐步坐大成势的现状。黑社会性质组织存在的时间越长,犯罪行为越多,经济基础越强,政治渗透程度越深,打掉的难度也越大。例如,通化市以田波、李家勇、徐成贵为首的黑社会性质组织持续存在了14年,查实作案90多起,王平黑社会性质组织持续存在13年,查实作案38起。

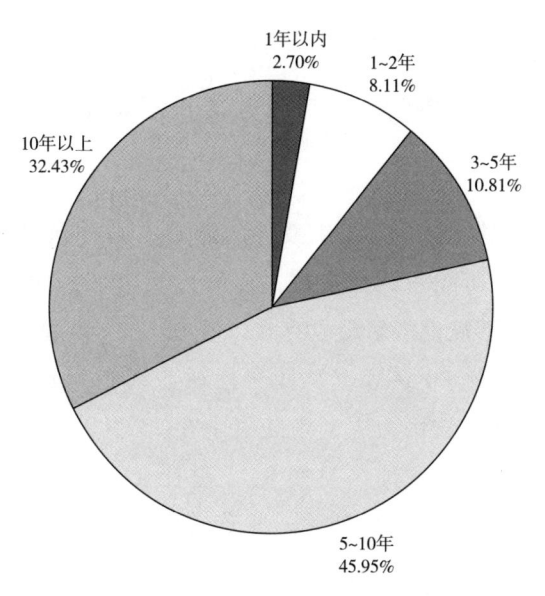

图6 "黑社会性质组织存在时间"调查统计

根据对涉黑案件的纵向分析,发现当前新的黑恶势力滋生和发展速度加快,成熟周期明显缩短,表现为在一定区域或行业新的黑社会性质组织产生和成熟周期变为2~3年,明显短于2006年以前的3~5年,而恶势力一般1年左右即形成规模。

(七)组织者、领导者具有多重社会身份

通过对37个黑社会性质组织案件的调查,黑社会性质犯罪组织的组织者、领导者均为1人或2~3人,其中1人的占64.86%,2~3人的占35.14%。组织者、领导者的社会身份多重,一般具有企业高管或私营业主、股东等身份,典型的还具有一定的政治身份和社会荣誉称号等,如桑粤春和王平。桑粤春不仅是吉港集团公司总裁、"优秀民营企业家",而且是第九、十届全国人民代表大会代表。王平既是村支书、村长、公司董事长,又是区第四、五、六届人民代表大会代表。

组织者、领导者具有违法犯罪经历者所占比例较大,在37个统计案件中,组织者、领导者有违法犯罪经历的有27个,占72.97%。典型的如李明峰和郝伟成两个黑社会性质组织,李明峰因盗窃、流氓、寻衅滋事等

行为先后 5 次被判刑，郝伟成曾先后两次受到打击处理。

（八）黑社会性质组织成员多为无业人员、刑释解教人员和进城农民

根据对 37 个黑社会性质组织案件的调查，成员有 10~50 人、中等规模的黑社会性质组织占绝大多数，比例为 86.5%，而 50 人以上规模的组织和 10 人以下规模的组织也存在（见图 7）。典型的如田波黑社会性质组织，成员多达 80 余人。黑社会性质犯罪组织成员以无业人员、刑释解教人员和进城农民为主，年龄集中在 25 岁以上，但也有 8.11% 的犯罪组织有未成年人参加（见图 8）。黑社会性质组织的骨干成员人数多以 3~10 人为主，占 83.78%。骨干成员以刑释解教人员为主，约有 73% 的黑社会性质犯罪组织的骨干成员有违法犯罪经历，如通化市王晓东黑社会性质组织的骨干成员全部是刑释解教人员。因此，采取适当的社会政策扩大就业和加强对重点人口的监管是减少黑恶势力后备力量的有效途径。

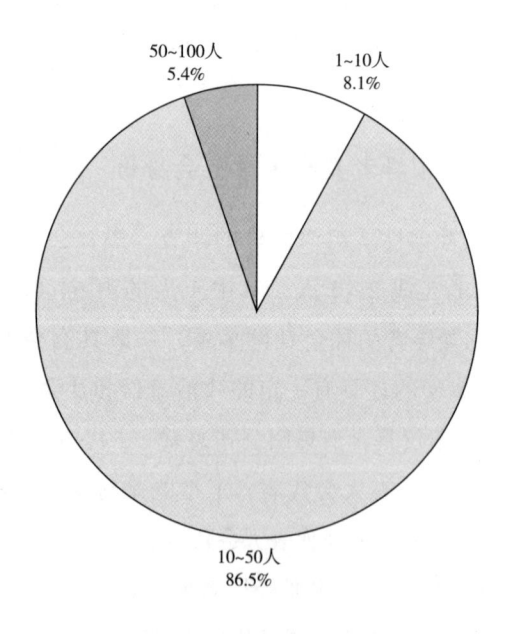

图 7 "黑社会性质组织成员规模" 调查统计

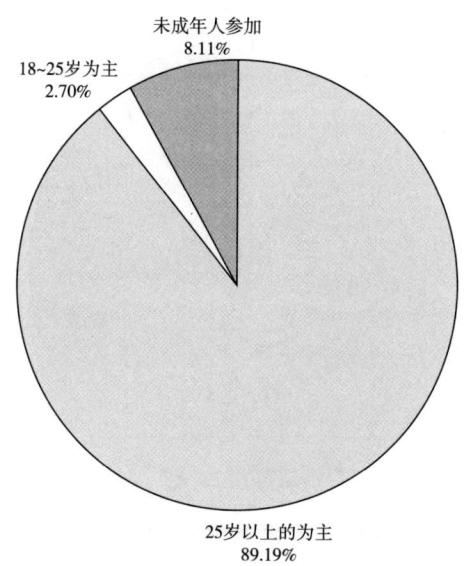

未成年人参加 8.11%
18~25岁为主 2.70%
25岁以上的为主 89.19%

图 8 "黑社会性质组织成员年龄结构"调查统计

(九) 黑社会性质组织结构有弱化的趋势

根据对 37 个黑社会性质组织案件的调查,黑社会性质组织结构较严密的(结构普通型)占 59.46%,主要表现为:①组织者、领导者明确,骨干成员基本固定,其他成员松散;②有明晰的 2 层以上的层次等级关系;③具有一定的组织纪律或规约。结构严密型的犯罪组织占 32.43%,其特征为:①组织者、领导者明确,骨干成员固定,其他成员基本稳定;②有明晰的 3 层以上的层次等级关系;③具有严格的组织纪律或规约(见图 9)。

根据对吉林省 2006 年以来办理的案件分析,黑社会性质组织的结构特征出现了逐步弱化的发展趋势,主要表现为组织者、领导者"幕后化",一般成员趋于"临时化"和"市场化"。典型的表现就是近两年长春市"摆队形""地下出警队"等新组织形式的出现。这一趋势在全国都有表现,应引起立法机关和司法机关的警觉。

(十) 暴力性特征有弱化趋势

当前暴力行为仍是黑恶势力获取非法利益和形成非法控制与垄断的主

结构松散型
8.11%

结构严密型
32.43%

结构普通型
59.46%

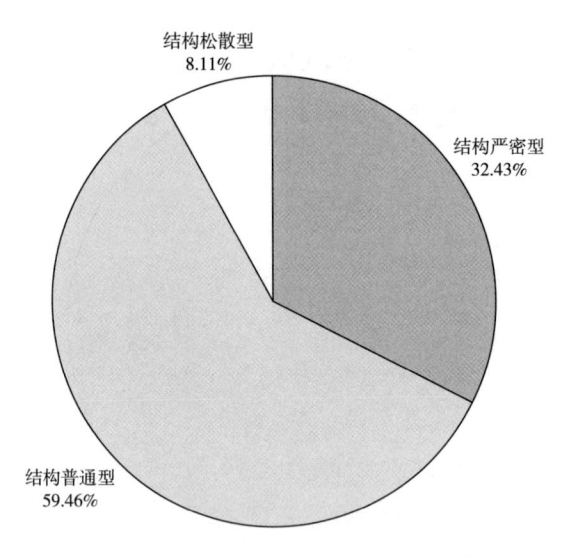

图9 "黑社会性质组织结构特征"调查统计图

要手段，暴力性强是当前黑恶势力犯罪的主要行为特征。根据对37个黑社会性质组织案件的调查，有91.89%的犯罪组织"以暴力作为维系组织存在或获取非法利益、目的的常规手段"，而"不使用暴力或者几乎不使用暴力"的犯罪组织几乎不存在。黑恶势力暴力性强的主要表现为：①故意伤害、寻衅滋事、敲诈勒索、非法拘禁、聚众斗殴、强迫交易等暴力犯罪行为是黑社会性质组织实施的最主要的犯罪行为，这些暴力行为贯穿犯罪组织追逐非法经济利益和维系其存在的整个过程（见图10）；②犯罪组织多涉枪涉爆。在37个黑社会性质组织案件中，有23个犯罪组织涉枪涉爆，占62.16%（见图11）。23个涉枪犯罪组织中，拥有5支以上枪支的占34.78%，拥有2支以上枪支的占73.91%，拥有10支以上枪支的占17.39%（见图12）。

从最近办理的涉黑案件来看，当前吉林省黑恶势力犯罪行为的暴力性特征有弱化的趋势，开始以"软暴力"来实现组织目的并规避司法机关的打击，这些行为表现为犯罪组织首先以暴力和威胁为基础，利用组织势力和影响对他人形成心理强制或威慑，然后采取所谓的"谈判"、"协商"、"调解"、出场摆势、言语恐吓、跟踪滋扰、聚众哄闹等形式干扰被害人，破坏群众正常的生产生活秩序。典型个案如长春市农安县宋文广黑

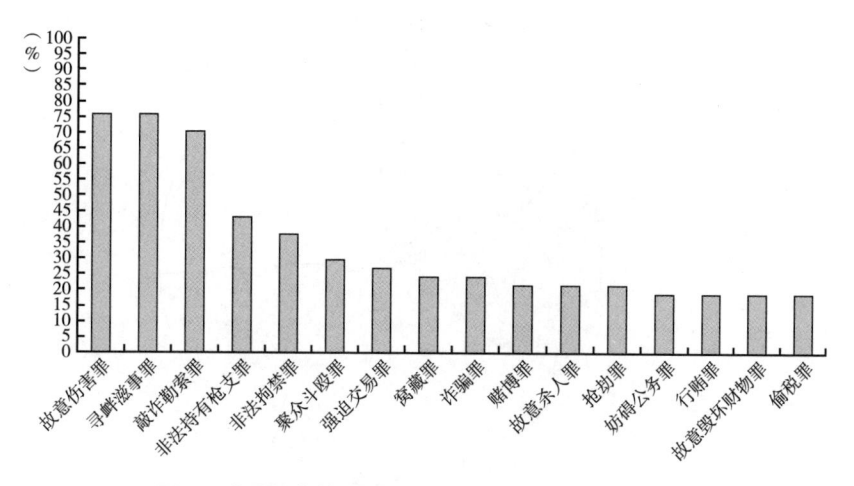

第二十四章 吉林省涉黑犯罪与打黑除恶调研报告 ● 423

图 10 "黑社会性质组织实施的主要犯罪行为"统计

注：根据对 37 个黑社会性质组织案件的统计，涉及的罪名有 74 个，本图仅统计了前 16 个。

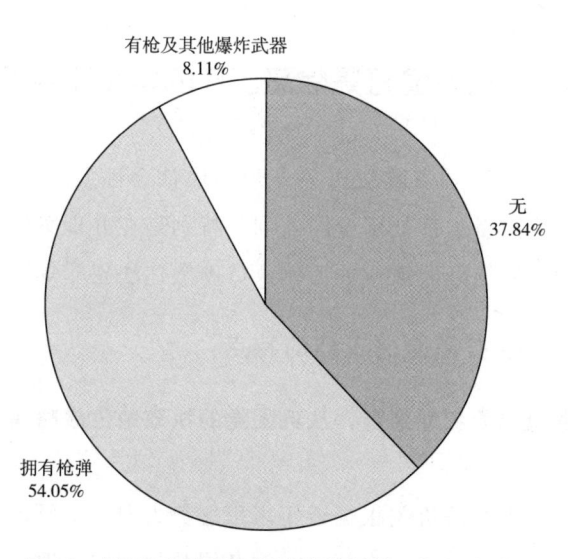

图 11 "黑社会性质组织涉枪涉爆情况"调查统计

（饼图数据：有枪及其他爆炸武器 8.11%；无 37.84%；拥有枪弹 54.05%）

社会性质组织。这种"软暴力"手段应引起立法机关和司法机关的重视，在社会治安综合整治过程中，不能只从形式上孤立地判断其行为，应该从犯罪组织及其全部行为来判断其罪与非罪的性质。

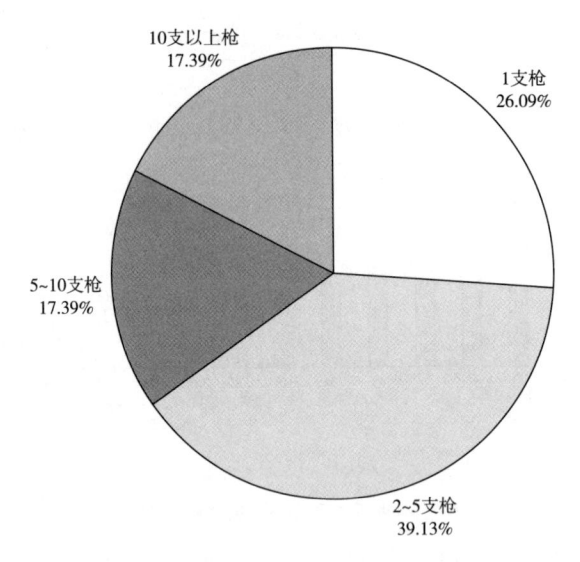

图 12 "黑社会性质组织拥有枪支"调查统计

二 吉林省打黑除恶工作的特点和经验

1998年以来,吉林省政法机关办理的黑社会性质组织案件在质量和每百万人口人均数量上都处于全国前列,特别是在办理案件的质量、打击黑恶势力保护伞和惩处国家机关工作人员涉黑违法犯罪等方面成效显著。

(一) 吉林省打黑除恶工作的特点

1. 准确把握涉黑犯罪形势,从巩固党的执政地位战略高度定位打黑除恶工作

首先,吉林省政法机关根据近年来黑恶势力向政治领域渗透的速度明显加快、干扰基层选举、插手甚至控制基层政权、拉拢腐蚀党政机关工作人员的状况,树立和强化打黑除恶的政治责任感,从维护党的执政地位和巩固党的执政基础的战略高度定位打黑除恶工作。其次,根据黑恶势力不择手段追求经济利润、以各种方式向各种行业渗透、以黑养商和以黑护商的情况,站在保持经济平稳较快发展的高度,控制和预防黑恶势力犯罪。最后,根据黑恶势力犯罪对群众切身利益的侵害范围更广、危害程度更大的状况，站在服务和保障民生的高度，严厉打击扰乱、威胁群众生产生活的黑恶势力。

2. 党委、政府高度重视，政法、纪检监察机关协同作战

地方党委、政府对打黑除恶工作的政策保障和支持力度是打黑除恶专项斗争能深入推进的重要条件。吉林省委、省政府始终大力支持打黑除恶工作，省委、省政府主要领导密切关注打黑除恶工作进展情况，对难度大或进展慢的案件亲自批办、督办。同时各市、州党委、政府从政策保障方面对打黑除恶工作予以大力支持，有效地解决了一些制约打黑除恶工作深入开展的瓶颈问题。

吉林省各级政法机关、纪检监察部门之间的统一认识、密切协作和积极配合是打黑除恶工作能否顺利开展的关键。省公、检、法、司等部门多次就涉黑犯罪有关问题以及典型个案进行专题研究。全省公安机关把打黑除恶作为"一把手"工程来抓，主要领导亲自指挥重大涉黑涉恶案件侦办工作。省人民检察院各部门加强对下级检察院办理的涉黑案件的指导工作，并根据工作需要，适时召开会议，或者派员分赴各地进行检查督导；省人民法院建立了层层把关的责任制度。纪检监察机关与公安机关、检察机关紧密配合，严查黑恶势力保护伞和涉案国家机关工作人员，为案件侦办和诉讼工作的顺利开展扫清了障碍。

3. 坚持常态化和理性化的理念，逐步实现工作机制的制度化和定模化

根据对当前黑恶势力犯罪形势的判断，吉林省政法机关在打黑除恶工作中确立了坚持常态化和理性化的基本理念。一方面，始终坚持把打黑除恶作为政法工作的重点工作和日常工作，并边打边建，逐步建立和完善打黑除恶工作责任制、黑社会性质组织案件挂牌督办制度、打黑除恶工作通报与报告制度、重大涉黑案件协商制度、省打黑办约见制度、错案追究制度、责任倒查制度、综治考评制度等各项制度，逐步建立和健全打黑除恶的长效工作机制；另一方面，不断总结各种经验和教训，并把好的经验、办理的典型案件、侦查案件的模式等逐一进行总结分析，并实现定模化，在全省进行学习和推广。

4. 打防结合，综合治理黑恶势力犯罪

吉林省在打黑除恶工作中注重打击的同时也注重黑恶势力犯罪的预防

工作。第一，为了预防黑恶势力成员重新犯罪，在加强教育改造的同时，随时掌握涉黑刑释解教人员的动向，并着手建立涉黑刑释解教人员信息库，进行跟踪监督。第二，加强公安派出所、司法所、街道社区对重点人口的管控和流动人口的管理，要求做好失学、失业人员的帮扶工作，消除黑恶势力产生的组织基础。第三，彻底摧毁黑恶势力的经济基础，防止其死灰复燃。第四，强化农村基层政权建设，特别是加强对农村基层换届选举工作的指导和监督，防止黑恶势力操纵选举，把持基层政权。第五，加强基层治安信息和黑恶势力线索搜集和分析工作，主动发现黑恶势力于雏形阶段，防止其滋生蔓延，坐大成势。

（二）吉林省打黑除恶工作的经验

1. 切合政治和经济发展规划：打早打小，打防结合

为了巩固党的执政地位和保障经济发展，吉林省把打黑除恶专项斗争与经济发展规划和政治生活紧密结合起来。为保障棚户区改造工程的顺利进行，严厉打击介入棚户区改造拆迁工作的黑恶势力。2008年长春市公安机关根据群众举报打掉了暴力介入拆迁的以宋文广为首的21人黑社会性质组织，该案是一个及时化解社会矛盾、保障经济发展、"打早打小"的典范，为处理棚户区改造拆迁工作中的涉黑涉恶犯罪问题提供了范例。为保证农村基层组织换届选举工作的顺利进行，在2010年全省村党组织和村民委员会换届选举期间，省打黑除恶专项斗争领导小组办公室及时下发了文件，并公布了郭云智黑社会组织案、王平黑社会性质组织案等4个典型案件，引起了社会的重视和群众的警觉，保证了换届选举工作的顺利进行。吉林省政法机关下一步结合吉林省"十二五"规划、城镇化进程以及"长吉一体化"等重大工程项目建设，从打击、预防、管控等方面遏制黑恶势力犯罪势头，以保障吉林省经济又好又快发展。

2. 打黑除恶专业化：打造专门机构和专业队伍

打黑除恶工作的艰难性和复杂性需要政治素质高、业务能力强的专业队伍和专业人员。为保障打黑除恶工作顺利开展，吉林省公安机关采取"以点带面、逐步健全"的方式组建专业的打黑队伍。首先，省公安厅成立专门的打黑队伍，然后各市、州逐步成立或健全专业队伍。吉林省公安厅有组织犯罪侦查队从 2003 年成立以来，先后直接打掉黑社会性质组织 6 个，参与办理黑社会性质组织案件 19 个。该侦查队不断从全省公安队伍中选拔优秀的专业民警充实力量，强化办案效果。其后，长春、吉林、辽源、通化、四平、松原等地市也相继组建了打黑专业队伍。未成立专业打黑队伍的市（州）正逐步争取当地党委、政府的支持，力争早日成立。选拔打黑民警时，要求民警必须具有坚定的政治立场、较高的业务水平、丰富的办案经验、热爱打黑除恶工作、具有吃苦耐劳的精神等基本素质和能力。

公安机关在打黑除恶专业队伍建设中注重专家库的建设和打黑专家的培养，保障每一个队伍都有 1~2 名在法律和侦查方面具有较高理论素养和实践经验的专家，及时研究解决案件办理过程中遇到的各种问题。同时，注重专业队伍的教育与培训工作，一方面，定期在全省范围内进行打黑除恶工作和执法规范化专题研讨和业务培训；另一方面，结合具体的案件分别从政治、业务、法律、工作方法等方面对办案人员进行针对性培训，以保障办案质量。同时，检察院、法院也在积极筹建打黑除恶专业人才库，并由专门的检察官、法官负责涉黑涉恶案件的起诉、审判工作。

3. 办理涉黑案件模式：属地管辖为主，重大案件异地或上级管辖

由于涉黑案件具有案件性质复杂、涉及面广、涉案人员多、涉及罪名多等特点，其工作方式、手段措施和办理时间均异于其他刑事案件。吉林省采取"普通涉黑案件属地管辖，重大涉黑案件异地或上级管辖"的办案模式，且在办理涉黑案件时实行"专人、专案、专办、专款、专地、专策"的工作方式，以保障案件办理工作的顺利进行。

对于当地侦办阻力大的重大涉黑案件，采取"异地用警""异地管辖"的办案方式，即采取异地侦查、异地羁押、异地起诉、异地审判、异地执行等措施，以排除阻力和干扰，保障案件侦查、起诉、审判和执行的顺利进行。在异地管辖的办案模式中，采取公检法其中一家异地、其他部门随之协同联动，即"一揽子"管辖的模式，并充分发挥各级政法委的领导和协调作用，以保障案件办理工作的顺利进行。经过 10 多年的实践，吉林省政法机关打黑除恶的异地用警、"一揽子"管辖模式已经发展成熟,在《刑事诉讼法》的框架下完善了相关的办案程序和工作方式。

异地用警和异地管辖虽然有利于提高打黑除恶的效率和效果,有利于司法机关排除干扰、公正执法,有利于保护司法人员及其家属的安全,但是也存在司法成本高、工作初期开展不顺利、办案人员危险性增加、当地相关机构和人员不配合甚至阻挠、当地民警心理压力较大、办案队伍不好管理等问题,因此,在保障异地用警高效、规范的同时,对不太复杂、涉案人员不多、当地阻力不大、当地司法机关有能力和信心办理的普通涉黑涉恶案件还是以属地管辖为主,以提高整体打黑除恶工作的效率。

4. 各部门间的协调机制:公检法司依法相互配合和协助

在打黑除恶过程中,公安、检察院、法院与司法行政机关以及纪检监察部门之间都建立了良好的协作关系。公安机关一旦发现有国家机关工作人员参与,立即通报纪检监察部门和检察机关及时查处,排除干扰,保障案件侦办工作的顺利进行。检察机关依法提前介入重大涉黑案件,不仅能够及时查处涉黑案件的幕后保护伞,而且还能够加强侦查人员对证据的把握。法院依法及时向其他政法机关通报案件审判进展情况,以达到从严从快地打击黑社会性质犯罪组织的效果。对案件办理过程中遇到的一些问题,或及时相互沟通,或在政法委的组织下召开案件协调会进行协调。司法行政机关加强涉黑案件的刑事辩护指导工作和罪犯的改造工作,对涉黑首犯及时采取跨省异地服刑措施,目前已有4名黑社会性质组织的首犯在跨省异地服刑。

5. 打黑与反腐并进:深挖幕后保护伞,彻底摧毁黑恶势力的经济基础

腐败分子的庇护和经济实力后盾是黑恶势力生存、壮大的基础,只有彻底摧毁这两个基础,才能做到"除恶务尽",因此打黑除恶是反腐和打击非法经济的另一个战场,必须有机结合起来同时进行。在深挖保护伞方面,采取"下打一级""主罪管辖"的措施,即由上级检察机关和纪委配合办理,或由公安机关前期一并侦办、后期移交的方式接力办理,力求挖出黑恶势力背后的"保护伞",做到除恶务尽。

经济基础是黑恶势力再生的物质后盾,如黑恶势力犯罪的服刑人员一方面通过行贿的手段腐蚀司法人员，以获取减刑、假释、保外就医或逃避改造；另一方面，指挥或怂恿狱外人员继续从事涉黑违法犯罪活动。因此，严查黑恶势力的经济基础是"除恶务尽"的另一保障途径。

6. 完善涉黑犯罪的发现机制：建立涉黑犯罪情报信息库，注重涉黑线索的核实和查证

为了应对当前黑恶势力犯罪活动日益隐蔽化的特点，避免日常工作中把涉黑涉恶犯罪作为个案处理，吉林省建立了涉黑涉恶犯罪信息系统，该系统要求各级公安机关在办理聚众斗殴、寻衅滋事及共同犯罪、团伙犯罪、集团犯罪、黑社会性质组织犯罪等案件时，把相关信息录入涉黑涉恶信息平台，其中违法犯罪嫌疑人的绰号和文身等亚文化信息等也按照一定的规范标准录入系统。在工作中，通过情报信息分析系统，分析违法犯罪嫌疑人以及案件之间的联系，从中发现涉黑涉恶犯罪的线索和信息，把涉黑涉恶案件的发现机制从被动发现向主动发现转变，有利于"打早打小，露头就打"方针的贯彻。

在涉黑涉恶案件办理过程中，前期的初查和证据收集相当关键，因此涉黑线索的核实和查证以及相关证据的收集是案件办理是否成功的保障。对于涉黑涉恶案件的各种线索，确定专人实地进行核实和调查，对有涉黑涉恶嫌疑或相关证据的，进行前期秘密调查。对于有证据证明的涉黑涉恶案件，立案前做好预案并及时报上级打黑机关及政法委备案，并依法加强公检法三机关的沟通协调。

7. 强化督导检查：及时纠正涉黑涉恶案件存在的重大问题

涉黑犯罪的复杂性往往导致案件办理过程出现各种情况，案件或难以进行，或性质发生变化，或漏罪漏人，或遗漏财产刑，等等。因此，省委政法委、省打黑办公室的督导和检查一方面促进了打黑除恶工作向纵深发展，另一方面能够及时发现案件办理过程中存在的重大问题，及时纠正或协调解决。典型如针对四平市王元海恶势力团伙在起诉环节漏罪问题，依法追究了涉嫌犯罪的检察官、律师的刑事责任；又如白城市宋伟涉黑案件在司法人员的庇护下，降格为个罪判处，省委政法委、省打黑办发现后，及时协调当地政法机关，启动再审程序重新审理，并对涉嫌徇私枉法的有关人员依法进行了查处。

三 吉林省涉黑犯罪与打黑除恶的启示

通过对吉林省涉黑犯罪的调研发现，大量地下行业的存在、刑释解教人员管理帮教不到位、基层政权的弱化或失控、腐败现象的存在、市场监管不力、经济发展过程社会管理滞后等社会问题是涉黑犯罪产生和存在的主要因素。因此，推动社会管理创新，逐步解决调查反映出来的这些重大社会问题，是控制和预防黑恶势力犯罪的根本性途径。

（一）黑恶势力向农村基层政权渗透现象突出

黑恶势力向农村基层政权渗透现象突出，主要表现为一些基层政权的弱化间接促使了黑恶势力的产生和壮大，甚至个别基层政权直接"黑化"，称霸一方。从近几年办理的9起"村官"涉黑涉恶案件来看，一些黑恶势力通过贿选、强选、威逼利诱等手段，窃取农村基层政权；有些家族势力与黑恶势力交织在一起，控制农村基层政权；个别村干部腐化变质，蜕变为黑恶势力的组织者、领导者或其帮凶，侵蚀农村基层政权。这一问题在全国都比较普遍，因此，强化基层政权建设，加强对村基层政权的监督是当前防止黑恶势力渗透的主要措施。

（二）刑释解教人员涉黑犯罪问题严重

从案件调查看，吉林省刑释解教人员的涉黑犯罪问题十分严重。37个黑社会性质组织案件中，组织领导者和骨干成员有前科的犯罪组织分别各有27个。从全国范围来看，刑释解教人员组织、领导、参加黑恶势力组织的现象比较普遍，刑释解教人员的涉黑犯罪和涉黑犯罪人员的矫治问题应引起社会的重视。

（三）经济发展过程中社会管理滞后

从吉林省涉黑案件的地域分布来看，经济发展速度较快、水平较高的长春、吉林、通化等地涉黑犯罪较为突出。经济发展快、经济发展水平高的地区，城镇化进程较快，新兴行业和新兴经济开发区较多，这在一定程度上为黑恶势力提供了大量的牟取非法利益的机会。如果市场管理不到位、行业发展监管不力、社会治安控制不好，黑恶势力必然会乘虚而入，介入那些门槛低、技术含量不高的行业，非法获利，以商养黑。

（四）国家机关工作人员直接涉黑和充当保护伞问题应引起重视

一方面，"官黑一体化型"的黑社会性质组织具有更大的危害性，其组织者、领导者跻身党政机关，然后逐步利用"公权"和"黑手"从事违法犯罪活动。梁旭东、展文波、田波、徐伟、王禹帆等涉黑首犯是这类黑社会性质组织的典型代表，他们往往采取强取豪夺、寻衅滋事、强占矿产、强迫交易、串标围标、组织卖淫等违法犯罪手段敛取巨额财产。这类"官黑一体化型"黑社会性质组织比其他类型的黑社会性质组织具有更大的社会危害性，国家机关工作人员利用手中的权力实施有组织的违法犯罪活动，不仅较难发现，存在时间较长，而且以官护黑，严重降低了党政机关的公信力。另一方面，"保护伞"的存在进一步加剧了黑恶势力犯罪的严重化趋势，尤其是司法人员的涉黑职务犯罪为祸尤烈。在查处的保护伞中，既有法官、检察官、公安民警等司法人员，也有其他党政干部，甚至包括一些经党培养教育多年的高级领导干部。典型的如原长春市公安局绿园区分局局长付德武、原长春市绿园区政协主席安然、原榆树市人大常委会副主任徐凤山、原吉林省公安厅纪委副书记王子桐、原长春市公安局经侦支队支队长徐为民、原长春市公安局站前分局局长廖春明、原吉林省高级人民法院刑一庭庭长宋翔等人。事实证明，黑恶势力对基层政权的侵蚀，对党员干部的腐蚀，直接危及党的执政根基和执政地位。因此，加强国家机关工作人员及其子女的教育和监督不仅是预防腐败犯罪的基本措施，也是预防涉黑犯罪的基本途径。

除国家机关工作人员外，个别人大代表和政协委员的涉黑问题比较严重、社会影响也较大，典型的如桑粤春、王平、郭云智等黑社会性质组织。他们不仅通过人大代表、政协委员的身份构建逃避打击的"保护罩"，而且用来编织广泛而深厚的"关系网"，具有寻求庇护和"自我打伞"的双重性，为其实施违法犯罪活动提供便利和庇护。因此，加强对各级人大代表、政协委员的资格审查和监督，进一步完善选举、推荐制度，是防止黑恶势力向权力机关、参政议政机关渗透的主要措施。

（五）应完善涉黑犯罪的相关法律制度

在打黑除恶过程中，司法人员发现放高利贷问题已成为城市和农村的主要地下经济行业之一，而由于当前国家缺乏关于高利贷问题的法律规制和监管，为黑恶势力提供了犯罪的机会。

在打黑除恶工作过程中，关于"恶势力"的认定是一个困扰司法机关的法律问题。"恶势力"不是一个严格的法律术语，缺乏明确的认定标准，虽然公安机关曾对这一术语进行过相应的解释，但是在司法实践中仍是一个难点。

根据当前黑社会性质组织结构特征与暴力性特征弱化而经济特征和非法控制特征强化的发展趋势，应当对《刑法》第294条规定的黑社会性质组织的认定标准进行适当的调整。同时，还应当对黑社会性质组织的组织行为、领导行为、积极参加及其他参加行为作出明确的界定。《刑法修正案（八）草案》增加了财产刑的规定，还应当进一步对涉黑犯罪财产和财产刑的执行作出具体的规定。力争将最高人民法院《关于审理黑社会性质组织犯罪的案件具体应用法律若干问题的解释》中的相关内容纳入刑法修正案，同时废止该司法解释。

由于涉黑犯罪涉及的犯罪行为和罪行较多，在案件办理过程中，发现有的犯罪嫌疑人的涉黑犯罪行为已经在当地或异地法院以个罪进行了判决，此时撤销法院原判决、重新审理的程序问题成了打黑除恶工作中一个法律难点，需要进一步完善刑事案件的审判监督程序。

（参见法治蓝皮书《中国法治发展报告 No.9（2011）》）

Abstract

In recent years, China has made remarkable achievements in the construction of the criminal rule of law. The criminal law is an important component part of the socialist system of law with Chinese characteristics and the level of development of the criminal rule of law reflects to a certain extent the level of development of the socialist system of law with Chinese characteristics. The criminal rule of law is inseparably linked to the protection of human rights, and the principle of minimum intervention in citizens' freedoms and the principle of maximum protection of the people's rights are complimentary to each other and together embody the superiority of the socialist system. Since its very beginning, the Blue Book on the Rule of Law has been closely following the development of rule of law in the criminal law field in China. On the one hand, it has objectively recorded the evolution and operational conditions of the substantive criminal law in China; on the other hand, it has tried to avoid the mistake of "attaching importance to substantive law while ignoring procedural law", which is the result of the influence of traditional elements, by paying special attention to the synchronized recording of the development both the criminal procedure law and the substantive criminal law in China. In the past dozen or so years, the substantive criminal rule of law has been developing rapidly along with the change of social situation, and made timely responses to concentrated outbreaks of certain crimes in certain periods of time and suppressed them by such means as special rectification actions; with respect to newly emerged crimes, China has initiated legislative procedure or procedure of interpretation of law in a timely manner to fill in legislative gaps, so as to contain the crimes as soon as possible; and, through the prediction of crime situation on the basis data analysis, China has achieved great results in the control of crimes at their sources, precision-strike against crimes, and reduction of the crime rate. In the past 20 years since the adoption of first amendment to the Criminal Procedure Law in 1996, the criminal procedure in China has been in a continuous process of self-repair through the adoption of laws, administrative regulations and judicial interpretations. As a result, the defense system, the evidence system, and the system of coercive measures have been improved one after another, criminal investigation procedure, review and prosecution procedure, trial procedure, enforcement procedure and special procedure have all been gradually standardized, and procedural justice has increasingly become "visible justice", thus ensuring the successful realization of substantive procedure. The system of criminal rule of law has its inherently precise and complicated systematic structure, which needs continuous minor improvements; and because the social situation is constantly changing, the criminal rule of law will continue to be faced with new situations and new problems and, therefore, must continue to be problem-oriented, so as to play the role as the mainstay in maintaining social stability, safeguarding civil rights, and realizing social justice and fairness.

Contents

Introduction 1: Crime Situation and Prediction in the New Science and Technology Revolution Era

Abstract: The fourth industrial revolution centered on artificial intelligence technology led to the emergence of a variety of social forms coexisting and fractured in the transitional period in china. After forty years of reform and opening up, the overall social security situation in China is stable, continuous decline of traditional violent crime; crime of undermining the socialist market economic type diversification, the overall trend of new crime crime control; rapid growth, the formation of a challenge to the traditional means of governance. The new changes of the traditional crime types in the future need to be adjusted timely by the judicial practice of the criminal law, while the new crime needs the comprehensive linkage of the criminal legal system and should be actively regulated and dealt with.

Introduction 2: Twenty Years of Development of Criminal Procedure Law in China

Abstract: The 1979 Criminal Procedure Law of the People's Republic of China (PRC), as the first criminal procedure law in the PRC, systematically provided for the basic criminal litigation system. Its promulgation indicated that the criminal justice in China had been brought into the orbit of the rule of law. In the twenty years since its first amendment in 1996, China has achieved major progresses in the development of criminal rule of law through the adoption of a series of relevant laws and judicial interpretations. Through a review of the historical evolution of the three main systems (the defense system, the evidence system and the coercive measure system) and five major procedures (criminal investigation procedure, review and prosecution procedure, trial procedure, enforcement procedure and special procedure), this chapter outlines the development of the criminal rule of law in China in the past 20 years, revealing all the progresses and setbacks in this process, and showing the direction of its future development.

Part 1: Annual Report on Criminal Law

Chapter 1   Development of Chinese Criminal Law in 2004

Abstract: This chapter reviews the development of criminal law in China through the case analysis of several main events that had taken place in the field of criminal procedure law in China in 2004. It first gives a brief introduction to the background and process of adoption of the UN Convention against Corruption and makes a detailed comparison between the main content of the Convention and the relevant provisions of Chinese Criminal Law. Secondly, it takes the high-profile "the first case of cyber pornography in China" in 2004 as an example to analyze the forms and channels of dissemination of cyber pornography, the crimes it may constitutes, and criminal punishments it may incur, and the difficulties encountered by China in fighting against it, as well as the countermeasures. Thirdly, on the basis of defining the connotations and the main characteristics of crimes against intellectual property, it reviews the progresses made by China in fighting crimes against intellectual property in 2004. Fourthly, against background of rising rate of juvenile delinquency, this chapter explains the new characteristics of juvenile delinquency, such as being committed by low-aged persons, organized, violent and profit-making, analyzes the causes of juvenile delinquency in family, society and juveniles themselves, and put forward suggestions on the prevention of juvenile delinquency. Finally, the chapter introduces the hotspots and the latest progresses in the research on the issue of death penalty, both in China and abroad.

Chapter 2   Development of Chinese Criminal Law in 2005

Abstract: This chapter summarizes the development of the criminal law in China in 2005 through the analysis of a series of important events in the field in that year. Firstly, it introduces the current polices on the fight against drug-related crimes, the treatment of drug addicts, the publicity of the prohibition of drugs, and the international cooperation in the fight against drug-related crimes, reviews the current situation of prohibition of drugs, and puts forward corresponding countermeasures. Secondly, it introduces the current situation of legislation on the crime of gambling and analyzes the characteristics of the crime and the difficulties encountered by China in the prohibition of gambling. Thirdly, it explains the background of the change of the name of the procuratorial organs responsible for the investigation of the crime of derelict of duty and obstacles to the investigation and punishment of this crime. Finally, it reviews the process of the delegation of the power to review and approve death sentences by the Supreme Peoples' Court to lower-level people's courts and the significance of withdrawing this power by the Supreme People's Court from lower-level people's courts, and puts forward suggestions on further improving the current death sentence review procedure.

Chapter 3 Development of Chinese Criminal Law in 2006

Abstract: In 2006, the public security situation was good on the whole country and the number of criminal cases filed had decreased to various degrees in 15 provinces, autonomous regions and municipalities directly under the Central Government. New progresses had been made in criminal legislation: firstly, the Standing Committee of the National People's Congress deliberated and adopted on June 29 the Amendment (Ⅵ) to the Criminal Law, which revised the provisions on the definitions of or statutory punishments for some crimes; secondly, supreme judicial organs had jointly or separately adopted several important judicial interpretations, which contain detailed provisions on the initiation of prosecution, conviction and sentencing in criminal cases, as well as the application of criminal punishments; and thirdly, judicial departments had actively implemented the criminal policy of tempering justice with mercy, carried out special campaigns against commercial briberies and other crimes, in which a number of major criminal cases had been investigated and tried. This chapter reviews the overall situation of the development of the criminal law in China in 2006 through the analysis of some important events in the field in that year.

Chapter 4 Development of Chinese Criminal Law in 2008

Abstract: This report reviews the overall situation of public security in 2008 on the basis of statistics issued by the Ministry of Public Security, introduces major and influential criminal cases, legislative and judicial instruments adopted or implemented, and other developments in field of criminal rule of law in 2008, focusing on protection of lawyers' rights, mass incidents, Xu Ting Case, anti-corruption legal systems and enforcement of criminal law in special periods.

Chapter 5 Development of Chinese Criminal Law in 2009

Abstract: This article is a general review of the public security situation in China and a brief introduction to the Seventh Amendment to the Criminal Law as well as the relevant judicial interpretations issued by judicial organs in 2009. Taking the "Special Law Enforcement Action 2009" that targeted crimes relating to faked currency, the article reviews the measures taken by China in 2009 for the control of multiple crimes, and through the discussion of cases with major social impact, explores the relationship between the public opinion and administration of justice. The article also provides information about the ongoing reform of sentencing procedure and forecasts the trend of development of the criminal law system in the year 2010.

Part 2: Crime Situation and Forecast

Chapter 6 Analysis of the Crime Situation in 2009 and Trend Forecast

Abstract: The year 2009 saw a drastic increase in the number of crimes, including major crimes such as violent crimes, crimes against property, crimes of disrupting socialist market economic order and crimes of disrupting the order of social administration. In response to this situation, Chinese government has made a series of adjustments and changes to its criminal policies. In the year 2010 China government will continue to be faced with dire crime situation and increasing press to maintain stability and therefore will make further adjustments to its criminal policies.

Chapter 7 Analysis of the Crime Situation in 2010 and Trend Forecast

Abstract: In 2010, the number of criminal cases remains at high level, but there is a marked decrease in the number of serious violence crimes, the public sense of security has increased, and the public security situation in the whole country is generally stable. In 2011, the crime rate in China will remain high, but it may cease raising, even began to decline. However, the public security situation will remain tense.

Chapter 8 Analysis of the Crime Situation in 2011 and Trend Forecast

Abstract: In 2011, the crime situation in China had been stable and public sense of security continued to rise. In 2012, the crime situation in the country as a whole will continue to be stable, there will be no dramatic changes in the total number of criminal cases, but there will probably be high incidence of crimes against property, crimes of disrupting the order of social administration, and economic crimes involving a large number of people.

Chapter 9 Analysis of the Crime Situation in 2012 and Trend Forecast

Abstract: The total number of crimes in China in 2012 rose, but the general situation of public security has been stable. There has been a drastic decrease in gun-related and other serious violent crimes but a relatively significant increase in economic crimes and a steady rise of crimes committed by the abuse of public power. The number of cyber crimes has also been on the rise. For 2013, the expectation is that there will be no dramatic changes in the total number of crimes and the public security situation will become even more stable.

Chapter 10　Analysis of the Crime Situation in 2013 and Trend Forecast

Abstract: The general social environment in China in 2013 was stable and the general public's feelings of safety had increased. However, the crime situation was still grim, certain types of crimes that severely impact public security still had high levels of occurrence and in certain areas might have even intensified, and certain unstable factors in society remained unresolved. With the further establishment of "the rule of law in China", the enhancement of the judicial reform, and the impacts of certain other positive factors, it is expected that the rate of increase of total number of crimes in 2014 will start to be restrained; crimes such as bribery and corruption, dereliction of duty, sexual offences committed against minors, and spread of rumors will be deterred. However, the occurrence of crimes relating to violent extremism, the Internet, espionage and intelligence gathering, and violent terrorism may continue to be at high levels.

Chapter 11　Analysis of the Crime Situation in 2014 and Trend Forecast

Abstract: In 2014, the Chinese society had been stable on the whole, although the crime rate had been high in some areas; the crime of terrorism was still rampant, even intensified in some regions and fields; the situation of drug-related crimes was still grim and complicated, and the phenomenon of drug abuse and drug trafficking was still widespread despite of repeated prohibition; there was a sharp increase in the number of job-related crimes under investigation; cyber crime was rampant and had seriously endangered network security; vicious crimes were still a prominent problem and had caused widespread social concern; and the situation of juvenile delinquency, crimes committed by entrepreneurs, and the rates of prostitution-, pornography-and gambling-related crimes were also high. In 2015, influenced by the relevant factors, crimes of corruption and prostitution, pornography-and gambling-related crimes will be contained to a certain extent, but extremely violent crimes, cyber crimes, drug-related crimes and the crime of terrorism will likely continue to affect social stability.

Chapter 12 Analysis of the Crime Situation in 2015 and Trend Forecast

Abstract: By 2015, in the international community, terrorism rampant; in the domestic, economic downward pressure and political efforts to fight corruption are continued to increase, the stock market appears irrational change in, environmental pollution especially continued haze days seriously overweight, and so on. By these international situation and domestic political factors, economic factors, social factors, the impact of China's 2015 crime situation is still very grim. This paper first discusses the status quo of 2015 violent terrorist crime is rampant, the crime of major cases, unprecedented increase production safety, environmental safety hazards and safety of food and drug crime, drug crime, highlighting the rising financial and securities crimes increase, telecommunications network crime soared; then make a prediction of the crime situation in 2016, pointed out that seriously endanger regime security and safety of the people of the violent terrorist crimes will get some control, but the situation is still not optimistic; closely related to people's daily life, the harm of food and drug safety crime, environmental crime will be effectively curbed, but telecom network crime will continue to surge; affect the economic security of the illegal fund-raising crime, the crime of securities infringe upon intellectual property crime will continue to increase; duty crime with China anti-corruption The depth increment decreased significantly, the stock has appeared to reduce the trend, the total number of cases will be reduced.

Chapter 13 Analysis of the Crime Situation in 2016 and Trend Forecast

Abstract: Generally speaking, the crime situation in China had improved in 2016 as compared to that of 2015. The forceful measures taken by the government for cracking down on violent crimes of terrorism had produced remarkable results; various kinds of crimes of illegal fund-raising, telecommunication crimes and cyber crimes had been put under effective control; the growth of major and serious duty-related crimes had been slowed down; the rates of traditional violent crimes continued to drop, but crimes of endangering production safety, environmental safety and food and drug safety remained prominent, and drug-related crimes still stayed at high level. In 2017, violent terrorist crimes, crimes of endangering production safety, environmental safety and food and drug safety, crimes of illegal fund-raising, telecommunication crimes and cyber crimes will continue to be kept under control, but it is still necessary to maintain vigilance against these crimes; with the deepening of the anti-corruption campaign, there will be a marked slowdown in the growth of duty-related crimes, a decrease in the number of existing cases, and an increase in the number of cases entering to judicial proceedings.

Part 3: Development Report of Criminal Procedure

Chapter 14 Report on the Situation of Criminal Defense in China

Abstract: Since the revision of the Criminal Procedure Law in 1996, criminal defense has always been a hot topic among the law circle in China.

People have different accounts and opinions of the situation of criminal defense during this period of time, such as "impasse", "dilemma", "retrogress", and "progress amidst twists and turns". Based on the emperical research, this report comes to the conclusion that the criminal defense in China has neither undergone serious retrogression, nor met the standard set by countries under the rule of law.

Chapter 15 New Developments in Criminal Procedure Law System in China

Abstract: The (Draft) Amendment to the Criminal Procedure Law touches upon the basic system of criminal procedure law and almost all criminal procedures. This article introduces the revisions to the defense system, the system of compulsory measures, the evidence system and the criminal investigation procedure as well as the supplementation of special procedures made by the Draft Amendment to the Criminal Procedure Law and, while confirming the overall progresses made by the Draft Amendment in promoting the development of the criminal procedure law system, in safeguarding rights, and in regulating functions and powers, points out and analyzes the existing problems in the draft amendment on which further reflections are needed, with a view to enabling people to have a comprehensive understanding of the Amendment to the Criminal Procedure Law.

Part 4: Anti-corruption Legal Construction

Chapter 16 Analysis of International Criminal Cooperation of Corrupt Officials Pursuit of China

Abstract: This chapter mainly reviews the situation of international criminal justice cooperation carried out by China for the pursuit of fugitive corrupt officials abroad. It first gives a general introduction to the current situation of international criminal justice cooperation, then systematically analyzes the bilateral treaties on extradition and judicial assistance concluded by China, joint law enforcement actions taken by China and the US, and the UN Convention against Corruption, and finally looks into the prospect and puts forward suggestions on the future development of international criminal justice cooperation for the pursuit of fugitive corrupt officials abroad.

Chapter 17 The Crime of Malfeasance in China: Legislative and Judicial Practice

Abstract: Taking the cases of malfeasance directly investigated by procuratorates as its subject of study, this article analyzes the development of legislation on the crime of malfeasance between 1979 and 2010, summarizes the judicial practice relating to the punishment and prevention of the crime in recent years, explores the characteristics and trend of development of the crime at the present time, and puts forward recommendations on improving the relevant legislation and judicial practice in the future.

Chapter 18 Evaluation of the Paths and Trends of Anti-corruption in China in 2013

Abstract: Anti-corruption is a global issue and is also an important mission of the CPC and China at present. After the 18th CPC National Congress, especially since the 3rd Plenary Session of 18th CPC Central Committee, the CPC Central Committee has developed new ideas and applied new measures for anti-corruption and the building of a clean government. This report incorporates the CPC Central Committee's spirit for anti-corruption and the building of a clean government. Through reviewing China's anti-corruption practices and features in 2013, this report analyzes the anti-corruption paths in China in 2013, the traditional "mass line" measures for anti-corruption, and the legal and institutional mechanisms for combating corruption and the building of a clean government, and assesses the situation faced by anti-corruption work in China for 2014.

Part 5: Hotspots of Criminal Law

Chapter 19 Criminal Policy of Balancing Leniency and Severity in Justice in China

Abstract: Criminal policy provides the essential spirit of the criminal law; it is the true guidance for the criminal justice system. China is now introducing the criminal policy of balancing leniency and severity in sentences. This requires criminal justice institutions to differentiate between the relevant circumstances of each case, to apply punishment proportionately to the crime, to soften harshness with leniency and vice versa, to strike a balance between the two in accordance with the law. Introducing the policy of balancing leniency and severity, can help to curb, prevent and reduce crimes, help to resolve social problems, diminish social confrontation, and promote the establishment of a harmonious society. The criminal policy of balancing leniency and severity is a basic policy approach to be followed now. It is expected to have a positive impact on criminal legislation, justice and to advance China's on-going reforms.

Chapter 20 Report on the Reform of the Penal Enforcement System in China

Abstract: The current penal enforcement system can no longer meet the requirements of the new situation and therefore needs be reformed. As a result, the organs in charge of penal enforcement have taken reform measures that focus on experimental reform of the prison system, adjustment of the prison layout, community correction, and the criminal policy of tempering justice with mercy. This report introduces the great achievements in the reform of the prison system, the remarkable results of the adjustment of the prison layout and the smooth progress of community correction work, and explores the prospect of future development of the penal enforcement system in China.

Chapter 21 Development of Criminal Compensation System in China

Abstract: In 2007, Criminal compensation claims took on a downward trend, but the rate and confirmation of criminal compensation continued to increase substantially. Compensation cases were mainly physical custody, and compensation were decided by liable organs themselves. Main problems of criminal compensation system include: (1) the scope and standards of compensation can not fully adapt to the situation; (2) liable organs system is not reasonable; (3) compensation procedure is not perfect enough; (4) compensation funds can not be guaranteed. At present, criminal compensation system should be revised and improved through rationalizing the system, smoothing mechanism, removing obstacles, and making efforts to resolve the outstanding problems, to protect people receiving timely compensation, to expand the scope of compensation, and to raise compensation standards.

Chapter 22   Criminal Victims' Compensation System in China

Abstract: In recent years, rights and interests protection of the criminal victims community has attracted attentions of all circles in the society, including party and government organizations and judicial organizations. To establish the state compensation system for the criminal victims is urgently required to improve the state relief system and to realize the guarantee of human rights equally and universally. The state compensation system is of vital significance to the harmonious society's construction. Based on thorough analysis of the current situation of the protection of criminal victims, by utilizing methods of synthesis, comparison and positivism, this paper has not only proven the necessity and feasibility of the establishment of the state compensation system in China, but also brought forward concrete proposals for establishing state compensation for criminal victims with Chinese characteristic.

Chapter 23   Reform of System of Approving the Death Penalty in China

Abstract: With describing examine and approve system of the death penalty, the author reveals the necessity of the reform of the system. Meanwhile, by illustrating implementation of the examine and approve system of death penalty and practice of the power of examine and approve taken over by supreme court, the author explored the impact of the system on death penalty cases and its trial. Furthermore, the essay examines the problems and perfection during the process of implementing the system.

Chapter 24 Investigation Report on the Fight against Organized Crimes in Jilin Province

Abstract: Organized crime and Targeted Actions against Criminal Force in Jilin Province are representative of such crimes and the targeted actions in the country. This article conducts a thorough research on targeted actions through literature review, questionnaire investigation, informal discussion and interview, analyzes the current situation, characteristics and trend of development of organized crime in Jilin Province, and summarizes the successful experiences accumulated during Targeted Actions with a view to providing guidance to the future campaigns against organized crime in the country.

后　记

　　刑法是法律体系的基石，刑事法治是检验国家法治建设水平乃至国家治理能力的重要指标。刑事法治报告一直是"法治蓝皮书"的重头戏和绝对焦点。

　　本书汇集历年刑事法治发展报告中的华彩篇章，以体系化的方式呈现中国刑事法治十余载发展脉络，客观记录刑事法治的潮流走向与点滴进步。按照内容将文章分列于五个专题之下。专题一为刑事法治年度报告，2004年至2009年的刑事法治报告皆以这种回顾式的写作方式呈现过去一年中国刑事法治的成就与问题。专题二为犯罪形势与预测，在2009年之后，可以说是回顾式写作方式的进阶，伴随中国刑事法治水平的提升，"法治蓝皮书"报告的写作方式亦实现转型升级，在已有的全面回顾基础上加入了对下一年度刑事领域应关注或预警问题的科学预测，这就加强了报告的辅助决策功能，报告含金量也随之提升。专题三为刑事诉讼发展报告，实体正义与程序正义皆不可偏废，刑法与刑事诉讼法是刑事法治的左膀右臂，在重实体轻程序的传统环境下，"法治蓝皮书"对刑事诉讼法治的重视显得尤为可贵。专题四为反腐法治建设，近年来反腐败斗争成效显著，很大程度上得益于依法惩治腐败的路径选择。党中央全面依法治国的执政理念在各个领域得以贯彻，法制是刺向贪腐行为的利剑，而反腐行动因依法依规而经得起质疑和历史的检验。专题五为刑事法治热点问题，将不同历史时期社会反响强烈或曾引发讨论的问题归纳于同一板块，汇集容易引起共鸣的部分也可窥一斑而见全豹。

　　《中国刑事法治（2002~2016）》由田禾研究员、吕艳滨研究员总负责，王祎茗助理研究员具体负责，焦旭鹏副研究员和马可副研究员撰写了"导论"。本书刑事法治年度报告和犯罪形势与预测报告的作者队伍稳定，保证了报告的连续性，对上年度报告提出的问题或多或少有所回应。其他三个板块涉及内容丰富，作者也呈现多元化的特点。各篇文章及作者如下。

《2004年中国刑事法治》作者：刘仁文、周振杰。

《2005年中国刑事法治》作者：刘仁文、周振杰。

《2006年中国刑事法治》作者：刘仁文、周振杰。

《2008年中国刑事法治》作者：刘仁文、周振杰。

《2009年中国刑事法治》作者：刘仁文、周振杰。

《2009年中国犯罪形势分析及预测》作者：靳高风。

《2010年中国犯罪形势分析及预测》作者：靳高风。

《2011年中国犯罪形势分析及预测》作者：靳高风。

《2012年中国犯罪形势分析及预测》作者：靳高风。

《2013年中国犯罪形势分析及预测》作者：冀祥德、吕升运、冀放。

《2014年中国犯罪形势分析及预测》作者：冀祥德、吕升运。

《2015年中国犯罪形势分析及预测》作者：黄芳。

《2016年中国犯罪形势分析及预测》作者：黄芳。

《中国刑事辩护状况调研报告》作者：中国社会科学院法学研究所法治国情调研组（课题组负责人：冀祥德、李立，执笔人：冀祥德）。

《中国刑事诉讼法治的新进展》作者：王敏远、刘晨琦、王君炜。

《中国追逃贪官的国际刑事合作评析》作者：刘仁文。

《中国渎职侵权犯罪立法与司法实践》作者：杨书文。

《2013年中国反腐败路径及预测》作者：田禾、吕艳滨、姚东。

《中国宽严相济的刑事司法政策》作者：戴玉忠。

《中国刑罚执行体制改革发展报告》作者：董开军、丁天球。

《中国刑事赔偿工作与制度完善》作者：孙谦。

《中国刑事被害人国家补偿制度》作者：孙谦。

《中国死刑核准制度改革与完善》作者：熊选国。

《吉林省涉黑犯罪与打黑除恶调研报告》作者："吉林省涉黑犯罪与打黑除恶情况调查"课题组（课题组负责人：任剑波、靳高风。执笔人：靳高风、张晓松、赵伟）。

王祎茗

2017年11月1日

图书在版编目(CIP)数据

中国刑事法治.2002-2016 / 田禾，吕艳滨主编.--北京：社会科学文献出版社，2017.11
（法治国情与法治指数丛书）
ISBN 978-7-5201-1866-8

Ⅰ.①中… Ⅱ.①田… ②吕… Ⅲ.①刑法-研究-中国 Ⅳ.①D924.04

中国版本图书馆 CIP 数据核字（2017）第 287834 号

法治国情与法治指数丛书
中国刑事法治（2002~2016）

主　　编／田　禾　吕艳滨

出 版 人／谢寿光
项目统筹／王　绯
责任编辑／曹长香

出　　版／社会科学文献出版社·社会政法分社（010）59367156
　　　　　地址：北京市北三环中路甲29号院华龙大厦　邮编：100029
　　　　　网址：www.ssap.com.cn

发　　行／市场营销中心（010）59367081　59367018

印　　装／三河市东方印刷有限公司

规　　格／开　本：787mm×1092mm　1/16
　　　　　印　张：29.5　字　数：464千字

版　　次／2017年11月第1版　2017年11月第1次印刷

书　　号／ISBN 978-7-5201-1866-8

定　　价／118.00元

本书如有印装质量问题，请与读者服务中心（010-59367028）联系

▲ 版权所有 翻印必究